观念史论文集

〔美〕阿瑟·O.洛夫乔伊 著

吴 相 译

商务印书馆
2018年·北京

Arthur O. Lovejoy

Essays in the History of Ideas

Chinese (Simplified Characters) Trade paperback

copyright © 2018 by The Commercial Press.

All Rights Reserved

本书根据 Greenwood Press, Inc. 1978 年重印本译出

目 录

卷首语 ………………………………………………………… iii
引言（D. C. 艾伦） …………………………………………… v
作者前言 ……………………………………………………… ix

论文

01. 观念的历史编纂学 …………………………………………… 1
02. 卢梭《论人类不平等的起源和基础》被臆度的尚古主义 … 15
03. 蒙博杜和卢梭 ………………………………………………… 43
04. 18世纪思想中的"傲慢" …………………………………… 74
05. 作为审美规范的"自然" …………………………………… 82
06. 自然神论和古典主义的相似性 …………………………… 92
07. 一种浪漫主义的中国起源 ………………………………… 117
08. 哥特式建筑的首次复兴和回归自然 ……………………… 164
09. 赫尔德和启蒙的历史哲学 ………………………………… 202
10. 早期德国浪漫派中"浪漫"的意义 ……………………… 223
11. 席勒和德国浪漫主义的兴起 ……………………………… 251
12. 论诸种浪漫主义的区别 …………………………………… 274
13. 柯勒律治和康德的两个世界 ……………………………… 304

14. 弥尔顿和"幸运的堕落"悖论 …………………………… 331
15. 圣安伯罗斯的共产主义 ………………………………… 356
16. 德尔图良的作为规范的"自然" ………………………… 372

A.O. 洛夫乔伊著述目录(1898—1951) ………………… 409
索引 …………………………………………………………… 425
译后记 ………………………………………………………… 435

卷 首 语

1947年1月,约翰·霍普金斯大学观念史学会聚会,迎接学会成立二十五周年,提议由学会赞助,请学会发起人A.O.洛夫乔伊教授出版一本他历年著述的论文集。D.C.艾伦教授、乔治·博厄斯教授和路德维希·埃德尔斯坦教授受命为三人小组,负责印行本书必要的筹划工作。洛夫乔伊教授负责选编和修订。大部分论文先前曾发表过。原出版机构在每一篇文章的第一个注释中予以说明。编委会和作者对各学术刊物的编者慨允重印这些论文的美意表示由衷的感谢。

引　　言

二十五年前，本书作者和几位同事一道，创建了约翰·霍普金斯大学观念史学会。这个新的组织与在大学建立的众多团体不同，它避免了褊狭的门户之见。要想成为学会的一员，无须身为约翰·霍普金斯大学的教授；甚至不必是任何一所大学的教授。观念史学会旨在进行"西方文学中一般哲学概念、伦理概念和美学风尚的发展和影响的历史研究，以及哲学史、科学史以及政治和社会运动史中同一观念和思潮的相互联系的历史研究"。任何对此有话要说的人肯定得有一个听众，但这个听众会以批判的眼光看待一切，会毫不吝惜地把他的领悟和困惑告知讲演者。

在学会的首次聚会上，吉尔伯特·齐纳德教授宣读了论文"沃尔尼和杰斐逊"，就像后来常常发生的那样，洛夫乔伊教授以一针见血的提问引发了一场讨论。他的提问激起了其他听众富有启发性的评论。自从1923年的那一天起，学会每年集会六次，聆听来自世界各地的观念史学者的讲演。这些聚会的纪要是一个有趣的晴雨表，足以标示20世纪最初二十五年学术风尚的脉动。但观念史学会不仅仅是一个思想旨趣（intellectual interest）变化的晴雨表，还一直是慎思明辨的人们可以学到新的、有价值的知识的研究班。

观念史学会对学会成员的进一步教育的重要意义,应该归功于洛夫乔伊教授的才干。洛夫乔伊不仅是学会的创办者,而且还是赋予当代观念史研究以灵感的主要人物。当然,我们对人类观念的产生和演变轨迹的探索已经持续了漫长的时光。哲学家,在某种程度上还有历史学家,常常指出一种观念——尤其是他们前辈的错误观念——的演变过程,人们还记得,在19世纪,对人的各种概念的追踪或者对特定一代人的思想模式的揭示,已经成了一种益智娱乐方式。但现在人们会看到,早期的这类尝试绝大部分品评失当和目光狭隘。那时候的历史学家怎么会兴趣盎然地支持某一种特定的偏见,而不是提出一种不偏不倚的判断?我们所有的新的认识,在很大程度上都来自洛夫乔伊教授的著作。他给起伏不定、收获甚微的研究带来了了不得的分析方法,一种美妙的术语系统以及严谨的自检程式,使学者避免了固有的狭隘和感情用事。

洛夫乔伊教授的才华和活力导致了一门新的学科的诞生,有很多学者致力于这门学科的研究,并赋予哲学研究以新的疆域和活力。不过,由于洛夫乔伊的研究表明了他运用于文学和艺术研究的原理是如何有用,其他学科也能从中获益。人们只需回到二十年前去看看当时的情况。在20世纪20年代,大多数艺术和文学的研究者热衷于研究那些琐碎的历史事实,或者虚幻的、内容空洞的作品。优点是脚踏实地,但对数量惊人的艺术作品和范围广泛的世界文学作品不是误解,就是缺乏充分的领悟。因为他们对这些作品置身于、成长于和成熟于其中的思想气候习焉不察。这里无需给出冗赘的证明,因为只需想想,洛夫乔伊教授论尚古主义的著作或者他对等级制(hierarchy)和完满性(plentitude)原则的探索,阐明了诗和艺术中多少纠缠不清的纷乱之处;或者只需想想,令我们这个世纪初的专家感到困扰的诗或艺术主题中多少所谓棘手问题,经洛夫乔伊教授的研究已经使当代学者豁然开朗。

今天绝大多数人文学者都要感谢洛夫乔伊教授,正是怀着这种承恩的想法,怀着每个人强烈的回报感,观念史学会的会员们编选了这本洛夫乔伊教授的论文集。

D. C. 艾伦

作者前言

本书第一篇文章简要给出了对观念的历史编纂学的性质、方法和难点的若干思考。这些通论性的评述原本是为其他机缘而撰写的。现在也许对这部大部分文章已经在别处发表过的论文集的存在理由补充一个解释——也许我更应该说表达一个歉意——是恰当的。在某种意义上,本书的出版主要归功于我在约翰·霍普金斯大学观念史学会的同仁。但由于他们的美意,这本书在学会的支持下得以出版,而我本来很难侥幸出版此书。但是——我对由此动议而给予我的荣誉深表感激,却不能谬承如此杰出的一群同事的溢美之词——起初我对从最初发表这些文字的专业期刊中把它们结集出版的必要性或曰恰当性,心存疑虑。一些论文的论题似乎显得很驳杂,而它们可能吸引的读者也是形形色色。不过,再一想——作者本也有意把他冥思苦想的成果呈现给尽可能广泛的读者——也有一个好处,可以在一本论文集中,把我在本书开篇论文及其他地方所表述的一些观念史的一般概念运用到相当丰富多彩的具体论题和"领域"。请允许我说,这些一般概念大部分源自于而不是先于对具体论题的研究。这些论文并非把预先设定的"方法"加诸难以驾驭的材料所做的审慎努力的范例。但重读这些篇章,我在其中的不少篇什似乎发现了一些基本假定(common assumption)和程式，这些假定和程式是否还站得住脚，只能通过考察把它们运用于各种具体实例的结果来加以判断。

总之，也许应该预先向读者指出观念史中的一些普遍的或者频繁重现的现象，以便读者阅读时可以留意，有关论文对这些现象作了具体阐述。

1. 同样的前提或其他有效的"观念"在不同的思想领域和不同时期的出现和影响。"自然神论和古典主义的相似性"一文（如果说我在二者之间成功地找到了相似性的话），是阐述这一点的最显著的例子；以"自然"一词的诸种意义之一来加以概括的这一基本的复合观念（idea-complex），在18世纪宗教异端和美学正统的形成过程中得到了展示，也在本书最后一篇论文所论述的3世纪基督教护教者的心灵以及其思想和学说的显著方面（虽然在很大程度上被忽略了）的形成过程中得到了展示。观念的基本同一性以及观念所引起的推理逻辑的基本同一性，不会因与之相关的共存共生的观念的不同而废止，也不会因进入作者思想的各种先见和变化无常的偏见而注销。同一性寓于差异，而差异以同一性为背景，要尽量更清晰地揭示出二者各自的重要性，对二者的认知对理解我们讨论的观念的历史作用是至关重要的。诚如是，我们对西方思想就有了一个一以贯之的重要想法，这一想法自公元前4世纪以来并未完全消失无踪，虽然它在某些时期会占据主导地位，而在另一些时期又会极度衰退。在另两篇论文中，我们看到一种更短命且并不普及的观念——即"不规则"（irregularity）和"野性"（wildness）的观点与美（beauty）的观点的联系——这首先体现在造园和风景画这两门艺术的理论和实践中。这种观念在这两门艺术中显得尤其贴切,然后才推及其他艺术。

2. 在思想史和鉴赏史中,语义的转换和混淆的作用,术语意义的转义(shift)和含混(ambiguities)的作用。所谓"人活着,不是单靠食物,还主要得仗口号活着",并未准确道出关于智人(homo sapiens)的全部真理,但对历史学家而言,已经在很大程度上道出了真理极为重要的一部分。差不多所有响亮的口号都是歧义乃至多义的。这方面的典型例子当然可以从所有口号中最有力、最普及、最持久的"自然"一词中见出。在"自然"一词的任何已知的用法中,通常,但并非总是——虽然这样说令人有些顾虑——有一些确定的观念或者观念之间的联想,这种联想有时候多少属于合乎逻辑的一类;而且由于词是同一个,它所表达的观念却是丰富的、多重含义的,因此对观念史学者来说,在给定的文章或段落中判定语词背后潜藏的观念常常是艰巨而又细致的工作。完成了在特定文本中识别其意义的任务之后,如果能做到——,在某些情形下,我想做不到——那么擅长分析的观念史家肯定会敏锐地注意到,语词的多重意义在占主流的思想风尚中有时候会助推或促进变化的方式——其中一些还是革命性的变化(虽然可以肯定它很少是导致变化的唯一原因)。在本书中,半数以上的论文探讨了这一论题,可以视为对与"自然"有关和以"自然"一词表述(或隐藏)的规范观念史的贡献(对此前研究的补充和完善)。有几篇文章也试图揭示意义的驳杂(diversity)和由此产生的思想混乱。文章界定了在一个半世纪的岁月里,浪漫的(romantic)和浪漫主义(romanticism)这两个词的用法。语词混乱主要不是源于历史学家和文学批评家所研究的作家们的思想或者作品,而是产生于历史学家和批评家的思维,他们在这样或那样的情况下所做的大量工作无意地例示了一个过程——以及一种危险——他们的研究期望使他们尤其对之保持警惕的过程和危险。

3. 几乎每一位作家的思想中都存在内在张力或波动,这种张力或波动有时候甚至在每一部书或每一页文字中都清晰可辨,它源自相互冲突的观念,或者情感或欣赏品味方面不一致的癖好,而作家可以说对此是敏感的(susceptible)。我想,具体作品或作家的心细如发的阐释者,都多少认识到了这一现象,但我一直觉得这种认识常常是不够的,或者无论如何,未充分昭示给读者。对一位作者的观点及其推论的种种揭示,在我看来不仅过于简化,而且过于整齐划一。我们常常假定一位作家的思想,在总体上或在具体主题或问题上,是浑然一体的;或者,如果阐释者自己觉察到作家心灵历程中的一些内在矛盾,一些逆流,他也倾向于大事化小或视而不见,只选择他认为(有时候大错特错)作家最"重要"、最具"持久价值"、最富"特征"的观念或前后一致的观念,作为其唯一的观念。但这只是鼠目寸光,或曰心思驽钝,——完全是自欺欺人(如果是这样的话);对许多伟大作家而言,最重要和最具特性的东西就是其观念的多样性,而且是潜藏着不一致的多样性,他的思想也相应地在其著作的这一点或那一点上表现出来。我们只要不是按某种肤浅或呆板的方式去"阅读"一位作家,那就是去认识作家在字里行间所表达的观念的含意以及观念与观念之间的联系的含意(这种种联系不总是显豁的,甚至常常是难以觉察的),不论它们是简单一致的关系,还是相互影响、相互抵触的关系,就是要对其思想倾向由此及彼的演化保持敏感。我们按照这样一种方式去调和一位内省式作家的思想是可能的(不可能的情况我想非常罕见)，从历史角度考虑，准确地说这种方式认识到有关一位作家最有趣、最值得注意的事实(fact)，即在作家身上，不同来源的思想传统和与之相对的思潮的碰撞，或者他思想中注定会得到理解，并由其后继者发扬光大的新观念的隐约出现，完全是隐而不彰的。当然，他不必先验地(a priori)假定在任何已知作家身上，这种情况都是真实的。真实与否只能通过辨察毫厘而不带偏见的分析来确定。但在阐释者的思想里，不应有任何心照不宣的假设，这种说法是不对的。对不对的问题应该时时提出来加以考察。半个世纪的博览群书使我倾向于相信，预设常常是对的而不是相反。在本书中，我所看到的这类内在张力的实例——在相互对立的观念或心境中彷徨或犹疑，或者或多或少不自觉地简单接受一种对立物的两面，也许会成为那些研究卢梭的"两论"及赫尔德、F. 施莱格尔、席勒、柯勒律治、弥尔顿和德尔图良的论文的基础。

本书(首篇以下)的这些论文，在写作意图和历史考据上，我想完全符合观念史学会同事们所希望的。我并没有借此机会介绍当代有关形而上学和认识论问题的讨论，我也剔除了一些探索技术性哲学论题的历史研究以及一组讨论达尔文以前有机进化理论史的文章，这些论文需要做广泛的修订，如果最终能够出版，也应该可以独立成书。一名哲学家进入一个他并不擅长的领域——主要是文学史的领域——是一次远足或跨界之旅，这些论文无疑表明，任何这样的事情都存在犯错的风险。如果我没有从约翰·霍普金斯大学和哈佛大学的同事们的交流和帮助中获取教益，这些论文会更加难免舛误。我的同事们都是我胆敢涉猎的这一领域的杰出专家,在结束本文前,我必须向D.C.艾伦、乔治·博厄斯和路德维希·埃德尔斯坦教授致谢,他们以观念史学会的名义,处理了所有出版事宜。我还要特别感谢埃德尔斯坦教授,他慷慨地拨冗分担了本书繁重的校对工作。

阿瑟·奥肯·洛夫乔伊
1848年5月29日
于约翰·霍普金斯大学

01. 观念的历史编纂学*

要解释文题中"观念"一词的含义,需要很长的绪论,我在别处曾以一定的篇幅尝试做过说明;①出于这两个原因,我不打算对观念作基本的定义,本文的目标是希望透过我以下的文字脉络,使这一术语的含义更加显豁。

与观念及其在人类事务中的作用有关的历史研究,在我们大学的校内外学者中,至少分为12类:

1. 哲学史。

2. 科学史。

3. 民俗学以及民族志的某些部分。

4. 语言史,尤其是语义学的某些部分。

5. 宗教信仰和神学教义史。

6. 通常呈现出来的文学史,即具体国家的文学史或具体语言的文学史——文学史家这种文学史感兴趣,就像他们的一些在较小程度上对文学的思想内容感兴趣那样。

7. 人们不恰当地所称的"比较文学",它显然被其最具权威性

---

* 本文首次发表于《美国哲学学会会刊》,第78卷,第4期,1938年3月。
① 参见《存在巨链》(1936年),第7—20页。

的研究者理解为一门国际间知识的思想关系(intellectual relation)的研究,思想和趣味变迁的研究,从一国到另一国的文学风尚的研究,尤其关注文学风尚移植到一个新的社会背景中所经历的调整或变异。

8. 除文学以外的诸艺术的历史及其趣味演变史。

9. 经济史和经济理论史,虽然它们不是一回事,但两者紧密相关,以致两者可以从简放在一起考虑。

10. 教育史;

11. 政治史和社会史,以及

12. 社会学的历史部分,就这些学科的专家所思考的知识或准知识进程、"主导观念"或"舆论气候"而言,不是作为政治制度、法律、社会习俗(mores)或特定时期总的社会状况的因果要素,就是作为其后果或"合理化",这门学科有时被称为"知识社会学"(*Wissenssziologie*)。细目还可以扩展,更进一步细分,但这 12 大类似乎是得到整个学界承认的主要分类。

这些学科在过去通常是相对孤立地被研究的,虽然很少是完全孤立地。在大学里,它们分属不同的院系,我想,各个院系之间常常缺乏对相关领域的充分参考。研究者都有各自的期刊和专门的学术团体。大多数人不会、的确也不可能花更多时间来阅读其他学科的专业期刊,或者出席其他学科的同仁聚会——除非他们有幸在一些非专业性的团体中拥有会籍。对整个思想史领域的这一划分当然是合理的,很有用,各个学科的专业化趋势以及专门的研究技术的发展和完善,显然是各门知识得以进步的必要条件,历史性的学科尤为如此。无论如何,就观念的历史编纂学所涉及的这几个学科的范围来说，这种分类是人为的，虽然总体来说并非率意而为；也就是说，这种种分类在所探讨的历史现象中并没有泾渭分明的界限。它们部分是临时性地从其语境中提取出一定的研究对象，以便于开展更细致的研究；部分是教育制度史上偶然事件的偶然后果，或者是学术巨擘知识旨趣偏嗜的后果。至少当前处于发展阶段的几个表面上性质不同的学科，已经打破了学科的分野。之所以如此，是因为这些学科的传统界限表明，如果不打破限制，它们将不可能充分而准确地回答已经出现的课题。观念已经成了州际贸易的商品。我们对这一点的认识正日益提高，一个显著例子就是我们对各国文学的研究，对比较文学的研究。但对观念超越国家或语言的藩篱时所出现的情形进行观察，只是我所说的发展进程中的一小部分，甚至仅限于文学史这个特殊个案。

这一点可以用英国文学研究的最新趋势来证明。学者们基本上被界定为某一领域的专家，甚至是某一领域的一个有限分支的专家。他们不得不承认，不仅只知道英国文学（*English literature*）的人，对英国文学所知不多，而且只知道文学的人，对英国文学也所知甚少——这一直是显然易见的。举例来说，一个学者决定从事弥尔顿的研究，或者把他的研究课题进一步划定为《失乐园》，当然可能要从一个特定的审美视角，比如从"纯文学"的角度来探讨，而不是从提出关于这部作品的任何历史问题的角度来探讨。不过，如果我可能附带作教条化的阐释，那么这部长诗的大部分审美价值也就因此丧失了。总之，《失乐园》是人类心灵活动史上独一无二的、极有意思的现象。很多英国文学研究者现在正致力于研究这部书，就此而论，这样说是符合实情的。学者们惊讶地注意到,《失乐园》不仅是人们耳熟能详的引语集锦,还是观念的汇集。如果只把这些观念作为理解弥尔顿思想的手段,作为理解弥尔顿创作时的心灵活动的手段,就需要把它们放到历史背景下来检视。由于弥尔顿的个人特性,虽然有很多观念受到特别的扭曲或染色,或者成了一种新颖的语汇,但这些观念几乎没有一个是弥尔顿原创的。要想识别他的风格或他的思想的差别,必须对同一个观念在其他地方——尤其是在弥尔顿的同代人,或者大胆假设一下,在他熟稔的前辈那里——的表现有一个广泛而深刻的认识。某位诗人表达一个总体观念时,我们欣赏他的心灵和艺术的独特性,而不了解这一观念以及这一观念的其他表现形式,就像我们欣赏一幅天使报喜图而不知道《路加福音》第一章或者不知道同一题材的任何其他画作一样,是不可能的。虽然弥尔顿的思想受制于英国文学这一"学科"的传统分类,但是,按照传统的"学科"分类,弥尔顿的观念史在很大程度上并不属于英国文学领域,而是属于哲学史、神学史、其他语言的宗教诗歌史、科学史、审美学说史和风格史的范畴。

举例来说,在《失乐园》第 8 卷里,我们也许该记得亚当和天使拉斐尔有关 17 世纪天文学理论的长篇讨论——这多少有些奇妙。即使出于对弥尔顿文本的诠释——出于对一种假设的验证(有时候诗人的表达颇为随意)——也有必要对哥白尼时代至弥尔顿时代的天文学家有关天体的排列及其运动的各种学说和推论有广泛的了解。至于弥尔顿对其所处时代的新科学的认识和态度,是否对之作出什么恰当的判断,显然也有必要了解。研究《失乐园》的学者受制于历史性研究的性质,忙于转向对科学史的一个分支的研究。如果他是一位审慎的、富有批判精神的学者,他不会满足于为德雷尔(Dreyer)、迪昂(Duhem)关于这门学科的论述或者其他概论性研究补充一点资料,甚至也很少会去评论有关现代天文学早期史的近著,尤其是在这些近著常常不能对他实现其特定目标有所帮助的情况下。他会感到不得不去研究相关的天文学文献,必须试着熟悉那一时期的各种理论,结果,他或许有可能对那门科学的历史作出新的贡献,有可能提高那些不了解弥尔顿和对天使拉斐尔有名的天文学见解淡漠无知的人的兴趣。

我不是在叙述一个假想的情形,我所叙述的是受《失乐园》约二百行诗句主导的晚近弥尔顿研究①的一个独立部分中实实在在出现的情形。如果以相似的方式来研讨整部《失乐园》中诸种观念的意义和背景,学者们会发现,范围广泛的其他诸多概念,其历史不再被普遍视为英国文学史家的领域,而属于多学科门类的专家的领域。举一个简单的例子来说,弥尔顿笔下的亚当对他的创造者[提前]引述亚里士多德(但没有鸣谢),他认识到,神性是自足和"自为"的,那么,他(亚当)即使是在伊甸园这种惬意的地方,也需要有人陪伴。理想的情形是,把这部诗作为一个历史现象来进行研究的敏锐学者应该了解这一事实。因为,首先,如果对这一事实缺乏了解,对读者来说很难不遗漏掉弥尔顿诗行中许多关键之点;其次,将至善——但亚当在这里宣称,这种至善是神的至善,而不

---

① 这一领域的美国学者我可以列出马乔里·尼科尔森博士、F. R. 约翰逊博士和格兰特·麦考利的著作。

是人的至善——与自足相等同,是西方思想①中最有影响、涉及最广泛的观念之一。在这一宏大的历史视域中,弥尔顿对这一观念的表述——可以说,扩展了作品的内涵;再次,弥尔顿运用亚里士多德定理的特殊方式,一方面启发了他的上帝观,另一方面又接近于否定这样一个命题,即人主要的善是对神的摹仿或对神的忘我冥思,这个命题在绝大多数正统的基督教神学中一直被认为是公理。最后,把对亚当神学思想的亚里士多德来源的认识引入这段文字,我不由得认为,是一种一时兴道,不,我得说,可能是诗人有意为之。但早期的弥尔顿评注家们并不普遍了解所有这些情况。他们肯定对亚里士多德所知甚少,对一般哲学史也了解不多,而亚里士多德专家又很少注意到弥尔顿,两方面的学者有必要建立联系。类似的例子可以找出数百个,所有例子都说明了一个普遍事实——对某一段文字的历史理解的探索,常常把学者引入各个学术领域,而这些领域一开始似乎与其研究的原初论题相距甚远。你越是深入到范围狭窄的历史问题的核心,越是可能遭遇到问题本身驱使你超越问题边际的压力。

如果撇开文学史不谈,我们把历史研究的其他几个领域中的任何一个作为起点,便会碰到相似的以及在很多情形下更重要的有关这类互动关系(correlation)之必要性的证明。如果我所言不妄,我们会发现,这些领域的思维敏锐的专家对这种必要性的意识正日益提高,或许这么说也不为过,即,就历史编纂学本身的历史

---

① 参见《存在巨链》(1936 年),第 161 页和第 42 页以下,第 48 页以下,第 62、83、159、300、351 页。

而言,我们正处在基本学科间的紧密而广泛的联系(liaison)不可或缺之际——最好用比喻来说,学科间大量交流互鉴的必要性,比之以往更显著、更迫切。认为这些研究日趋精细的专业化阶段已经过去的说法是完全错误的——虽然我觉得在某些研究中,从惯常的研究方法中收获递减的时期已经到来;我相信,日益增长的专业化就像黑格尔逻辑学中的一个范畴实际上已经"过去",已经明显走到了它的对立面,现在它已表明,为了在大量可详细阐述的问题上建立具体而富有成果的相互联系,需要更多的历史综合,这并非妄言。如果情况的确如此,我们就面临一个与所谓历史性研究的一般策略有关,多少也与大学高等教育体制有关的困境,需要加以切实的考虑。

我认为这些困难的性质是显而易见的,对此作详尽的考虑即使不能彻底克服这些困难,应该也可以减少这些困难。整个学科的划分无论怎么说都与历史上存在的观念的作用有关。赞成任何笼统的"普遍史"(universal history)而取消学科的划分既是不可能的,也是不会令人满意的。希望充分理解几乎任何一个分支学科的资料的学者都必须根据其他学科,而且常常是其他若干学科的传统的学科分际去研究基本的资料,这一点现在是很清楚的。但很显然,没有人在历史学的多个领域都是称职而富有独创性的探索者。不过,我倾向于认为,专家们常常难以从与自己的研究课题部分重叠的更丰富的通论性著作或教科书中得到他们希望得到的东西。一个原因——虽然不是唯一的原因——是,这些著作的作者关注的与自己所关注的不同,恰好忽略了他的课题中与专家的课题关系密切的部分。如果时间允许,我可以提供一些具体的例子,在这些例子中,研究者对某一领域最初的专业兴趣造成了他们对正在研究的历史资料诸方面的失察,这种历史资料对思想史的其他各部分具有重要意义。在观察任何研究对象包括其历史来源的过程中,很容易忽略研究对象中很多重要的内容,除非你知道你要寻找的目标,这是被某位学者的经典轶事所充分证明的常识:这位学者被要求描述放在他面前的一副鱼骨架,如实列举出对象除了最明显的左右对称之外的所有特征。博学的文学史家、哲学史家、宗教史家、科学史家或社会、政治运动史家,仅仅由于术业有专攻,有时候会出现类似的疏忽之误,他们一点也不了解在其他学科中可能寻找到的东西。

现在该谈谈怎样消除这一困境了。对此我提出三点看法:

一、第一点也许是最令人反感的,它也许只是一种职业偏见,是专家喜欢把他自己的专业看得特别有趣、特别重要的倾向的表现。情况不论怎样,我认为,我所说的迫切需要之一,是更全面地认识如下这样一个事实:应在哲学史中找到大量的更基本、更普遍的观念,尤其是那些出现在思想史的其他领域中的起支配作用的先见的发源地,也就是这些观念和先见在文献中最初出现的地方。在这里提出证据——如果有这样的证据,谁能不信?——显然是不可能的。但如果这是事实,它就有两个实实在在的含意:第一,学者们为在其他许多历史性领域称职地从事研究工作做知识准备时,尤其需要有在哲学观念史和哲学分析方法,比如分析复合观念(这同样重要)方面的全面训练;第二,哲学史需要更加注重研究在重大技术体系之外的哲学观念的反响,哲学史也需要以有别于通常的方式呈现出来,它将使哲学观念对非哲学工作者来说更易理解,更能获益。我可以不避冗长地为这最后一个论题进行解释和辩护,但在这里我不打算这样做;从下文第二点可以推知我这么做的意图。

二、个人观念本身的历史,或者说人们在对自身而言意义重大的个人问题上所持有的观念的历史,在很大程度上依然是够我们研究的,其研究成果有待于成文。我对此的研究已经在别处发表,[①]本文只能大略地谈一谈。我曾经提到,有许多单元观念(unit-idea)——与共同经验的具体方面,或隐或显的臆断,信仰告白和口头语,特定的哲学定理或宏大的假说,各门学科的概括或方法论上的假设有关的思想、范畴——它们都有自己长长的生命史。它们在人类思想和情感史上的绝大多数领域都仍在发挥作用。人——个人与大众——在思想和情感上对它们的反应也呈现多种形态。这里出现了历史编纂学的另一个特定领域,需要把它补充到本文开头我们所提到的历史编纂学的 12 个大类中,部分是因为这一领域关系到一组本身具有特殊意义的历史现象,其他领域不能完全涵盖,部分是因为(这里我希望强调的)对历史现象的研究在很大程度上仰赖于历史编纂学——就如历史编纂学这个领域的进展,的确依赖于对历史现象的研究一样。在这些单元观念被率先辨析之前,在每个扮演了重要历史角色的观念所涉及并且具有影响的所有领域都分别得到考察之前,思想史的某一领域或某一

[①] 《存在巨链》的开场讲演及该书的其余部分,曾在作者掌握的材料及一个专题讲座所许可的范围内,试图给出对单元观念及其与其他观念的相互影响的研究的例子。乔治·博厄斯教授及本书作者在《古代尚古主义及其相关观念》(1935 年)中就尝试以不同的方法进行了一项类似的研究。

作家或作品中的单元观念的表现,通常都不会得到尽如人意的理解——有时候甚至全然得不到理解。洛斯教授(Lowes)评论道:"世上很少有什么事情比揭示一些事实能让我们重新审视其他大量的历史事实更有意思的。"① 通过我现在所谈的这种研究,通过对个人观念——任何一个观念在历史舞台上都扮演了很多角色——(尽可能)完整的生命史的研究,它所展示的不同侧面,它的相互作用,它与其他观念的冲突和调和,人们对此的各种反应,都以充分而重要的文献形式、凭借分析性的鉴别、最终凭借想象描摹下来。我相信,通过这一工作揭示出来的很多事实会得到重新审视,因此,投入极大的兴趣和高度的智慧对思想史其他分支中的事实所进行的探索,如果缺少这种重新审视,有时不免显得单调,彼此隔膜,多少有些费解。

我不是暗示这类观念的历史编纂学迄今仍不存在。我们的图书馆里早已有一些很好的例子或至少大致接近的例子。不同领域的许多学者现在都致力于这方面的研究,但如果说这门学科已经度过了婴儿期,那么,我想它只勉强算是处于青年期。它的方法、要求、目标,还有它的旨趣,并没有得到它预期的普遍理解。它的计划是在解析与综合之间居其一——一方面为某项研究而对一个观念进行临时的解析,另一方面,为某项研究从这一观念已经渗入的所有历史领域搜集材料。

三、从业已谈到的一切来看,我似乎可以得出一个结论,这个结论清楚明白,毋庸赘述。这结论是,在旨在探究人的思想或看法

---

① "教学和研究的精神",见《美国学者》,1933年。

以及有关情感态度和行为的历史的历史编纂学的几乎所有分支，迫切需要在这几个分支的专家中间建立比迄今为止的传统合作更明确、更可靠、更有序的合作——在某些情况下，即历史学家与非历史学科特别是自然科学的专家之间的合作。真实可靠的历史综合不只是某个人的工作。如果那些被搁置在一起的片段——即使对理解某一主题的某一部分来说——是自足的片段，就必须公之于众，或至少由那些在这些片段所属专业上训练有素、具有最新技术知识的人进行鉴评。我并不是说类似《剑桥现代史》和《英国文学史》所示范的这类合作，像那些伟大著作一样，值得肯定和有益。我所考虑的不是在那些子学科的专家们中间对一个大学科的子学科进行简单分配，而是整合所有这些子学科的全部专业知识，这些子学科本身是适合这种整合的。如果我们考虑到尽可能大的学术计划现在正待着手，类似合作之不可或缺就是显而易见的。我只简要地提两项类型不同、规模不同且分布在不同领域、由较大的学术团体或名校全力资助的计划。第一项是对《失乐园》的注释及其具体的历史和文学诸方面的研究。这样的书在18世纪是很常见的，虽然工作常常做得很糟糕。通过对一些文献的检索和对英国学者们的调查，我发现任何一部现代著作都未能汇集把这部英国文学经典置于其历史关系中加以考察、充分阐释其所包含的各种观念所必需的全部知识。究其原因，这样的著作无疑现在已经不可能由一个人来独立完成。正如我早先所说的，这样的工作不仅需要众多英国文学专家的通力合作，而且还需要古典学者、早期基督教学者、中古学者、哲学家、犹太法学和犹太文学学者和熟谙早期新教教义的神学家以及精通16、17世纪法国和意大利文学的学者和科学史家,特别是熟悉现代早期天文学的学者的合作。再重申一下,我的意思不是表示迄今为止在这些领域还没有出现有关弥尔顿的研究,实际上很多有价值的著作已经问世或正在撰写,这些著作主要是由英国学者完成的,他们按前面所提到的方式,被迫侵入原先不属于自己的领域,①我所指的这一工作是以互见和提要的形式,把现在分散在许多出色的专论、著作和论文中的以往的研究成果汇集起来。但这些研究在英国文学专家有可能从上述其他学科的专家那里得到合作和批评这一层面上而言,一般是扎实可信的。如果更多地考虑到这类合作是在这些专论的作者中进行的,那么,其中一些研究将会更有价值;总之,在一些相互连带的领域,需要更深入的研究以及彼此之间的相互对比和相互发明。如果这样一项工作能够相互配合地完成,那么,就会把眼光集中到弥尔顿文本中的诸多事实,我们深信,这些事实可以把许多部分成果汇集为一个巨幅的、让人兴味盎然的图景。

让我们转到(原初的)科学观念的历史上来吧。就我所知,对达尔文以前进化——在狭义的物种演化理论(theory of the transformation of species)意义上使用这一术语——观念的总体

---

① 可以给出一些与此有关的更近的例子,哈里斯·F.弗莱切的《弥尔顿对拉比文献的解读》(1930年)、卡塔琳·E.哈特威尔小姐的《弥尔顿和卢克莱修》(1929年)。两书都令人信服地证明了他们对其他学科的涉猎与弥尔顿研究的关联及好处。北卡罗来纳大学的一个研究小组在U.T.霍尔姆斯教授领导下开展了一个合作项目,完成了一部资料翔实的迪·巴尔塔斯传记以及评注版的《创世七日》(La Semaine),以明确澄清《失乐园》的背景和来源的一个重要问题以及弥尔顿利用其来源的方式;还有G.C.泰勒教授关于这一课题的著作《弥尔顿对迪·巴尔塔斯的借用》(1934年)。关于沃尔特·柯康奈尔先生的"《失乐园》在所有语言、所有时代的同源作品"这项重要研究,可参见他刊于《加拿大皇家学会会刊》的文章。

发展,还没有人从历史的和哲学的角度做出像样的研究;我们当然也还没有在广义上——即天文学、地质学、人类学、社会哲学、宇宙学和神学的发展观及其对所有其他思想领域的影响——而言的观念史。[①] 从历史角度来看,我们所谓的发生学思维方式的不同发展阶段是紧密相关的,它有一个漫长、复杂且绝对是渐进的过程。对此过程的研究在总体上为什么还没有一部精当的历史,某种程度上是因为还有待于对其史料进行大量细致的基础(*grundlegend*)研究;但无论如何,这一工作很难由某一位学者单独完成。因为这项研究工作需要对许多专门领域有相当的了解——不仅对上面提到的若干自然科学领域,对其特殊的子学科的历史,如在生物学中,对生物学分类、比较解剖学、古生物学、胚胎学和遗传学都有了解,——还要了解17世纪、18世纪和19世纪初期哲学、神学、一般文学的极广泛的领域以及有关历史及其总体运动的观念史。举例来说,故事的某一部分可以仅仅通过对莱布尼茨著作所做的全面研究来加以证明,而另一部分则要求对文学、形而上学乃至德国浪漫派时期的美学理论和风尚有深刻的了解。所有这一切都需要以某些相关的个人观念的专门历史——例如,连续性原则的历史,有关"物种"的概念或伪概念的历史——来加以阐明。这样的工作是可以做到的,而且可以预期美国的学术机构会从事这项工作。但如果不是以上文提到的方式,通过大规

[①] 实际上,P. T. 索罗金教授在其《社会动力学和文化动力学》一书中(第2卷,第371页,它在本文发表后就出版了),也表达了同样的意见,特别参考该书的中世纪部分:"进步的观念的真实历史还没有写下来,类似J. B. 伯里《进步的观念》的著作或者德尔瓦耶的著作,仅仅是对此问题浅尝辄止的探讨。"

模的、有条不紊的紧密合作来从事这项研究,研究工作很可能比我们按许多专门领域的现有认识水平所可能做到的更不完善。

在观念的历史编纂学的诸多问题上,我们所需要的合作的类型和深度可能是难以达到的。在我们的大多数大学的组织结构和传统中,在人性中,存在着不可克服的巨大困难。如果我没有说错的话,自然科学家早于历史学家就认识到了有计划地协同合作的必要性,并在一个更大的规模上井井有条地推进了这一合作。在许多历史性的学科,这种合作令人鼓舞的开端也已经初露端倪。然而,实现合作的困难仍然相当大,我想借此机会强调在努力探索历史,由此更好地理解人类思想成果的现阶段[跨学科]合作的必要性,也许不完全是毫无意义的。

02. 卢梭《论人类不平等的起源和基础》被臆度的尚古主义[①]

有一种看法认为,卢梭的《论人类不平等的起源和基础》一书基本上是对自然状态的颂扬,其影响全部是或主要是倡导"尚古主义",这种看法是最顽固的历史错误之一。对此可以提出很多例证,我只让自己提一个例证,选择这一例证,是因为这个例证见于多年来很可能已经成为论述政治理论史的权威英语专著,为一位令人钦服的学者所撰写的里程碑式的大作。已故的 W. A. 邓宁教授写道:在《论人类不平等的起源和基础》中,

> 自然人首先是荒野上的野蛮人,他们过着快乐的、无忧无虑的生活。[卢梭]以一种巧妙的方式,描绘了人类摆脱蒙昧状态的过程,但作者在其描绘中对人类的进步又不无遗憾……作者[对此观念]的用法摇摆不定,只有一种观念似乎准确无误,就是说,人的自然状态要优于其社会的或曰文明的状态,因此,必须以前者为检验和修正后者的规范。[②]

[①] 本文首次发表于《现代语文学》,第 21 卷(1923 年),第 165—186 页。
[②] 《政治理论史》,第 3 卷(1920 年),第 8—9 页。

这是对"第二篇征文"*的传统看法所作的非常适中的表述，但在我看来却是大大的误导，尤其是文中所指的、卢梭在论文中倾向于鼓励其同时代人的那种观念。我将在下文尝试说明《论人类不平等的起源和基础》真正主张的学说，它与自然状态的其他概念的关系，它对那个时代肯定存在的看法所施加影响的性质及它构成其历史意义的诸种特征。

就像在其他许多情况中一样，这一问题出现的混乱，部分是由于忽略了讨论中所采用的术语的含混性。"自然状态"这一术语至少有三个很容易区分的意义。它可能仅仅指年代学上的意义，指人的原始状态及其特征。在政治理论的术语系统中，自然状态指人们的相互关系并不从属于任何政府部门的个人或群体的状态。最后，在文化意义上——18世纪常常这样使用，自然状态指艺术和科学——非政治因素的文明——很少有进步的状态。这三种意义在外延上不必是相同的。的确，这个最初的阶段通常被假设为前政治阶段；但不能认为原始阶段在文化意义上与前政治阶段是共存的。这个推进政治状态组织化的时期可能颇为漫长，在这个过程中，人类在很广泛的层面上脱离了原始状态——无论是好还是坏。这三种意义的混淆确实是一个老问题。举例来说，普芬多夫的定义结合了文化的和法学的标准；对他来说，相对于"偶生状态"（adventitious state）的"自然状态"，不仅是"像我们所想象的、人被置于赤条条降临人世的状态，抽离了一切规条和成例，无论是

---

* 指卢梭的《论人类不平等的起源和基础》。——译者

人的发明还是上天的灵感或启示",它还是"各种技艺和所有日常用品"都极其匮乏的状态。① 另一方面,在洛克那里,"人类的自然状态"这一概念主要是一种法学上的概念。而且,法学上的自然状态——总之,它过去的确存在,存在于个人之间的关系中——也肯定存在于那些没有习惯法或政府的主权国家之间的关系中,这已成为那些世纪政治哲学的老生常谈。就我们关注的国家的文化状态来说,它显然没有什么内涵。

我想指出卢梭《论人类不平等的起源和基础》的一个被奇怪地忽视的事实,那就是法学上的自然状态——即在文官政府建立之前的那个时期——卢梭把这个时期划分为四个截然不同的文化阶段,每一个阶段都持续了漫长的时间。在《论人类不平等的起源和基础》的术语系统中,"自然状态"一词从总体上看,不经常用来指前政治阶段,而是指这些文化阶段的第一个阶段;这第一个阶段——用他自己的话说,即所谓"自然状态"——并未被他视为理想的阶段;第三个阶段,对他来说既不在文化上也不在年代学上是他感到遗憾的人类难以为继的状态。根据他的意见,由于自然状态必然会发展到难以容忍的冲突和失序的最终阶段,说他纯粹在法学意义上强调了自然状态之优越是不甚恰当的。《论人类不平等的起源和基础》总体上所描述的是远离尚古主义而不是趋向尚古主义的运动。我还应该指出,其中三个阶段的特征,与早期作者所描述的三个不同的"自然状态"紧密相关,可能即借自这些早期作者:卢梭的第一个阶段与伏尔泰的自然状态很相似,实质上与普

---

① 《自然法和国家法》,第1卷,第1章。

芬多夫的看法一致。第三个阶段在其文化特征上，与蒙田以及蒲伯的自然状态大致相同。第四个阶段就是霍布斯所谓的自然状态。

人类历史的第一个阶段，人类 tel qu'il a dû sortir des main de la nature［应从自然之手中走出来］的生命，对卢梭来说不是理想的状态，从他所描绘的理想状态的图景来看，这是显而易见的。如果他真的打算把他所说的"自然状态"当作一种规范，或者当作"人可以希望种族在其中延续下去的时代"，那么，他的理想将很明显是那种纯动物性存在的理想；如果他过着那种孤独的野兽般的生活，他的福音就是无毛两足动物更好。《论人类不平等的起源和基础》尽可能明确地强调了，在真正的自然状态，人与其他动物的区别，完全不在于人的实际的生活方式，而只在于人的尚未发展的潜在能力。L'homme sauvage commencera par les fonctions purement animales. Apercevoir et sentir sera son premier état, qui lui sera commun avec tous les animaux［野蛮人最初所具有的只是一些纯动物性的能力。视觉和感觉或许是野蛮人最初的本能状态，这是他和一切动物所共有的状态］。总之，人的生活"起初只限于一种感觉的、动物的生活，很少从自然所赐予他的恩惠中获利，甚至不会梦想从自然中攫取什么"。他只是活在历史的瞬间里，只为那一瞬间而活，几乎没有任何预见能力。由于没什么记忆力，最终不能从经验中吸取教训。他没有掌握语言，没有使用任何工具或武器。没有社会纽带把人团结起来，甚至没有群集，更不要说家庭了。与文明条件下孩子的长时间无助相比，孩子只与母亲一起生活了相对短暂的一段时期。一俟能自食其力，他们就离开母亲，后来甚至可能无法确认彼此的亲缘关系。总之，一个人过着 *oisive,errante et vagabonde*［悠闲、漂泊和居无定所］的生活，只是发展了他们进攻或防卫所需的技能。不是为了捕食猎物，就是为了免于成为其他动物的猎物，——危险无时不在。为了免除对其意义的疑虑，卢梭在《论人类不平等的起源和基础》附注十中明确主张，前往非洲的旅行者描述过其生存方式的大猩猩和黑猩猩[1]可能是依然存在于自然的原始状态(*dans l'état primitif de nature*)的人种的一支，是"真正的野人，他们的种族自古就散居在森林中，从未有机会发展其潜在的能力"。卢梭的著作所揭示的原始人与大猩猩的唯一区别在于后者更可取，因为按照卢梭所做的权威描述，大猩猩代表了比卢梭所描述的人类真正的原始状态更高级的一个阶段。赞成《论人类不平等的起源和基础》学说的，在文学史、哲学史和政治理论史中不乏其人，他们想必忽略了或者完全忘记了卢梭的附注十。在附注十中，值得注意的是卢梭俨然成了人类学这门学科的先驱。他感叹他那个时代有关大猩猩和野蛮部落的知识主要来自旅行者的故事和传教士的相关资料。旅行者是出了名的擅长编故事，而传教士则用心良苦，极少是 *bons observateurs*［出色的观察者］。"对人的研究，需要有必要的才智，这些才智不总为圣人所特有。"卢梭因此呼吁科学院派遣训练有素的、天生具有哲学素养的探险队去"所有那些野蛮国家"，以便这些

---

[1] 很明显，这是卢梭所指的动物，虽然他假设它们与东印度的所谓"奥郎-乌当"是一回事，他对非洲猿的知识主要来自英国海员巴特尔的旅行纪事。见《珀切尔的生平》(1614年)，收入《航海通史》。

探险者回来之后"利用闲暇撰写一部描述其所见所闻的 *histoire naturelle, morale et politique*〔自然、伦理和政治的历史〕"。卢梭宣称,通过这样的研究,将会揭示一个全新的世界,我们将学会"理解我们自己的世界"。①

《论人类不平等的起源和基础》的基本目的就是把自然状态等同于野蛮状态。经过分析可以看出,卢梭勾勒的自然人的生存方式和习俗,不比 18 世纪初期对尚古主义的讽刺更吸引人。伏尔泰在《俗世之人》(1736 年)中写道:

> 在大自然的童年,
> 我们善良的祖先在无知中生活,
> 他们不懂什么是你的,什么是我的,
> 他们还能懂得什么呢？他们一无所知……
> 他们既不勤快,又乏敏捷……
> 这是美德吗？这是纯粹的无知。

---

① 在我看来,《论人类不平等的起源与基础》的附注十以及书中很多同样的内容对了解迪尔凯姆先生(Durkheim)所表达的,并明显得到沃恩的支持的观点是至关重要的(参见《形而上学评论》,XXV. 4),就是说,卢梭没有尝试假设性地重构文明的早期历史,因此,对历史事实也不感兴趣,而是仅仅以一种形象化的方式对人类生活的某些因素进行心理分析。按照这一观点,"自然状态"一词不是用来指社会进化的一个阶段,它是表达"直接源自个体的心理建构的那些人性因素",而不是源自社会的因素。对此唯一的证据是在开篇的一段文字,卢梭否认有提出 *vérités historiques*〔历史真理〕的抱负。然而,文意显示,这种否认仅是常见的针对教会的避雷针。卢梭说,把自然状态视为一种事实是难以接受的,"因为阅读圣典,我们明白最初的人并不生活在这种状态中",等等。实际上,卢梭对追踪人的智力和社会生活所经历的各个阶段的连续性有浓厚的兴趣;但他认识到,他那个时代的知识在这一论题上只能给出理性的假设。

02. 卢梭《论人类不平等的起源和基础》被臆度的尚古主义

三饱两倒,

这就是纯粹自然的状态。

卢梭的原始状态与伏尔泰诗中描述的区别,仅仅在于它是一种更野蛮的状态。它几乎与普芬多夫(其著作几年前出现了新的法译本)所描绘的自然状态的令人不快的图景毫无二致。[①] 正如卢梭充分指出的,许多哲学家已经通过纯理想化的过程得出了关于自然状态下的人的看法,已经把自然人设想为"自身独立发现崇高真理的哲学家"。卢梭为他自己在一种更可信、更少浮华的真正自然而真实的原始事物的图景中坚持一种更现实的方法而感到骄傲。这样一幅图景展现给我们的不是被 *maximes de justice et de raison tirés de l'armour de l'ordre en général* [对宇宙秩序之爱中创造出正义和理性的格言]激发出活力的宽厚的太古圣贤,甚至也不是蒙田笔下的"食人族",*au regard aux regles de la raison* [按照理性的准则],他们"并不比我们野蛮",卢梭说,它向我们展示的是以最低程度的 *pesanteur et stupidité* [迟钝和愚蠢]为特征的缺乏道德观念的生物。

确实,卢梭准确地指出了人类在其进化初期所享有的非常实在的优势。尽管原始人仅仅是懒惰而愚蠢的动物,那他至少是健康的、快乐的、相对无害的动物。正是在描写了早期人类的体质优

---

① 《自然法和国际公法》(第 6 版,1750 年),第 2 卷,第 1 章和第 2 章,莫雷尔也指出了其相似性,见《卢梭学会会刊》(1909 年),第 163 页,然而,普芬多夫对这一状态下的人的纯动物性的认识,比卢梭较少彻底性和一致性。他在下一段写道:"理性的运用是无法与自然状态分开的。"(前引书,第 9 章)

势后,卢梭落入了人们常常引述的语言,这种语言可能给那些性急的读者一个把自然状态等同于理想状态的印象。卢梭在描述了现代人由于文明的奢华和做作而导致的身体失调后,继续写道:

> 如果我们能够始终保持自然给我们安排的简朴、单纯和孤独的生活方式,我们几乎能够完全免去这些不幸。如果自然曾经注定了我们是健康的人,我几乎敢于断言,思考的状态是违反自然的一种状态,而沉思的(*médite*)人乃是一种变了质的动物。

必须指出,这种说法是一种假说,在最后的结论部分,卢梭并没有断定这个假说为真。他没有坚持身体健康是自然对于人的唯一的或主要的目标。我们可以引卢梭自己在这段文字末尾对身体健康的判断所作的评论:"到这里为止,我只在人的生理方面(*l'homme physique*)进行了研究。"

无可否认,卢梭持这样一种观点,原始人比其已开化的后裔要快乐得多。他以一般来说动物比人较少经验痛苦为由(许多人仍坚持这一看法),坚持这一观点。生活在那个时代的原始的愚人(*bête humaine*),他们无须因遗憾或恐惧即将到来的罪恶而困扰。他的力量和满足,虽然少而贫乏,却与其很少而简单的欲望相当。既然自尊意识尚未觉醒,那么就只有身体才会受伤害,他对虚荣所受到的更深、更严重的创伤毫无所知,或对难以满足的雄心的受挫也毫无所知。由于毫无道德义务观念,因此很少有良心的谴责,就像很少有被良心所激励那样。由于没有情感,也就不会被悲伤所打动。在这一方面没有什么特别的悖谬之处。在卢梭的意义上，人并不比狗和羊更快乐是人们耳熟能详的几乎成了陈词滥调的猜想，虽然证明起来有些困难，但表面上并不无道理。卢梭关于自然状态下的快乐之命题基本上是同一个含义。正如上述猜想被接受并不表示人在总体上倾向于做一条狗或一只羊，卢梭的命题也不一定指对真实的自然人状况的偏好。后来在《论人类不平等的起源和基础》中，卢梭明确表示，人，"如果把他自己视若野兽，成了本能的奴隶"，那将是"他本性的堕落"。

的确，卢梭明确断定了人在原始阶段是"善"的，但其他人，特别是施尼兹(Schniz)教授①却指出未必是如此。卢梭清楚地告诉我们在自然状态下人尚未取得道德行为者身份：最初，好像自然状态中的人类，彼此间没有任何道德关系。《论人类不平等的起源和基础》中讨论的自然之善(la bonté naturelle)的学说，用英文所能做的最佳表述就是人最初是非道德而性本善的动物这一命题。人不是恶人(méchant)，没有恶意，没有放肆的残忍。不同意霍布斯的论断："自然状态下的所有人都有一种伤害别人的欲望，"卢梭认为："原始人像其他动物一样，天生不愿看他的同类受苦。"②卢梭发现，在社会发展进程中，如果人对善的性质了解越多，他就越会失去原始的善性。他在道德知识上的进步，伴随着的是"其动物的

---

① A.施尼茨"卢梭《论人类不平等》上篇中'德行'的评注"，见《法兰西水星报》，XCVII(1版，1912年6月)，第532—555页；又参见"卢梭著作中人类自然之善的理论"，载《18世纪评论》(Revue du XVIII siècle)，I (1913年10—12月)，第433—447页。

② 然而，正如下文显示的，卢梭并非真的和霍布斯辩论这一问题，因为他研究的不是同样的"自然状态"。

天然同情心的削弱"。卢梭确信,前者令人不悦地证明了一种人不去伤害其同伴害的并不灵验的方法。原始人在获取食物或自卫时会杀人,但他没有发明拷打的工具,也没有进行战争。

尽管自然状态有这些令人满意的方面,也很难想象——即使我们没有卢梭在这一点上的直接言论——卢梭会希望他的读者认为,他把人的理想存在视为一种真正的白痴状态——一种完全无智性、非社会以及虽然温驯但无道德意识的动物生活,是卢梭本人对自然状态下的人的真实描绘。① 毫无疑问,让·雅克-卢梭多多少少是疯了,但他还没有疯到这种程度;如果他到了这种程度,可以肯定,他的同代人不会认真地听信这样的学说。

的确,《论人类不平等的起源和基础》一书以在两种相互冲突的倾向中左右摇摆为特征。一方面,有一种倾向(大约两个世纪来,这种倾向在摆脱了神学传统的思想家们中,一直是占主流的,虽然并非毫无异议),把形容词"自然的"作为最高颂词的用语,假定人出自"自然之手"的创造,是按"自然"意欲的模式创造的,是一个尚未败坏的理性存在,对所有基本的道德和宗教的真理具有直觉的了解;"自然的"一词是为所有杰作而预备的:

不要盲目踏入自然的国土,
自然的国土是上帝的领域;

---

① 写了上面的文字后,我发现,朗松(M. Lanson)发表了大体相同的评论,"如果我们把自然人设想为类似奥郎-乌当,那么我们可以设想卢梭真的想使我们倒退到那一点吗?"《卢梭学会会刊》第8卷(1912年),第12页。

自爱与合群同一时刻诞生，

人与人、物与物联合生成。①

这类历史哲学本质上是自然神论的：没有什么宗教信仰是真实的，万事万物无分轻重，对人来说这些从一开始就是彰显分明的。这是马修·廷达尔(Tindal)书题中体现出来的含义，基督教与自然宗教一样，"与造物主一样古老"，也就是说，是在最初的人那儿挂了名的。如果基督教不是这样，那它就不能被称为"自然的"宗教。"高贵的野蛮人"的观念无论在原始时代还是在当代，都是从这个假定出发，顺理成章得到普遍公认的结果。卢梭，甚至在其写作初期，虽然努力要摆脱这个传统，但他不可能不受到这个传统的影响；虽然他的"自然状态"与以往的概念有根本的不同，而且不太可能被什么人认真地视为一种理想，但他并没有从"自然"本身之优越的假设中彻底解放出来。因此，他竭力推出这一观点，常常笔耕不辍；有时候脱开上下文，他的著述听上去像是对原始状态的热情礼赞。结果，两种思想倾向之间的对立有时达至了真正的矛盾，也许在开篇的某一段文字就达至了。但是观念史家指出了重要的历史写作的这两种倾向的对立或曰直接矛盾时，只完成了他的一小部分工作。重要的是要分辨作者思想中相互对立的倾向源自什么影响和有什么先见；观察它们常常是很复杂的相互影响；注意哪种思潮是正在流行的或是更有特色的思潮；尤其是要弄清楚作者何时是在重复时下的套话，何时是在表达新见，哪怕是尚未

---

① 蒲伯《论人》第 3 部，第 147—150 行。

完全摆脱传统观念的新见。总之，不仅需要知道作者的立场，而且需要知道作者的发展方向。那么，《论人类不平等的起源和基础》主旨中的传统的和效仿别人的方面正是（与通常的假定不同）尚古主义的思想倾向。其相对独创的一面是重新描绘自然之子的真实画像，这样，卢梭便以更不讨人喜欢的形象出现，尽管保留了一些旧的特点。

从卢梭给出的我们人类历史这一阶段的终结的原因，可以看出卢梭描绘的自然状态的画卷离田园牧歌有多么远。这一解释多少是用达尔文出现以前一百年的达尔文式说法来表述的。卢梭观察到，由于人类数量的增加，也出现了人与其他物种为了生存而爆发的可怕争斗。卢梭明确区分了这种生存之争（concurrence vitale）的三个方面：易受影响的食物供给的日益匮乏；人与其他（食果族与食人族）因为彼此共享的生存手段而产生的竞争，以及食肉动物的直接攻击。卢梭暗示，如果人仅能用牙齿和爪子搏斗的话，这种竞争可能要以我们种族的灭绝而告终。在生存的压力下，另一种本领——智慧，作为人类特有的特征，在其生存要素和言行中展示出来；而力量，起初十分贫乏，至此也得到了"几乎无限"的发展。因为这是人在动物中独有的性征，因为它的发展是逐渐的、不断进步的，卢梭称之为自我完善的能力（*faculté de se perfectionner*），或简言之"完善能力"（perfectibility）。起初，它的功能是纯实用性的，它只是生存的手段，它使人能够发明一些原始的武器和粗糙的工具，发现取火的技艺，使人适应由于人口的增长而被迫迁徙他方所带来的气候和食物的变化。于是，这一刻，人初次显示了以往潜在的人类特性，用卢梭的术语来说，这一刻人开始从自然状态下突显出来。

仅从对第一阶段的这一描述,我们就很容易看出,《论人类不平等的起源和基础》一书非但不加强这尚古主义的幻觉,反而趋向于削弱它。虽然该书非常明显有旧思维习惯的痕迹,不过,它主张研究人类的历史学家必须从假设人类处在某种状态下起步,不是假定他们处于已经衰微的完美的原始状态,而是假设他们处于纯动物性的状态,在道德和智性两方面,其全部知识(lumières)有待经过漫长而缓慢的过程才能获得,这主要是由于生存环境的需要才能激发出原本潜藏的运用智力的能力,于是在伏尔泰和普芬多夫所作的真实的自然状态不如人意的判词之上,又增加了一个观念,即整个自然进程有一个必然进步和逐渐进步的规律。这组观念并不是在1755年才提出的。的确,它在后来搅动学术界的那场著名辩论——普拉德神父事件——中一直是中心议题。就像 M. 莫雷尔所揭示的,① 卢梭在《论人类不平等的起源和基础》一书中只是简单地发展了狄德罗在《普拉德神父的辩护》(1752年)和《对自然的解释》(1754年)中提出的概念。《论人类不平等的起源和基础》的重要意义就在于,卢梭通过这本书成为狄德罗所称的真正的新哲学(philosophie nouvelle)运动的参与者,这个运动与当时流行的尚古主义及宗教正统思想在根本上相颉颃。总之,《论人类不平等的起源和基础》作为形成和传播一种进化的人类史观的一个早期贡献,是观念史上的一部重要著作。它还有其他的方方面面,其中有一些与进化的人类史观也不尽相符,但这部书显示了一

---

① 《卢梭学会会刊》(1909年),第135—138页。

种新的潮流，注定要引起现代思想的革命，因此显然是极为重要的。

《论人类不平等的起源和基础》有助于削弱18世纪思想中尚古主义的倾向，读者可以从1788年斯达尔夫人对《论人类不平等的起源和基础》所作的部分评论中得出这个印象，斯达尔夫人宣称："卢梭用多么高明的技巧跟上了人的观念的进步。他以赞美人类思想的最初阶段鼓舞了我们！"斯达尔夫人注意到，卢梭的赞美并没有延伸到人类后来的阶段，但她暗示，由于生性多变，卢梭的态度是前后矛盾的，不是他所采纳的原则所应有的结果。"也许卢梭应该承认，认识和理解的热情也是一种自然情感，是上天的恩惠，就像人的所有其他能力一样；在人们认识和理解的时候，这种热情是快乐的媒介，而当人们懒于认识和理解的时候，这种热情就成了一种苦恼。"① 对"完善能力"（Perfectibility）一词——虽然这个词很显然是杜尔阁在1750年首创的——卢梭很可能比其他任何人起了更多的传播作用，成了孔多塞及其继起的、相信古往今来人类进步按一定顺序发展的现实性、必然性和合宜性（desirability）的人的口头语。

但卢梭本人的思想比他的后继者们更复杂、更多面。后继者们由于这些思想而对"物种迅速完善"抱有充分的信心。因为除了前面提到的两种相互冲突的思想倾向以外，《论人类不平等的起源和基础》中还有第三种倾向，它以奇妙的方式对前两种倾向进行了修正和转向。卢梭的评注者们对此很少注意。这种倾向源自霍布

---

① 《卢梭的书信和著作》，1788年，《全集》第1卷（1820年），第15页。

斯的人性观的影响,特别是他对"激情"的说明。激情是人的主导因素,也是人所特有的。霍布斯发现,我们人类特有的欲望的目标,唯有"心灵的愉悦"(不同于霍布斯以"合宜"来概括的感官愉悦),是"荣耀(对自己的良好评价),或最终指向荣耀";荣耀体现在比较和出众(*precellence*)。他又写道:"所有心灵愉悦和快乐都在于自己在较量中高人一筹,可能找到某种用以摆功和自夸的东西。"正是这种热望使人成为了社会的动物。"人喜欢相互陪伴",他们可能会从中获得荣耀和好处,可能"用别人的弱点和缺陷衬托自己的高明",或"在与同伴相遇时获得他们的尊敬和赞美"。总之,"所有社会不是为了获利就是为了荣耀而存在的",但还没有到追求同类的爱就像自爱的那种程度。① 但当"虚荣"酿成一种自私自利甚至怀有恶意的社会氛围时,它也就成了人们争吵的最常见的原因。个人或国家之间的冲突有时源自物质利益的实际对立,但霍布斯认为,冲突更常源自自尊的情感,这种情感使人人相互攻击,"为了一些鸡毛蒜皮的小事,如一句话,一个微笑,一个异见或者任何一个瞧不起的表示,这或者直接对他们本人,或者间接对其亲友、民族、职业和名誉。"

我们看到,卢梭反对霍布斯的这种社会心理学及其对人内在之恶(*Méchancéte*)的推断,由于他是在描述纯自然状态(*pur état de nature*)。最初的大猩猩不会对他映入同类眼中的形象感兴趣,也不会与映入自己眼中的其他动物的形象相比较。请记住,对卢

---

① 《利维坦》,第13章,《论公民》,第1章,见伍德里奇的《霍布斯哲学精选》,第233—237页,第240—248页。

27 梭来说,"纯自然状态"恰是人性尚未显现的一个阶段。然而,根据《论人类不平等的起源和基础》的说法,当人区别于其他动物时,他的主导热情和一般性情恰如马姆斯伯里的那位哲学家*所描述的那样。总之,卢梭在这里关于人性的理论等同于而且显然是源自霍布斯的理论。他也宣称:"很容易看出我们的一切事业都是趋向于两个目的,即:为了自己生活的安乐和在众人之中受到尊重。"自尊心(Amour-propre)……"来源于比较,不能将之与自爱心(l'amour de soi-mêre)混为一谈"。后者自然是关注于个人利益,对人和其他动物来说都是如此;而前者是一种"人为的情感,仅仅是社会的产物。它使每个人把自己看得比他人更重"。这种热情在人类自我意识出现的最初瞬间就显示出来,它也是人类进步的第一步:当人从自然状态中突现出来时,人开始为其物种优于其他动物而感到自豪。

这样,人第一次观察自己,便产生了最初的自尊感;在他还不会分别等级的时候,在他第一次注意到自己等级的时候,他早早就准备把自己列为同类中的第一等了。

卢梭宣称,同样的激情一直是而且仍然是我们最独有的主要资源,在善与恶两方面——但主要在恶的方面。

正是那种热衷于声望、荣誉和特权的普遍欲望……正是

---

* 指霍布斯。——译者

02. 卢梭《论人类不平等的起源和基础》被臆度的尚古主义

由于每个人都渴望别人颂扬自己,正是由于每个人都几乎终日疯狂地想出人头地,才产生了人间最好和最坏的事物:我们的美德和恶行;我们的科学和谬误;我们的征服者和哲学家;也就是说,在极少数的好事物之中有无数的坏事物。

卢梭在一段文字中甚至说:"这是引发人与人之间相互加害的全部邪恶。"它是人类欲望无限膨胀的原因;因为对"生产品"的正常欲望、对感官满足的手段的正常欲望是有限的,但是,对"荣誉"的渴求,对满足个人位高势尊、超绝群伦和权势感的渴求,却是从无餍足的,而且其表现形式又是千变万化的。人——一旦他成了真正的人,由于其天性(只要他未能意识到这种冲动并加以限制),注定了会永无餍足、永不停止地追求其目标。这个目标达成时,像以往一样,不会让他感到满意。归根到底,自尊心是伪善的根由,卢梭在文明人的情感生活和行为里发现这种伪善尤为可憎——它是虚伪和迁就的精巧结构,"保全体面"、假装友善或赞许,一个虚荣的人对另一个虚荣的人致以赞美,以便他能得到同样的回报。透过这种特殊类型的人类愿望,人们会在其内心产生一种奇怪的相互阿谀奉承的心态。他们必然变成这样一种状态:野蛮人自在地生活,而社会的人得按照他人的意见生活。①

因此,说卢梭告诉我们人自然为恶,就像说他告诉我们人"自

---

① 这一观念由亨利·詹姆斯在其短篇小说《私生活》中加以诙谐的阐明,其中的一个人物,对各种社交风度非常熟悉,却没有任何私生活;不在社交场合——不再是他人赞美的对象,他就完全停止存在了。

然为善"一样正确;两者中前一个说法更为重要,因为只有前一个说法与人性中独特的东西有关。很明显,《论人类不平等的起源和基础》的学说与欧文·白壁德教授所阐述的卢梭的特性几乎是截然相反的。

> 他把自己所意识到的冲突和分裂归咎于限制他的性情和冲动的社会习俗。一旦他摆脱了这些纯粹人为的荣誉,他会觉得自己与自然融为一体了。①

卢梭发现,我们恶的真正根源就在人性本身,就在人性中最具特性的部分。但是,卢梭虽然主张,智性和恶一起发端,后来又一起成长,但他并未说它们是同等发展。在文化演化的早期阶段,在人从自然状态中脱颖而出之后,他们所具有的动物交感本能依然相对强烈,他们的自尊心则相对薄弱,或曰缺乏表达的手段,以致人的利己心只是稍稍抵消了由人的智性完善能力所可能生成的知识的进步。卢梭所描述的这些阶段的特征现在有必要重提。

卢梭的历史大纲的第二个阶段是一个漫长的过渡时期——用卢梭的话说,涵盖了"几个世纪"——在这个过程中,人一点点地学会了使用简单的工具和武器,群居以相互保护和获取食物,发明了语言,最后出现了持久的家庭,由此发展出了最初的、极有限的私有制阶段——以承认个人拥有自己的武器及其他个人所有物、每个家庭拥有自己的居室的形式。这一过程的完成是卢梭所言的第

---

① 《卢梭与浪漫主义》,第79页。

三阶段,他称之为新生的社会(sociètè naissante),并(像我已经指出的)屡次清楚地把它与前社会的(pre-social)"自然状态"相区分。① 这是人类社会宗法制的阶段,唯一的管制是家族的管制,人生活在一个松散的、无组织的乡村群体中,通过狩猎、打鱼和采摘土地上的自然之果来获取食物。通过自发地聚集在一起唱歌跳舞来自娱自乐。令人讶异的是,虽然卢梭在这个问题上②的看法非常明确,仍有许多博学的历史学家和政治思想家乃至研究卢梭的学者却没能指出,卢梭心目中最理想的状态是这第三阶段,而不是自然状态。《论人类不平等的起源和基础》一书中的这段文字应该是最为人熟知的,但鉴于它常常被人忽略,因此似乎有必要在此重温一下:

> 尽管人类现在已经不那么有耐力了,尽管自然的怜悯心(pitié)已有了某种程度的变化,但是人类能力的这一发展阶段是恰恰处于介乎原始状态中的悠闲自在和我们自尊心的急剧活动之间的一个时期,这应该是最幸福而最持久的一个时期。对于这一点我们越加深思,便越觉得这种状态极不易发

---

① 然而,卢梭对"自然状态"这一术语的使用亦有些变通,无疑部分是为了回应通常的误解。我可以在《论人类不平等》中列举出 44 个例子,其中 29 个例子仅指完全动物性的第一阶段,4 个例子仅用在法学意义上,不考虑任何文化阶段的差异,2 个例子覆盖了最初的三个阶段,有 9 个例子依据文意不能判断出确切所指。

② 然而,必须说,邓宁教授(前引书中)注意到了这一点,但他只是把它作为《论人类不平等的起源和基础》中主要内容的一个矛盾。这一事实得到了沃恩教授的确认。伏尔泰在收到《论人类不平等的起源和基础》后致卢梭的那封有名的信是最初误解的一个例子(莫兰编,第 38 卷,第 446—450 页)。

生变革,而且也是最适合于人类的一种状态;除非由于某种不幸的偶然事件,否则人类是不会脱离这种状态的。为了人类的共同利益(utilité),这种偶然事件最好是永不发生。我们所发现的野人,几乎都处于这种状态。从他们的事例中,似乎可以证实:人类生来就是为了永远停留在这种状态。这种状态是人世的真正青春,后来的一切进步表面上看是趋向个人的完美,而实际上却是趋向人类的没落。

然而,应该记住,卢梭以前的许多作者用"自然状态"来指称这种被认为与现存野蛮部落的文化状态一致的宗法的和共产的社会。卢梭对此的描述与莎士比亚在《暴风雨》中援引的蒙田的一段文字并无很大不同。在这段文字中,蒙田描述了"坎尼瓦尔人"(Cannibals),即加勒比印第安人的愉快生活——除了其食人风俗,蒙田视之为人类童稚时代微不足道的小过错。蒲伯的"自然状态"虽然把卢梭明确区分的几个阶段搅在一起,总体上也与卢梭所说的第三阶段相符。

因此,也许首先可以看出,卢梭的看法与这些先驱的看法的区别仅在于术语的区别,——他所认为的理想状态,那些先驱称为自然状态,虽然他喜欢以之表示人类生活的另一种状态。的确,卢梭对第三阶段的称许只是在唱一首老歌,一队队高贵野蛮人的动情赞美者在他之前已经唱过了。但他和他们之间的意见差异何止是在措辞上。《论人类不平等的起源和基础》所断言的人类最佳状态不是原始状态,准确地说不是"自然的"状态,而是技术生产状态,即人的创造性智慧在其缓慢而热情的发展过程中有意识地加以运

用的状态。第三阶段没有附以"自然的"这一神圣的形容词的感染力,你不必像蒙田热情地把野蛮风俗描画为

> 自然最初加给他们的法则

那样来谈论这个阶段。总之,对卢梭来说,人的善在于与其"自然状态"的分离——但不是完全的分离;"完善能力"在一定程度上是令人满意的,尽管在消除邪恶这一点上有所不及。人类的最佳时期不是其幼年期,而是其青年期(*jeunesse*),这种观点和彻底的尚古主义之间的差别,在我们看来是非常微小,但在 18 世纪中叶,这就等于放弃了尚古主义的立场。

这还不是全部区别所在。与当时习用的对野蛮状态的描绘相比,即使是卢梭对第三阶段的描述也远非田园牧歌,之所以如此,是因为他对凡人皆有的(*quâ* human)人性基本上持否定看法。他所描绘的图画色彩并不单一,但其中掺杂了浓重的黑色,他的野蛮人决不同于德莱登笔下的印第安人——

> 自然的人,在舞蹈中消磨时光,
> 鲜活如其树林,快乐如其家园

也不像阿弗拉·本夫人(Mrs. Aphra Behn)笔下的苏里南土人,"[对她来说]他们代表了人在知道如何作恶之前其纯真的第一阶段的绝对理念"。卢梭"新生社会"的人,已经产生了许多争执和辩论。在他们身上,自尊心作为超越纯粹动物阶段的必然结果已经

出现。轻视或侮辱必然会被施以可怕的报复。已经有太多的人出于同样的动机,开始希望提出异议,不是对他们有什么实际用处,而仅仅是为提出异议而感到自豪。因此,"得不到这些享受的痛苦比得到这些享受的快乐要大得多"。

这里再次申明,卢梭著作中的确存在着近乎自相矛盾的思想倾向的冲突。但此处要确定哪种倾向更为独特,或者要弄清楚他怎样在一定程度上调和这种冲突,并不困难。他的图画中的晦暗部分,才是他描述的第三阶段的独特而重大的方面,而这个晦暗部分来自于人性中彻底的恶的预设;其他部分则呈现了18世纪思想中更常见的倾向。为什么他认为第三阶段不是完美阶段,而是人类实际所能达到的最佳生活状态,其原因就是《论人类不平等的起源和基础》中两个各具特色的假说迫使他去调和折中。就像我们看到的,这两个假说假定原始人是健康的、平和的、温顺的,但又绝对是愚笨的、不善交际的和无道德概念的;文明人具有很高的智慧和道德责任感,但非常恶($méchante$)、虚伪、浮躁不安和怏怏不乐。卢梭无法拿出决心把任何一端视为他的理想,因此,明显的出路只能是把两个极端的中间之路作为可能的最佳状态。人们在第三阶段,与在自然状态下比起来,少了温顺,少了平和,但也少了愚笨,不善交际的情况也有改善,比起文明人来,他们的智力有限,也没有多少支配自然的力量,但他们也不那么恶,不那么寡欢。由此我们看野蛮状态,有些人称之为"自然状态",不是视之为自然的完美状态,一种绝对的规范,而是视之为混杂的状态,介乎两端之间,同样不尽如人意。卢梭再一次与他的尚古主义先驱有深刻的不同。

至于导致第三阶段终结的原因,我们在此未加关注。众所周知，卢梭发现，农业和冶金术的出现导致了土地私有制的建立，导致了资本的积累以及个人财富和权力日益增长的不平等。与本文主题有关的是要指出卢梭所说的人类进化的第四阶段，与霍布斯所描述的"人类的自然状态"是同样根本的阶段。卢梭与霍布斯的不同仅在于他坚持这一状态不是原始阶段，在于他追踪了人类进入这一阶段的渐进过程；在于他还明确地把这个阶段置于农业的发明和私有财产的出现之后。但这一切按霍布斯的观点来看，都不足道，霍布斯的基本观点是，这种状态是政治社会通过社会契约建立起来之前的状态——如果去除所有的法律和政体，任何开化了的社会都可以回到这一状态——在这种状态下，其人民为一种"彼此加害的意愿"而欢欣鼓舞，必然会进入一种潜在或公开的普遍冲突中——陷入每个人对每个人的战争（*bellum omnium contra omnes*）。同样，卢梭告诉我们，在第四阶段或前政治阶段的末期，"永无止境的野心，与其说是出于实际需要，毋宁说是出于使自己高人一等而聚敛财富的热狂"，使所有人都产生"一种相互损害的阴郁的气质"。"新生社会的状态让位于可怕的战争状态"，在战争状态下，"人，无论穷与富，都得不到安宁"。总之，卢梭借自霍布斯的人性概念的含义只有在他对其第四阶段的描述中才变得完全清楚；可以说，这些含义一直不明确，但现在由于我们在《论人类不平等的起源和基础》的这一部分所得到的自然结果仿佛《利维坦》所描绘的自然状态的副本，这些含义变得清晰起来。

最后，正是这一霍布斯式的（部分也是曼德维尔式的）社会心理学——甚至超过蒙田和蒲伯所代表的尚古主义传统——阻止了《论人类不平等的起源和基础》一书中的进化论倾向提出普遍进步的学说和对完善能力(*perfectibilité*)的信念。人只是他所是的那种动物,其社会发展进程的必然顶点是一种难以容忍的邪恶状态。由于第四阶段的暴力和普遍不安全特征,正如卢梭所说,政治国家作为一种补救措施而被创造出来。它不是信义所致;它是有钱人的把戏,设计出政治国家仅仅是为了保护他们的财产,并进一步扩大他们的权力。对业已存在的经济不平等而言,它的最终结果是增加政治的不平等以及阶级之间对抗和冲突的新诱因——这是从霍布斯前提推定的结论,虽然与霍布斯本人的推论明显不同。总之,卢梭认为采取这一补救措施,只会使病症恶化,这是《论人类不平等的起源和基础》的悲观结论。但在卢梭论述这一主题的第二部著作——《社会契约论》中,尤其是在该书的初稿中(根据沃恩的说法,初稿的写作可以追溯到写作《论人类不平等的起源和基础》前后不久)——进化的概念引人注目,但书中也清晰而充分地表现出了一些不一致的倾向。现在卢梭宣称,以往从未出现过人类社会的理想状态:

> 天性的甜蜜声音对于我们不再是一个正确无误的引导,而我们所得之于它的那种独立状态也并不是一种可愿望的状态;和平与清白,早在我们能尝到它们的美味之前,就已经永远被错过了。为原始时代愚昧的人们所感觉不到的、为后代已经开化了的人们所错过了的那种黄金时代的幸福生活,对于人类来说将永远是一种陌生状态。①

---

① 《社会契约论》初稿,见沃恩《卢梭的政治著作》,Ⅰ,第448页。在我看来,内在的证据表明这种说法不可能先于《论人类不平等的起源和基础》。

我们会注意到,《论人类不平等的起源和基础》所说的第三阶段也不例外。就自然状态——如我们所知,在《论人类不平等的起源和基础》中已经遭到了驳斥——而论,现在卢梭更强调地宣称,人摆脱自然状态是迈向至善的漫长征程的第一步。自然状态的持续将会 nuisible au progrès de nos plus excellentes facultés[有害于最优秀的才能的发展]。只要人活着而没有明确而持久的社会关系,他们的智力(entendement)就不可能发展。

> 我们毫无感觉地活着,我们未曾生活就死去;我们全部的幸福只在于并不认识自己的苦难;我们的内心里既没有善良,我们的行为中也没有道德;我们永远也不会尝到灵魂的最美妙的情操,那就是对德行的热爱。

应该看到,这一论点的前提完全依赖于我已经指出的、《论人类不平等的起源和基础》重要且相对新颖的两个观念。(a) 对 état primitif[原始状态]的确认,不是对田园式的蛮荒状态的确认,而是对一种完全的愚钝和动物性状态的确认;(b) 人类历史的后续阶段是人所特有的智力的逐渐完善化过程。霍布斯的影响虽然还没有完全消除,但已经大大削弱。卢梭不再坚持人的智力进步必然伴随着自尊心的增强,因而也伴随着恶的增强而不可救药。《论人类不平等的起源和基础》结论部分的悲观主义于是被《社会契约论》中更充满希望的进化论倾向的结论所取代。卢梭现在不再把社会发展的任何以往状态理想化,他要在未来中找到他的理想。

> 不要认为我们不再会得到任何美德或幸福,天国遗弃了

我们,便无权追索人类的堕落。让我们竭力摆脱那非常之罪,我们忍受了治愈这种邪恶的疗救之苦。

当然,这种疗救体现在以恰当拟定的以社会契约为基础的社会重组。卢梭总结道:那么,让我们向自然状态的颂扬者揭示"相信其为幸福的那种状态的全部悲惨",让他去发现"技艺开始对自然所造成的灾祸的那种补偿"。① 在《社会契约论》正式出版的文本中,对尚古主义的驳斥,虽然表述上不太明显,却并不含糊。它同样有其基础。卢梭在《论人类不平等的起源和基础》中已经呈现出了较为新颖的初民观,从自然状态向市民社会的过渡——其中几个中间阶段现在并没有加以区分——被说成是一个温和的过程,

使他从一个愚昧的、受局限的动物一变而为有智慧的生物,……而在他们的行为中,正义取代了本能,他们的行动也被赋予了前此未有的道德性。②

但仍然有待未来去揭示《论人类不平等的起源和基础》的原创性学说是否包含了对人性的深刻洞见,是否提供了对人类事务普遍进程的更真实的描述。因为卢梭学说正如其所显示的,宣称历史有双重进程。一方面,所有那些能力和成就的无限进步恰恰表示了人的智力日益增长的潜能;另一方面,日益增长的人与人之间

---

① 前引书,第454页。
② 《社会契约论》第Ⅰ卷,第8章。

的严重疏离、心怀恶意和相互恐惧，形成了一个普遍冲突和相互加害的畸形时代。正如我们所知，卢梭继霍布斯和曼德维尔之后发现了，这后一进程的主要动因是自我意识和社会动物性的独特激情——骄傲和自尊，一种使自己高于他人的需要。对历史的概观没有表明这种概括为假，卢梭撰写《论人类不平等的起源和基础》之后这段时期的历史令人悲哀地感到它们可能为真。准确地说，他所描述的这两个进程以前所未有的规模在继续发展：即人的知识和驾驭自然的能力取得了巨大进步，同时，对抗、不信任、仇恨、最后再加上对战争的恐惧也在持续地增长。当前，欧洲和亚洲的大部分地区为卢梭的第四阶段提供了生动的例证，也为古老文明的地位提供了生动的说明，至少，在卢梭描述

> 堕落而悲惨的人类，再也不能从已踏上的道路折回，再也不能抛弃已经获得的那些不幸的获得物，同时，他们全力以赴的只不过是滥用使自己获得荣誉的种种能力，从而为自己招致恶果，并终于使自己走到了毁灭的边缘

时，他勾画出了一幅预言式的画卷。

除了具体细节之外，卢梭对第二个有害进程的主要原因的判断是正确的。虽然他一点也没有忽视，但他没有充分认识到自尊心多么强烈地趋向于以一种群体形式呈现。它的更极端的个体表现在任何结构严密和同质的社会群体中都受到严重压制，它在群体虚荣和群体间的敌意中找到了一个有效的替代品——种族自豪感、民族自豪感和阶级自豪感。正如近来的一位作者所恰当地命

名的,①这种"共享的自尊"马上变得更难以控制,其损害的强度比个体形式的激情更无穷之大。但由于这一性质,所有事物近期的历史和现状都充分证明了卢梭对人类事务的这一动机所起的作用以及对人相互加害倾向的潜能的描述。

---

① A.克拉顿－布鲁克斯先生发表在《大西洋月刊》(1921 年 12 月)上的文章,第 722—731 页。

03. 蒙博杜和卢梭[①]

  1769年9月30日，鲍斯韦尔和他心目中的英雄在米特(Mitre)酒馆进餐，一段时间以来，鲍斯韦尔渴望回到自然状态。那个时代知识分子的流行病，他很少没有染上的。正如路易丝·惠特尼小姐的研究所显示的，18世纪50年代和60年代，形形色色的尚古主义思潮在鲍斯韦尔的家乡似乎更盛，比这个岛国的南部地区更盛。[②]而且虽然鲍斯韦尔早年对卢梭的英雄崇拜已经减退了，但部分后果仍遗留了下来。无论如何，对于鲍斯韦尔来说，没有什么比找到足以激发大熊(译按：The Great Bear，指约翰逊)发出睿智妙语的谈话更好的了，他在伦敦的时候，这就是其生活的主要目标。因此鲍斯韦尔这时候，正如他告诉我们的："试着谈论通常是奇思妙想的话题：力主野蛮人的生活是无比幸福的。"

  约翰逊："先生，没有什么比这更虚妄的了。野蛮人不比

  [①] 本文首次发表于《现代语文学》，XXX(1933年)，第275—296页。
  [②] "英国尚古主义的史诗起源论"，《现代语文学》，XXI(1924年)，第337—378页。关于鲍斯韦尔尚古主义论调的例子，参见《詹姆斯·鲍斯韦尔书信集》，廷克编(1924年)，Ⅰ，98(1767年2月1日)："你在试图和卢梭一起鼓噪野蛮状态。我偶尔也是这样。当我为事务所累，或者为文明生活中的情感所困扰时，就恨不能逃回山林"，等等。

那些开化的人有什么身体的优势,健康状况也不比开化的人强;至于烦恼和精神的忧虑,他们不在其上,只在其下,就像熊一样。不,先生,你不要谈论这样吊诡的问题:我不再谈它了,这没有什么好乐的,也没什么好说的了。蒙博杜爵士,你们苏格兰的一位法官,说了许多这类胡话。我忍得了他,但我不会忍受你。"鲍斯韦尔:"但是,先生,卢梭也说过这类胡话吗?""是的,先生,但卢梭知道他在胡诌,嘲笑世界都在盯着他。"

鲍斯韦尔:"那又怎么样,先生。"——约翰逊:"什么?先生。一个人能胡诌得这样好,肯定知道他胡诌。但我担心(嗤笑,继而大笑),蒙博杜不知道他在胡诌。"①

不用多说,鲍斯韦尔没有完全心服口服,他现在甚至认为,他自己有时候处于一种"希望退隐山林"的心境中。下面这句反讦体

---

① 鲍斯韦尔《约翰逊传》,G. B. 希尔编(牛津,1887年),Ⅱ,第73—74页。至于约翰逊博士对野蛮人的生活的看法,可参见《冒险家》,No. 67(1753)。另一方面,在《漫步者》No. 33(1750)中,约翰逊博士勾画了一幅希冀黄金时代的图景,当人希望拥有私人财产时,这一黄金时代就走向了终点。"随后出现了暴力和欺骗,偷盗和掠夺。骄傲和嫉妒在整个世界登场后不久,就带给世人一种评判富有的新标准,对那些此前认为自己很富有而一无所求的人来说,现在不是通过自然的需要而是通过别人的富有程度来重新评估他们的所求;当邻人的财富超出自己的所有时,他们就认为自己贫穷。"然而,在黄金时代的这种说法中,"闲暇"占据了爱斯脱利亚女神(译按:正义女神)的位置。在这段文字中,约翰逊率先讨论了卢梭论文中所谓的尚古主义和共产主义倾向。当然这一点也不令人吃惊,因为这篇散论的开篇只是阿拉图斯、奥维德和塞涅卡的只言片语的一种新的混合,而卢梭的论文就其尚古主义的论调而言,大部分篇幅只是同一个古典主题的进一步变奏而已。

现了地道的约翰逊风格:"哦,你在苏格兰已够'田园'的了。"①

约翰逊和鲍斯韦尔争辩着我们今天所谓的"尚古主义"时,两位当时人的名字作为"诡辩"的代表人物,首次出现在他们的谈话中。他们是第戎科学院两篇征文的作者和苏格兰最高民事法庭的法官。后者的理论四年以后才发表,但在他活跃的爱丁堡和伦敦圈子内已经是众所周知了——依约翰逊的观点,两者的不同仅仅是,苏格兰人是诚实的尚古主义者,而那位法国作者是虚伪的尚古主义者。

然而,实情是,约翰逊对两人的看法,虽然不是全然无据,却是严重误导。今天,观念史学者只是简单地把卢梭和蒙博杜定义为"尚古主义者",而忽略了有关他们的真正重要且有趣的事实。当然,不必否认,两位有时候详述了野蛮人生活的幸福是不必否认的。蒙博杜爵士——在被提升为法官之前,叫作詹姆斯·伯内特(James Burnet)——在1728年进入了阿伯丁大学的马里斯肖尔

---

① 蒙博杜对约翰逊的打趣并非不在意。他在《论语言的起源和发展》一书中(第2版,1789年),第5卷,第262—275页,以长篇的恶评攻击了这位文坛巨擘的品味、学问乃至其性格。约翰逊"既非学者,也非雅士"。他不及"一个批评家的十分之一的又二十分之一"。他是"我所知道的最讨人厌和恶毒的家伙,他不会赞赏其他人赞赏的作家或著作,私下聚谈时也对他们所说的一切吹毛求疵,横加指责,毫无耐心,不能容忍他人哪怕是片刻引人注意。"这种勃然而起的背景显而易见不是约翰逊对蒙博杜的攻击(这一点鲍斯韦尔成功地通报给了他的同乡),而是由于,一方面,约翰逊对弥尔顿的英语诗和拉丁语诗的风格的贬低,另一方面,约翰逊对《失乐园》的评论——"只从《失乐园》不是首创来看,就算不上最伟大的英雄史诗"。在蒙博杜看来,鉴于荷马的《伊利亚特》的故事是以往创造的史诗的最佳题材,或者更准确地说,是所能选用的最佳题材,《失乐园》的主题要高于诗学的摹仿。蒙博杜对约翰逊文评及其学术风格的一些责难,并非无的放矢。1773年约翰逊造访蒙博杜时,宾主彼此惺惺相惜,这是鲍斯韦尔的《赫布里底诸岛之行》中最迷人的一段,但这种尊重显然没有持续下去。

学院,当时他只有十四岁,已经早早地受到小托马斯·布莱克韦尔的影响;在稚嫩的年纪,他已经耳濡目染了阿伯丁尚古主义者的一些颇受欢迎的观念,这些观念在他的生活中继续影响着他对事物的看法。在英国思想史上,他的主要意义不在于他作为尚古主义代言人的角色,而在于他是那个国家的新思想的倡导者之一,这种新思想是要摧毁尚古主义。在这一点上,他的地位和卢梭相当——至少与写《论人类不平等的起源和基础》的卢梭相当。我在前一篇论文中已经提到,在卢梭的论文中,颇富原创性的、革新的和历史性的重要的东西都恰好与许多法国文学史家和哲学史家的陈述大相径庭。"第二篇征文"中仍然有很多具有悠久传统的尚古主义的东西,然而其借以促进将一个新阶段引入思想史的特征却是某种社会进化论,进化论虽然与尚古主义在18世纪中期出现过几次奇妙的结合,但从根本上讲,二者在逻辑上是对立的。在本文中,我将指出,先前我对卢梭怀有敬意的评述,对蒙博杜也同样适用,偶尔我也会探究他们观念的相似是否由于卢梭影响了那位苏格兰作家,或者指出认为蒙博杜在这条路上比卢梭走得更远的理由。

就像卢梭的《论人类不平等的起源和基础》一样,在蒙博杜的主要著作中,以下六种主题都已经出现,所有这些主题都非同寻常,其中一些在18世纪的第三个二十五年,有令人惊异的新奇感。

1. 自然状态,或曰人类的原初状态,是纯粹动物性的状态,在这个状态下,我们的祖先没有语言,没有社会组织,几乎没有实用技艺。总的来说,在知识的获得和生活方式上尚未与猿区别开来。

2. 因此,自然状态恰如人们所言,不是一个理想的状态,除了人类的动物性的体质状况。自然状态只是人类必然而且适逢其时地诞生的阶段。但是,在这一点上,卢梭和蒙博杜两人的说法未能完全达成一致;虽然两人不是真正的尚古主义者,但两人都可以称为回溯论者(retrospectivisits);他们都明了在人类历史发展的早期阶段——虽然并不能确定是最早的时期——的最美妙的篇章。卢梭把这一时期放在文化进化的田园期,而蒙博杜则把它放在古希腊时期。

3. 人和"奥郎-乌当"是同一物种;换句话说,奥郎-乌当是人种的一支,出于某些原因,他没有像已经得到发展的其他物种那样发展;因此,我们可以在奥郎-乌当这些动物身上看到与我们祖先的特征及其生活方式相近似的例子。

4. 像前文提到的,人种的主要心理差异并不在于任何精神性或通过人的历史可以发现,因而人从一开始就呈现出来的能力,而是体现于人类逐渐展露高级智能的能力——杜尔阁和卢梭称之为完善性能力(*perfectibilité*)。因此,人的历史起源于这样一个阶段,在某种意义上,他还不是人,他基本上只是具有进步的潜能而区别于其他动物,并非从自然状态脱颖而出,他就变成了真正的人。

5. 因此,人的历史——至少截至某一个点——应被认为(而不是大家普遍认为的)是一个从原始的完美状态(primitive perfection)衰落的过程,一个起初照亮了人的纯粹的自然之光逐渐暗淡的过程,但更是一个缓慢的、艰难的、从其动物性乃至野蛮状态脱胎而成为理性的和社会的人的生命过程。

6. 最后,需要一门新的历史性的学科,它可以描绘出知识发展过程和社会进化过程的每一个阶段,为了达到这一目的,当务之急是做出比业已完成的对当时野蛮人生活的探索更为出色的研究——也就是说,当时各个物种的生活依然存在于某个典型的文化阶段。开化了的人的祖先肯定曾经经历过这些文化阶段。

所有这一切在卢梭的第二篇论文中都可以找到。我在前面已经指出过这一点。现在,我要引用蒙博杜书中的一些例证——主要是他的大作《论语言的起源和发展》(1773年)的第一卷,以及奈特教授在《蒙博杜爵士及其同代人》(1900年)中发表的他的书信。

1. 自然状态的特性。蒙博杜说,下面所说是既定的事实:

> 这种自然状态的性质举世皆然,芸芸众生(因为他们不具有国家之名)生活在一个完全野蛮的状态。的确,在一些方面,他们甚至比某些野兽的行为还要野蛮,因为他们既无管制,又无技艺……无论哪方面有所进步,都只能算是一个起步;既然是起步,只能是动物性的。为了追溯这个进步,我们追溯到哪里才停步?如果我们发现了这一链条上如此多的相互联系,我们就可以大胆设想其余的情况,并得出结论,进步的开端具有把我们与其他动物相联系的共同性质。从野蛮人身上,我们自然会因野蛮人而思考野兽的生存条件;在野兽和野蛮人之间,有这样一种相似性,以致很多人不再承认两者之间有什么不同;即使在我们出生之时,乃至经过了一段时间,彼此也不存在任何实质差别。①

---

① 见《论语言的起源和发展》,第2版(1774年),Ⅰ,第147页。

1772年,蒙博杜在致友人詹姆斯·哈里斯——《赫尔墨斯》一书的作者——的信中,也说了类似的话:

> 我相信,许多人会认为,我把我们的人性贬得太低了。虽然没有人持有比我的人性观更高的观念,但当人性因生活的技艺而得到改善,因科学和哲学而获得提升时,我仍很难想象人性——在语言发明之前——处在比野兽的状态更高级的一种状态。简言之,贺拉斯所说的无言而无耻的畜牲(*Mutum ac turpe pecus*)正是我对自然原初状态下的人的看法;为了证明我哲学,我求助于历史学——古代史和现代史——来证明,许多民族已经被发现并仍在被发现,虽然他们有一些语言的运用,他们仍处于兽性状态。从中我们恰好可以推断出,在能使用语言之前,他们的状况一定是多么凄惨和野蛮。[①]

2. 自然状态的不如人意。——显然,很难想象蒙博杜会悲叹人摆脱这样"凄惨而野蛮的状态",或者会希望人回到这样一种状态;相反,他明确告诉我们,人性只是在"它通过生活的技艺而获得改善,通过科学和哲学而获得提升"时,才会达到它的高级阶段。不过,蒙博杜的著作就像卢梭的著作一样,有许多段落很容易被视为对这种自然状态的赞颂,而他们两位曾用非常乏味的语言来描述这种自然状态。伏尔泰指出了卢梭在这两种看法上的明显不一

[①] 奈特前引书,第73页。

致,"奢侈是人类进步的自然后果,而顺此推下去,一切仇视奢侈的人都要跟卢梭一样,以为人类的幸福和道德都不应该是野蛮人而应该像奥郎-乌当那样"。① 这种不一致性在很大程度上是两位作者鼓吹"人类的自然状态"时,基本上是指原始野兽在体质上的优越性,而悲叹我们人类在体质上的退化,他们相信这是由于文明生活的奢华所造成的。于是,蒙博杜写道:

> 情况如果属实,那么,正如我坚信的那样,上帝与自然把人安置在其中的那种状态便是最相宜的,至少就人的身体而言,并没有任何技艺可以改善自然习性,建构人的体格;那么,在若干实践技艺和全部生活行为中,了解这一自然状态就是最重要和最有用的。举例来说,医生这一门手艺的目的是尽可能把病人的身体恢复到自然状态,因此,这是衡量其完美医术的标准。同样,政治哲学家会学习去保存自然的力量和动物的活力……通过适当的饮食、锻炼和生活态度……最终,每一个个体的人……如果他是明智的,如果他了解自然状态,会极力使自己回归这一状态,尽管要与我们生活于其中的社会状态相吻合;仿效古代伟人的榜样,选择自愿忍受这些艰辛,就像他们普遍认为的,野蛮人只是注定要忍受艰辛,却没有认

---

① 伏尔泰:《哲学词典》,"奢侈"条。

03. 蒙博杜和卢梭

识到那些艰辛对他们的幸福是不可或缺的。①

蒙博杜关于自然状态的优势的这几段文字,是表达他那个时代一种稀有理想的方式,而且它无疑亟需传播推广——而这理想是要身体健康。他痛斥他的同代人"饮食无度",悲叹"体育锻炼,或至少是类似的、恰好能赋予身体以强健力量和灵活性的体育活动,几乎全都废弃了"。② 总之,他是较早的、热情的——即使效果不大——体质文化的先知和一种更斯巴达式的健康价值③的推广者。他偶尔对自然状态的赞颂可以部分地解释为依循旧的习惯,但更主要是受改良 18 世纪人的体质状况这一值得嘉许的目标的启发。但对伦理上的自然主义——它常常作为尚古主义的伴随物——以及一般历史哲学的含义的赞颂,蒙博杜与其说是一位拥护者,不如说是一位反对者。他认为艺术和科学不断恶化的影响,只在于它们制造出奢华而使体质弱化,与卢梭不同,他不认为这是教化的必然后果。相反,他坚持"正是借助于技艺和科学,我们才

---

① 《论语言的起源和发展》,第 1 卷,第 iii 页;也见第 ii 页。"政治家……会研究适当的练习来保存自然力和动物的活力(人的技艺能够做到),尽最大可能防止沉迷于闲适和身体的愉悦。由于这种闲适和身体的愉悦,所有开化民族的人都从其早期不断地衰落下去。"

② 前引书,第 3 卷,第 453 页;也见第 1 卷,第 447 页注释:"这一事实无疑是确凿的,现在的人比任何其他动物都容易得病;但责备应放在理应责备的地方,应该责备的是糟糕的生活方式和习惯,还有我们发明来毁坏我们身体的许多别出心裁的技能,而不应该责备上帝与自然。"

③ 这一时期在苏格兰需要有这样的说教,这一点可参见迪恩·拉姆齐的《苏格兰的生活和人物的回忆》(1858 年)。

比野蛮人更强"。①

准确地说,在人成为理性的和政治的动物之前,没有什么所谓的品性,此后人才展示出真正的勇气,与畜牲或野蛮人的凶猛截然不同,展示出慷慨,对危险和死亡无所畏惧,对国家亲睦和爱以及提升人性的所有其他品性。但在纯粹的野蛮人身上,如在畜牲或我们人类的幼年期一样,我们很难指望发现这些品性。②

3. 人与奥郎-乌当。卢梭将他关于我们与猿具有亲缘关系的看法藏在了附注中。这一点无疑逃过了他同时代的许多读者的注意,也避开了绝大多数后世历史学家的注意。但蒙博杜用了一百多页的篇幅为这个假设辩护;1773 年他的著作《论语言的起源和发展》第 1 卷出版之后,③可能正是由于这一学说,他的大名才与同时代的大多数杰出之士并峙。约翰逊博士要进行嘲讽的话,这里有一个比蒙博杜关于野蛮人的看法更丰富的话题。约翰逊说:"先生,奥郎-乌当不会说话和他会说话同样可能,但我不会就此争辩。

---

① 《论语言的起源和发展》,第 3 卷,第 455 页;也参见第 463—466 页。
② 前引书,第 1 页,第 440 页。
③ 人类学奠基人 J. F. 布鲁门巴赫在其博士论文《论人类不同的起源》(*De generis humani varietate nativa*, 1775) 中认为卢梭和蒙博杜是"毫不扭捏地提倡人与奥郎-乌当之亲缘关系学说的""近代作家"。——布鲁门巴赫在此很不客气地认为这一点"在专家面前,无需再做任何辩驳"。此文的英译本可见布鲁门巴赫的《人类学论文集》,T. Bendyshe 英译,1865 年,第 95 页。

我会认为,不可能找到一个蒙博杜,然而他真有其人。"约翰逊又说:"看到蒙博杜爵士——一个有着健全理智和丰富学养的人——发表这样的观点,真令人沮丧。有少数蠢人这样做,我们只会一笑置之。但当一个聪明人这样做时,我们就难过了。别的人也有一些奇妙的见解,但他们会隐而不宣。如果他们有尾巴,他们会夹住尾巴不让它露出来;但蒙博杜就像一只松鼠那样看重他的尾巴。"接下一个世纪的科学和哲学史非常残酷地大挫了约翰逊博士这一戏谑的锋芒。在《论语言的起源和发展》第 1 卷出版一个月之后,约翰逊博士对鲍斯韦尔说:"先生,这本书是关于一件无益之事的全部猜想,纵然可能作为真事而为众人所知。各种各样的知识都是有益的,对有益之事的猜想也是有益的,但对那些知之无益的事物的猜想,像人是否爬着走之类,却纯粹是无聊。"① 约翰逊也是一个学养丰厚的不俗之辈,但他的这一评论也许被他的同代人视为最愚蠢的言论。排斥鲍斯韦尔所谓的"蒙博杜爵士对人性的最初状态的新奇推测"只是一种自然的守旧,这样的情况发生在约翰逊时代以及具有类似气质的人身上是不难预料的,但断言所提的问题不足道和无聊,就暴露出对思想观念的重要意义令人惊异的盲目无知,缺乏科学和哲学的想象力。而蒙博杜在讨论奥郎-乌当的那两章的结论部分,以一种适度的科学精神来陈述结论,比较起来显得光彩熠熠。

---

① 鲍斯韦尔:《约翰逊传》,V,第 46 页,111;Ⅱ,第 259—260 页(1773 年 5 月 8 日)。

至于肯定被忽视的奥郎-乌当的人性,我不想放言说,我所提出的事实和观点是令人信服的,但至此我可以大胆断言,我所说的已足够使一位哲学家把它作为一个未可预断的、值得探究的主题。①

　　对蒙博杜来说,"奥郎-乌当"这个词很显然是一个"总称",也可以应用于大猩猩和黑猩猩。的确,这个词通常是指非洲猿,而不是指婆罗洲或苏门答腊的奥郎-乌当。蒙博杜断言,我们与这些类人猿存在可能的血亲关系的基本理由,就其本身而言,是完全具有科学性的理由:它存在于晚近由布封和多邦东(Daubenton)在《博物志》中所揭橥的比较解剖学的事实。据此,蒙博杜说:

　　至于奥郎-乌当的身体,从里到外都是地道的人类。除了一些细微的变异外,在人和奥郎-乌当之间很难区分出什么特别的差异。在那些无疑属于人类的个体中,可能发现的远比我听信的要更有意义,而且,更为特别的是,正如布封先生所说的,奥郎-乌当具有与人相似的发音的舌头和其他语音器官。其大脑与人也完全是同一种形状和大小。他和人有着同样的脏腑……恰好有同样的结构,只是人有屁股和腿肚子,这

---

① 《论语言的起源和发展》,Ⅰ,第360页。

03. 蒙博杜和卢梭

使他们比其他动物更适于直立行走。①

然而,蒙博杜对奥郎-乌当的"内在本质及其思维习惯和性质"的兴趣,远胜过对动物解剖的兴趣;在这些方面,甚至超过了对体质结构同源现象的兴趣。他勤奋地从许多来源收集了大猩猩和黑猩猩的生活习性的证据。他更多是依赖其中一些证据,而不是仰仗一个经验丰富的苏格兰人的鼓吹和判断。从所有这些可资利用的描述中,他得出结论道:

> 所有这些关系的全部和实质就是,奥郎-乌当从里到外都是具人形的动物,他所具有的人的智力,你可以在尚未开化的、没有什么技艺的动物身上,想象有多少就有多少;他的心性温和、恭顺而文雅;他有一种我们人类所具有的情绪和性情,类似羞怯感、荣誉感和正义感。同样,他在一些场合也会表现出对某个个体的强烈的爱和依恋,以致朋友间愿意同生

---

① 前引书,第271页。很显然,蒙博杜也熟悉爱德华·泰森的《林中野人奥郎-乌当,或曰俾格米人的解剖与猴、猿和人的解剖之比较》(1699年),该书堪称第一部对黑猩猩的分析研究。泰森对这种动物的言语器官的描述,在蒙博杜看来是支持他的理论的主要佐证。参见阿什利·蒙塔古记述这位英国解剖学者的杰作《爱德华·泰森》(1943年),第270页。泰森也对先前有关类人猿的记述作了综合性评论。这对蒙博杜无疑是有益的,泰森是存在之链的连续性的热诚的信奉者。因此大致可以说他接近,不过没有真正达到蒙博杜的结论:"在这个创造之链中,我把俾格米人——也就是说黑猩猩置于联系猿和人的中间位置。""我所解剖的这种动物似乎是一种兽性和理性的混合物。"无论怎样,泰森在文末宣称,这种动物"完全是一种野兽"(《奥郎-乌当》,第 iii 页,第5页)。当然,人与黑猩猩之间的解剖学上的相似性——比蒙博杜时代通常所想象的要少——也没有为"物种"的同一性理论提供辩护。

共死;他们在一个社会中共存,掌握了一些生活技能:如盖茅屋,制造武器,譬如用一根棍棒进行进攻和自卫。没有任何纯粹的动物知道这样去做……同样,他们在动物中也显示出一些开化的东西,如履行一定的仪式,像埋葬死者之类。正是从这些事实中我们可以判断奥郎-乌当是否属于我们人类。布封先生判断他不属于人类,卢梭先生倾向于相反的意见。前者似乎掌握了一些在他看来有些分量的事实,……有一些博物学家,……他们并非依据事实来建构自己的体系,而是以事实去迁就他们带有偏见的观点,相信大多数事实与他们的目标相符,别无其他。关于这类人,我认为布封先生算一个。他形成了自己的关于人的定义,他把言语能力作为他的观点的本质和特征的一部分;如果这样来定义人,他大胆地断言,人尚未使用言语的纯粹的自然状态,是全然理想的和想象的状态,这样的状态从未真正存在过。①

蒙博杜在他那个时代及以后,常常被认为有些古怪,因为他描绘了绅士般的大猩猩和文雅的黑猩猩的动人画像。无可否认,他

---

① 《论语言的起源和发展》,第1卷,第289—293页。蒙博杜在这里可能主要是指布封在《博物志》中论述这一主题的一段话,第14卷(1766年);特别参见第3—4页,第30—33页,第37—38页,第41—42页。布封的结论是:"我承认,如果只依据形态来判断,可以把猴类当作人类的一个分支。"无论如何,"不管霍屯督人与猴类多么相像,他们之间仍然有着天壤之别,因为霍屯督人具有丰富的思想,还具有丰富的语言。"蒙博杜试图通过断言奥郎-乌当具有相当可观的智力,通过讨论人最初没有言语来消除这一双重的"隔"(interval)。布封关于有机进化的一般理论的看法的演变,见拙文"布封和物种问题",载《大众科学月刊》,第79卷(1911年),第464—473页和第554—567页。

关于我们的猩猩族(Simiidae)近亲的智力和气质的看法有些过于拔高了。特别是,他论及这一物种中的母性的优雅时,从《巴达维亚医生邦修斯》①等文献中引用了一些相当惊人的例子。这些例子显示,母性的猿趋于羞怯和拘谨,有些过分敏感。蒙博杜虽则夸大了某一方面,却比迄今为止大多数的晚近作者都更接近于真实。他归于较高级的类人猿的许多技能,在经历了一个半世纪的科学上的怀疑之后,已证明为他们所拥有。柯勒(Köhler)证明黑猩猩不仅会使用工具,而且还能制作工具。这些猿类"近似人的"特性,在耶克斯(Yeakes)和基尔顿(Kearton)的精湛研究中已经得到揭示。②

然而,蒙博杜所征引的这些观察者所观察到的奥郎-乌当的技能是如此意味重大,以致从他自己的观点出发所作的必然推论是,奥郎-乌当并不代表我们人类的原初状况——像蒙博杜在其他地

---

① 雅各布·德·邦德:《博物志和东印度的医生》(1658年),包括论《林中野人奥郎-乌当》的一章(第5卷,第32章)。该书的结论是:"除了人的语言能力外无所不能"。邦德所说的猿不是黑猩猩,而是婆罗洲和苏门答腊的奥郎-乌当,已经在那里生存了许多年。

② 柯勒:《猿的智力》(1924年);考夫卡:《心智的成长》(1924年)第4章;耶克斯:《类人》(1925年);C.基尔顿《我的朋友图图》(1925年)。本文所引的耶克斯的一些观察与蒙博杜的一些段落非常相似:"通过智力测试,已经一次次证明奥郎-乌当、黑猩猩和猴子能够而且的确有效地利用物体以达到满足像索取食物、解脱和玩耍机会这类意图。这些实验的结果……显示出一种肯定让人联想到人,即使还没有达到非常接近人的智力水平。"灵长类动物以各种形式展示了体现在人身上的最重要的情感类型,……科学家们感觉到黑猩猩在其情感生活中比其他任何方面更接近于人,是一点不足为奇的。猴子和类人猿情感生活中温柔的一面也会让读者掩卷深思。我们人类在我们标榜的利他主义中终究是如此接近独一无二的吗?"很难说基尔顿的小黑猩猩图图就比蒙博杜的"奥郎-乌当"更少人性。

方所作的描述和卢梭在蒙博杜之前所作的描述——而是代表了更高级的阶段,蒙博杜自己确实提出了这个推断。蒙博杜像卢梭一样认为,在纯粹的自然状态,人是一种"孤独的野兽",没有"任何进入社会的天然倾向",因此既不群居,也没有家庭组织。但根据蒙博杜的资料,既然奥郎-乌当有时候

> 过着一种群居的生活,行动协调一致,尤其是在袭击象群、盖茅屋,当然还有操作某种技艺、维持生计和自卫的时候……因此他们会被认为在人类进步的最初阶段能够相互协作、运用某种生活技能,但他们还没有高级到可以发明语言这样伟大的技能。①

值得注意的是,蒙博杜像卢梭一样,认为奥郎-乌当性本善,虽说奥郎-乌当不可能具有什么道德能力,尤其不可能具有我们人类的最初成员所真正具有的一种"温和"和"驯服"的气质。就此而论,蒙博杜像卢梭一样抓住时机,强调他与霍布斯的看法相左:

> 我想,我对霍布斯先生所说的,人是人的天敌,自然状态是一种人人相互争斗的状态的话颇有不解;这样一种状态在任何种类的动物中,现在不存在,也从未存在过。然而,霍布斯先生不论多么聪明(他肯定非常敏锐,学识远远超过今日自封哲学大师的人),但在我看来,他显然不了解自然的人、摆脱

---

① 《论语言的起源和发展》,第1卷,第268—280页。

了文明生活中所养成的所有习惯和看法的人是什么样子;可以设想,在社会制度形成之前,人已经具有了他现在才具有的所有欲望和激情。①

很显然,这暗示让人好斗、与同伴争吵的欲望和野心,自打人采纳了他生活于其中的社会的习俗后就有了进一步发展,人对社会的不满情绪在某种意义上也是社会状况的产物。这种观念在卢梭的第二篇征文中起着主导作用。正如我所指出的,由于卢梭在描画自然状态下的人时,不接受霍布斯的心理学,只是在描绘文明社会中的人时,他才视霍布斯的心理学为正确——和渐趋正确的,因此,卢梭在其四阶段论中抹去了"自然状态"阶段时,恰巧与马姆斯伯里的哲学家所说的"自然状态"相符。② 但是蒙博杜并不这样主张,他采取了较卢梭在社会生活条件下的人性观更令人鼓舞的观点。

蒙博杜不同于卢梭,他在生物学意义上和在人类学意义上都是进化论者吗? 也就是说,他接受了由莫佩尔蒂和狄德罗③提请人们加以考虑的物种演化的一般假设了吗? 就其发表的论文来看,答案起初似乎是否定性的。他执意要表明人和奥郎-乌当属同一物种,自然被视为指不同种属的动物不可能是别种动物的后裔或者共同祖先的后裔。在一段文字中,他明确否认了他想表明我

---

① 前引书,第222页。
② 见上一篇文章。
③ 见拙文"18世纪的一些进化论者",《大众科学月刊》(1904年),第240—251页,第323—327页。

们和猴子,一如和类人猿一样,是近亲的说法:

> 虽然我认为奥郎-乌当属于我们人种,但这还不等于说,我认为猴子或猿、有尾巴或没尾巴的猿,也有几分我们人类的特性。相反,我坚持认为,尽管他的很多外在形式与我们的相一致,但正如林奈说类人猿那样:它不是我们的同类,也不是我们的亲戚。①

他对此给出的主要理由是:"猴子、猿和狒狒的性情中没有任何温和或文雅,驯良或俯首帖耳,仁慈或富人性的特点,相反,却是恶意的,难以驯服的,只能用强力和恐吓来驾驭,在它们的步调和行为中,没有任何类似奥郎-乌当所具有的持重和沉着。"因此,蒙博杜引用在一些人看来似乎更意含其与人类具有近亲关系的猿猴(*Bandarlog*)的特性来作为证据,以表明猿猴不可能与奥郎-乌当有什么关系,因而与我们人类就更没有什么关系了。

不过,还有一些理由认为他的真实想法倾向于那段文章末尾所征引的那个更宽泛的假说,他后来放弃了这个假说。在1773年6月的一封信中,也就是他的著作第1卷出版后不久,他写道:

> 我想,奥郎-乌当在类人猿之上是很显然的。我认为你否认它们的同胞关系是很正确的,虽然我认为类人猿与我们有近亲关系,虽然这种关系并非如此密切。因为在我看来,大狒

---

① 《论语言的起源和发展》,第1卷,第311页。

03. 蒙博杜和卢梭

狒与我们有同样的关系,一如驴子之于马,或者我们的金翅雀之于金丝雀。①

很明显,这只能意味着所有的猿、猴和人来自同一个祖先。由于蒙博杜尚未把所有这些都划分为属于一个单一的种属,他就暗示了,一个物种的血系出自另一个物种是可能的,甚至在《论语言的起源和发展》一书中,他已经不仅含蓄地提示了同样的信念。蒙博杜在他的著作中引用了好几个例子,说明在世界各地存在带尾巴的人。② 例如,有一名瑞典海军上尉(林奈这样的人担保其诚信)报道说:当他航行至孟加拉湾时,他"偶尔在尼科巴群岛中的一个岛的海岸,看见了长尾巴的人,尾巴就像猫的尾巴,走动起来也和猫一样"。③ 伟大的哈维也记录了一个类似的故事。然而没有必要走遍天涯海角去找这些例子。大约二十年前,因弗内斯的数学教师长着半英尺长的尾巴,生时小心遮掩,但死后便大白于天下,对于此事,蒙博杜提议"拿出仍然健在的目击者的合法证据来"。无论如何,正如蒙博杜所指出的,可以肯定的是,我们所有人

---

① 奈特:《蒙博杜爵士及其同代人》,第85页。
② 普林尼的《博物志》(第7卷,2)确证了长尾巴的人的存在,林奈的《自然体系》一书没有加以反对(第2版,1766年),Ⅰ,第33页。罗比内在其《从动物的外形看自然的演变》中用了一章来证明长尾巴的人是真实存在的,对他来说,这证明了生物的划分差别是多么细微,(不带尾巴的)黑猩猩因其具有与人之间无以加的相似性而与人相关联。人肯定因其他特性而与远低于黑猩猩的物种相关联(《论自然》,第5卷[1768年],第160页)。但罗比内认为黑猩猩和奥郎-乌当都不属于真正的"人类",而是填补从猿到人的演变的一个中间物种(前引书,第151页)。他在法国进化论先驱中具有与莫佩尔蒂和狄德罗同样的地位。
③ 《论语言的起源和发展》,第1卷,第258页。

都有残留的尾巴,以尾骨的形式表现出来。因此,正如蒙博杜已经知道的,类人猿没有尾巴,或者至少不比人更有尾巴。蒙博杜的长尾巴的人的故事,因此就不适用于我们与奥郎-乌当具有亲缘关系的论证。他自己评论道,他谈论"有关我们人类作为一个奇妙生物的非同寻常的事实,虽然不属于[他的]课题,除非是为了扩展我们了解人性的视野"。但长尾巴的人的偶然存在以及人与奥郎-乌当已经退化的尾巴的存在,都倾向于暗示人与奥郎-乌当都来自那些具有有趣而又有用的器官的遥远的祖先。通过这些思考,蒙博杜意在指出一个假说,这一假说见于他在一篇文章的脚注中的评论:

> 那些对动物——特别是人——的不同特性、对各种动物缺乏研究的人,会认为人长尾巴的故事非常荒唐;会嘲笑作者对这类故事信以为真是多么轻信;但喜欢探究胜于讥讽和嘲笑的哲学家,不会马上把它当作荒唐事而加以拒斥。我们人类应该会具有这样的变种,就像在和我们有近亲关系的猿猴族群中一样。[①]

在蒙博杜的术语系统中,猿猴族群不是指奥郎-乌当,而是指猴子,以致他在此处肯定这一看法是真理,而他在另一页中似乎曾否定这一看法是真理。因此,人们可以得出结论,他原则上接受了物种演化的一般可能性,他明确主张,大多数或曰所有的类人猿依其血系而组成群落是一个很可能成立的假说。(就我所知)蒙博杜

[①] 前引书,第262页。

由此成为生物学上进化论或准进化论在英国的第一位支持者,他比伊拉斯谟·达尔文的《动物生理学》早了二十年。①

当然,蒙博杜很清楚他的假说会引起情感上的反感——一位牛津主教在近一个世纪后的一个有名的场合重申了这一反感。但蒙博杜以他同时代的进化论者经常采用的应战方式勇敢地作了回应:

> 至于一般老百姓,我从不指望他们会承认与居住在安哥拉丛林中的那些动物有什么亲缘关系,出于虚假的自尊,他们一直认为这是对人性的极大贬损;相反,哲学家则认为,这是对人的高度赞美。从奥郎-乌当所生活的野蛮状态中走出来的人,通过他自己的聪明才智和勤劳,才达到了我们今天所见到的状态。②

4. "智人"的特殊差异。——卢梭在《论人类不平等的起源和基础》中已经指出,不论在什么争论场合,都要尊重人与其他动物的差异。

> 另外有一种区分二者的非常显明的特质是无可争辩的,这种特质就是自我完善化的能力。这种能力,借助于环境的

---

① 然而,艾肯塞德在《想象的愉悦》(1744年,第2卷)中有些隐约地预示了血统论;参见G.R.波特发表在《现代语文学》(第24卷,1926年,第55—64页)的文章,及洛夫乔伊的《存在巨链》,第263—265页。

② 《论语言的起源和发展》,第1卷,第360页;也参见第437—441页。

影响，继续不断地促进所有其他能力的发展，而且这种能力既存在于个人身上，也存在于整个种属之中。一只野兽几个月后就长成它终生不变的那个样子，而它的种属，即使过了一千年，也仍然与这一千年之初一样。

蒙博杜也常常反复讲这同一主题：

> 我们的想法和它们[动物]的想法并非存在天然的差别，我们强于它们只是事出偶然，……即便如此，……凭借教化所能起到的作用，我们可以比动物更进步（我相信这会是实情），我所说的与此无异……自然赋予我们的能力比赋予它们的能力要大得多……我否认在我们和动物之间还存在什么其他差异。①

人是所谓"理性的动物"，但"理性的特殊差异并不在于理性能力的能量或实际运用，甚至不在于对理性能力的掌握；此外，新生儿不能算是人"。因此，适用于个体的东西也适用于种族，物种在一开始有一种"纯粹的智力和运用知识的能力"，它在漫长的岁月中需要加以发展。在1740年以前匿名出版的一部著作中，作者先于蒙博杜和卢梭就发表了这种看法。该书的作者评论道：

> 我只能认为，把理性的动物视为关于人的一般定义尚有

---

① 前引书，第147—149页。

微瑕，我想最好还是改用天赋理性能力的动物来定义人，虽然这个定义也不可能做到尽善尽美，如果"天赋理性能力的"一词可以用来表示接收理性，而不是实际运用理性能力的话……因此，鉴于亚里士多德是按人的具体性质，而不是借助于外来帮助或教化把人定义为理性的动物，如果像他实际所为，而不是有意如此，那么，这个定义是合适的。①

5. 人的进化。——正如前文已经阐明的，所有通常被视为区别人性的特征，都不是既成造好的，而是经过艰苦努力、慢慢得到的。蒙博杜成功地套用维吉尔的诗句：Tantae molis erat humanam condere gentem*[建立人性是何等艰难啊]总结了他的学说中这一最重大主题。总之，人没有什么特性是原本就有的，人身上也没有什么唯独得自自然的优秀禀赋。

蒙博杜相信原始人和奥郎-乌当是同一回事；与其说在这个意义上，还不如说在更重要意义上，他是一位进化论者。他是他那个时代少数堪称具有创造性思维习性的人。亚里士多德学派所说的"在变成任何事物的力量与就是那一事物的能力之间的区别"或者

---

① 《有关人类知识入门的哲学论文》（重印本，都柏林，1740年），第47页，第57页。在蒙博杜之后四十年，德斯蒂·德·特拉西依然以鼓吹新见的热情，阐扬同样的学说。"我们从这个美妙的自然——也就是说，从我们自己的机体——只得到完善我们自身的可能性。我们出自自然之手，……我们拥有了尚不成熟的获取知识的方法，……因此，我们完全是技艺的作品，即是我们自己劳动的作品；今天我们与自然的人，与我们起初的存在方式基本不像了，就像橡树之于橡子，或者鸡之于鸡蛋一样"（《观念学原理》，1814年；第3版，1817年，第15章，第289页）。

* 维吉尔的原话是 Tantae molis erat *Romanam* condere gentem[建成罗马民族是多么艰难啊]。——译者

"在潜能和现实之间的区别",是他全部学说的基础。他这样宣称:

> 这一区别遍布整个自然界,从一种状态迈向另一种状态会有一个不断的进步,没有什么事情一开始就是它后来演变成的那个样子。现在如果有谁说人类的思维是一个不遵从自然法则的例外,他必须给出证明。但他根本不可能做到。①

因此,蒙博杜敢于说"人性,理性心灵的主要特权,像任何技艺和科学一样,是我们自己习得的,是勤奋所结的硕果,而不是自然所赐"——不论"一些虔诚而谦恭的人"觉得受到了多大的冒犯。——不管这种学说叫作什么,它肯定不能被称为"尚古主义"。即便在我们的时代,博学的作家们多半会断言,蒙博杜是一个"极端的尚古主义者"。②

而且这种思路不仅击中了尚古主义,而且击中了从16世纪到18世纪尚古主义常常与之相联的人性的均变论观念。③ 这种观念的确已经被地理环境论(theory of climates)所削弱,尤其通过孟德斯鸠的影响。但对此的一个更严厉的批评来自卢梭和蒙博杜这些早期的社会进化论者。蒙博杜在评论某些政治哲学家的理论时写道:

---

① 《论语言的起源和发展》,第1卷,第438页。
② H. N. 费尔柴尔德:《高贵的野蛮人》,第331页。然而,费尔柴尔德先生也加注道:蒙博杜(不恰当地)"预示了进化论"。
③ 关于此点,见下文"自然神论与古典主义的相似性"。

03. 蒙博杜和卢梭

我必须提请中止推论这种思想方式,我注意到推论在这个论题上是很常用的。首先,这一假设认为,人从一开始都是相同或相似的,无论他是什么年龄,属于世界上哪个民族,无论他现在是在欧洲还是在这个世界的其他文明所在;因为人性是而且一直是相同的,这是出自推论者之口的一个原理。其次,他们认为,根据同我们一样的人的生存方式和习惯,设想这一原理是无可辩驳的;因为正是由文明国家正在实践的某种制度,他们得出结论,这些制度一直在发挥作用,像人类一样古老……但我认为,我能够设定相反的假设,设想人非但不是延续同样的生物,而且比我们所知的自然中的其他任何物种有更多的变化。虽然在某种意义上可以说,人性是相同的,因为人依然具有他起初所具有的那些自然能力;不过,从人性的原始构成上来说,这一特性比已知的其他任何动物的特性已经有了更大变化,我认为,首先从显示我们这个地球上若干民族在生活技艺和生存方式上一直有着渐进进步的人类通史来看;……其次,从古代和现代的野蛮民族的习俗和生存方式的特殊关系来看,事实上,人类的特性也正在发生着巨大变化,这是业已证明了的。①

我们可以看到,这段文字中预示了对普遍准则的不信任,即在政治哲学和社会哲学方面独特的进化论相对主义,它是诸种特性

---

① 《论语言的起源和发展》,第 1 卷,第 443—444 页。

中区分 19 世纪思想与早期现代诸世纪思想的一个主要特性,但人类的大部分一直未能完全获得这种特性。

6. 一种进化的通史观。——蒙博杜原初的宏大构想是大规模地去做卢梭在《论人类不平等的起源和基础》中只是以一种简要而粗略的方式所尝试的工作。1766 年,蒙博杜在致哈里斯的信中称他计划写

> 一部《人类史》,在书中,我将追溯人类存在的几个阶段;因为我们人类从不比兽类好多少的状态进化到你所描述的古希腊的最完美状态,这个进步对我们人类来说,的确是令人惊异和非同寻常的。①

令人遗憾的是,他被迫放弃了这一计划。他发现这一计划"对[他的]能力和[他]所能耗在上面的时间来说,太庞大了"。因此,他只能尝试原先计划的一个部分,主要是描述语言的起源和演变。有关这一专门的论题,他利用履行法官职责的间歇,抽空写了约三千页文字,到他年过半百时,积稿更多。有关他的语言学思考,我们在此不加措意;说得更中肯一些,蒙博杜只是像卢梭一样,抓住了一种可能属于新式历史的幻象——他认为这样一门学科必须建立在对社会进化的早期阶段人们的实际生活的精心研究之上。

---

① 《蒙博杜爵士及其同时代人》,第 50 页。

那些研究人的历史而不是研究某些特殊民族的历史的人,也就是说以一种从事实和经验方面关注人的性质的开阔视野来研究历史的人,都很清楚,我们在历史中读到的所有民族,哪怕最优雅和文明的民族,最初都是野蛮人,……因此,无论谁想追溯人性至其源头,都必须下功夫研究野蛮民族的生活方式,而不是沿用他在开化民族中观察所得所形成的关于人的理论。我们能否以迄今为止的发现来追溯人至我所假设的其原初状态,也许是值得怀疑的,但我们可以非常接近这一点却毋庸置疑。①

说到在他那个时代完成这样一项任务的可能性,蒙博杜有些过分自信了,但当他宣称"我的体系已经建立起来了,不是建立在假说之上,而是建立在从事实推断而来的人类历史之上,就像我们以同样的方式推断任何其他动物的历史一样"时,他只是表达了后续计划的一个想法,如果他关于语言史的探索取得了令人振奋的实际成果的话。②

在很大程度上,蒙博杜的学说及其作用在他那个时代是具有革命性的,公允地说是对卢梭《论人类不平等的起源和基础》一书中可以找到的一组相关观念的详尽阐述。卢梭的《论人类不平等

---

① 《论语言的起源和发展》,第1卷,第145页。
② 前引书,第444页。

的起源和基础》比他的《论语言的起源和发展》一书早二十年问世。二者的相似性是由于两位同时代的心灵自发产生了相同的思想，还是一位作者的早期著作对另一位作者产生了直接影响？这一问题难以得到肯定的答案。当然，他们两位都熟悉伊壁鸠鲁对原始人的描述以及卢克莱修、西塞罗和贺拉斯对社会的渐进演化的描述，尤其是蒙博杜把贺拉斯《讽刺诗集》i. 3(ll. 99ff)的诗句作为自己著作的题辞。卢梭的"第二篇征文"很大程度上也可以被视为古典传统中反尚古主义倾向以及奥维德和塞涅卡以不同方式所代表的尚古主义倾向的一个别出心裁的结合。① 由于蒙博杜就像奈特(Knight)所断定的，基本上是一个古典学者，一个古代的热衷者，因此通过阅读古代作家而提示了他在这些论题上的观念是完全可能的。② 他们两位还熟悉在他们那个世纪由于比较解剖学的进步所揭示的事实，两位都是有关原始人和类人猿的报告的热心读者。具体来说，越来越多的有关一点也不高贵的野蛮人的描述，有关霍屯督人的报告，以及由17世纪末和18世纪海员所作的报告，强有

---

① 参见《古代尚古主义及其相关观念》，第43—49页和第263—286页。
② 蒙博杜自己写道："我知道，我关于这个问题的看法会被认为是新颖而独特的；但这只是复述古代的看法，因为我们表述的正是古代哲学家们的看法，所论述的都是在社会形成之前或文明化之前，人的原始状态"（《论语言的起源和发展》，第1卷，第v页）。这本书（前引书，第368页以下）援引经典作家如贺拉斯、卢克莱修和柏拉图（《法律篇》，第1卷；《泰阿泰德篇》，186c;《蒂迈欧篇》47a）、（西西里的）狄奥多罗斯和西塞罗来支持这种看法。参见第1卷，第298页："我极力证明古代人对人的定义，并且指出这个定义也适用于奥郎-乌当，虽然奥郎-乌当不会说话。"

03. 蒙博杜和卢梭

力地暗示了"人类原始状态"的令人不快的图景。①

另一方面,蒙博杜在撰写他的著作之前,肯定已经读过卢梭的《论人类不平等的起源和基础》,因为蒙博杜的书有很多段落与卢梭书中的段落极为相似。蒙博杜是卢梭所能找到的他那代人中最热情的赞美者之一。蒙博杜宣称"即使哲学家(仅有一位除外)似乎也对这种自然状态一无所知"。这个例外是在一个脚注中加以确认的,即"卢梭先生,按我的判断,他是一位杰出的天才,但因为对人的自然状态说了这么多赞美的话,他一直被认为是一位异想

---

① 作为诸形式的连续体(存在之链)的几乎是普遍流行的自然观与人们所报道的霍屯督人的事实的结合,很久以来一直引导17世纪晚期和18世纪早期的一些作家出人意料地贴近了卢梭和蒙博杜提出的学说。见约翰·奥文顿爵士《苏拉特之旅》(1696年)中的评论,转引自《现代语文学》,R. W. 弗兰茨编,第28卷,1931年,第55—57页:"霍屯督人恰是人类的反面……因此,如果在理性的动物和野兽之间有什么中间环节的话,霍屯督人会顺理成章地以此自居。"在《在俗教士》(Lay Monastery)一书中,布莱克默和休斯更近于预示了蒙博杜的理论:"没有什么比观察从矿物到植物、从植物到动物、从动物到人的演化程度更令人惊奇和高兴的。很容易区分这些不同的物种,直到你处于某一物种的最高级以及相邻的更高级物种的最低级;然后,区别变得很细微,物种的界限和边际似乎因为自然混淆了那些稀奇古怪的物种而弄得不确定,挫伤了那些傲慢的哲学家的锐气。至于人,最接近于最低一级的天神(celestial spirits),(因为我们在那个绝妙的秩序中恰好假定处于一个从属地位),半人半神,成为一条赤道(Aequator),把整个造物一分为二,从不可见的精神世界区分出肉体;与人极其相似的猿或猴,是低于人类的次一级动物。我们人类最基本的个体与猿和猴之间的不一致并非如此之大,如果后者被赋予了言语的能力,他们也许理应被列入人类,如野蛮人霍屯督人,或愚笨的新地岛土人……这一级生物中最完美的是奥郎-乌当,因为他被称为安哥拉土人,即野人,或林中野人,享有与人极相似之尊。虽然所有生物与我们的面貌有些相像,这在猴子与人的脸上有许多例子;不过这种相像不仅体现在他的面貌上,而且体现在他的体格结构上。他能直立行走,也能四肢爬行,他有言语器官,他敏捷的领悟力和他那在任何猿身上所没有的温和而亲切的情感,还有其他诸方面"(No.5[1714],第28页。这是《在俗教士》[1713年]的新版)。

天开的怪杰"。① 再者,在坚持有必要研究现存野蛮人的情况下,如果我们了解整个人类的早期状态,就不会试图"仅仅依据对开化民族的观察所得去形成有关人的性质的体系"。蒙博杜指出:"卢梭先生在他的《论人类不平等的起源和基础》一书中,讥讽了那些自认为理解人类特性的人的愚蠢,他们因为了解本民族的性格和生活方式,也许还了解相邻民族的一些生活方式,就自作聪明地告诉我们,所有时代和所有民族的人概无二样。"蒙博杜还说:"我很高兴地发现我在关于人性的原始状态和语言的起源两方面如此完美地与这样一位天才、博学而富有创造性思想的作者不谋而合。"②然而,蒙博杜不说他关于奥郎-乌当的人性理论是源自卢梭,甚至暗示他是独立悟出了这一伟大思想:

> 卢梭先生在上引他的著作的附注十中,收集了旅行者所做的有关这种动物的几段描述,似乎与我的看法如出一辙,即这种动物属于我们人类,而以一种蔑视的态度拒绝那些认为言语只属于人类的天生能力的人的看法。现在,如果我们放弃偏见,不再坚持奥郎-乌当所缺乏的其他生活技能同样是人与生俱来的能力,那么,我们就不可能拒绝赋予它人的称谓。③

在这一论题上,卢梭和蒙博杜的意见相同,足以作出可信的断

---

① 《论语言的起源和发展》第1卷,第 iii 页。从总体上看,卢梭并未把"人的自然状态"作为理想状态。蒙博杜当然是清楚这一点的。

② 前引书,第152页;参见第381页:"我们时代唯一的天才已经产生了,他就是卢梭先生。"

③ 前引书,第1卷,第189页。

言,他们是本文开头所提出的六大相关主题在他们那个时代的两个主要辩护士,而且卢梭在所有这些问题上的阐述抢得了先机,使得蒙博杜在这些论题上的原创性多多少少成了问题。蒙博杜发展了这些思想,并且更充分;在 80 年代英国大多数受过教育的人看来,他可能被视为这些学说的始创者;他带有几分犹豫地把卢梭有关人和黑猩猩的性质的学说拓展至所有类人猿都出自共同祖先的假说,其含义暗示了有机进化(organic evolution)的一般法则。在这最后一点上,他至少已经被三位法国作家(莫佩尔蒂、狄德罗和罗比内)、还有莱布尼茨抢了先,但他显然尚未意识到这一点——就像他的大多数英国同代人以及大多数科学史家一样,这种情况又延续了一个多世纪。因此,他的一位同胞为他请求——因而也是为苏格兰请求——通常授予《物种起源》作者的荣誉就没有什么可惊讶的了:

> 虽然是达尔文宣布了那条法则
> 　　并把它遍播远方,哦!
> 率先窥见这秘密的人,却是
> 　　忠厚的老者蒙博杜。
> 建筑师让他在先
> 　　担起了砂浆桶,哦!
> 那就担起来吧,苏格兰
> 　　我们会力挺蒙博杜。[1]

---

[1]　尼夫斯爵士(1800—1876)《纪念蒙博杜爵士》的诗句,尼夫斯爵士是与蒙博杜在同一法庭的法官,引自奈特前引书,第 20 页。

04. 18世纪思想中的"傲慢"

大多数研究现代文学的学者无疑已经注意到，17世纪晚期和18世纪的讽刺作家和道德说教作家，专注一种他们称为"傲慢"的恶习，他们常常以特别激烈的方式抨击这种傲慢。至于这个词所表达的概念或毋宁说几组概念之间的差异——虽然并非互不相关——人们总是不甚了了。一方面，这个词指一种"激情"，或者一组激情，这一时期许多——虽不能说绝大多数——敏锐的文艺心理学家视之为最有力、最普遍的人类行为动机。"行为动机"把智人和所有其他动物区别开来，通过它，所有最富特性的人的嗜好和表现，无论好坏，都可以得到说明。用散文和韵文写就的一系列文字，详述了各色人等的行为动机的各种表现及在种种表现之上的无数掩饰，讨论了这种动机一般给社会所带来的后果是极端有害还是有益的问题——且被认为是顶顶重要的问题——从假设其在人的情感建构方面具有普遍而独特的潜能来推演出与社会伦理、政治和教育相关的结论。这一术语在指称人在社会关系中其行为的决定性因素上是歧义暧昧的，因为它常常被用来指称两种独特、虽然又具有类似性质的情感或愿望：不同程度和形式的傲慢、自命不凡，尤其是争强好胜；渴望获得他人的尊重、赞赏或喝彩，特别是 *fureur de se distinguer*［出人头地］。在某种意义或兼具两者的意义上,傲慢可被称为那一时期①社会心理学最常见和最丰富的主题之一。

但傲慢对像蒲伯——在其《论人》中表现出来——这样有代表性的作家来说,它最常指的不是个人与其同类的其他人相比所具有的傲慢这一基本含义,而是人这种动物作为物种的傲慢,可以看到,人这种无毛两足动物有一种奇怪的倾向,要把自己当作造物的中心,设想自己与所有其他物种和"非理性"的造物之间存在着巨大鸿沟,相信自己拥有他并不天生具有的品德,试图成就一系列伟业,尤其是智力的伟业,而事实上他是无力成就的。人类(*genus homo*)的尊严和重要地位为中世纪基督教有关人在宇宙中的地位的观点所加强。虽然教会命令人要谦卑地追随上帝,总是反思冥顽不灵的人性的内心堕落,不管怎么说,中世纪基督教思想还是认可了奉承人的物种傲慢感的观念。人至少在他自己的星球上,统领其他野蛮动物,通过他独占地分享神圣理性的智慧之光而可以无限体面地与最高等的动物区别开来,其他所有地上的生物只是为他所用,为他的利益而存在,极其重大的议题取决于个人的行为意志,人所可能得到的无尽的善超越了在这个物质与观念的短暂世界所能经验的一切。但18世纪(虽然并非起始于这个世纪)特别流行一些观念,禁止人类怀有自吹自夸的想法,正是这些观念导致了对"傲慢"的许多一再出现的责难。

---

① 17世纪和18世纪这一阶段的思想史资料是非常丰富而又复杂的。笔者1942年在斯沃思莫尔学院所作的科珀基金讲座中曾尝试做一概述和分析。现在(1947年)经过补充和修订收入本书。大部分内容承继了发表于《现代语言学评论》的、探讨"自尊"观念另一方面的那篇文章。见《现代语言学评论》,1921年,第31页以下。

1. 在此,我只需对此类观念的第一个观念作简要回顾,①那是18世纪所有观念中最独特、最具影响力的一个观念,即所谓的"连续性原则"(lex continui),它是存在序列观的一个组成部分。根据这一观念,世界必然是一个完备的体系(plenum formarum):

> 那里万物完满而井然有序,
> 凡创造的,都有其恰当的位置。

换言之,可设想的存在于上帝和乌有之间"自然"的无穷等级中,必然存在着每一种逻辑上可能的存在(being);在存在之链的任意两个相互毗邻的关联之间,只能有极细微的差别。18世纪欧洲思想史中的主要事件之一就是消解所有显著差别的趋势迅速壮大,这是引入所有事物肯定被视为一个质的连续体的一部分的假定所带来的后果——这样一个假定体现在自然不会跳跃(Natura non facit saltus)这句格言中。既然所有的鸿沟都从自然中消失了,在人和其他动物之间也不可能存在鸿沟。人只能在程度上与其他动物存异,②而且,在存在之链中,没有什么关联比别的关联更为基本、或者什么关联仅仅为了别的关联而存在。低等生物不为人所用,人也不为低等动物所用。③ 因此,只要人在正常状态下、也就是说在自然状态下活着,他就不能装出一副比田野和森林中的生

---

① 这一论题在拙著《存在巨链》(1936年,第186—203页)中进行了大篇幅的探讨。
② 《论人》,第1部,第173行以下。
③ 前引书,第3部,第22—70行;Ⅰ,第53-68行;参见伏尔泰的《论人》,Ⅵ。

04. 18世纪思想中的"傲慢"

物更优越的趾高气扬的派头：

> 那时无傲慢，也无艺术相助
> 人兽偕行，在庇荫下同住。①

那么，从其最富意味的方面来看，"傲慢"从这组概念中获得了它在18世纪思想中的意义。用蒲伯的话说，傲慢就是"反对秩序法则（即等级法则）的罪过"；傲慢是一种邪恶，它勾起了人类萌发奢望，要在存在序列处于比人所应有的更高的地位。

> 傲慢意欲占那神佑的所在，
> 人要成为天使，天使要成为神。

作为其对立面的品德存在于对人类命运的限度和人的力量之渺小的知足的认知中：

> 人的至福（可以为找到这种至福而傲慢），
> 是不越出人类的疆域去行与思。②

因此，18世纪对傲慢的声讨可谓家常便饭，说到底，这表达了

---

① 前引书，第3部，第151—152行。蒲伯的诗句可能是卢梭评论的来源，在卢梭的《论人类不平等》中，人从纯自然状态脱颖而出始于人对一定的实用技艺的发明，继之以强于其他动物的优越感而出现"最初的自尊举动"。

② 前引书，I，第189—190页。

人对自身的某种幻灭感——一个漫长而深刻的幻灭时期;它是大部分现代思想的一大悲剧。的确,存在之链这一概念的流行,在很大程度上归因于这种观念在与(所谓)乐观主义的争辩中所起的作用,而且它还具有令人欣喜的诸方面。但它清楚地表示出人从其先前的显赫地位被废黜了。在斯威夫特苦涩的灵魂中,这种幻灭感虽然出于其他原因,但已经达到了极致;雅虎不仅被当作与其他动物差近,且被置于其他动物之下。作为最讨人嫌的非理性动物,他把自己想象为全部造物的终极目标和顶点,荣膺愚蠢之冠。斯威夫特关于雅虎的意见被罗伯特·古尔德抢了先:

> 一旁的什么野兽我们就能盲目地
> 称之为人?不过他自命他是万物的主宰。
> 能看清(而他的同侪都蒙昧),
> 一只狂吠的狗,一头肥硕的猪,
> 一匹觅食的狼,一头愚蠢的驴?
> 沉迷于他的激情,种种欲望
> 把他拂来扫去,就像旋风卷起尘土;
> 而那尘土却是一块无知无觉的疙瘩,
> 那些狂傲自大的人,还得信奉上帝。[①]

[①] 古尔德:《对人的讽喻》(约 1708 年)《全集》,第 2 卷,第 149 页以下。应该补充一句,作为一个正统的教士,古尔德在别处与此不同,坚持人的优越,以人有良知和一颗不朽的心灵作为明证。这首诗是布瓦洛的《第八首讽刺诗》(1667 年)的许多仿作之一。

18世纪"傲慢"观中有两个更深入的方面,部分是源于对连续性原则的具体运用,部分是其他观念流行的结果。

2. 现代人正是基于理性能力和智性成就,已习惯于自吹自擂。但存在序列观倾向于把注意力特别放在人的精神力量的限度上,而且,长期以来,与崇拜"自然"这一神圣字眼相关联的尚古主义及其他思想,已经尽显自身对智性追求的贬斥和对人的智力的轻视。在16世纪,伊拉斯谟和蒙田详述了思考的虚妄和科学的恶劣影响:

> "在最初的黄金时代",伊拉斯谟写道:"世人没有学习任何专门知识,所有的只是采自每个人日常经验所得的常识。他们不会如此放言探索自然的底蕴,极力解释所有天文现象,或者绞尽脑汁于实体的分解,阐明最美妙的思想,世人如想推进那种超出他的浅显理解以外的事物,那是一种罪过。"①

这种倾向在17世纪那个讲究哲学和科学之伟大体系的时代,鲜少证据,在18世纪则变成了最普遍、更流行的倾向之一。最终,这一时期英国和法国占主导地位的哲学,即洛克哲学,其鲜明特征的目标是为人类知识划定界限,它公开设定的那些边际都非常狭

---

① 《愚人颂》。在蒙田看来,自尊和科学精神是一样的,可见下句:"增进智慧和提高学问是人类最初的堕落,……自尊使人失足,使人腐化"(《雷蒙·塞邦赞》)。另请注意斯威夫特把雅虎与慧骃相比较和蒙田在同一篇文章中把人与动物相比较是多么近似。

窄。① 总之,这三重影响聚合的结果,使得痛诋和嘲讽各种知识野心变得习以为常,把它归因于人类的纯真受到腐蚀所致。正如蒲伯所告诫的:

> 循科学之道,诚心以待指引,
> 首先剥去她所有的傲慢。②

18世纪频频出现对傲慢的责难,是表达反智主义的尚古论思想的一种方式。卢梭只不过是重复了当时流行的论调,他在《论人类不平等的起源和基础》上篇中写道:"一切科学和道德本身都源自人类的傲慢",而"奢侈、荒淫和奴役后来都是对我们为了从那种我们永远顺从的幸运的无知中走出来所作努力的一种惩罚"。

3. 18世纪初期典型的道德论者在伦理上的努力就像在智力上的努力一样,相信有限客观论者的纲领。在此,尤其是通过伊拉斯谟和蒙田传承下来的伦理自然主义的传统,又再次准备与存在序列观相结合。人不必试图去超越其"本性"的限度,人的本性虽然与那些处于他之下的动物的本性不同,但彼此却是近似的。"理性"在人类生活的行为中有其作用,但它是一种辅助作用。蒲伯用很多论辩性的诗句来展示的人类生活的动力和主要的定向力,不

---

① 《人类理解论》,上卷,第1章,第5—7节。
② 《论人》,第2部,第43行以下。参见罗伯特·古尔德的学者生活讽刺画(《对人的讽喻》,第167—169页)和他对自然状态的纯真赞美(第170页以下)。在18世纪中叶,这类反智主义确实与"研究自然"即实验物理学的热情并存——有时甚至是在同一个人那里。对此,M.莫奈赞叹地写入了他的史著《18世纪法国的自然科学》。

是——也不应该是——理性,而是构成我们"自然"体格的本能和激情的复合体。① 这样,"傲慢"在特别重要的意义上,意味着一种道德的过度张力,一种勉强造作的善和过度讲求德行的努力,只依据理性而生活。伊拉斯谟和蒙田出于对文艺复兴晚期再度流行的斯多葛主义的反感而对这种高贵而热烈的道德情感心生厌恶。18世纪的斯多葛主义被视为傲慢在这种意义上的众所周知的具体体现,因此,蒲伯把人描述成一种"过于偏嗜斯多葛式的傲慢"的生物。维兰德在他的《提亚盖士》(*Theages*,1760年)一书中指出:斯多葛式的傲慢和自足与"人性相乖违","只有在上帝那儿才成为可能"。他补充道:"我也很少能将我们本质中感官部分的压抑与天性相协调。"

我强调这一点及傲慢观的上述方面,主要是因为人们习惯于夸大理性主义在那个时期的地位,对"理性的坚持",夸大人们对"理性"的信任。除非"理性"得到某种具体限制,否则,这样的表述是一种误导。18世纪初期和中期,那些也许最富有影响力、最具代表性的作家,坚持把人对"理性"的主张减小到最低限度,把理性在人的存在中的重要性降至最低限度;在他们看来,他们如此欣然去挞伐的"傲慢"之恶,体现在对人类理智能力的高估中,体现在科学和哲学雄心勃勃的事业中,体现在使有别于自然"激情"的纯粹理性成为人类生活的至高力量的道德理想中。对这样一些作家来说,"傲慢"的确体现在一切"人为"事物上;而在反对它的说教中,有时隐含着回归自然的全部福音。

---

① 《论人》,第2部,第59—202行。

05. 作为审美规范的"自然"*

"'自然'这一概念和词并不是一个捣蛋的家伙",一个半世纪以前,弗里德里希·尼古拉这样说道。这一评论当时很醒目,至今则已不新鲜;就我所知,还很少有或根本没有完整地、通盘地展示这个万灵语词所起到的多方面的历史作用的尝试。然而,尤其是对研究17世纪和18世纪文学和哲学的学者来说,没有比全面地了解这个词的多重含义,同时了解那个时期的词汇不容置辩且变动不居的性质更为必需的了。当然,所需的不仅仅是词典编纂家的释义表,而是类似对这一术语的诸种意义的分析性图示,可以清晰地表现出其逻辑关系,以及(此点从历史角度看依然重要)彼此之间的混淆和可能的语义演变,还有与之密切相关的学说或思潮。要阅读18世纪的著作而心中没有有关"自然"的诸种意义的全盘概念,读者就会在尚未厘清的含混中徘徊;就无法认识造成至关重要的舆论和趣味变化的一个重要原因。由于"自然"一词在西方思想的所有规范领域的术语系统中是一个意蕴丰厚的词,这个词的多重含义使它多少容易从一个含义滑到另一个含义,最终在名义上表示遵循同样的法则,而从伦理的或美学的标准走向它的对立面。

---

* 本文发表于《现代语言评论》,1927年,第444—450页。

05. 作为审美规范的"自然"

在下文中，我试着对"自然"一词①的纯美学的用法做一个简明的分析性的清算。"自然"一词的惯用意义就是"摹仿"、"亦步亦趋"或"贴近自然"。以下我所列举的参考意义Ⅰ，A，B，D和E，除了少数例外，都限于17世纪和18世纪；而且我当然并不想网罗殆尽。C条下的举例似乎难说必要。列举的意义无疑也不完全，所指的一些特性可能不甚准确，附加的"评注"仅仅是整个框架的一部分，也许假以时日，它会是对自然作为一种艺术规范的历史的稍微广泛的研究。我认为，支持业已提出的概括的可资利用的证据很丰富，有必要用一本书来展示这些证据。

Ⅰ. 作为审美规范的"自然"的含义

A. 作为艺术摹仿（在再现或表现的意义上）对象的"自然"。

1. "自然"作为经验的现实。如：达兰贝尔的《百科全书序论》，哥尔斯密的《趣味的养成》，乔治·格兰维尔的《论诗的奇思妙想》，雷诺兹的《绘画七讲》，最后尤其是：

（a）人性，即可能情境下可能的或通常的人类行为、激情的"自然"表现。如莎士比亚的《哈姆雷特》Ⅲ，2；德莱登的《〈残暴的爱〉序》、《寓言集序》（论乔叟）；莫里哀的《愤世嫉俗》Ⅰ，388；布瓦洛的《诗艺》，第3部，第366—370行，第414—420行；费讷隆的

---

① 对这一术语的意义的历史沿革而不仅仅是其美学含义的尝试性描述和举证已由作者在《尚古主义及其古代的相关观念》(1935)一书中作出，见该书附录（第447—456页），也见同书第11—12页；关于18世纪的情况，可参见巴兹尔·威利教授的《18世纪文学背景》，1941年。

《致法兰西学士院书》Ⅵ;狄德罗的《致若丹小姐》(全集,第19卷,第388页);约翰逊的《诗人传》(希尔编,1908年)第3卷,第255页;H.沃波尔的《〈奥特朗托城堡〉再版序》。

(b) 事实之间的实际关联,尤其是人类经验中的因果关系,如德莱登的《〈好斗的妇人们〉序》;参见狄德罗《百科全书》条目"美"。

2. "自然"作为本质或一种柏拉图式的理念,在经验现实中尚未得到充分的实现,它是一种理想类型,是美的自然(*la belle nature*);如锡德尼的《诗辨》,迪弗雷努瓦(Du Dresnoy)的《画艺》,莫里哀的《瓦尔·德格拉斯的荣誉》;德莱登的《诗画平行论》,艾迪生在《旁观者》第418期;曼加尔(Mingard)的《百科全书》条目"美",伊韦顿(d'yverdun)编(1777年);夏尔·巴特(Batteux)的《美的艺术》等等。狄德罗的《1767年的沙龙随笔》,赫德(Hurd)的《画艺札记》,戈梅斯·德·阿维利亚内达的《被当作一切摹仿艺术对象的理想之美》(系另一种意义上对"美的自然"的摹仿,参见狄德罗《百科全书》条目"美");德昆西的《论自然:美术上的摹仿的目的和方法》,参见海伦·T.加雷特的《对理想事物的摹仿》,《现代语言学会会刊》(*PMLA*)(1947年),第735页以下。

3. "自然"作为一种类型,排除了种属与个人的区别,例如约翰逊的《拉塞拉斯》,第10章,《莎士比亚戏剧集序言》;雷诺兹的《绘画七讲》,第3讲,第7讲。

4. "自然"作为一种一般类型或统计学上的"众数"(第二种解释的方式与第一种相差无几),例如雷诺兹在《闲人》杂志上的文章,见第79期,第82期;参见克劳德·比菲埃的《论第一真理》,第1卷,第13章和莱辛的《汉堡剧评》,95。

05. 作为审美规范的"自然"

5. "自然"作为人及其劳动的对立面,是尚未被人类活动所改变的经验现实的一部分,因此,它指户外,"自然的"景观和音响。如夏夫兹伯里的《人、风俗、意见与时代之特征》,"道德说教者",第3章,第2节(罗伯森编,第2卷,第125页);艾肯塞德的《想象的愉悦》,初版,第3部,各处;约翰·朗霍恩的《想象的幻景》,哀歌之三和"铭刻",等;詹姆斯·贝蒂的《游方艺人》,I,9;Fr.施莱格尔的《全集》(1825)第6卷,第223,280页;第10卷,第71页。

B. "自然"(即"事物的本性")作为有关属性和本质之关系的必要和自明的真理体系;因此对于审美判断而言:

6. 直觉上所知的原理或"趣味"标准(与道德上的"自然法则"相似),由此推论,自然是我们认识到的客观的和根本的(即"固有的")美。例如夏夫兹伯里的《人、风俗、意见与时代之特征》[罗伯森编,"独白",第3卷,3(第1卷,第216—220页),"道德说教者",第3卷,2(第2卷,第137页),"探究",II,3(第1卷,第251页)];伊夫·玛丽-安德烈的《论美》,I;约翰·鲍尔吉的《道德之善的基础》,II,a.21。

C. 一般意义上的"自然",即总的宇宙秩序,或其中显示的半人格化的力量(natura naturans),作为范式,自然的运作性质或方式也带有人类技艺的特征。

这些特性被设想为以下种种形态:

7. 一致性(参见第6条和17条);
8. 简洁性;

9. 实现既定目标的简洁方法；

10. 规律性:符合"几何原理"的性质；

11. 不规则,"野性"；

12. "完备性",内容的丰富性和多样性,无尽的丰赡——所有这一切的后果,有时候可以设想为两种尖锐对立的性质并峙。

13. （仅仅在 18 世纪末）在时间序列中,各种类型渐进的分化,持续的进化。

D. "自然",即作为一种艺术家特性的自然性。

这通常被设想为下列情况:

14. 不受惯例、规则和传统（"自然"与"习俗"相对）的影响。如约瑟夫·沃顿的《对自然的钟爱》；

15. 无自我意识的自我表现,不受预想、思考和谋划等的影响,浑然天成（"自然"和"艺术"相对;参见第 5 条）,如布瓦洛的《书札》,XI,81-90,故:

16. 其性质由原始人或原始艺术体现出来,如德莱登的《论讽喻》,艾迪生在《旁观者》第 209 期,约翰逊的《拉塞拉斯》,第 10 章,约瑟夫·沃顿的《对自然的钟爱》,狄德罗的《论戏剧诗》,第 18 节。

E. "自然",体现在艺术家的公共性中,因而也决定着艺术作品的感染力或审美有效性。

有时候,这一用法与第 14 条、第 16 条的含义相同,但这一用法常常更带有如下含义:

17. 在思想、感情和趣味上,具有普遍性、不可更易性；它一直为人们所了解,人们可以直接领悟并欣赏;通常还与这样一种假设连在一起,即普遍的价值也是一种客观的美(参见第6条、第7条),如布瓦洛的序言(vi)(《全集》,吉德尔编,第1卷,第19页);德莱登的《诗画平行论》;蒲伯的《论批评》,第297—300行;艾迪生在《旁观者》第253期;费讷隆的《致法兰西学士院书》v;狄德罗的《全集》第14卷,第432页;赫德的《论诗的摹仿》;约翰逊(前引书,见第3条);约瑟夫·沃顿的《论蒲伯的作品及其天才》,i,第86页;1806年版;卢梭的《爱弥尔》,第4部(《全集》,奥吉斯编,第4卷,第317—320页);雷诺兹的《绘画七讲》,第3讲;约瑟夫·沃顿的《论乔舒亚·雷诺兹爵士在新学院所绘彩画窗》等;席勒的《论马蒂森的诗》。

18. 熟稔而亲切:"自然的"对每个人来说都是最相宜的,可以为每个个人所直接领悟和欣赏,——但并非在所有人身上都是一样的,而是要随时代、种族、国家和文化传统呈现不同的面貌(参见第12条),如阿方索·桑切斯,见圣茨伯里的《批评文选》,第137页;赫尔德的《莎士比亚》,见《论德意志文艺》;《关于人类历史哲学的观念》,第9卷,第4章,第3节,参见F.施莱格尔的《全集》(1825)第6卷,第253页;第10卷,第103页;司各特的《杂文集》(1847),第1卷,第749页;

II. 艺术作品的要素(如果它们在以上诸点的某一点上"与自然相符"的话):

a. 文学现实主义,忠实地再现客观对象或被摹仿的事件;通

常是在遵循事物的可能性的意义上(意义1);

b. 逼真,依赖于明显的或假设的可能性(对逼真的限定,受艺术作品必须由其观察者和读者等人对其效果进行评判这一假说的影响;与第17条的思想有关);

c. 限制把神奇怪异的材料和神话人物用于"人们普遍公认的事物";或者对想象事物的描绘具有内在一致性。参见格兰维尔的《论诗的奇思妙想》,n,1;艾迪生在《旁观者》第419期;理查德·赫德的《关于骑士精神和传奇文学的信札》,X(a条的极度弱化,骑士精神的衰落,请参见以下o条);

d. 限制把(所有或某种)艺术或文艺类型描述成理想类型(意义2);

e. 只是对一般类型的描述,而不是对个别类型的描述(意义3);

f. 对一般类型的描述(意义4);

g. 遵循"客观"美的标准(意义6),这些标准一般公认具有以下两者之一或兼而有之;

h. 简洁性,即较少浓墨重彩,避免立意的繁复(意义8,9);

i. 形式上的对称,均衡,明晰和规律性(意义10);

k. 无规律性,打破对称和固定、循环的程式等(意义11);

l. 对情感的注重(作为人性自发的,因而也是更"自然的"因素)要胜过智力活动或深思熟虑的美学构思;

m. 质朴,单纯,类似原初状态;或是对原初状态的生活和情感或初民或社会的再现(意义16;参见第11条和第17条);

n. 对定式和旧例不予认同,艺术家随心所欲的自我表现——

05. 作为审美规范的"自然"

常常,但并非必然,与 m 同义(意义 14);

o. 普遍的审美有效性,为所有人(这些人的"天然的"趣味并未被败坏)所能直接领悟和欣赏(意义 17);此点常被解释为与 g 相当。

p. 依循定式和旧例或者按与"自然相应的"模式进行摹仿(即其普遍有效性和对人性中不变的事物的吁求),通过其获得普遍和长期的承认而呈现出来(意义 17);

q. 表现对艺术家及其最直接的公众来说最具特色或最亲切熟悉的内容,因此,①表现艺术中的种族主义或民族主义;或②通过现代艺术观念表现独特的基督教观念和情感;或③通过各个时期的艺术表现其独特的时代精神(意义 18);

r. 完整地再现人类生活或感性世界的诸方面,表现其"完整性"、多样性和鲜明对比。这在总体上可视为一个艺术纲领,包括 a 和 n 的含义。它也意味着艺术中"内容"的价值远远高于"形式"的价值这一信条。它还意味着,在个人的艺术作品中,它尤其指作品兼具多种风格,近似于理想状况(意义 12);

s. 艺术的内容和形式不断提高的多样化和拓展,审美的不断演化,由此导致对独创性和新异性的推崇(意义 13);

t. *Nuturgefühl*[对自然的情感],从对外在于人的感官世界的沉思派生而来的情感表现,尤其是当这种沉思被视为道德学说的来源,或作为一些普遍的精神存在的表现或接触手段("自然"的第 5 义,但此处,艺术家的功用不被看作是对外部世界的"摹仿",而是表现他对外部世界的主观反应,或解释外部世界假定的内在意义)。

Ⅲ. 评论

(1)"摹仿自然"或"依循自然"或"贴近自然"是新古典主义的基本信条,但由于对新古典主义标准的几乎所有形式的反叛都乞灵于同样的口号,因此它对新古典主义的信条又具有决定性意义。旧的法则视新的潮流为正当之为可能,部分是由于术语"自然"和"自然的"具有多重含义,其诸种意义之间(自觉或不自觉)的置换,部分是由于已经得到广泛认可的新古典主义表述其潜在的逻辑含义的出现。

(2)这一法则的严格的新古典主义意义是 o(常与 g 一道)、p、h、i。[①]

(3)新古典主义理论家们常常倾向于用 d 或 e(即艺术的责任是要描述在经验现实中找不到的,或仅在事物的一般性质中而不是个别性质中得到再现的理想类型)来解释这些法则,正如大家所推论的,这些倾向为隐含在传统表述中的现实主义内涵(a 或 b)所抵消。大多数新古典主义的批评在 a 和 d 或 e 或 f 之间来回摆动。

(4)意义 1 和相应的"摹仿"自然的概念(a 或 b),可以在正统的新古典主义者及其对手中找到。如古典主义戏剧的三一律及其他特征,一方面由于它们热衷于现实主义和逼真而得到辩护,另一方面又因为其前后矛盾而受到攻击。但这个意义的表述的巨大影响与新古典主义标准相对立,尤其是与摹仿古老的典范等同于摹

---

① 关于这几点,见以下两篇论文。

仿"自然"(即经验的现实)这一假说相对立。这个意义也有助于产生艺术中的民族主义,因为只有熟悉生活和各种情感的艺术家才能忠实地加以再现。

(5)意义16,以及相关的尚古主义倾向,深深植根于新古典主义传统,尤其是植根于史诗理论和荷马在史诗中占据至高地位的看法中。它们还合乎逻辑地与新古典主义理想的不变性和普遍审美有效性(o)密切相关。原始人肯定最清晰、最简单、干净地证明了人性中的那些基本要素是普遍的、根本的。但这些传统要素(日益等同于 k 和 l,即无规律性观念,天然的而不加抑制的情感)与 i 和 p 不相符,通常注重"优雅"和"恰当",这种对立在 18 世纪变得更加鲜明。美学中的尚古主义,甚至其后来的形式,并不是对新古典主义的直接回应,而是对复合的审美观念的诸种要素之一的自然发展。

(6)有关"自然"性质的各种看法,在 18 世纪相对让人感到新奇的是 12、13、18 条,与 q、r、s,以及 n 相关的美学理想(虽然只有 s 可以找到它的早期表述)在根本上是革命性的,因为它们表明了对这一表述(o、p、g、h、i)最根本的新古典主义意义的异议。上述理想是早期德国浪漫派的奇珍,也体现了 Fr. 施莱格尔"浪漫诗是渐进的总汇诗"的定义(见《雅典娜神殿断片集》第 116 条)以及浪漫派的其他宣言;而且,如果"浪漫的"这一术语被赋予一种历史的意义,那么,这四种设想艺术与自然相谐和的方式堪称浪漫主义美学教义的精髓。①

---

① 关于这最后一点,参见"浪漫主义的意义"、"席勒和德国浪漫主义的兴起"、"论诸种浪漫主义的区别"及《存在巨链》第 7 讲和第 10 讲。

06. 自然神论和古典主义的相似性[*]

如果说本文有什么让现代文学史学者普遍感到陌生,很可能不是文章的各个部分,而是各部分之间的关联。我希望做三个尝试:第一,我想简要勾勒一个特有的复合观念,它构成我们通常所称的"启蒙的理性主义",这样做的目的是为了道出这个复合观念的根本一致性,道出构成这个复合观念的可区分的各种观念相互关联的方式,以及这些观念在其中确实是或可能自然被视为是一个单一的基本假设的所有含义。我认为,研究 16 世纪、18 世纪思想的学者并没有充分理解,也没有总是关注这些组合观念的系统特征。这不是你将会发现的由任一哲学家连贯地阐述的体系,而是你将会发现的为大多数哲学家视为理所当然的一组预设,这组预设决定了两个多世纪来摆脱了传统和权威的大多数明理之士对各种事物的看法。当然,存在着许多相互对立的思潮,其中不少出自同一组假设中彼此对立或相互削弱的这个或那个假设的蕴含;也许没有一位作家坚定而明确地坚持我们所谈论的体系。然而,启蒙思想(Aufklärung)中正在流行的东西很少能得到正确的理

---

[*] 本文于 1930 年 12 月在华盛顿举行的美国现代语言学会年会上宣读,首次发表于《现代语文学》,1932 年 2 月。

06. 自然神论和古典主义的相似性

解,其重要意义也难得到恰当的评价,除非我们考虑到它与普遍认为不言自明而无需做任何正式解释或辩护的这一连串基本假设的基本含义的关系;第二,我会指出,自然神论只是这种复合观念在宗教上的运用。它并非由英国人特别提出的东西;它在许多作家身上的表现无需——虽然无疑,有时候可能——归结于相互之间的特殊影响;它仅仅是一些具有更广泛的潜在应用性和实际应用性的预设在反思领域的显示,而在这个领域它们是相关的;第三,我会指出,诗以及其他艺术的新古典主义理论,很大部分是对美学上的同一组预设概念的运用。自然神论和新古典主义完全相似乎很适合说明同样普遍的观念,不仅在看起来彼此疏远的思想领域,甚至在那些初看上去性质和取向好像风马牛不相及的思潮中发挥作用。我想大多数人习惯于认为,自然神论是17—18世纪式的宗教激进主义或进步主义,尤其是对所有权威和传统的反叛,是在宗教事务上个人判断的彻底解放;另一方面,新古典主义常被认为是一种美学保守主义或复古主义,在艺术趣味上要回归威权主义和传统主义。就这两种思潮在其各自的范围内被认为形成对照而言,它们都在一定程度上受到了误解;在其兴起和发展时期,它们与观念之一般背景的共同关联被忽略了。

为了简洁和互参的便利,我必须引入一些不太讨人喜欢的术语以指出这一复合观念的某些要素;而且还是为了简洁,我将在对这一复合观念作一般概括的过程中显明,它在自然神论中的具体表现。

1. 均变论。——这一术语是影响广泛的启蒙哲学的首要的和根本的原则。理性在所有人那里都是一样的;人们认为这是显而易见的。因此不论是默认的还是明确的推断,都必须承认理性的生活没有差异。舆论或者趣味的差异显然是谬见,[①]而要求普遍感染力或得到普遍接受,不仅被当作真理的后果,而且本身也被当作真理的特征或标准。其可理解性、可检验性或实际的肯定存在受限于特定年龄、种族、性格、传统或生活环境的人,本身并没有什么真实性或价值,或者对理性的人来说无关紧要。因此,宗教、道德或社会的改革家努力的目标,正如文学批评家努力的目标一样,是把人及其信仰、喜好、行为和习惯整齐划一。对斯宾诺莎的目标的评述颇为典型,他的一位早期传记作者这样写道:"自然的目的是使人整齐划一,就像同一个母亲的孩子。"[②]费讷隆也持同样的看法:"任何地域和任何时代的人,不管他接受过什么样的教育,都不可抗拒地感到被迫整齐划一地思想和言说……这样一来,那些最常出现在我们眼前的东西,而且似乎是我们自身本质的东西(我是指我们的理性),则最不属于我们了。"[③]依循自然就意味着首先与均变的假说相符;也许仍然有必要重申,在启蒙运动中最常用的标准用法中,"自然"一词的意义的主要元素是齐一。尽管

[①] 参见伏尔泰的《自然规律咏》,第一部(论上帝的概念):
  征服拜占庭的傲慢种族,
  温顺的中国人、不羁的鞑靼人,
  谁了解上帝的实质,遵从他的愿望?
  他们的风俗不同,归属也不同,
  他们各自让他说一种不同的语言,
  但所有人都错了……

[②] 海牙的卢卡斯:《斯宾诺莎传》,引自布伦瑞克:《斯宾诺莎及其同代人》,第333页。

[③] 《论神的存在》(1718年),见《哲学全集》(1863年),第55页。

06. 自然神论和古典主义的相似性

有60多个意义,但基本上主要是由于这个意义,"自然"才成为启蒙哲学的神圣语词。① 因此,自然一词是启蒙运动的口号,是对人及其观点和评价的差异的普遍和激烈的抨击——这种抨击以及对差异的抗拒和深恶痛绝,是自16世纪末到18世纪末的二百年间欧洲思想史上占中心和主导的现实。②

在宗教问题上,这个假说似乎是明显有效的。在小问题或纯思辨的事情上,意见有一些局部不同是允许的,至少是可忽略不计的。但大家觉得确实只应有一个宗教,就像教会总是坚持的那样。而基督教,无论何种形式的基督教,明显包容了很多并未被普遍接受的东西,它明确要求信奉许多自然的理性之光显然从未揭示的信条——而且在揭示出来后也难以理解。正如教会所阐述的,基督教教义似乎只是欧洲人的一种地方习俗,因此,由于这个原因,它对那些决心摆脱纯粹地方习俗的人来说是靠不住的。而且,它包括大量的历史命题;它以接受关于事件在一个特殊时刻发生在一个具体世界上的"一个小角落"的断言为救赎条件。这样的命题

---

① 参见塞尔登《论自然法与万民法》(De jure naturali ac gentium,1640年):"Iam vero naturalis vocabulum... id tantum indicat quod, ex Ebtaeorum, seu Ecclesiae aut Reipulicae veteris Ebraicae, Placitis, Sententiis, Moribusque, tam in Foro quam in Scholis, receptis avitisque, pro Jure mundi seu omnium hominum omnimodarumque tam gentium tam aetatum communi, etiam ab ipso rerum conditu est habitum, ut scilicet a Totius Naturae creatae Autore seu Numine sanctissimo, Humano generi, simulatque creatum est, indicatum infusum imperatumque."

② 前面我只重复了许多观念史学者说过的话;参见K.许克的论文《关于约翰·冯·缪勒的研究》(1912年)第13页以下:"虽然纷然杂陈,……但有一点启示,不论德国人是否都有一个共同的基础,即都指向自然的物质规律的普遍性。这种自然主义无所谓经验主义的还是形而上的或者唯心主义的形式,其本质和时代的出发点并无不同。"也参见狄尔泰:《著作集》,第2卷,第90页以下。

绝无可能得到普遍验证：在事件发生之前，它们不能为人所知，在得到事件报告之前，它们也不能为生活在某个世界的种族所知；它们的真理也不是每个普通人所掌握的简单的认知手段所能确定的，只有通过历史学家艰苦而专门的探究才能确定。因此，只有声称可以取信于任何人的宗教才是自然的宗教——这里，"自然"意指基本的和最根本的齐一性和普遍性。

这样，假定非普遍性（非全称命题）是要被废弃的，那么会有两种方式可以找到真正统括一切的普遍教义的确切内涵。它们表面上不一致，但仍然相互关联。在总体上更具特色的是：

2. 理性主义的个人主义。——"个人主义"这一术语一直是观念的历史编纂学中混乱和错误概括之源。因为它常被运用于两个恰恰相对的趋向：其一是极具启蒙运动的特色的倾向，其二是极具浪漫运动的特色的倾向。我用理性主义的个人主义指的是，认为真理要由每个个人各自为其自身、通过运用不受传统或外部权威的影响的个人的独立判断而得到，换句话说，通过对任何人都同样闪耀的"纯自然之光"而得到——这恰恰是因为所有的个体作为理性的存在从根本上来说是相似的，而且因为诸个体中的这一齐一的要素是唯一重要的要素。依循传统和遵从权威就违背了自然之光，伏尔泰在叫人不要理会那些大神学家的空洞推论之后，总结道："想要出人头地，先要纡尊降贵。"[①]卢梭在《萨瓦的代理主教》一书中更多地是在"心灵"而不是在理性中发现了自然宗教之源，但这种对立更多是在口头上，而非实际如此；重点仍然是基于齐一

---

① 《自然规律咏》序诗。

性观念。"上帝所要求的祭祀是诚心的祭祀,这种祭祀只要是真诚的,它就永远是齐一的。"① 与此相对的是浪漫的个人主义,个人的价值不在于整齐划一,而在于形态各异,卓尔不群,浪漫的个人主义瞄准的目标是个人的、种族的或尘世的异禀的呈现和培养。

然而,理性主义的基本预设提出有另一种途径可以获知那些为人所共同的理性所证实的真理,即:

3. 求诸民意(consensus gentium)。——既然所有人都要"依循自然",如果你接受了全人类共同的信仰和方式,似乎你就不能拒绝或放弃自然。明智的胡克(Hooker)说:"人类普遍而恒久的话语就如同上帝自己的言词。人类一直在学习的那些东西,自然必定在教。上帝是自然的创造者,自然的声音只是上帝的工具。"② 更具理性主义性质的经院哲学家和正统神学家常常提到这一点;自然神论并没有给这一命题增加什么,而是把它运用于特殊的宗教情境。只有那些可借"人类普遍和恒久的话语"来揭示、或合理假设、或说出的命题,才可被视为上帝的话语,因此真正宗教的内容、博丹所谓"人类的宗教"(religio generis humani)可以通过审视历史上的所有宗教,放弃并非每一个历史宗教都有的信仰,保留下共同的信仰而得到确定。准确地说,这是切伯里的赫伯特明示的做法。真理的主要标准是全体一致的赞同(summa varitatis norma est consensus universalis),真正的宗教只能是由众所周知的事物(notitiae communes)构成的;要判断一种"具体的

---

① 马松编本,第309页。
② 《教会制度法》(1594年),Ⅰ,viii,第3页。

信仰"与这一标准到底多么相符,你得问,这一信仰的信条"在外国,在那些信奉其他信仰的人中是否引起争议"。因此,真正的宗教只能由教会,确切地说由天主教或普世教会来决定,只能由不会犯错的教会来决定,因为独有它道出了全人类的判断,即凭借自然之光可以获得自明知识的真理。就像伏尔泰所说的:"上帝无疑说过那些话,但他是对全人类说的。"①

4. 世界主义。——从自然把所有恩赐平等施舍,从人类生活中任何真实有价值的东西,都会最广泛地传播到民众之中的假定出发,对每种形式的民族主义或种族主义的责难显然也跟着而来。自然(Natura)和种族(natio)是两个意义明显相对的词,你要想遵奉其一,就必须放弃对另一的所有特殊偏好。自然神论当其如日中天时,它的前景和趋向不仅是世界主义的,而且是宇宙主义的,它能接受一种主张,即没有任何人和任何世界在宗教史上发挥特殊的甚至是与众不同的作用。

5. "笃信"与独创之不相容。——同样,认为对人类具有重要意义的事物可以通过笃信者所声称的个人的超自然启示或者可以通过个人在道德和宗教问题上特有的禀赋和才能所获得的慧见得以传达,是不能接受的。人类施主的作用不是向人昭示他们此前从不知晓的人的真实,而是洁净人们怀有"偏见"的思想,以便把他们的注意力集中在他们一直知道的核心的、单纯的真理上。

上帝的信徒,或人类的朋友,

---

① 《自然规律咏》,第1部。

诗人或爱国者,起来重建

自然此前赋予的信仰和道德,

重燃她的古老之光,无须点亮新光。①

6. 知识平等主义。——这种对普遍有效的且能够个别地、内在地加以检验的真理的追求,必然产生知识平等主义——在宗教、道德和趣味上的民主倾向,甚至在其政治观点并非民主观的人们身上产生。如果自然之光是普照天下的,如果自然之光所提供的知识是指引人生真正所需的唯一的知识,那么,一个人的智力实际上和另一个人的智力同样出色;由此推论,在这一预设概念得到坚定落实的情况下,就没有什么普通人理解不了的有效的或至少是不可或缺的信念了。伏尔泰在《无知的哲学家》中宣称:"那些极少数人沾沾自喜地了解的事物对于其他人来说是无益的。"博林布鲁克写道:"自然法则之神圣起源的内在证明是平易性和简明性,它使自然在任何时代和地域都可以理解,把自然调摆得能为理解力很差的人所理解。由于诡辩术,律师和神职人员的诡辩,这个问题变得复杂起来。……[但]这些基本原理既缺乏阐释,又缺乏评注,很难得到充分理解。"②于是,自然神论声称自己是与每个人的常识相当的宗教,而且,正如斯威夫特*在攻击自然神论时不全偏颇的说法:"它不包含任何不能被眼下愚钝至极的脑瓜所理解的

---

① 《论人》,第3部,第284—287行。
② 《断片或散文碎锦》,Ⅷ,《全集》(都柏林,1793),Ⅴ,第103—104页。
* 此处疑误。引语见约翰·洛克的《基督教的合理性》。——译者

东西。"

7. 理性主义的反智主义。——这个术语听起来似乎自相矛盾,但它准确地意指一种与我们所关注的理性主义的基本预设概念一致的观点。假定人类真正需要知道的所有东西是普遍可得到的和可检验的事物,这一假定意味着对于大多数人所不能理解的那些深奥问题所做的微妙的、精巧的和复杂的论证肯定是不重要的,甚至有可能是不正确的。那么,任何难以理解的,或需要经过长期而复杂的智力训练才能加以验证的观点,可无需检验就合法地被抛弃,至少如果这一观点关注的是与人的道德或宗教兴趣有关的议题的话。一个"体系"之所以是合法的怀疑对象,只是因为它曾经是一个体系:

> 难道只是在昏暗的神学迷宫
> 才能找到创造我们生命的神?
> 奥利金和司各脱并不足信。
> 扔掉那些新奇的体系吧,
> 自然教给我们的比智者更胜。①

伏尔泰的"天真汉"与他的詹森派朋友辩论:"如果你的论点中只包含一个真理,也早该发现了;全世界的人对这一点都会异口同声……谁要说有一项对人类福祉来说至关重要的真理,被上帝藏了起来",也是说,真理对任何人来说都太深奥了,因而不可能凭自

---

① 伏尔泰《自然规律咏》序诗。

身获知,"那简直荒唐,简直是侮辱人类,对造物主和上帝来说也是一个冒犯"。在对这一观念无数次的表述中,伏尔泰仅仅是重申了赫伯特爵士及其他许多人在他之前很久就说过的话。

8. 理性主义的尚古论。——这一类型的理性主义的全部逻辑暗指"理性"或"自然"的真理由于是普遍的,肯定至少为一个种族最早的和最没经验的人所知,就像为这一种族的其他成员所知那样;更有甚者,早期的人真的比后来者更易理解这样的真理。因为人类早期阶段的思维完全没有受"偏见"的败坏;没有任何传统和具体的社会形式会妨碍人们的常识发挥作用。根据这一逻辑,人类普遍的和一致的东西,被现代文明人各种不幸的信仰和实践中的历史积淀所覆盖和遮蔽的东西,肯定出现在最早的时期,出现在"邪恶之智战胜的自然之光"以前,而且在野蛮人那里必定更少被污染,博丹《七智者谈崇高的秘密》中的自然神论者主张,真正的宗教必定是最古老,而"新宗教,新奉献,新习俗,新奇想,新教会,新意见,新道德——这些都将把繁盛的国家带向毁灭"。"如果真正的宗教相当于对永恒上帝的崇拜,我相信,自然法则足以拯救人类。我们看到,人类往昔的领袖和父辈没有别的宗教。他们留给后世子孙的对黄金时代的记忆,不是受教,而是行动;不是训诲,而是自然本身的陶冶。"廷达尔的著作是对英国18世纪的自然神论的最典型和最系统的表述,其书名几乎道出了全部实情:《与造物主一样古老,作为自然宗教翻版的福音的基督教》。按廷达尔的主要论证,既然上帝存在而且是善的,他一定"愿意芸芸众生了解他的真理",因此他一定从一开始就"赋予人类有关其行动的一些准则和律法",一条准则对于所有人都是同样清楚和明确的。因此,特定启示的教义,或者宗教真理逐步揭示出来的教义,自身是非宗教的教义。上帝从创造天地之初就赋予人类的宗教必然是"完美之至"的,他"不可能允许有任何变化或增减"。所以,伏尔泰在他的《一个有神论者的信仰宣言》(当然,这里有神论者[theistes]与自然神论[deist]同义)写道:

> 我们的宗教与世界同样古老。犹太人和基督徒应该承认,根据他们自己的典籍记载,在大洪荒之前,有神论曾统治世界,即在2513年间有神论曾是唯一的宗教,直到犹太人宣称上帝在一片沙漠赋予他们特别的戒律。

总之,正如伏尔泰在别处所表述的:"自然神论者属于亚当、塞特和挪亚的宗教。"①因此,"必须尽可能使人们回归原始的宗教"。至于这个教会,就像哈勒所观察的,美洲印第安人和非洲人才是其教友:

> 休伦人深知血与法的力量,
> 他们居住在密歇根河的北岸。
> 霍屯督人在混沌的汤汁中
> 能感受到大自然无所不在的力量。②

---

① 《为博林布鲁克一辩》(1752年)。
② 《关于乌贝尔人的起源》(1750年),Ⅱ,第184页。有大量例证说明,野蛮人中信奉自然宗教的倾向。参见阿特金森:《17世纪的游历……》,第7章。

06. 自然神论和古典主义的相似性

均变论和不彻底的尚古主义形式——而且有点不相称地与一些爱国的自尊——的结合在亨利·布鲁克的《古斯塔夫·瓦萨》(1739年)的序幕中得到了例示,他描述那些追随者时写道:

> 大自然的法则,在胸中的法则:
> 非由技艺形成,也没有任何限制性的框框,
> 但天国在那无识心灵上打下了印记。
>
> 如此、如此古老,最初降生于此的初民
> 他们呼吸着不列颠独有的清新空气,
> 他们的王国、恺撒大帝曾徒然地觊觎,
> 为了更伟大的自由而与恺撒作战,
> 勇敢地把出了名的入侵者赶回家去。
> 对淫靡腐朽的罗马行暴政吧。
>
> 我们的吟游诗人,为生来自由的光辉而激昂
> 对每一个民族传扬这样的主张:
> 没有任何境遇、任何风气,能束缚他的呼唤,
> 但要召唤的是贯穿历史的道德津梁。

莱辛早年也极其关注这一普遍的主题。例如,他在《论亨胡特兄弟会教派的思想》(1750年)中写道:"回溯到最早的时期,亚当的宗教多么单纯,从容和鲜活!但这样的宗教持续了多久呢?亚当的每一个后裔都根据其喜好有所增益。宗教的本质葬送于独断教义的泛滥(*Sündflut*)。所有人都不忠实于真理,虽然有些人,比如亚伯拉罕的后代,比别人要好一些。"莱辛补充道,基督的使命只是

"恢复宗教原本的纯粹,把它限制在一定的范围内,直这个范围内,宗教的效果越是神圣和普遍,其限制就越逼仄。上帝是一个圣灵,就应该在精神上真正地崇拜上帝;他认为还有什么比这更神圣?还有什么真理更可能把所有不同的宗教捆缚在一起?"自然神论,如果我们在通常意义上称之为保守的宗教不甚恰切的话,那它显然应该是一种极端保守的宗教。

9. 从所有这一切看,可以认为自然神论是一种否定的历史哲学。——一种齐一的标准显然肯定是一种不变易的标准;发生在各个时期的信仰、文化和制度上的所有变化——所有这些,我们在相反的幻象的影响下习惯于欣喜地称之为"进步"——肯定已向坏的方向转化。这种思想方法的实例数不胜数,很多例子我们耳熟能详。这些例子一旦出现在反自然神论的作家那里,比如在哈曼下面这段文字中,就更具有冲击力:

> 所有自然的知识均是开放的知识:物的自然给出材料,我们的心灵据以感受、思想、锁闭、判断和比较的规律给出形式。因此,一切自然的知识也如同自然一样古老;因为此一状况亘古不变,在各自的理解中,对同一自然知识的感受也不可能有什么新花样。[①]

如果将这始终如一地用于宗教时,像自然神论者曾做的那样,那就意味着西方绝大多数文明人类的全部道德和宗教的历史已经比蛮

[①] 《〈圣经〉沉思》(1758年),见《著作集》(1821年),Ⅰ,第115页。

荒时代恶化了。不仅未能丰富伦理见解或者宗教理解或宗教经验,而且是一个重复犯错和越来越背离"自然"的一致性与单纯性的漫长故事。

现在,你们对新古典主义美学以"诗"和"一般艺术"来取代宗教已经有了大致了解,不是了解了全部,而是有了一个一般的、基本的了解。新古典主义的实际主观动机无疑是一个复杂的问题,其中,传统势力以及顺从古代权威的习惯势力无疑占了很大的一部分。但是我们此处所关注的是这些动机的"合理性"。新古典主义作为一种理论,以其一致的或假定一致的一组原理为基础,说到底,它既不是传统主义也不是威权主义的;它是显现在自然神论中的启蒙的理性主义的表达;新古典主义把"自然"当作其神圣字眼,大体上,是在自然神论者使用该词的基本意义上来使用这个词。

理论上——虽然令人高兴的是,不总是在实践上——新古典主义基本上是一种美学上的均变论,这是无须争辩的。这一事实明显存在于对新古典主义信条的全部阐释中,勒内·布雷先生在《法国古典主义的形成》(1927年)一书令人钦佩的篇章中予以了充分说明。艺术家只是理性的代言人,他只需诉诸其他人中的理性。这里,"理性"一词主要不是智力的同义词和情感的对立物——的确,情感可以包括在内——而是指人的种属本性中基本的和恒定不变的东西。诗人的目的是要表达——用莎普兰(约1638年,引自布雷书)的话说——"这种应该使所有人都愉悦的美",因为"理性是不变易的";正如巴尔扎克和所有新古典作家用这样或那样的词句所宣称的:"可以肯定的是,理性属于整个世界。"或如费讷隆指出的:"美不会因属于全人类而贬值,它会更有价值。稀有在于自然的缺陷和匮乏。我想要一种自然的美,它不需要靠新奇来惊人,我希望它的优雅永不过时。"① 蒲伯的文艺批评原则与自然神论的宗教原则是同样的:

> 首先是遵循自然,按她的标准
> 形成你的判断,自然的标准总是一样:
> 永恒的自然,依然神采灿烂,
> 放射明晰、不变的普世之光。

因此,蒲伯批评了一种信念:自然的"机趣"之赐,如文学中表现出的,只给了一些特殊的人群,这类似自然神论者指责这样一种信仰:宗教真理的知识是要到这样受禁闭的教义中去寻找——蒲伯本人指出了这两种情形的相似:

> 有人鄙视域外作家,有人不屑自己人;
> 有人只敬古人,有人则只尊今人。
> 于是机趣如信仰,每人只用于
> 一小群,其他人统统都不管。
> 他们卑下地硬要限制那神恩,
> 好像要逼使阳光只照一部分人。
> 而阳光不仅使南方的机趣超群,
> 且在北方的寒冷中圆融精神。

---

① 《致法兰西学士院》,第五章,《诗学计划》(1693年)。

阳光起初照耀远古时代，

又照耀当下，还将温暖未来。①

约翰逊、雷诺兹和其他18世纪晚期的英国理论家说过的类似的话就无须一一提及了。就像我在别处所指出的，②出于同样的均变论学说，当德国浪漫派运动的后来发起者已在18世纪90年代初的德国古典主义的活动中攻击兴趣诗（*interessante*）和特征诗（*charakterische poesie*）时，他们宣扬的仍是这种均变论的信条。

在《旁观者》（*Looker-on*）第74期（1792年）中也可以找到18世纪末这一原理的英国式表述：

> 美术中所有伟大的法则都以我们的普遍特性为基础。……我确信，这些原理与人性是完全相符的，虽然根据基本的思维组织的不同可能有程度上的差异，……人类情感的这些恒定性和同一性构成了维系这些唤起想象和激情的艺术的唯一基础。个人的思维可能会因偏见、利益和胡思乱想而变色和误导；因此，我们不去考虑一个具体的人会觉得怎么样，而去关注普遍的趋势，如果我可以这样说，人类情感的一般水平被用来构建艺术行为的法则和原理，而那些艺术要想达致完美，就得以人类在心灵和想象方面所具有的力量为基础。（仍见于

---

① 《论批评》，第349—403行。
② 本书下文《早期德国浪漫派中"浪漫主义"的意义》和《席勒和德国浪漫主义的兴起》。

《旁观者》,第17期,作者的目的是使读者相信)通过对人类思维的正确分析,他们可以理解一整套法则,这套法则与人类真正的未受扭曲的情感准确相合,……对一种特殊猜想的普遍认可,不是一种趣味的标准,真正的标准是建立在普遍认可的基础上,即建立在观察所有时代一直令我们纯真的情感愉悦或不悦的事物的基础上;这样的标准来自对客观对象的一般性质的考察,而不是来自客观对象所产生的特殊的、非本质的感知。

必须记住,这种对文学感染力的普遍性的要求,是新古典主义要求的对作品内容和描写的限制和近乎一律的基础。为了获得大家的理解和欣赏,诗人对人性或自然特性的摹仿必须仅限于那些所有人都观察到的特性,乃至——就像约翰逊博士谈论郁金香纹理的那一段名文切实补充的——极少数人留意的特性。这番话甚至比《〈莎士比亚戏剧集〉序言》中人们几乎同样熟悉的段落更为清晰,在《〈莎士比亚戏剧集〉序言》中,莎翁被推为"超越所有近代作家之上的自然诗人";因为"他的人物是不受特殊地区——世界上别处所无——的风俗习惯的限制;也不受学业和职业的特殊性的限制,这种特殊性只能在少数人身上发生作用;他的人物更不受一时风尚或暂时流行的意见等偶然因素的限制",相反"他们是共同人性的真正儿女,是我们的世界永远会供给,我们的观察永远会发现的一些人物"。毋庸赘言,在约翰逊那里可找到大量反证,但正是在这一段文字里,约翰逊说出了纯粹的新古典主义信条,即艺术作品(一如自然宗教)应该只表达大家已经了解的事物,这一点适

06. 自然神论和古典主义的相似性

用于布瓦洛评论文学内涵的一段话,这段话显然是蒲伯有关"真机趣"(true wit)的定义的来源。

> 一种新的、光芒四射的、特别的思想究竟是什么?它丝毫不像那些无知者所确信的那样,是一种以往任何人都从未见过的、不应该有的思想,相反,它是一种本来就应该出现在每个人身上而某个人敢于率先表达出来的思想。一个好的词,只是在表示与之相关的每个人都想到的事物,而且是以一种生动细腻和新颖的方法来描绘这个事物的时候,才成其为好词。①

也许沃伯顿评论扬格的《试论独创性作品》的一段话最好地说明了这在多大程度上被视为18世纪中叶美学上不证自明的命题。沃伯顿说:"扬格博士是这个时代谐趣作家中最出色的一位。如果他明白独创性作品表现在其形式中而非内容中的话,他就会以常识来写作了。"就像菲西(Fusil)所提示的,迟至19世纪的第一个10年,法国诗人德利能以在双行诗里诗意地表达出 $5+4=9$ 和 $9-2=7$ 这样的内容而感到自豪。他评论道:"大家知道加法和减法是算术的两种运算方法,把它巧妙地放进诗里,会产生一种奇妙的效果。"②

而且,均变论在新古典主义美学和自然神论中是以同样的双

---

① 布瓦洛《1701年版序言》,引自维亚尔和丹尼丝:《17世纪文学观念和理论》。
② 菲西:《诗学》,59。

重方式慢慢发展起来的：一方面，读者或观赏者在判断一件艺术品的价值或"美"时，有时候被要求仅凭自己的判断和感觉——一旦排除了偏见，个人的判断和感觉就是"共同人性"的一种真实表达——来判断一部艺术作品的价值或"美"；另一方面，读者或观赏者也被要求用"民意"来检验价值，只允许他自己喜欢大家历来喜欢的东西。前一种发现观念的方式也许可以通过赫德的《论诗的摹仿》来说明："对这些内心骚动（即激情）的感知全都是一样的；与它们一起的是相同或类似的情感和省思。因此，要诉诸每个人自己的意识，这种意识断言了摹仿的真实或虚假。"但赫德（他在别处表达了恰好相反的意见）在这里忘记了，几乎每个人自己的意识，至少在现时代，都被认为由虚伪的常规败坏了。在每个人自身的矫正过程中，找到"自然"的趣味成了当务之急，正如巴特所指出的：

> 如果人们对及时了解他们自身的自然趣味加以充分的关注，如果他们由此努力去发展和开拓这种自然的趣味，通过观察、比较和反思使之更为突出，那么，他们将拥有一个恒定的、确实可靠的艺术判断的法则。但既然对此问题的大多数思考只是在他们满怀偏见的时候进行的，在如此混乱的情形下，他们就不可能辨别出自然之声。[①]

那么，一个较为可靠的获得普遍有效的趣味标准的方法是去研究经典，仅研究被认为具有美学普遍性的著作，这些著作欣赏和赞成

[①] 巴特:《简化成单一原理的美的艺术》(1747年)，第66页。

06. 自然神论和古典主义的相似性

长久性(*semper*)、普适性(*ubique*)和完整性(*ab omnibus*)这样的美学原则。"因此",正如蒲伯所写的:——

> 因此学习古老法则只是出于敬意
> 摹仿自然就是摹仿古老的法则。

在雷诺兹和约翰逊那里,关于这一话题的文字都相差无几,我愿意征引一些不太重要作家的表述,比如威廉·梅尔莫斯在他《致托马斯·费佐斯本爵士的信》(1749年)中这样写道:

> 通过观察那些独创性作品一贯中意的特殊结构,我们完善了我们关于优秀的独创性作品的观念。正是以这样一种一致的认可——不管人们属于哪个时代,具有何种性格,说何种语言——使朗吉努斯检验了真正的崇高,同样,他可以把同一个衡量标准推及所有优秀作品的内在之美。这样,对古代大师的成就所作的不同评价,是基于恰当而切实的理性。不是因为亚里士多德和贺拉斯给我们定的批评标准,我们服膺其权威性,而是因为那些标准是从获得所有已经开化的那部分人类的不断赞美因而引人注目的著作中提炼出来的。因为经过了漫长的时期,无论什么受到普遍看好的美,也只得顺应我们对美的恰当而自然的观念。①

---

① 第130页。这些信札后来备受瞩目。至少有12种伦敦版,2种美国版,即1805年版和1815年版。

主要是这种对诗的普遍的均变论原则的要求解释了,就像 F. L. 卢卡斯先生[①]所注意到的那样,为什么几乎每一位 18 世纪的诗人——不仅仅是格雷——"从未说出"、从未表达"所赋予其他时代许多二三流诗人的作品以生命的所有那些内心悲伤和苦闷"。就像卢卡斯先生指出的,这不是因为他们受制于得体感,害怕这类行为属于"情感放纵"。18 世纪的许多诗人,大大小小的诗人,他们很少受制于得体感。束缚他们的是那仍然被普遍视为美学原理的东西,即"说出来的"不是艺术,那些希望进入经典的诗人肯定不处于正常状态,除非他能与其他所有人一般无二,且不说他在描绘事物上更具有天赋了。

在这之中显然隐含着审美的世界主义。与存在于所有地方的理性相符的艺术,很少会让位于民族及个人在性格或趣味方面的特有风格。拉辛表达了他在如下发现中经验到的喜悦:通过摹仿古希腊和古罗马的戏剧艺术,他更真切地贴近了 17 世纪巴黎人的思想和心灵。"巴黎的品味与雅典相投,我的观众们被过去曾经让希腊最富智慧的人落泪的同样的事物感动了。"[②]当一个正统的批评家希望谈论他特别讨厌的他人的作品时,他会谴责那人在作品中背离了民族性;弗雷龙在他的《关于当代写作的通信》(1749 年)中这样贬低伏尔泰道:

[①] 《新政治家》,1925 年 2 月 28 日;第 599 页。
[②] 拉辛:《〈伊菲革尼在奥利德〉序言》。

06. 自然神论和古典主义的相似性

伏尔泰先生是一个地道的法国作家,也就是说,他属于他自己的祖国,属于他所处的时代,而真正的诗人是属于所有时代和所有国家的。他常常耽迷于那些主流趣味,宁愿选择为其同代人所熟知的好处而不选择为我们遥远的后代所赞赏的荣耀。

在趣味方面,新古典主义反感的是独创性和个人的直感,这又与自然神论者通常对"笃信"的反感相似。一种彻底的审美平等主义内在于新古典主义原理中。我们确实也经常在被归为新古典主义流派的作家中发现另一种倾向——具有某种内行权威的修养以及断言艺术作品是人类部分"改进"或"美化"的审慎态度。但就其一贯运用的基本逻辑而言,新古典主义是这样一种学说,艺术的价值要取决于得到全体一致的赞同;这一民主趋势由像约翰逊博士这样坚定的托利党人清晰地表达出来,没有什么比这更惊人、有趣的了。约翰逊本人一方面反对政治和社会的平等主义,却又鼓吹艺术上的平等主义,如他在《格雷传》中所写:

> 诗歌的荣耀在经过所有精妙的优雅和教条主义学识的评判之后,最终应该由那些未受文学偏见污染的普通读者的常识来评定。《墓畔哀歌》充满了丰富的意象,在每个人心中安了一面镜子,连同在每个人心中激起了情感的共鸣。(译按:此段引文引者有删减)

艺术家必须消除所有的差异,放低自己的言论、梦想和情感

（像他已经表达出来的），以适应感受力一般和理解力平平的读者。

严格的新古典主义者对艺术中的单纯性和规律性的高度赞扬，类似于我所称的"理性主义的反智主义"；虽然这肯定有其他原因，但它部分表明了对精致和繁复的普遍反感。一种繁复的构思不会马上把自己呈现在读者眼中，它给观赏者、听众或读者展示的是一种含蓄的效果，一种对所有人来说难以欣赏而对某一些人来说可能无法欣赏的效果。只从这一事实来看，它就足以遭到非议。①

至于尚古主义，这种类比似乎不能成立，但部分还可以成立。现代文学理论家不能很好地把他的理论模式追溯到诗，就像自然神论者不能把自己追溯到亚当、塞特和挪亚的宗教；因为即使他们写出了史诗、颂歌或者悲剧，但不幸的是，这些作品也没有传诸后人。文学预设了一定程度的文明，众所周知，文学在走出远古时代以后很久才登场。尚古主义的预设概念对新古典主义形成的影响，肯定要小于对自然神论形成的影响。不管怎样，严格的新古典主义本质上必定主张，每一种文类（genre）在其诞生之初即达到了其理想形态。已知最古老的史诗、最古老的悲剧、喜剧和颂歌，还有最早期的文艺批评，是它们各自门类的完美标准；要想评说符合现代诗人或批评家的"普遍性"的最准确的实例，必须求助于这些远古的事物。就我所提到的史诗来说，那些和所有现代人一样把

---

① 参见费讷隆：《致法兰西学士院书》第五章，"必须是一种简单、精确和无偏见的表述，一切都自成其理，直达读者。作者对众人说话应尽力不造成读者的困难。作者不应让人探询他的思想，只有说谜语的人才应该表现隐含的意思。实际上，一个为了让人理解才写作的人的首要责任是让人明白自己来减轻读者的负担。"

06. 自然神论和古典主义的相似性

荷马置于维吉尔之上的古典主义者,被判定为彻底的尚古论者,常常还是理性主义的尚古论者;就像路易丝·惠特尼小说所证明的,①通过那些熟谙经典的博学学者——像布莱克维尔、布莱尔和罗伯特·伍德——的著作,理性主义的尚古论者明确倾向于把自己转化为浪漫型的尚古主义,倡导对莪相(Ossian)的热情。古典诗的其他特征基于尚古主义得到了很多颂扬,费讷隆这样写道:"人们在失去所有那些为了满足单一的、朴素的、明晰的、表面上被忽视了的美而做的多余装饰的同时,也得到了很多。诗和建筑一样,每个部分都应该成为自然的装饰,所有那些为装饰而装饰的东西,都是多余的,把它们去掉,你不会觉得缺了什么,只有虚荣心因此而难受。"在引了维吉尔《牧歌》的诗句后,费讷隆解释道:"没有比这乡村生活的描绘更高超的了。"稍后他在解读《奥德赛》时又写道:"读者感到置身在荷马所描写的环境中,看到和听到了在书中活动的人物。其中纯朴的风俗好像又回到了黄金时代。老好人欧墨比《克莱利》或者《克娄帕特拉》中的人物更使我感动。我们时代的一些无用的偏见低估了这样的美所具有的意义;但我们的过错一点也不会降低理性而自然的生活所具有的真正价值。"②赫德主教在他的《诗艺札记》中通过陈述在那个德行质朴、尚未开化的时代,道德说教之非常普遍来为希腊戏剧家的说教风气辩护。

最后,就像自然神论者看到人类宗教史的大部分篇章仅仅是对"自然"的一个长期偏离一样,严格的新古典主义者也这样看待

---

① "英国尚古主义的史诗起源论",见《现代语文学》,1924 年 5 月。
② 《致法兰西学士院书》:诗学计划。

各门艺术史的大部分篇章。它们都有良好开端,不久都受到腐蚀;解救之道不在于向前推进,而在于回复以往。在正统的古典批评家的词汇里,"哥特式的"指的是自然神论者所说的"天启宗教"或"迷信"。托马斯·沃顿论述乔舒亚·雷诺兹爵士新学院彩绘窗的诗句,人们耳熟能详,其中最有趣的一点是指出了证明在古典主义艺术和宗教之间存在着平行性的一条途径。根据沃顿的说法,人们会记得哥特式艺术的缺陷,那就是它不能遵从这样的真理,即

> 真理不为任何特殊品味所限制
> 其普遍模式即能打动人心。

"哥特式"和"不同凡响"可以认为是同一含义;两者都以同样的原因与"自然的"相对。但在原则上,这恰是自然神论者反对所有独断的、历史的或诡称的天启宗教的根本原因。

关于所有这一切中的潜在矛盾,关于自然神论运动和新古典主义美学的最终归宿的关系,有很多话可以说,不过那是另一件事了——我在别处已经试着谈了一些。[①]

---

① 见《存在巨链》,第7讲,第10讲。

07. 一种浪漫主义的中国起源*

1

典型的新古典主义美学学说对"齐整"的膜拜是众所周知的,有三个例子值得重温,作为本文主题的论述背景。第一个例子是克里斯托弗·雷恩爵士对美下的定义:

> 美是客体的和谐,通过眼睛来获得愉悦。美有两个原因,……自然的原因和习惯的原因。自然的原因来自几何学,存在于齐整(即对称)中。……真正的评判标准是看其是否具有自然的或几何的美。几何形状自然比任何不规则的形状更具美感;就自然法则而论,这一点得到了一致的赞同。①

1704年,约翰·丹尼斯在谈论诗学时表达了同样的看法:

---

* 本文部分发表于《英语和德语语文期刊》,1933年1月;第二部分有修订和补充,第四部分有增补。

① 《慎终追远》,引自L.维弗:《克里斯托弗·雷恩爵士》(1923年),第150页。

如果说诗的目的是为了教化和革新这个世界,即把人类从无序和混乱引向规则和秩序,那么就很难想象,一种自身无序和放纵的事物能实现这一目标。……每一个理性的创造物肯定是从规律中提炼出美,因为理性是规律和秩序,没有什么可以是无序的,……人的作品肯定需要更加完美,他们就更需要摹仿造物主的杰作。上帝的作品虽然变化无穷,却绝对是有规律的。宇宙的每一个部分都是有规律的,宇宙的令人赞叹的美正是由于准确的规律性。①

然而,当人实际观察自然的可见外表时,很难使这后一个命题看上去讲得通。因此,注意发现体现自然构造之规律性的那些先前不为人所知的实例所带来的愉悦是很有意思的。自然构造有时候如鬼斧神工。迟至1772年,约瑟夫·班克斯爵士在他前往冰岛的旅程中,发现了现在人们所熟知的斯塔法岛上的芬加尔洞,洞里有玄武岩柱,"岩柱形成时几乎遵循了建筑学原理,自然形成的柱廊惊人有序地排成两列",让探险者高兴的是,自然以美学的方式证明并显示,它为古典建筑提供了范式。因此在描述了这一场景之后,班克斯放出这样的狂言:

与此相比,人所建造的教堂或宫殿算得了什么!仅仅是些模型或玩具罢了,与自然的杰作相比,人的作品总是微不足道的,今天的建筑师还有什么值得炫耀的!规律是人所想象

---

① "诗学批评的基础",见德拉姆编:《18世纪批评文集(1700—1725)》。

07. 一种浪漫主义的中国起源

出来的强于他女主人的唯一所在,在她的领地里发现的自然,在人这里很久以来都也未能说清楚。这不正是他最初学艺的流派吗?从整个希腊派还能学到比这更多的东西吗?装饰自然之柱的柱头,他们只能用一个式样;且只能把柱头设计成莨苕叶形:自然对那些学习她的杰作的人回报是多么丰厚啊!①

无须再评论审美标准发生变化的多方面意义了,审美标准的变化主要发生在18世纪,当时规律性、一致性、明显的均衡和对应日渐被视为艺术作品的重要缺陷,而不规则、非对称、变化、出人意料以及避免使整个构思一览无余的简单和一致,成了更高一级的审美特性。众所周知,到18世纪,最初以可观的规模在其他艺术门类出现的这种变化渐渐扩展到文艺美学领域。在其他艺术门类中,刚刚萌生的浪漫主义通过18世纪艺术趣味和艺术实践中的四种现象现身,并通过这四种现象得以传扬。这四种现象是:一、对克劳德·洛兰、普桑和萨尔瓦多·罗萨的风景画的"激赏";二、英国式或所谓"自然的"造园风格的引入和广泛传播,这也许是18世纪最突出的艺术;三、哥特式艺术的复兴,这场复兴以18世纪40年代巴蒂·朗利、桑德森·米勒不很成功的努力为开端;四、对中国园林的欣赏,以及在稍低程度上对中国建筑和其他艺术成就的

---

① "约瑟夫·班克斯先生对斯塔法岛的描述",见托马斯·彭南特:《苏格兰之旅和赫布里斯之旅》,1774年。对自然界的实际观察不会让人认为上帝"总是几何化的",植物学家约翰·雷把这种看法纳入他的《自然神学三论》中(第3版,1713年,第34—35页),但是,为了替从神到人的道路进行辩护,他主张"地球现有的外观,其高山和丘壑,呈现的是粗粝和畸形",这是比没有这些"参差""更美的、更悦人的对象"。

欣赏。这些现象,尤其是后三种现象,与18世纪的思想密切相关。第二和第四种现象完全合二为一了。众所周知,二者都称为"英华趣味"(le gout anglo-chinois)。二者联系在一起是因为它们都被18世纪上半叶的艺术鉴赏家和批评家当作同一种基本美学原则的具体体现,或被他们假定为是这些原则的表达。它们是不规则的不同运用,是回归摹仿自然的不同模式,这个自然不是几何的、规整的、齐一的,而是摆脱了形式而自具特色的自然,是"野性"的、变化无尽的自然。

至于这四种相关的艺术运动,其中三种已经得到了研究,最近的出色研究指出了它们在一般美学观念上的重要历史意义:对第一种运动的研究见于曼纳林小姐的《18世纪英国的意大利题材风景画》一书;对第二种运动的研究见于克里斯托弗·赫西的《论如画美》一书,某种程度上还见于德雷珀先生所写的威廉·梅森传记,第三种哥特式艺术的复兴在肯尼思·克拉克爵士论述这一主题的著作中,得到了引人入胜却未必切中肯綮的说明。第四种运动虽然其客观历史主要分布在不同的国家,被反复加以论述,但就我所知,尚未完全被视为观念史学者的学术研究出发点——它在英国的情况肯定不是。赫西先生虽然精力充沛,专心致志地研究了第三和第四种现象,而且有时候他的研究满纸生辉,但未能追溯这种风尚达其本源,也未能为其历史进行分期,更未能对其历史意义作出公正的评价。

在本文中,笔者将指出,早在斯威策、肯特、布朗和布里奇曼提出的造园新模式之前,甚至早在18世纪前十年蒲伯和艾迪生在文学中提出造园新理想之前,中国造园风格就开始对美学观念和时尚产生影响;在中国造园中切实践行的"不规则之美"的一般理念,首次由一位重要的英国作家明确提出来。英国园林(*jardin anglais*)的趣味在很大程度上归因于较早的中国园林的理想化;在18世纪70年代或80年代初,对园林的赞誉——或曰对他们想象中的园林的赞誉——持续发挥着影响,不过,相对于上述三种新的美学时尚,这种影响在推动我所指的浪漫主义上影响要小些,如果有影响的话;哥特式风格一度和中国趣味有特别紧密的关系;17世纪在关于审美目标、中国造园(和其他艺术)原理及其与英国造园风格的关系上引入了一种新概念,这个新概念对英国人激赏中国园林显然是极为重要的。

2

笔者下面将要讨论的当然是,从16世纪末到18世纪末为中华文明在欧洲赢得巨大声望的那个特殊插曲的大体事实。[①] 早在耶稣会在北京立足之前,在游历过中国的航海家和传教士最早的报告中,报告人都会过度地表达对中国的政府制度和司法制度的公正和卓越的惊叹和赞美。他们常说,欧洲人可以向中国人取经。

[①] 此点请参阅赖希魏因:《中国和欧洲》(1923年,英译本1925年),G.阿特金森:《17世纪的游历……》(无出版日期),第5章;及以下,见于平诺:《中国哲学对法国哲学的形成的影响》;A.H.罗博登:《传教士和朝臣》(1942年),第16—17章,刘易斯·S.马弗里克:《中国:欧洲的典范》(1946年),平诺和马弗里克的书包含有一个广博的文献目录。

到了1590年,中国政治体制更胜一等的看法显然已经成了老生常谈。① 早期谈论中国的冈萨雷斯·德·门多萨神父撰写的内容翔实的著作很快被译成了欧洲的主要文字,②激起了欧洲伟大作家对中国的第一轮热情赞美。蒙田在他在世时出版的《随笔》诸版本中从未提到过中国,他在1588年至他辞世的1592年间的某个时候读了门多萨的书,他的遗著(1597年)插入了他新写的一段文字:

> 中国的政府管理和治国之术与我们从无交流,他们对我们的政府管理也一无所知。但这个王国在许多方面成效卓著,超过了我们的样板。这个国家的历史告诉我,世界更为宽广,更丰富多彩,无论古人抑或我们自己对世界都知之甚少。③

因此,到17世纪初,中国人在欧洲人眼里首先已经赢得了擅长治国理政的形象,这样的印象欧洲人维持了近二百年。1615年

---

① 参阅《一篇用拉丁文写成的有关中国及其政治集团和政府的出色论文》(澳门,1590年),英译文见哈克卢特之《航行记》(1589—1598年),"至于其治理国家的方式,据说中国人是非常出色的"(1904年),Ⅵ,第363页。
② 《中华大帝国史》,里斯本,1584年,西班牙文版,1585年,意大利文版,1586年,法文版,1588年,英文版,1588年。
③ 《随笔》Ⅲ,"论经验"一文中,蒙田着手评述他予以特别赞美的中国人的"公正"观念的特征。这种公正表彰那些出色地执行了公正原则的官员,而不仅仅是惩罚那些执行得不好的官员。蒙田在此文的最初版本中已认为,这对真正的公正来说是必要的。现在他吃惊地发现——与我们的公正观念形成对照——中国人在其制度和法律中已经具体地体现了他本人的观念。

07. 一种浪漫主义的中国起源

以后,耶稣会关于中国的报告和描述开始连篇累牍地流入欧洲,[①] 中国治理有方的声誉得到了确证,也揭示了各种更具体的背景。关于中国的政治制度和政治实践比西方优越的一系列看法被一再宣讲。在中国,(皇帝以下的)辅国重臣"面向所有人选拔任用,无论其门第贵贱"。[②] 被国家任用进入衙门办事,只要求获得严格规定的科举功名,通过科举考试,具有个人身份和资历,"任何政府官吏的任用都以真才实学、德性、谨言慎行和能力为依据"。[③] 在定期的官员巡视中,似乎一直强调整个政治机器运作的效率和对民情民意的关注。中国是柏拉图理想的体现——一个由哲学家治理的国度;博学多才的耶稣会会士阿塔纳西乌斯·基歇尔在其《中华图志》(1670年)——一部关于中国的百科全书——中,虽然很自然地批评中国人流行的宗教和他们的很多个人行为,但他写道:

> 这个国家由一些学究以柏拉图的方式和超凡哲学家的意志来管理:我怎么来认识这个幸运的王国呢?它有一个能进行哲学思辨,或至少容忍由一位哲学家来治理国家的君主。[④]

[①] 这些书简的第一封是由金尼阁神父所做的一般性介绍,加在他依据传教先驱利玛窦神父的日记所写的早期传教史《中国布道记》(Libri V,1615年)前,金尼阁的叙述在《珀切斯游记》(1625年)中有部分翻译,不全确切的译文有耶稣会士 L. J. 加拉格尔神父的译文,以《中国,16世纪末由耶稣会士发现的中国》为题出版,1942年。

[②] 《一篇用拉西文写成的有关中国及其政治集团和政府的出色论文》,载哈特卢特前引书,Ⅵ,第363页。

[③] 金尼阁前引书,第50页。

[④] 前引书法译本,第226页。一般而言,基歇尔认为"世界上所有的君主制度中,没有一个这样著名,也没有一个这样值得称道"。见氏著,第223页。

中国人对相邻的各附属国的管理最为典型:"国王及其臣下都不想征服其他国家,他们满足于他们所有的东西,而不觊觎属于别人的东西。"①事实上,他们在所有民族中是最少用兵的:"没有什么人像中国人那样厌恶穷兵黩武。"②

中国人被认为的在政治科学和政治艺术上的杰出表现,很快就得到了相当于道德家的巨大声誉。金尼阁评论道:中国人对"教化"(science des moeurs)尤为关注,视为他们已经掌握的一门知识,虽然他不认为中国人在自然科学方面也取得了同样高的成就。但正是由于在17世纪,一群耶稣会会士首先通过对孔子学说的简要概括,1687年前后,又通过一小册孔子著述(真的孔子和托名孔子的)的拉丁文译本《中国之哲人孔子》(Confucius Sinarum Philosophus),使得孔子声誉日隆,而中国人在道德哲学方面的长处获得承认也就顺理成章了,对此耶稣会作家功不可没。《中国之哲人孔子》的问世使西方对这位中国圣人的赞颂达到了高潮;该书还大胆地宣称孔子思想是"人们所知的最完善的道德,一种据说可以追溯至耶稣会的道德"。③

到这个世纪末,中国人——仅仅通过自然的启示——在治国之术和伦理方面超过了基督教欧洲的说法,已被广泛接受。为了说明这一点,这里需要充分征引中国的赞美者关于中国人心灵的言论。莱布尼茨在《中国近事》(Novissuma Sinica,1699年)中对

---

① 金尼阁前引书,第64页。他补充道:"在这一方面,他们向我显示出与欧洲人最大的差异,……沉迷于对支配的永无餍足的欲望。"
② 以撒克·沃斯:《博闻》(Variarum observationum liber,1685年),第66页。
③ 引自英译本,第2版,1724年。

07. 一种浪漫主义的中国起源

中国人和欧洲人的成就进行了细致的比较,他的结论是,后者在逻辑和形而上方面、在"精神事物"的知识方面,在天文学和几何学以及军事科学方面要优于前者。

> 那么,在这些方面我们要更胜一筹。但此前谁会相信……在公民生活的教养和道德方面,有人会超过我们?而这一点,不管怎么说,在我们加深了对他们的了解后,我们在中国人身上体会到这一点。如果说,在手工技能方面我们旗鼓相当的话,如果说在思辨方面我们优于他们的话,那么,在实践哲学方面,——换言之,即在伦理道德和政治学说方面,我们不得不羞愧地承认,我们实在相形见绌了。因为我们很难描述中国人的法律在各方面有多么美妙,胜过其他民族,中国的法律是为了公众的安宁和人与人之间良好秩序,因为每个人对他人的伤害都要控制到最低限度。当然,人类最大的恶来自人自身,而又复加害于人自身,以致"人人相对如狼"这句谚语就是真言,由于我们的无限愚昧(而且是一种普遍的愚昧),暴露出许多与生俱来的毛病,还不够,我们自身又在其他方面创造本应免除的痛苦,要是理性能够疗治这种恶的话,那么,中华民族可谓建立了良好的规范(normal)。中国人在人类大社会中所获得的效果比宗教团体的创立者在小范围(Familiae)内取得的效果要好得多。①

---

① 前引书《前言》。

莱布尼茨主张,中国人和欧洲人双方可以取长补短,他热情地倡导中欧科学合作计划。在这个计划中,西方的科学知识,尤其是"数学"还有"我们的哲学学说"应该加以探究和传授:

> 假如这个计划能够实现,我担心我们很快就会在尚值得夸耀的所有事情上落后于中国人。我这样说,不是因为我妒忌他们任何新的光辉,——在这一点上我应该祝贺他们——而是因为在我们这一边,迫切需要向他们学习在我们的事务中迄今为止所缺乏[①]的东西,尤其是学习实践哲学的运用和加深对如何生活的理解。——对当前的其他方面则毋庸赘语。可以肯定地说,我们的现状,由于我们中间过度蔓延的堕落,在我看来是道德败坏、漫无止境,我几乎认为有必要请中国派遣人员来教导我们如何运用和实践自然神学,正如我们派遣传教士到他们那儿去,向他们揭示天启宗教一样。我相信,如果任用一个哲人来做裁判,不是裁判女神的美,而是裁判人民的善,那他一定会把金苹果判给中国人,除非我们把基督教的神圣礼物——一种超人的美德传授给他们,从这一点来显示我们高出他们之上。[②]

然而,所有这一切必定会在宗教——尤其是正统天主教——的监视者中产生一种反动。承认信奉异教的中国人仅由自然的导

---

① 我发现拉丁文本中的 essent 应为 dessent。
② 前引书。

07. 一种浪漫主义的中国起源

引就能获得这个世界上最佳的伦理关系和最理想的政府,会让人质疑基督教教义以及教会对世俗事务的指导是不可或缺的。神学家从未否认运用自然理性的必要性;但要说今生只需自然理性,仅仅仰仗自然理性的人是比基督教徒更好的道德家,他的心灵被超自然的天恩照亮,那就言过其实了。耶稣会的传道,就像今天之声名狼藉,只得到了一个反讽的结果。它并未能使几个中国人皈依,反而强化了欧洲怀疑论者和自然神论者的立场。正如阿诺德·罗博登在他那部令人赞赏的、抱同情态度的传教史中所评论的:"早期耶稣会或许比其他宗教团体更甚,其传道史上一个极具反讽意味的事实是,耶稣会的成员把自己交给了反基督教的力量,成了反对教会的最有力的武器之一。"[①]这种危险引起了17世纪耶稣会一些人士的注意,大概在18世纪初,基督教会对"中国热"(Sinomania)的反击已经很明显,中国人优越的神话被打破了。18世纪最初的十年,费讷隆发起了攻击。他在《亡灵对话录》中把最长的一段篇幅用于孔子和苏格拉底的对话,书中苏格拉底藐视世所赞誉的"中国的优点";苏格拉底提出讨论:相信中国人的德性是源自对中国人生来天真的一种理想化;欧洲人对中国人的历史、文学和生活所知甚少,无法印证向来的赞誉。费讷隆不满足于自己在这一点上仅是存疑,他还借希腊智者之口提出了有用的证据,说明中国人是"徒有其表的、迷信的、极端自私的、不义的,是人间最爱撒谎的人"。[②]

---

① 《传教士与朝臣》,1942年,第294页。
② 《全集》,1823年版,第19卷,第146—161页。

但这种对中国热的攻击没有起到什么效果。18世纪上半叶德国文学史上发生的一件极轰动的事件可以归因于中国热的进展。哲学家克里斯蒂安·沃尔夫1721年在哈勒大学的一次学术演讲《论中国实践哲学》中宣称:"中国古代帝王是指引哲学方向的人",他们关心的是,他们的政体在所有民族中是否最好,在风俗制度、在治国理政方面,这个国家是否全都超过了所有国家。① 结果最好用沃尔夫著作当时的英译者的话来说:

> 这一讲演惊动了哈勒大学的神学家,他们不顾真理或公道,给他套上了最阴险的诽谤和最邪恶的评论;虽然沃尔夫辩称讲演中没有什么出格,只和他的《中国哲学观》的观点相似,曾是沃尔夫先生的劲敌的两位神学博士,弗兰克和朗格,在一个公开的布道场合指责他。"神学家之敌意"给他烙上了异端和无神论者的恶名,这未能让他们解恨,他们向普鲁士的上一任国王指控他是一个最危险的恶人。他们这种恶劣的诬蔑传播甚广,国王因沃尔夫学说中有宿命论思想而命令他在24小时内离开哈勒大学,在48小时内离境。②

于是,中国热有了一位殉道者——殉道和遭难一样可以很好地加以利用,沃尔夫很快被马尔堡大学聘为教授,他在马尔堡受到热烈

---

① 引自沃尔夫自己的概述,见其著作英译本,1750年。
② 前引书,《前言》。

欢迎，被学生视为发起启蒙运动的英雄。① 沃尔夫源自中国人的政治和道德学说出现在一篇英文论文中：《哲学王治下人民的福祉：不仅通过万物的本性，而且通过在其初祖伏羲及赫赫继祖黄帝和神农氏治下中国人的切身体验之证明》。

对中国人的政治和伦理的赞美在18世纪由于许多强有力的声音而日益高扬：约翰逊博士（在他的青年时期，虽然不是在他的晚年）②、达贞侯爵③、魁奈④（他相信中国的政体和经济的开创者是无所不知的重农主义者）、哥尔斯密（他的"世界公民"概念是对多位法国作家⑤——尤其是伏尔泰——所写的《中国来鸿》的摹仿）。伏尔泰宣称，在欧洲以及大多数文明国家已经消亡的自然神论、纯自然的宗教，至少在中国的上层社会中，原封不动地保存了下来：

> 敬神和行正义——这是中国文人唯一的宗教。托马斯·阿奎那、司各脱、波纳文都、方济各、多明我、路德、加尔文、威斯敏斯特教义，你还有什么更好的？这一宗教如此单纯，如此高贵，四千年来绝对完整地延续下来；它还可能更悠久。

---

① 在马尔堡大学的大礼堂有一幅醒目的壁画，描绘了沃尔夫胜利抵达该镇的情景。

② 《君子杂志》，Ⅷ，(1738)，这一段和另外一段文字由中国作家范存忠先生搜辑。见《约翰逊博士与中国文化》，载《中国学会不定期会刊》，N.S.，No.6，伦敦，1945年。

③ 《中国来鸿》，1739；《人类精神史》，1767年，第30页。

④ 魁奈：《中华帝国专制史》，已有译本，由《中国：欧洲的典范》一书的作者马弗里克撰写导言，1946年。参见赖希魏因前引书，第101页以下。

⑤ 参见R.C.克兰和H.J.斯密："法国对哥尔斯密的世界公民的影响"，《现代语文》(1921年)，第183页。

其实，中国的普通百姓愚昧而迷信，随处皆是；但只关心风化和公共秩序的政府明智而宽容，从不会干涉百姓的信仰："他并不认为由愚昧而孳生的无耻是坏事情，只要不扰乱国家，只要遵纪守法就行。"感谢这个理性而又宽容的政府，"中国的历史因而从未被任何宗教的失序所打乱"，也"没有任何玄秘摧残他们的心灵"。① 在《哲学词典》中，伏尔泰既承认了中国人在自然科学和机械技术方面的落后，也认为他们在更重要的事物上更胜一筹：

> 人们可以是一位很糟糕的物理学家而同时却是一位杰出的道德家。所以，中国人在道德和政治经济学、农业、生活必需的技艺等等方面已臻至完美境地，其余方面的知识，倒是我们传授给他们的；但是在道德、政治经济、农业、技艺这方面，我们却应该做他们的学生了。……中国的制度是世界上最好的制度……（抛开下层社会的迷信不论）事实是早在四千年以前，在我们还不懂识文断字的时候，他们就已经知道我们今天拿来夸耀的那些非常有用的事物了。②

如果评价艺术之精妙的一种新标准作为来自中国的舶来品引入，又通过中国实例的持久魅力加以证明，对这种新标准的接受很显然得到了广泛流行的关于精妙的假设，以及中国人行为方式在文明的基本要素方面的实际优点的假设的推动——对此，我已经

---

① 《神和人》，1769年。
② "中国"条目。

给出了一些例证。

3

在英国,对中国事物最早、最热忱的激赏者显然是威廉·坦普尔爵士。他在散文《论英雄的德性》(1683年)中用大段篇幅谈论中国事物,把中国的政府描绘为"以绝对的力量和所能达到的人类智慧、理性和巧构组织和维持的政府,实际上优于其他人的覃思,优于欧洲人的智慧所能想象的所有形式,如色诺芬的政制、柏拉图的理想国和我们当代作家的乌托邦和大洋国"。他还是中国园林的狂热爱好者,喜欢把与造园有关的整体美加以哲学化,他在这方面的想法在他写于1685年前后、出版于1692年的《论伊壁鸠鲁的花园》一文中表达了出来。此文见于《坦普尔文集》的第2卷,他写道:

> 在园林布局中,大量的园林可能会因为没有起到与所投资金相称的效果或荣耀,或者因为没有遵循自然,而被弃置一边;师法自然是我们造园的最重要的准则,或许也是其他所有事情的准则,不仅我们日常生活的行为为如此,而且我们的治国之道也是如此。凡人中最伟大的人是否应该顺应自然,最好是通过观察全能的主也很少能够我行我素,我们在世上很少能看到或听到真实而确凿的奇迹来判断。

无论如何,坦普尔依据旧习俗对英国园林设计者进言:"最好的园林形式"只在于"遵循一些规则",但在描述和赞美中国园林时,他

又添了一段话,预示了下一个世纪英国园林的新风格的出现:

> 也许存在其他完全不规则的形式,就我所知,它们具有比其他任何形式更高的美感。但它们必须把这种美感归因于因地制宜,归因于一些特殊的顺应自然的处理方法,或者一些大胆的想象或匠心独运的设计。它们可以把许多突兀的部分组成一些图形,从整体上看却非常和谐一致。这种情形我在一些地方看到过,但从居住于中国人中间的人那儿听到的更多。中国人的思路似乎和我们欧洲人一样宽,在我们中间,建筑和园艺之美主要体现在一定的比例,对称或协调。我们的步道和树木讲究彼此的对应,保持准确的间隔。中国人嘲笑这种造园法,说只有一个孩子才会对许多人说,他可以把树种得一排排的,长度和范围都按他的喜好。中国人在构形上发挥了超乎寻常的想象力,那是一种惊人的炫目之美,轻易看不出任何程式或布局;虽然我们对这种美所知甚少,他们的语言中却有一个特别的词专门用来形容园林之美,即一瞥所见之美,他们说洒落瑰奇(sharawadgi)就是美妙和赞美的意思,或表示推许。观察精美的印度罩袍的做工、中国屏风或瓷器上的画,人们会发现这种不规则之美。[1]

---

[1] 《著作集》(1757年),第3卷,第229—230页,《按历史原则编订的新英语词典》(NED)称:"中国学者同意 sharawadgi 一词不属于英语,张沅长先生应我的请求探讨了这一问题,他发现这个词最初可能是 sa-ro-(k)wai-chi 的讹读,意为洒落瑰奇。"参见他的文章,载《现代语言评论》(1930年)第221—224页。(译按:关于洒落瑰奇,钱锺书认为,这四个字应该是"散乱位置"或"疏落位置"。根据爱尔兰学者莫雷(C. Murray)的研究,此词应该出自日文"揃わない",意为"不规则"。)

然而,坦普尔没有意识到他是在确立未来英国造园的原则,虽然要想达到这种不规则的精妙之美对其同胞来说并非易事。

> 在我们的园林设计中,我很难建议做这样的尝试;任何俗手都难以造成这样的奇境,虽然如果他们获得成功会得到更大的荣耀,而如果他们失败了,自然会蒙受更大的羞辱。成败的比例是 20∶1,反之,在中规中矩的布局中倒不会出现任何引人注目的重大缺陷。①

但很明显,中国的造园思想带给下一代雄心勃勃的造园师的影响更多是挑战而不是泄气,很久以后,沃波尔在引用这段文字时评论道:"幸运的是,肯特等人并没有畏缩不前。"

由于坦普尔这些言论的重要影响,我们的脑海里会产生一个想法,18世纪的雅士普遍都阅读过坦普尔的文字,坦普尔被誉为英国散文的大师之一,他的文字"成了练笔的范本"。②

梅森在《英国园林》(1777年)第二部中承认坦普尔在英国造园理论家的使徒世系中的先驱地位,但(因为那个时代爆发的政治-文学的纠纷,此点我下文还会提到)他隐瞒了这样一个事实,即坦普尔赞美的学说是出自中国人。在嘲讽了坦普尔赞为"精妙绝伦"的莫尔公园园中园的斧凿和刻板后,梅森补充道:

---

① 前引书。
② 《英国人名词典》(*Dictionary of National Biography*),第19卷,第531页。

> 而常常，
> 坦普尔在他勤勉之时让真实统领
> 他的经典篇章中点缀真实的光辉：
> 这里可以听到他对时下异见的直言，
> 而不理会那种精致的愚钝，听听他的：
> "在天性的变化中有一种
> 超迈规则和秩序的优雅。"
> 　　　　是的，坦普尔
> 有一种优雅；让永恒的花环
> 装点它的帝国耸立的岩顶。
> 缪斯会欢呼这样的竞技
> 那能让她带来漂亮的佳绩。①

113　　坦普尔明确地——虽然带着一个自感正在提倡一种新奇风格的人所具有的谨慎——宣扬不规则之美的理想比艾迪生在《闲谈者》和《旁观者》中赞扬造园的巧夺天工要早二十年。曼纳林小姐赞誉艾迪生是"摆脱造园之人工斧凿的影响至大的早期倡导者"。② 但艾迪生有关这一论题的最著名的表述（见于《旁观者》1712年6月25日，第414期）明确把中国人当作他倡导的美学理想的实例，而这段文字大部分取自坦普尔，却没有说明其来源。

---

① 《英国园林》，II，第483—494页。
② 《18世纪英国的意大利式风景》，第124页。

为我们描述过中国的那些作家,告诉我们那个国家的生民嘲笑我们欧洲人的造园术,总是中规中矩,整齐划一。因为他们认为,谁都能把树种成一排排齐整整的样子。他们宁可选择在自然的杰作中展现天才,因而总是掩饰人为的痕迹,在他们的语言中有一个词,表达了造园中一种特殊的美,这种美一眼看上去便让人激发想象,不可能找到比这更赏心悦目的效果了。相反,我们英国的造园师不顺应自然,而是尽可能地背离自然。我们的树木呈锥形、球形或金字塔形地生长。我们看到每一种植物或灌木都留下了修剪的痕迹。

在时间上,蒲伯继艾迪生之后反对造园中的对称,在这一思潮的历史中,蒲伯占有一席,在其针对当时造园实践所发表的最初声明中(见《卫报》,1713年,第17期),蒲伯赞同坦普尔的意见,他征引坦普尔的论文,他讨论造园的《致伯林顿伯爵书》(1731年)中大多数有名的段落,读起来就像是对坦普尔某些评论的押韵的阐释——虽然其中没有提到中国人。

我想我们必须弄明白,坦普尔对中国造园术的特质和基本原理的描述可能在英国开启了有关艺术注定会产生出乎意料的效果的新观念。进一步而论,可以注意到这段文字引入了一个中文词来表达"入画"(picturesque)——一个在新古典意义上区别于崇高和优美的美学范畴——的大致含义,英语中没有一个相应准确的词汇,Romantic 庶几近似,我们仍然能听到对这个词的许多酷评。"入画"一词在18世纪头十年显然还未引入使用(1703年的《按历史原则编订的新英语词典》[NED]首次列出这个词),蒲伯在1712年多少有些辩解似地把这个词当作法国风格的词来使用。入画这一概念的独特性——不限于视觉艺术——有尤夫代尔·普莱斯在坦普尔之后一个世纪所下的正式定义和详尽阐释(《论如画美》,1794)。按照赫西先生的摘要:

> 如果崇高的性质是巨大和模糊,优美的性质是柔和和文雅,那么,入画的特质就是与"形式、色彩、光亮乃至声响的不规则有关的粗粝和突变"。①

就像赫西先生所评论的,"入画是每一门艺术都要经历的一个阶段,大致在1730—1830年间,它在每门艺术中都是浪漫主义的一个序曲"——或至少,如我所称的,是浪漫主义之一种的序曲。我的意思是,这一序曲显然始于1730年前近半个世纪,而且在坦普尔有关中国的造园师所寻找并已找到的自然美的描述中,可以看到对它的最初评论。从理查德·欧文·坎布里奇发表在《世界报》(1755年)上的一篇文章,我们可以认识坦普尔这段描述的重要意义。坎布里奇把"勒·诺特"的园林贬损了一通之后,写道:

> 这种矫揉造作的趣味,因加入了一些荷兰人的东西而更糟糕,半个多世纪来,毁掉了这个国家的自然风貌,虽然我们的几位最好的作家构想出了高贵的理念,准备好了随后的改

---

① 《论如画美》,第14页。

进途径,威廉·坦普尔爵士在他的《论伊壁鸠鲁的花园》中,以喜悦的心情评述了赫特福德郡的莫尔公园;坦普尔赞扬莫尔公园在实用、美感和堂皇方面是一座完美园林的模式,然后他提出了一个宏大的意象,以富有远见的勇气,指出了更高妙的园林风格,随意而不受拘束的风格……今天能看到这种恰当而崇高的想法得以实现,的确是莫大的幸福。现在,中规中矩的布局已经被废弃了,人们的视野开阔了,乡村景色已被收入园内,大自然得到拯救和美化,艺术隐藏在其自身的完美之中而不露形迹。①

但不可否认,艾迪生在《旁观者》第414期对中国园林的特质增加了一段坦普尔所没有明说的看法。自然风景常常不符合几何学,不规则,变化丰富,不按比例或计划布局,但不能据此认为——虽然坦普尔主张在园林设计中依循自然,但他没有清楚地表达出来——中国园林摹拟自然风景,或者它们摆脱了除摹拟自然以外的所有人为痕迹。艾迪生推测,既然两者都有一定的抽象性质,本质上它们肯定相似,因此确认中国造园师追求并达到的是师法"自然的野趣"。这种假说长久以来一直是一种主流说法;它部分是因为中国风格和英国风格在总体上可以看作基本一致。但中国园林中的"自然性",无论是其实际情况还是其意图,后来都遭到了否

---

① 《世界报》,第18期(译按:应为118期)。坎布里奇补充道:"中国园林无论有什么可以报道,无论真假,可以肯定,我们是欧洲人中最先创造出这种风格的……我们的园林已经令外国人吃惊,因为他们习惯于研究和理解园林,我们的园林因此会得到他们的赞赏。"

定。否定有时来自其批评家,后来还来自其最热心的拥趸。总之,中国造园家意在重现自然效果的猜想并非完全基于艾迪生的权威说法——他对这一问题的情形可能一无所知。一些实际观察者证实了同样的结果。李明神父在1696年写道:"中国人很少把园林弄得井井有条,设法美化园林,但不管怎样,他们热衷于造园,肯在上面花钱,他们在造园时极少张扬人为的巧智,把化整为零的石头搬到了园林中,叠石成山而不加任何进一步的设计以摹拟自然。"①《耶稣会士中国书简集》收录了蒋友仁神父写于1767年的一封信,信中洒落瑰奇的含义已经相当于师法自然:

> 中国人在园林装饰中利用艺术来美化自然,大获成功,艺术家仅仅因为他能不露痕迹地运用手法来摹写自然,并且比例均衡,就应该得到赞扬。中国不同于欧洲,有一眼望不到头的园中小径,或者可以眺望无限远的物体的平台,通过条条小径或处处平台,可以避免把想象力囿于任何特殊的风景。在中国园林中,眼睛不会疲倦,视线所及皆是风景,你会欣赏到整体的令人沉醉的美。移动百步就能看到新的景致突现在你面前,引起你新的赞叹。②

园林中在假山间蜿蜒的水流纵横交错,有时候引入人工瀑布,有时候水流又与池塘连成一片,水流和池塘的曲岸都有栏杆,但与

---

① 李明:《中国现状新志》英译本(1697年),1696年,第162页。
② 艾梅-马丁编:《耶稣会士中国书简集》,Ⅳ(1877年),第120页。

07. 一种浪漫主义的中国起源

欧洲在这些地方的常规做法相反,这些栏杆似乎都是用天然的石头砌成的,"这样,工人们花很多时间来做这些事,只是为了扩展那种不规则之美,赋予其一种更加乡野的形式",这些石头叠在一起形成了许多缝隙,"似乎成了天然的岩穴,灌木丛生"。①

18 世纪下半叶盛行的看法相信,在造园上中国风格和英国风格并无二致,后者是从前者派生而来,对此我可以提出一些例证,还可以在赫西先生的书中找到其他例证。哥尔斯密曾借他那些例子为他的《世界公民》(1760 年)张目,他让旅居伦敦的那位中国哲学家说(第 31 封信):

> 英国人尚未达到与中国人同样精妙的程度,但晚近的造园艺术已开始效法他们。在师法自然方面现在已经比以往更用心;树木听任它们生长,溪流也不强迫它们改变流向,一任其顺着地势蜿蜒流淌,野花取代了现成的花圃和精心修剪过的绿草地。

一位法国作家在《文学报》上称英国人并不真的是这种造园新风的始作俑者:

> 虽然肯特享有把崇尚自然的造园方式引入其祖国的荣誉,但他不能被视为这种自然方式的发明者,因为且不论这一

---

① 有一个例子说明人造自然性的这样一些效果,见凯特·克尔比夫人:《文待诏拙政园图》:"放眼亭"。

方式一直被亚洲人(中国人和日本人)所践行的事实……,在法国也早由大名鼎鼎的迪弗雷努瓦占得先机。①

德利神父继沃波尔之后,在《园林》(1782年)的一个脚注中重申了这一点,不过他没有宣称法国人拥有优先权。虽则肯特是"成功地尝试了这种随意风格——这种风格已传遍了整个欧洲——的欧洲第一人,但中国人无疑是这种风格的发明者"。德利在诗中明确指出,这种造园上的尚古主义的另一个来源是《失乐园》中对伊甸园的描述:

> 所以去爱园林的自然美吧。
> 上帝为世人画出了模型。
> 看看弥尔顿,当他有力的手
> 为人类之祖准备栖身之所时,
> 你们可曾看见他勾画出规则的道路,
> 将波浪囚禁在流向中?
> 可曾看见他用古怪的装饰
> 来装点大地的童年和初春?
> 无拘无束,不施技巧,
> 自然以其温柔的创始穷尽了最纯净的妙境。

---

① 《文学报》(1771年),Ⅵ,第369页。"英华趣味"一词仍是造园史上的主要分支之一。见 A. 勒菲弗尔的《花坛和园林》,第2版,1871年。

07. 一种浪漫主义的中国起源

但在那个平白的注释中,德利解释道:"许多益格鲁人声称,正是这种对伊甸乐园的美丽的描绘和斯宾塞的某些只言片语,提出了不规则花园的理念",他在诗中表示"弥尔顿的权威更多体现在诗上",这不等于他真的是在质疑"这种艺术类型来自中国"。之前不久,格雷也在一封致友人书中,以讽刺的笔调抱怨这种流行的说法。在他看来,这种说法剥夺了英国人在这门艺术上的主要功劳:

> 艾尔格洛蒂伯爵对我们民族非常公允,但是有一点他并不公平;我对此非常在意是因为它关系到我们堪称拥有的一种特有的趣味,我们在造园方面的创造力的唯一证明,我指的是我们在造园方面的技艺,毋宁说在园地的布置规划方面的才能;这对我们来说是一个不小的荣誉,因为迄今为止,法国人和意大利人对此尚一无所知,既无所见也完全不能领悟造园中的匠心。我们很可能是从耶稣会士的书简中,以及从钱伯斯几年前出版的有关中国园林的极少一点论述中了解到中国人在这一美的艺术上所达到的高超境界;但可以肯定的是,除了效法自然,我们没有从中国人那儿抄袭什么。这门艺术在我们中间出现不到四十年,毫无疑问,没有任何知识是得自中国人。[1]

然而格雷说错了。他很奇怪地忘记了威廉·坦普尔爵士和洒

---

[1] 《格雷回忆录》,第5函,第8封信,见梅森编《格雷著作集》,第1卷,第404页注释。

落瑰奇的说法,当然就我所知,我们没有什么理由去假设新英国风格的早期实践者在细节方面直接模仿中国,但他们可能都读过坦普尔的书,肯定读过艾迪生和蒲伯论造园的书;在这些作家身上,他们或许找到了关于造园的一般美学原理的阐述,继而根据作家们的几条说明而运用这些美学原理;坦普尔——他无疑曾经影响了艾迪生和蒲伯——坦承,这些美学原理是从中国人那儿学来的。

一段时间以后,中国的建筑开始取代中国园林成为新的美学学说的证明。在具有审美敏感的欧洲人看来,中国建筑似乎还可以揭示一种截然不同的、的确高妙的美——这种美的奥秘所在即不规则,布局的不露痕迹以及出人意料——也许可从法国耶稣会士王致诚的信中找到相关论述,此人是一位画师,这封写于1743年,收录在《耶稣会士中国书简集》第27卷(1749年)的信是18世纪下半叶理解中国趣味的重要媒介之一。因此,我在这里引述此文的相关部分:

> 来到中国后,我的眼光和品味已经变得有些中国化了……因为中国人的建筑千姿百态,我不由得赞美他们思维的丰实,而我多少有些倾向于认为,与他们相比,我们的思维就太枯涩、太贫乏了。

王致诚神父注意到,在中国人的大型公共建筑中,要求的是"对称和规整",但他们的离宫别苑到处都可见不规则、不对称之美。

07. 一种浪漫主义的中国起源

人们会说,每一座宫殿都是按某种观念或某些异域样式建造的,一切都是分别布局,随意安排,此部分与彼部分不相关,从这种描述中你可以想到这种建筑会给人不协调的印象,而当你身临其境,细细品味,就会赞同这种由不规则所指导的艺术。所有这一切都极具品味,匠心独运,人们不可能从一个单一的视角看到整个建筑的美,你得花些时间来欣赏,才能满足你的好奇心。①

信件全文由约瑟夫·斯彭斯托名哈里·博蒙特爵士译成英文,收录在道兹莱编辑的《时文丛刊》(1761年),第1卷,第61页以下:《一份对京师左近中国皇帝的离宫的特别描述,由法国传教士即受雇于中国皇帝为其园林绘画的王致诚写给他在巴黎的友人》。

直到18世纪最后十年,仍可以听到有关王致诚这封信的回响,贝尔纳丹·德·圣彼埃尔在其《自然的和谐》(*Harmonies de la nature*,写于1793年,出版于1814年)的一段话中提到了王致诚的信,抱怨建筑常常只是师法他所称的自然的"兄弟般的亲和",这种亲和存在于对称和谐和之中,而忽视了"夫妇式的和合"(*Harmonies conjugales*),后者的核心是对比法,如果带入到造园中,对比法首先会"免去建筑普遍存在的缺点,即单调",他补充道:

根据另一种自然的和谐,人们在建筑中还可以运用不同的

---

① 这一段引自贝莱维奇-斯坦科维奇(Belevitch-Stankevitch)小姐的文章《路易十四时代法国的中国热》,1910年。

美,在这方面,中国人大大地超过了我们,王致诚兄弟的信证实了这一点。他对中国人的宫殿建筑做了非常有趣的描述。①

回到这个世纪中叶,我们发现了霍拉斯·沃波尔是一个热心的皈依者,虽然他最终显明不是真心的。他在 1750 年致友人曼(Mann)的信中写道:"我几乎喜欢上了洒落瑰奇,或曰中国人的不讲对称,在建筑和造园中都是如此。"他后来发现经典建筑也可能不令人满意,早期的希腊式建筑"太少变化,还得承认缺乏迷人的不规则之美"。② 沃波尔这一时期倾向于哥特式风格与他对洒落瑰奇的品鉴密切相关;"哥特建筑之美就像品达体颂歌之美一样,存在于其各个环节的奔放和灵动之中",这在那个时代显然是常事了。③

---

① 《遗作集》,艾梅-马丁编,1833年,第330页。在《阿卡迪亚》的序言中,贝尔纳丹说他已经写完了《师法自然和中国人的方式》一书。
② 《书信集》,汤因比编,Ⅲ,第4页。
③ 约翰·艾弗里-塔尔伯特书信,见《18世纪通信集》,莉莉安·狄更斯和玛丽·斯托顿编(1910年),第303页。赫西先生简要地指出了哥特式的和中国人的观念的同一性:"夏夫兹伯里看出了哥特式的变形和中国人的趣味之间没有什么不同,所以,该世纪中叶的思想已经把它们搅在了一起。"至于品达颂歌的不规则的观念与中国风格的关联,参见罗伯特·劳埃德:《诗人》(1762年):

在品达的诗句里(你叫他们什么?)
当欢欣恣意的作家们天马行空,
不均衡的韵律,或短或长,
时而隔行押韵,时而全不押韵
曲折婉转或棱角纷然
就像中国人的栏杆,迂回蜿蜒。

关于其与18世纪哥特风格(主要是英国)及与中国趣味的关系,请参阅下文"哥特式建筑的首次复兴和回归自然"。

07. 一种浪漫主义的中国起源

请注意,1755年时,一个古典传统的辩护士如何把中国风格和哥特式时尚联系在一起,以纯朴性和规则性为由攻击它们:

> 为中国式装饰或一位哥特艺术天才的粗野作品喝彩,……似乎会再次出现那种显示希腊和罗马艺术永远高于其他国家艺术的纯朴性面临瓦解的危险,……,现在,中国式建筑和哥特式建筑的流行,除了它的新奇外,还有另一个原因,它很容易接受,说它是一种纯粹的妙想不会有任何异议。古代简朴之美中有一种精神,这种精神是善于思考的心灵的一部分,是明辨的结果;但这方面,所有民族都是一样的。一种不受规则限制的艺术形式肯定有加以模仿的同道,新奇是作品出色与否的唯一评价标准。没有人会反对,所有建筑的目的都被遗忘了,所有惯例和风气,所有比例关系,承阻关系,主辅关系,常常完全被搅乱了。……由于这种中国式园林和哥特式建筑的风尚开始使首都几条最漂亮的街道变丑了,因此无论如何应该成立一个研究会,来倡导雕塑、绘画和建筑艺术,同时应考虑制订一些计划来阻止这种自命不凡的风气的侵犯;艺术界需要一个反中国风尚的协会,比政界的反高卢派协会更为重要。[①]

由审美偏好不同的人士所挑起的对中国建筑和园林的嘲讽可以见于詹姆斯·考索恩的诗《论趣味》(1756年)。诗人显然不是

[①] 《世界报》,1755年3月27日。

古典主义者,他悲叹:

> 半数的教堂,都通行
> 　　罗马剧场和希腊神庙的式样
> 透过那宽拱的窗,太阳
> 　　放射着强烈的光芒。

但他承认,中国样式对古典模式及其体现的原理是一种夸大的逆反:

> 真的,后来我们厌恶了罗马和希腊,
> 从聪明的中国人那儿拿来新样式。
> 欧洲的艺匠太沉静、太纯,
> 只有中国的官绅才懂得趣味
> 他们天才的想象,不着边际地
> 把树丛视为森林,把池塘当作大海
> 突然弄出——多么异想天开——什么
> 不受束缚、没有条条框框的设计来。①

---

① 《论趣味》(*Of Taste, an Essay*),1756年,载亚历山大·查默斯:《英国诗人著作集》,1810年,第14卷,第246页。对建筑上的装潢的一个讽刺不仅是采纳了我们所谓的中国风格,也不是我们所谓哥特式的复兴,而是两者恰当的融合。见《世界报》,1754年2月20日;也参见阿伯丁哲学家亚历山大·杰拉德的散文《趣味论》(*Essays on Taste*,1756年,出版于1759年)。文中效法中国人或复兴哥特式趣味是追求"新奇"而不是追求"真正的美"的两个相互关联的例子。

07. 一种浪漫主义的中国起源

正如这位18世纪中叶的诗人所想象的,中国造园师显然是非常浪漫的人——在浪漫这个词的多重含义上。这首诗继续描述了中国造园师在英国的影响:

> 按他的设计构筑我们的园子和宅邸,
> 媲美他夸耀的北京的园冶。
> 每座山都有一座庙宇依山而建
> 庙堂缠绕着瓶儿草,檐下是一排钟铃。
> 我们的牛马待在鞑靼式的棚子里
> 我们的羊羔在印度式的羊圈里长着膘
> 菩萨在每一个神龛上庄严地凝视着你
> 宁芙神披着印花布慵懒地坐在椅上
> 当我们打开八宝柜,孔夫子
>   在瓷象和神偶中点着头。

4

18世纪下半叶中国园林的主要激赏者和宣传家据说公认是威廉·钱伯斯,虽然这种说法属实,但他几乎全盘推翻了通常所说的作为中国造园基础的美学原理,这对中国园林在英国的流行是一个沉重打击。钱伯斯年轻时到过中国,1757年,他出版了一本书《中国房屋、家具、服饰、机械和家庭用具设计图册,由钱伯斯先生亲手据中国原样雕板而成……并附有中国庙宇、房屋、园林等速写》(伦敦,1757年)。① 这种豪华的对折本不是谁都能看到的,但其园林部分重印在珀西先生编的《中国诗文杂著》②中。这一时期,钱伯斯对中国建筑的赞美还是适度的,至少他是这样说的:

> 这不表示我的意图是倡导一种逊于古风且极不适合我们风尚的趣味,而是来自这个世界最奇异国度的如此独特的一种建筑艺术,任何真正热爱艺术的人士都不会无动于衷。建筑师决不会漠视哪怕是一根门框。……虽然一般而言,中国建筑不能满足欧洲建筑的目的,不过在要求景物变化多端的广阔的范围中,或在包括无数厅堂的宏伟宫殿中,我看不出在不太重要的地方使用中国趣味有什么不适当。变化总是多彩的,奇异并不会伴以不一致或不和谐,有时还会取代美的位置。……中国的建筑既不宏大,也不用贵重的材料,不过,他们的性情中有种异禀,他们的形式讲究比例和均衡,有一种质朴性,有时甚至是一种美,这吸引了我们的注意。我视它们为建筑中的游戏之作,作为游戏之作,有时却因为他们的绝妙、奇异和精湛的手艺而允许它们在奇珍柜中占有一格。这样,中国建筑有时候可以在华贵的做法中独树一帜。③

---

① 《中国房屋、家具、服饰、机械和家庭用具设计图册,由钱伯斯先生亲手据中国原样雕板而成……并附有中国庙宇、房屋、园林等速写》,伦敦,1757年,前言。
② 道斯莱,伦敦,1762年,第2卷。
③ 《中国房屋、家具、服饰、机械和家庭用具设计图册,由钱伯斯先生亲手据中国原样雕板而成……并附有中国庙宇、房屋、园林等速写》,伦敦,1757年,前言。

07. 一种浪漫主义的中国起源

但说到中国园林,虽然仍旧是常见的口气,评价却甚高:

> 中国人在造园方面可谓独擅胜场。他们造园的品味很高,过去一段时期以来,我们在英国所希望做到的就是这种趣味,虽然不总是能获得成功……自然是他们的范式,他们的目标就是摹仿自然的不规则之美……因为中国人不喜欢走路,所以我们很少能见到像我们欧洲园林中的林荫道或宽阔的步道,整个园子呈现出变幻的景致,经过突然插入一片丛林的蜿蜒小径,你被引领着来到不同的景点,每一处都有别墅、房舍或一些别的景致为记。园林之胜就在于那韵律、美和变幻的风景。中国的造园师像欧洲的画家一样,从自然中采撷最怡人的对象,极力使这些对象以这样一种方式结合起来,不仅是为了展现各自的至美,从另一个角度看,还是为了结合两者以形成高雅而动人的整体。①

即使钱伯斯在这部早期著作中所提到的中国园林的特色很难说是对自然的忠实摹仿,但中国趣味的这一方面——或钱伯斯对此的描述——在他1772年出版的《东方造园论》中清晰地呈现出来。该书引发了所谓中国趣味(*goût chinois*)历史上的危机,也是

---

① 前引书。

18世纪文学界最独特、最轰动的一次危机。① 钱伯斯夸大其词地宣布中国园林优于英国园林,自然伤了英国人的自尊,尤其是对"万能的布朗"的朋友和赞美者而言,因为布朗左右了英国的造园师,他是钱伯斯的对手:

> 造园在中国人眼里的崇高地位远远在欧洲人之上,中国人把这门艺术的完美杰作与人类悟性的伟大作品等而视之。说园林的功效足以怡情养性,一点也不输于其他什么艺术。他们的造园师不仅是植物种植家,还是画家和哲学家。他们对人类心灵具有透彻理解,对这种能激发起最强烈情感的艺术具有透彻的理解。②

英国的"学徒们"不是这样的一类人:

> 在这个岛国[造园艺术]却落到了一些只会种菜园的人手里,这种人种种莴苣十分在行,而对建筑精巧园林的理论却知之甚少。不能指望那些既无学养又命中注定把生命的旺盛精力消耗在体力劳动上的人,能勉强从事这种高雅而又艰巨的工作。③

---

① 也有法文版,伦敦,G. 格里芬,1772—1773年,埃瓦尔德德文译本(1775年);第二个英文版(1773年)和第一个法文版附有《释论》,由新近访问伦敦的中国广州绅士陈既卦所作。《释论》这篇解释性导论当然是钱伯斯用来回应梅森的《致威廉·钱伯斯爵士的英雄体致敬书》的。
② 《东方造园论》,第13页。
③ 《东方造园论》,序言。

07. 一种浪漫主义的中国起源

钱伯斯指责欧洲园林几乎千篇一律。他所嘲讽的"古代风格"依然在欧洲大陆盛行。"没有一根枝桠能听任其按自然的趋向生长,也不会按照一种科学的、由其规律和界线所决定的方式生长",而仅仅是重复目前的方式。对他的同代人来说,这本书中轰动性的东西是它甚至以更加蔑视的态度对待"英国普遍接受的新风格",这种新风格"不容许有任何艺术的表现"。

> 我们的园林和公园几乎没有区别。两者如此相像是因为它们很大程度上是粗俗的自然的翻版:一般很少有什么变化,而又极缺乏选择对象的判断力。在整体设计方面想象力贫乏,布局上也缺乏技巧,这些造园法更显得是随意的结果,而非人为的巧思。一个陌生人常常不知道他是在普通的草地上还是在一个公园漫步,付出了而且仍将付出很大的代价,却并未找到任何可以让他高兴或愉快的东西,也没有什么能吸引住他的目光,或激起他的好奇心。很少有东西能满足他的感官,挑动他的心弦,能满足他智力需要的就更微乎其微了。[1]

总之,"造园中的人为做作或简单化风格都不正确,一种是对自然的过度提炼,过分偏离,另一种就像荷兰绘画,只限于自然的影响,不加选择判断。一种做法是荒谬的,而另一种做法索然无味,庸俗不堪:艺术和自然的审慎结合,是对两种做法进行提炼,这

---

[1] 前引书,前言。

是一种更好的方式,肯定会使两者各自更为完美。"钱伯斯起初推荐其同胞加以研究的中国园林正是这样的范本。

然而,现在所呈现的艺术和自然的"审慎结合"并不是两者在同等程度上的呈现,艺术方面的成分会更为丰富:

> 虽然中国艺术家把自然作为他们的普遍模式,但他们并不囿于自然而排斥所有的艺术表现:相反,在许多场合,他们认为艺术表现对于展示他们的劳动成果,是必不可少的。他们说,自然提供给我们可加以利用的材料太少,植物、场地和水是自然仅有的资源,虽然其形式和布局有可观的变化,但也只有很少几种显著的变化。其余的自然变化的性质体现在钟声上,钟虽然用不同的材料做成,却依然产生同一种叮当的声响;变化太小了,以至于难以轻易地察觉。
>
> 因此,艺术可以弥补自然的不足,不仅是用来产生变化,而且还要产生新奇感和效果。自然的简单布局在每个公园随处可见,已达到了一定的完美程度;因此,人们太熟悉了,以致不会激起观者心灵中任何强烈的情感或产生任何非同寻常的愉悦感。

在描述了中国人时兴在园地周遭点缀以"雕像、半身像、浅浮雕和各种雕塑作品",还有"古代铭刻、诗碑、德训牌坊"之后,钱伯斯在所有装饰都是对自然的背离这个话题上,为中国造园师采取的方法进行了辩护。

07. 一种浪漫主义的中国起源

他们说，我们的长衫既不是皮质的，也不像我们的皮肤，而是用奢华的丝绸加上刺绣制成的；我们的屋宇、宫殿和天然石穴没有什么相似之处，后者只是天然形成的居所。我们的音乐既不像雷鸣，也不像北风的呼啸，而是自然的谐音。自然没有给我们蒸煮炒炖的工具，但我们并没有吃生肉。自然没有给我们锯子、锤子和斧子等很多器具，但我们有牙齿和双手。总之，很少有什么事物其中人的技艺不是显而易见的，那么，为什么独独把人的技艺排斥在造园之外呢？诗人和画家，当他们潜心创作时，是在自然的峰巅上翱翔，因此，同样的特权也应允许适用于造园：了无生趣且单调的自然对我们的目标来说太平淡乏味了，我们期望的要多得多。我们有理由需要来自艺术或自然的每一个帮助，园林的景观应该和一般的自然景观有很大的不同，就像英雄诗体①有别于散文叙述一样。造园师就像诗人，应该让他们的想象自由驰骋，甚至挣脱真实的束缚，无论什么时候都需要提升、美化和注入活力，或者在他们的主题中增加一些新奇的事物。②

这种反自然主义的主张在《释论》中更为明显，钱伯斯笔下的中国绅士说道：

在我抵达英国之前，我从未怀疑艺术的表现对于华丽的

---

① 当然这是对梅森讽刺标题的一个解释。
② 前引书，第20—21页。参见赖希魏因前引书，第116页。

园林来说是可以接受的,甚至是必需的要素。观赏了你们英国的园林后,我更加坚定了这一看法;虽然你的同胞与这个世界的其他民族不同,与所有其他文明民族的实践不同,与所有开化的时代不同,固执地持相反的意见;按我的判断,这是与理性背道而驰的……我们和你们一样赞赏自然,但中国人性情更平和,我们对自然的钟爱多少更张弛有度;我们考虑如何能在每一个机缘下利用好自然,我们不总是以同一种面目引进自然;而是要以多种形式来展示自然。有时候是赤裸裸的自然,像你们尝试所做的那样;有时候是装饰过的自然,辅之以艺术的装点,按我们最通常的做法,要小心避免把园林混同于乡间常见的面貌,被那种乡间面貌所包围;可以相信,各处风光千篇一律,不会带来任何特殊的愉悦,也不会激起任何强烈的情感。[1]

钱伯斯并非把他对摹仿纯自然的主张的批评限于造园一艺,整个摹仿说以及现在流行的理论——即审美愉悦源自对艺术品与其原型的相似性的认知——都遭到了驳斥。自然常常令人惋惜地缺乏野趣(wildness)和变化,结果并不能激发起强烈的情感。在这些方面,自然的审美缺陷必须通过艺术来改进,钱伯斯笔下的中国绅士说道:

你们[英国]的艺术家和鉴赏家似乎都过于强调自然和简

---

[1] 第2版,第144页。

07. 一种浪漫主义的中国起源

朴,其实这个道理乃是鲁钝的浅尝辄止者的空谈。就像歌曲的叠句,使人在不知不觉间感到乏味。如果以酷肖自然作为判断完美的标准,那么,弗林特街的蜡像将胜过米开朗琪罗的所有作品了,艾尔默的鳟鱼和山鹬就比拉斐尔的壁画画稿更胜一筹了。但请相信我,我们可以从许多实例中推演出,太过依循自然常常和太少依循自然同样糟糕。这在高雅学问中大家都熟知的。为人熟知的东西根本不能激发起强烈的情感;虽然与熟悉的对象极其相像会取悦无知的人,而对训练有素的人来说,这不会有什么迷人之处,也从不会有任何振奋人的特质,有时候甚至令人厌恶。如果没有艺术的帮忙,自然是难以忍受的。如果把自然比作某种食物,那么它不是食之无味,就是难以下咽的。不管怎样,加上一些调味品,自然就变得可口了,或许可以把自然比作一道美味。①

在风景设计方面,自然的缺陷之一——至少在英国——是她的景致常常不够"粗粝"和"离奇",在这种情况下,"艺术的帮忙"在于"通过石上的部分沉积物,再加上点草皮、蕨类、野生灌木和树林",把普通的土堆变成"巨岩",总之,不会偏离——即使是微不足道的——自然的通常步调。对富有创造力的想象来说,"艺术的帮忙"将暗示出一些非同寻常的安排,会用某些东西来掩饰自然的粗粝。②

---

① 前引书,第145—146页。
② 前引书,《释论》,第132页,着重号是我加的。

即使"简朴"这一与新古典主义和美学上的尚古主义相似的神圣字眼,在钱伯斯那里也没有得到多少恭敬。显而易见的是,对尚古主义的反对甚至要超过对古典主义的反对。这可以从下面这段文字中看出:

> 不管在哪里,对简朴的承认要多于对构成宏大的要求,或对简易概念的要求。这总是个缺陷。对个人心灵而言,一些努力总是必要的,它肯定会讨人喜欢,殷勤款待比粗茶淡饭更让人满意,因为款待虽不值得嘉许,但如果不款待,甚至不盛情款待,也就不会让人心生感激。过度的简朴只能使无知者或愚钝之人高兴,因为他们的理解力低下,综合能力也有限。因此,必须慎用简朴原则,这一剂苦药只适用于病人;野蛮人或霍屯督人,对艺术毫无知识,对装饰闻所未闻,对他们来说,一份丰盛的食物才是必要的,无论在什么地方,文明提高了人们的心智,辅以一些恰当的安排,就能发挥很大的作用;还需要我证明,每个民族的音乐、诗、语言、各类艺术以及习俗所呈现的已无可疑吗?①

根据钱伯斯的说法,中国造园家远更努力提供给观赏者新颖感而非似曾相识感。他们寻求的只是通过新奇和变化来获得的效果;摹仿,即使是对最佳范本的摹仿,也不在他们计划之列。"那个

---

① 前引书,第 146—147 页。我改正了原文中的一个明显的标点错误。"patients"后的逗号以及"Hottentots"后的分号。

国度的艺术家匠心独运,他们的同道又多才多艺,造园手段各各不同,从不彼此抄袭或摹仿,也不会重复自己的作品。据说,他们曾经见过的东西,再见时影响微乎其微;一种东西只要与他们熟悉的对象隐约相似,就很少能激发新的创意。"[①]总之,中国艺术家追求的目标是原创性,而原创性,除了表述同样标准化的观念外,和新古典主义美学理论并不一致,也和摹仿"自然"效果的理想不一致。

根据钱伯斯的说法,我们会看到,中国造园家是审美心理学的实践者。他们依据可能产生的心理效果来对他们的设计进行分类,以"怡情、摄魄和出奇"来加以区分。这些情形中,"第一种情形由植物界的奇花异草组成,佐以水流、池塘、人工瀑布、喷泉和各种水装置:以艺术或自然所能提示的所有入画的形式组合、配置在一起。屋舍、雕塑和绘画给这些布置增添了华彩和变化。收集珍稀的动物制品来活跃园林的气氛:巨细靡遗,或用来激活人们的思想,愉悦人的情感,或用来刺激人们的想象"。然而,那"怡人的景致"未必是令人愉悦的;中国造园中的这一提法包含有——见于钱伯斯的著作——与欧洲诗学中所谓沉郁的体裁(*le genre sombre*)对等的东西。因为园林中的某些部分是为了唤起适意的感伤氛围,是为了让人感到自然之美和人类荣耀的无常。正因此,中国造园家以园艺家的语言写出了托马斯·格雷的《哀歌》:

> 秋景是由橡树、山毛榉和能留住秋叶的其他落叶树等构成的,它们在衰败中还能提供变幻丰富的色彩,它们与一些常

[①] 前引书,第104页。

青树、果树和少量的灌木和下半年才盛开的花交相辉映,——置身在它们中间的枯枝朽木、光秃秃的树干和残桩,爬满了苔藓和藤蔓。屋舍被这样的景致映衬,常常表示一种破败的迹象。对匆匆的过客来说,恍如梦寐。有些地方是僻静的居所和济贫院,忠实可靠的仆人在这里安享晚年,而他们的前任就安葬在附近。其余的是城堡、宫殿、庙宇和其他荒芜的宗教场所的遗迹,或者半已掩埋的得胜牌坊以及王陵,加上曾经记载了古代英雄事迹的残碑,或者他们先人的墓冢、家中宠物的死穴。但无论是什么,表示的是衰弱和无望以及人的消亡。这一切,通过秋日特有的凉意和凄清的作用,在心头弥满了感伤,产生强烈的回响。[1]

至于其"不可思议"或"超自然"的景致,那是:

一种浪漫的、充满奇异的景致,适于在旁观者心中很快激起一种异样的和清冽的感觉。有时候,过客匆忙走完一段陡峭的斜坡,到达掩映着的地宫,地宫分成一件件堂皇的宫室,那里烛光依然发着朦胧的幽光,可以看到躺在冥床上的古代帝王或英雄的隐约形象;他们头戴着星环,手执道德训辞的玉笏;潜流驱动着长笛和管风琴的谐音,轻柔缥缈地打破了宫殿的寂静,空中弥漫着一种肃穆的意蕴。

有时候,游客在薄暮的森林中漫游之后,发现自己置身于

---

[1] 《东方造园论》,第 2 版,第 37—38 页。

峭壁的边缘,夕阳的余晖闪耀,瀑布从崖岸上飞流直下,湍流在他脚下或他站立的幽谷的岩石边汹涌,卷走那些残枝枯叶,或者在滞水缓流的河岸边,在残柳、月桂等植物的阴影下,阴森的墓碑林立,献祭给悲伤之神梦周。

现在,他的路径要经过一段被岩石截断的黑暗甬道,甬道的一侧有壁龛,上面雕着巨龙和阴间的冤魂,铜桌上刻有其他可怕的形象,它们奇怪的爪子上有神秘的咒语,还预备了长明灯,同时起到指路和惊吓游客的作用。游客不时地为一阵恐怖的刺激、一场人造雨或突如其来的妖风和瞬间爆发的火光而惊恐不已;在他脚下,大地因为空气压缩的缘故而震颤,他的耳朵接连受到源自同一媒质的不同声响的多次冲击,有些像受难者的哭喊,公牛的吼叫和猛兽的咆哮,还有猎狗的吠声和猎人的叫嚷,其他的则夹杂着饿鸟的啸声、摹拟海涛的轰鸣、大炮的轰响、喇叭的鸣叫和战场的各种喧嚣。

他的路径要通过茂密的林子,许多漂亮的蛇和蜥蜴在地上爬行,数不清的猩猩和猫,鹦鹉在人必经的路上学人说话、或者经过花丛他会为大树上鸟的鸣唱、悠扬的笛声和各种甜美的器乐而心旷神怡;有时候,在这种浪漫的远足中,你会突然来到一处洞窟前,周围长满茉莉花、藤蔓和玫瑰,或在雕梁画栋的华亭里,鞑靼美女身穿宽松的透明绣袍,袂袖飘拂,香气袭人,她们用玛瑙杯子为来客斟上提神的人参琥珀美酒;她们还用金银丝编织的篮子,给他献上甜瓜、菠萝以及广西的果品,她们给他戴上花环,邀请他在波斯地毯上、或在铺了羊皮的床上品味休憩的闲适。①

钱伯斯所描述的"恐怖的景致"很难说完全是艺术创作,或者说能在最大的园林内找到;它们更像是由绵延的荒僻乡野所构成的,而其效果因各种人为造成的不寒而栗得到了增强。因为就我们所知,它们

由幽暗的林子、不见天日的深谷、悬在头上的光秃秃的岩石、漆黑的洞穴以及各处飞溅的瀑布组成。树长势不佳,不受自然趋向的左右,似乎已经被暴风雨的威力撕成了碎片:有些树倒下了,阻断了激流的去路,有些看上去被闪电击垮;房屋成了残垣断壁,或者被大火烧得七零八落,或又被汹涌的激流冲刷掉了一切;除了散落在山头的有些可怜的小屋外,没有什么完好无损地保留下来。这些残留下来的小屋同时报告着居民的幸存与受难。蝙蝠、猫头鹰、秃鹫和各种捕食猎物的飞禽在林中拍打着翅膀,虎狼和胡狼在密林中嚎叫,半饥饿的动物在原野上逡巡,绞架、十字架、刑车和所有折磨人的器具横陈路上,在林中阴暗的最深处,条条小路上都长满茂密的毒草,每一个带有人口锐减痕迹的东西是那些献给复仇之王的殿宇,岩石下的深洞和再往下幽暗的地下居所,灌木和荆棘丛生,附近是残垣断柱,以感伤的笔触镌刻着悲惨的事件,许多残暴的行为是由前代那些不法之徒和盗匪们犯下的罪行,比

---

① 《东方造园论》,第42—44页。

07. 一种浪漫主义的中国起源

这些景象更恐惧和壮烈的是，他们有时候会藏匿在山巅的洞穴中，藏匿在铸造作坊、石灰窑和玻璃作坊；那些散发着熊熊的火焰，继而有浓烟卷起，给那些高山一个火山爆发的表象。①

《释论》一文指出，这样的景象在英国已经大量存在，要"美化"那些草地和野地、荒凉的不毛之地，特别是靠近乡村的未开化的地貌，既行不通，也难以令人满意。相反，如果稍微加点艺术的东西，它们就"可以轻易构成恐怖的景致，转化为外表壮烈的高贵图景。通过一种艺术的对照，来强化那种轻快而华丽的效果"。因为实实在在的"绞架上令人恐怖地吊着可怜人，铁匠铺、煤矿、矿山、煤田、砖窑或石灰窑、玻璃作坊以及各种可怕之物"，饿得半死的动物，衣衫褴褛的农家，还有如画般的倾圮茅舍——所有这一切正是英国风景中常见的东西，"在都会的近郊尤其常见"。所需要的是"一些古朴苍虬的树、一些废墟、洞穴和岩石、湍流、被遗弃的毁于大火的村落"，应该"在不可能让人心旷神怡的地方，人工引入萧寂的植物，……造成荒无人烟的味道，填满人的内心"。②

钱伯斯在《东方造园论》中多少夸大了他的描述，借中国造园家之口来表达他自己的美学主张，《释论》一文半已承认了这一点：所描述的园林是否"只存在于陈既卦（Tan chet-qua）的脑子

---

① 第2版，第44—45页，尤其是这一段提供了梅森《致威廉·钱伯斯爵士的英雄体致敬书》的有趣材料，这听起来很少像园林设计，而多少有点更像是萨尔瓦托·罗萨式的风景画。

② 《东方造园论》，第130—131页。

里,……是无形的;最后我要说,我更愿意作为一名艺术家向你陈述一种造园的新风格,而不是作为游客讲述其所见所闻"。①

再者,钱伯斯也寻求引入由中国造园家提出基本原理和范例的一种"审美浪漫主义",但这总的来说不同于坦普尔对洒落瑰奇所作的系统表述。两者的确有一两个共同点:拒绝规则化、对称、简朴、简洁明了的整体设计,而倾向于在艺术构思方面寻求"变化",但除此而外还有相当大的差异。对钱伯斯来说,"自然"不再是一个神圣的字眼,而自觉的、深思熟虑的艺术,超越了自然的"粗粝"和"限制",才是造园实践或其他艺术形式的根本。正像他所说的,中国造园家的目标不是摹仿任何东西,而是要创作出园林抒情诗,把树木、灌木、岩石、水流、各种人造物以及具有不同特性的景致交织在一起,精心设计以表达和唤起多变情致——或"寄情",或显示"力度"。在这一点上,钱伯斯预见到了浪漫主义的另一种变体,这种变体后来在19世纪的文学和音乐中大放异彩。

但正如我已经说过的,钱伯斯的介入在英国的影响总体上对中国风尚极为不利。钱伯斯的同代人中很少有人准备放弃"自然"——在这个词的特定意义上——作为艺术的规范,在造园艺术上尤其如此。如果中国园林并不真的是"自然的",那情况对他们就更糟了。他攻击当时造园上的主流看法有一个奇妙的结果,就是把质疑中国风格的长处转换成一种党派议题,在这一点上,托利党和辉格党,即保守党及其对手,针锋相对。结果是早期主要热衷

---

① 前引书,第159页。

07. 一种浪漫主义的中国起源

于"中国趣味"①的一些人改变了想法，——如果说钱伯斯的记述有什么是真实的，那就是把中国趣味称为英华趣味并不正确，虽然在一定程度上钱伯斯有可能在丘园实现他自己的中国园林的想法，——把塔这样高耸的人工建筑引入英国风景，是基于根本不同的美学观念引入一种基本上是"全新"风格，这种尝试似乎没有取得多大成功；后来相同的观念出现在其他艺术形式中，则很显然不是出于钱伯斯《东方造园论》的影响。

但一个世纪前坦普尔小心翼翼地提出的原先未获认可的"美"的观念大行其道，效果良好。本文的主要部分已经展示了中国影响，尤其是作为一种审美特性的"洒落瑰奇"概念，在反对18世纪前75年流行的古典主义标准的逐渐增强的意识中所起的范围广泛而又为时短暂的作用。虽然这种反对最初在很大程度上是源于造园艺术和建筑艺术，但迅速扩展到文学和所有艺术门类；它后来在文学上的表现，通过引入一种衡量审美品位的新的规范，通过一连串名作家在随后几十年中反复申说和详尽阐释而得以推进和光大。当规律性、简朴、齐整和丰富的逻辑理解力这诸种观念首次受到公开诘难，当真正的"美"总与"几何学"相符这种假说不再是"普遍赞同的自然法则"时，现代趣味的历史就迎来了它的转捩点。总之，在英国，在整个18世纪的大部分时间里，最初因为中国艺术的影响和示范对这一假说的拒斥，至此似乎得到了普遍的承认。

---

① 例如到18世纪80年代，沃尔波尔总结道："异想天开的洒落瑰奇和拘泥于形式规律同样是远离自然的。"《现代造园论》，1785年。

08. 哥特式建筑的首次复兴和回归自然[*]

17世纪末到18世纪初有教养之士普遍蔑视哥特式建筑是趣味史中的平常事。"哥特式"是一个贬义的术语,因为"哥特式"这一形容词时兴用于五花八门的、在某种意义上等同于"野蛮而无趣的"对象。据说,17世纪40年代初,那些有代表性的从欧洲游学归来的艺术大师总是"责骂他祖国的氛围和习俗,言必称'哥特'"。[①] 在某些圈子内,"哥特"一词发挥着今天"维多利亚"一词所发挥的同样必要的功能。束腰带在那些不赞成此道的人看来,是一种"哥特式的腰带",[②]决斗被贝克莱主教指责为一种"哥特式的罪过"。[③] 一个人对普遍被接受的意见持有异议是一种"哥特式的偏见"。[④] 这个术语也染上了一定的政治色彩;由于它不仅一般地暗指"旧式"的政治和社会体制,而且更专指中世纪的政治和社会体制,即封建主义,因此它有时候是那一时期的进步党人提及托

---

[*] 本文最初发表于《现代语言评论》,第27卷(1932年),第414—446页。
[①] 见于讽刺散文《拉内拉赫宅第》,1747年,海尔克特和莱恩把它归于约瑟夫·沃顿名下。
[②] 梅森:《英国园林》,Ⅰ,注1。
[③] 《阿西弗朗》,Ⅴ,第13页。
[④] 卢梭:《对话录》,Ⅰ。

利党人的主张时的一种令人不快的方式,正如艾肯塞德《颂诗》(1745年)中的两行诗所写的:

> 现在,英国砸掉她的哥特式锁链,
> 平等法则和社会科学占据了主导。①

或如托马斯·沃顿青年时代的诗作《伊希丝的凯旋》所言:

> 这是他们自由想象的新方式:
> 自盲从哥特式倾向的幽暗中
> 透出理智时代的晨光。

17世纪末,一位法国作家认为:"哥特式这个词由于长期使用,就在今天仍然表示艺术和风俗里所有那些使人想到蒙昧时代的东西。"②有关这一术语的其他贬义用法在历史学词典和文学史手册中可以找到大量的实例。

这个词的一般释义真的给这一建筑风格了坏名声,而且使得这一时期很多人的思想中将之与声誉不好的其它东西联系在一起,所以,为了理解人们讨厌哥特式建筑的更重要的动因,或曰明显的动因,注意哪种审美特性被认为是哥特式建筑的特征,是必要的。为了达到这一目的,我们首先必须问问18世纪的作家们在使

---

① 第二部,第一颂。
② 《方法的百科全书》,"建筑"卷,第2卷,第457页。

用这个形容词来形容建筑时,他们心中想的是什么建筑或何种特定的风格。事实上,这个词——我相信,一般人未曾留意——有三点独特的外延,不赞同这些外延的理由是相互关联的。一、它常常指在古典风格中所没有的结构,这一类例子可以在牛津词典中找到;比如1693年,德莱登翻译的迪弗雷努瓦的说法:"所有古代风格中没有的东西就称作野蛮的或哥特式的。"1742年,朗利在《古代建筑论》中写道:"每一座不按希腊方式建筑的古代建筑,就称作哥特式建筑。"(然而,朗利本人认为,哥特风格,起码在英国的表现,应该更准确地称作撒克逊风格。)我们从《方法的百科全书》中可以得知:"从611年到1450年,这种粗俗的风格一直危害着美术。"但是,二、在许多场合,很清楚的是,那些言说哥特风格的人心中想的是罗马风格(在英国是撒克逊风格或诺曼风格),许多人认为这种风格实际上是由哥特人或入侵罗马帝国的其他北方蛮族引入的。哥特风格的北欧来源说至少可以追溯到瓦萨里(1550年),他提出这种风格是由哥特人发明的。① 三、在约翰·伊夫林的《建筑师和建筑记事》(1697年)一书中,我们可以看到哥特风格的双重起源和两个怪异现象:②

> 这里所意指的是古希腊和罗马建筑,它完全符合一座完美的建筑所要求的东西。多年来,这样的建筑由于文明世界

---

① 瓦萨里:《艺苑名人传》,1807年版,第1卷,第457页。
② 附加在罗兰·弗雷亚尔《古代建筑和现代建筑的相似性》(约翰·伊夫林译本)前面。这段文字引自1733年第4版,第9页以下。

的普遍叫好而广为人知,声名鹊起,无疑也将会继续存在下去,并证明其建筑主张。如果哥特人、汪达尔人和其他蛮族没有破坏和拆毁它们,也没有破坏那辉煌的帝国,帝国那些庄严而华美的纪念碑依然矗立着;他们引入了一种奇异的、不拘章法的建筑样式,我们称之为现代风格(或许更应该称之为哥特风格),它充斥着笨重的、幽暗的、抑郁的和修道院式的高大立柱,与真正的古代建筑相比,它们不讲任何恰当的比例、效果或美感。偶尔碰到巨大的工程和奢华的雕刻,密密的回纹饰和哀伤的形象,少不了要付出艰辛的劳动和代价,博识的观察者会感到困惑,而不是受到感动而报以赞美,赞美应该是准确而恰当的对称、均衡的比例、一致和格调、宏伟和高贵风格的结果,那些堂皇而瑰丽的古代建筑依然能带来这种赞美!

从北方来的野蛮人和从南方和东方来的摩尔人和阿拉伯人蜂拥而至,在文明世界肆意妄为、随处扎根,此后很快就开始败坏这一高贵而实用的艺术。取代那些对其建筑来说如此堂皇而得体的优美柱式的,是变化和其他附带装饰,他们竖起那些细长的柱子,或毋宁说柱群,以及其他长短不一、不带柱头盘的支柱,支撑上面的重量和沉重的拱顶;尽管如达维莱先生(D'Aviler)所说,这里并非没有伟大的制作,但也有俗气的裸像、陈腐而杂乱的雕刻,这只是些有渎清赏的东西,并不能带给人赏心悦目的满足。[例如,让任何一个评判者]看一会儿威斯敏斯特教堂第七小教堂的亨利王,……在其尖角、突出部、窄窄的光线、金属板雕像、花边和其他嵌花雕饰以及弯弯曲曲的墙……[在现代建筑中]普遍不讲道理地采用厚重的外墙和臃肿的扶壁、塔楼、尖拱顶、门和其他出口，不讲比例，各种怪诞的大理石镶嵌尤显突兀。角塔和小尖塔上的猴子(Monkies)和吐火怪(chymaeras)(加上很多杂乱的构件和不协调的东西)扰乱和破坏了人们的视角。它如此混乱，人们不可能以一成不变的眼光来考虑从哪儿开始，从哪儿结束。从一种尊贵的气派和庄严富丽出发，古人把大胆而又优雅的风格发挥得既淋漓尽致，又审慎得宜。

这里，建筑理念的混乱是显而易见的。伊夫林认为哥特建筑和阿拉伯建筑是引入"奇异的、不拘章法的建筑"样式的原因，用同一名称来命名这两种建筑并陈述看法，仿佛在同样的构筑中可以同时找到他以令人窒息的语调所谴责的特性。但在任何明眼人看来情况都不是这样。很难想象，见过类似索尔兹伯里大教堂、林肯唱经楼、圣小教堂、鲁昂的圣旺(St. Ouen)教堂或国王学院小教堂的人，怎么可能称它们为"充斥着笨重的、幽暗的、抑郁的和修道院式的高大立柱"；而描述达勒姆大教堂或圣巴托罗缪教堂这样的诺曼式建筑，称其宏伟是由"颀长的柱子或柱群"支撑起来，或者缀满了"花叶或其他嵌花雕饰"，同样是不适当的。早期罗马风格与我们所说的哥特式艺术的根本差异，不仅在技术细节上，而且在精神上都是很明显的，需要用不同的术语体系来表达这一开始被感觉到的差异。通常所采纳的术语取决于真正的哥特风格(在我们所说的意义上)之起源的另一个错误的历史假设。雷恩在1713年就亨利三世扩建威斯敏斯特大教堂写道："我们现在所称的哥特式建筑风格,……称之为撒拉逊风格也许更有道理。"① 相似的是,《方法的百科全书》的"建筑"卷,把哥特风格和中世纪晚期的风格区别开来,前者仅持续到查理大帝时代,此后,"法兰西在艺术方面取得了一定的成功……建筑渐渐地改变了外观,因为变得过于灵巧(légère)而陷入繁复;这一时期的建筑使得建筑之美存在于一种人们迄今不甚明了的精致和奢靡的装饰中;存在于人们无疑通过反对先于其出现的哥特风格,或通过他们从阿拉伯人和摩尔人那里接受的一种趣味而陷入过度,是阿拉伯人和摩尔人把这种风格从南方国家引入法国,就像汪达尔人和哥特人从北方国家引入凝重的和哥特式的趣味"一样。在18世纪中期和晚期,这一特征渐渐为人所熟知。我们称之为哥特式的这种风格通常被指认为"撒拉逊式的"或"阿拉伯式的",所以 J.F. 索伯里的《论建筑》(1776年,第201页)中写道:

> 阿拉伯人……给我们带来了一种新的建筑。这种建筑更轻、更雅、更朴素,而且与哥特式建筑一样坚固,一样便于施工。这种建筑曾被普遍接受,……这样的建筑在今天虽然被大多数人所放弃,但赞美它的仍大有人在。

正如一位后来的建筑史家卡特勒梅尔·德·坎西在《方法的百科全书》(1800年)中所评论的,"在某些批评家看来,这种建筑在装饰以及形式多样方面的奇异风格,使人觉得它来自于这样一

---

① 《慎终追远》(1750年),第297页。

些国家,在这些国家中,不规则的趣味一直固守于其帝国——我指的是亚洲。"①

不论怎么说,偶尔会区别哥特风格式与撒拉逊风格的同一位作家,有时候还会把前一个形容词用到后一种风格上,无论有或没有"现代"一词的限制。雷恩在谈到圣保罗教堂时说道,那"显然是更现代的哥特式尖拱顶,而不是(老教堂的)半圆拱顶"。② 在《百科全书》(卷七)的"哥特"条目中出现了同样的命名:有"古代哥特式"和"现代哥特式";威斯敏斯特大教堂和利奇弗雷德大教堂(原文如此——作者)是后者的典型。然而,费讷隆认为,哥特式建筑肯定是阿拉伯人发明的。

鉴于当时人们思想中流行的术语系统的这些事实,让我们试着确定哥特风格遭到17世纪末和18世纪的趣味所普遍抨击的背景。显而易见,在"哥特式"(或曰古代哥特式)和撒拉逊式(或曰现代哥特式)风格中所发现的缺陷在主要方面恰好是正相反的缺陷。这是显而易见的。前者是粗陋的、笨重的、呆板的、阴沉的、压抑的:"哥特式的阴郁"是人们描述对哥特风格印象的习惯用语之一。后者被人们批评为不够沉稳,太"轻佻"、太高耸,"琐碎"而"奇异",过于雕琢,装饰过于繁复,在各个部分和醒目的细节上花样过于繁多而令人眼花缭乱。也许谈论最多的批评明显是针对"现代哥特式"而不是针对"古代哥特式"的,是批评其过于浮华,古典哥特式

---

① 《方法的百科全书》,"建筑"卷,第2卷,第455页以下。
② 《慎终追远》,1750年,第272页。在法国,同样的区别(古代哥特式建筑和现代哥特式建筑)是由阿沃的J.F.费利比安指出的,见《最著名建筑家生平与作品历史文集》,1687年版,序言。

的赞美者不厌其烦地提到"哥特式装饰趣味的式微"(莫里哀:《圣恩谷教堂穹顶的荣耀》)[①],费讷隆在《致法兰西学院书》第 10 章写道:

> 人们视为"哥特式"建筑的发明者,据说也是阿拉伯式建筑的发明者,都可能以为他们超过了希腊建筑师。希腊建筑没有任何为装饰而装饰的东西;……都是那么简朴、适度、满足于实用建筑,没有把大胆的独创性和一时的爱好强加给人们的视觉;它们的比例是那么恰当,以致虽然所有建筑都那么宏大,但一点也没有给人以大而无当之感;一切都是为了服从于真正的合理性。相反,哥特式建筑师在很细的柱石上建造一直升到空中的巨大的尖顶,人们以为会坍塌的,但多少个世纪过去了,全都依然那么坚固;所有的建筑都布满了窗户,圆形饰花和尖顶,石头像纸板一样被切割;所有的建筑都暴露在阳光下,升到空中。早期的哥特式建筑师自吹说他们的装饰超过了希腊的朴素,这不也是很自然的事吗?

这段文字被《百科全书》"哥特式"条目的作者悄悄地悉数因袭。条目的作者只是补充说,这一风格的"基本特征"是"一种既无风格又不恰当的装饰"。显然,一般来说,我们寻章摘句所得到的对于哥特式(即撒拉逊式)的恶评,部分归因于对大量英国晚近垂直式建

---

① 参见阿沃的费利比安:《历史文集》前言:"现代哥特式建筑师"极讲究精细,而"其他建筑师则极其粗重"。

筑风格和法国火焰式建筑风格的一种强有力的美学反动；不过，在这些极端形式中所能发现的特性，总的来说，普遍属于"现代哥特风格"。

1. 在18世纪的思想中，最严厉的指斥显然是针对13世纪到14世纪的"现代哥特风格"。按照古典标准来看，现代哥特风格的主要冒犯在于刚刚引用的文字所表明的：它缺乏理性的"简朴"，装饰并无实用性和建筑结构上的必要。贝克莱在《阿西弗朗》（I, 3）中说：希腊神庙的美"是出于实用的目的，或是对自然事物的摹仿，自然事物的美本来都基于同一个原则。这的确是希腊式建筑和哥特式建筑之间的重大区别：后者是怪异的，通常既不基于自然也不基于理性，既无必要也无实际用途。"[①]显然，建筑构件的倍增、小细节上的繁复和缺乏完整外观，导致缺乏简朴的效果。艾迪生在《旁观者》杂志（第415期）上的一段文字中谈到某一座哥特式大教堂的粗鄙风格时，对此进行了思考，按我们的品味标准来看，这种风格的粗鄙显得颇让人吃惊：

> 任何人初次站在罗马万神殿的入口处时，心情都会受到震动……但他很少会为一座哥特式建筑的内部而感到震撼，虽然哥特式教堂有其他教堂的五倍大；哥特式教堂产生的效果，要么是宏伟，要么就是粗鄙。

---

① 《阿西弗朗》，对话，3 & 9。

08. 哥特式建筑的首次复兴和回归自然

艾迪生在《弗雷亚尔先生的古代建筑和现代建筑相似论》[①]中想出了有关这一点的心理学解释,这种心理学解释说明了"等量的外观"何以显得"巨大和宏伟"或者"贫乏和琐碎"——建筑如果是由少数部件所组成的主要柱式结构,但这些部件是"巨大而富有想象力的"浮雕,那么就显得巨大和宏伟;建筑如果"充满着分隔视角、分散光线的较小装饰,使整体显得凌乱,那么就显得贫乏和琐碎"。

孟德斯鸠在《论趣味》一书中尝试从心理学角度解释哥特风格中是什么令人不悦。这篇文字表明了开启"浪漫"趣味的一些要素。孟德斯鸠主张,"出人意料"、"变化"、"对照"和"有序"以及"对称"一起,是审美享受的主要源泉。但他不愿意承认哥特风格真的具有这些优点:

> 哥特式建筑看来极富变化,但是它的装饰琐碎得令人厌烦。这就使我们无法把其中任何一个装饰与另一个装饰分辨开来,而装饰数目之多又使我们无从注意到其中的任何一个;结果,这种建筑恰恰在打算让人欣赏的那些地方反而使人感到不快。哥特式建筑对于欣赏它的眼睛来说是一种谜,某人在看到这种建筑的时候,精神上感到难受,就如同他读一首晦涩难解的长诗那样。

撇开建筑美学的任何心理学理论不谈,哥特风格相对缺乏"简

---

① 艾迪生,正如他的编者所提示的,是引伊朗夫林翻译的弗雷亚尔的著作。

朴性"(这种看法总的来说是对的)的特征,不免受到18世纪早期古典主义者出于另一个理由的挞伐:它与早期古典主义者最神圣的口号相冲突。缺乏简朴性就是不太可能与"自然契合"。当然,就像在先前的两个世纪一样,这里是把极高的批评标准运用于从宗教建筑到牛舍的所有事物;古典建筑正因其强烈的自然性(naturalness)——在这个变化不定的术语的某种意义上——才得到其传统赞美者的颂扬。拉·布吕耶尔在《特征论》("论精神作品"一章)不仅表明了"古典的"和"自然的"之间的一致,而且还认为建筑率先树立了典范,而这本应由文学风格率先垂范的。

144　　　人们大概把建筑上的东西作为一种风格:完全放弃了由蛮族引入宫殿、寺庙建筑中的哥特式柱形;又重新接受了多利亚柱式、爱奥尼亚柱式和考林斯柱式……;在经过了若干世纪后,人们又回到旧的风格,最终又接受了朴素和自然。

《旁观者》(第62期)再次讨论了同样的等式——自然的＝简朴的＝古典的——以及建筑样式与诗的风格之间同样的平行关系。文中,艾迪生把哥特式建筑师比作诗人,诗人企图通过引入奇思妙想——精妙的和牵强附会的隐喻——或其他什么别出心裁和复杂微妙的东西,而不是在其自身的自然之美中,创造出闪光的思想,来证明自己的"机趣"。诗人缺乏天才以赋予自然以庄严的简朴性——我们曾极力赞美的古代作品中的简朴性,因此,不得已去寻找异域风情的装饰,他们不放过任何一点不论属于哪种类型的机趣。我视这些作家如诗中的哥特人,他们和哥特式建筑师一样,不

08. 哥特式建筑的首次复兴和回归自然

可能赶上古希腊和罗马的美妙的简朴性,而是竭力代之以铺陈奇异的想象。由于得到"像德莱登先生这样权威人士"的支持,艾迪生大胆地认为:"我们大多数英国诗人的品味,还有读者的品味,绝对是哥特式的。"因此,在那个世纪晚期,申斯通也发表了一些美学看法,他说:我们看重任何事物是因为它们出自"天然",或者表现为天然之物,这是我们不能"以愉悦的心情看待艰苦的雕琢和哥特式艺术家无益的辛劳的原因。我们更愿意看到一些平实的古希腊建筑,在那些建筑上,艺术性同样高妙,但较少呈现辛劳"。[①]威廉·怀特海在1753年的《世界报》上,以同样的理由抨击哥特风格,他以讽刺的笔调写道"这个奇异的岛国所盛行的愚蠢,是假借我们接近自然的名义",他继续写道:

> 依我的看法,趣味只可以运用于具有类似严格规范的事物,虽然它可能因其流俗而不易觉察,像亚里士多德这样的批评家会这样要求这像多梅尼基诺这样的画家,会亲自践行。人们可能会有奇思妙想、怪诞的举动和不可理喻的信念,甚至超常的远见,如果他们乐意有的话;但他们不能有游离于自然基础的趣味,这一点我们随后可以说明。从我们一窝蜂效法的上千个例子中,我将撷取一二,这些例子至今一直是众所周知、俯拾即是的。几年前,任何东西都是哥特风格的,我们的房屋、床、书橱和我们的躺椅都是从我们古老的大教堂的某一部分或别的什么部分复制而来。希腊建筑……受教于自然,

---

① 《关于造园的断想》,见《著作集》,1764年,第2卷,第143页。

又经过美惠乐三女神的打磨,却完全被忽视了。到处充斥着无益的装饰和不切实际的花哨。笨重的扶壁以其失衡而给人以震撼,或者小小的柱子支撑着巨大的重物;对力学毫无所知的人走到那些建筑物的入口处会禁不住发抖,唯恐屋顶会落到他们头上。然而,这种建筑虽然显得有些古怪,虽然谈不上有什么趣味,但仍有人称道,仍有人在建,在英国各地仍然有它的拥趸。他们说,这种建筑中的有些东西与我们以往的哥特式建筑性质相同;我更认为,对我们今天的自由观念而言,允许大家有闹笑话的权利,以他喜欢的任何方式自嘲的权利。①

那么,按照18世纪理论家的阐释,古典主义者反对哥特式建筑本身是要"回归自然"。哥特式建筑的错误是它们远远地偏离了"自然的朴素安排",而按照《百科全书》"建筑"卷的说法,文艺复兴时期法国和意大利的建筑努力找回了古代建筑中最重要的朴素、美和均衡。②

2. 如果说在背离自然的简朴性方面,现代哥特风格的错误与古代哥特风格相比,或许有过之无不及的话,那么在缺乏对称性方面,两者是同样的。在这一点上,它们都未"摹仿自然"。达兰贝尔在《百科全书序论》中说:"由于着力于各个不同部分的组合和配

---

① 见《世界报》,No.12。这段文字特别有趣,不仅是1753年前新哥特模式流行的证明,而且还是哥特式的不规则之美和道德上的个人主义或政治自由主义在一些人脑子里联系在一起的证明,是早前提及的诸种观念之联系的翻版。

② 歌德在《德国建筑学》(1772年)中曾对这种观念加以攻讦。

08. 哥特式建筑的首次复兴和回归自然

置,建筑在摹仿自然方面是有限的,我们多多少少可以在自然的各个单独部分敏锐观察到对称的布局,这种对称布局又与整体的优美变化形成鲜明对照。"然而,应该注意到,"对称"这一术语对 18 世纪的批评家来说未必意味着左右一致,孟德斯鸠在《百科全书》的"趣味"条目中追随维特鲁威的看法,把对称定义为"产生整体之美所不可或缺的各个部分的呼应、均衡和规律性"。该条目还提出了对称的性质,对称为什么不可或缺,以及对称何以不可或缺的一种心理学理论。确定下来的"一般规则"是:"一眼所见(d'un coup d'oeil)的任何客观对象都会具有对称性,都会是朴素的、单一的、各部分都与主体相呼应"。简言之,"对称"就是一种简朴性,对称理论认为,会对整体效果产生影响的任何东西,在视觉或心灵上会产生令人分神的多重印象——这些印象不能直接认为正在形成一个单一的明确界定的模式——的东西,与美是不一致的,它不能带来适当的审美愉悦。建筑上的对称要求与戏剧上的三一律要求和反对文类混杂表达了同样基本的心理学理论。重复同样形式的左右对称仅仅是产生单一效果,或者产生直接而明显的整体设计的主要手段之一。

哥特建筑的设计师,尤其是教堂的设计师,当然并不真的漠视普通意义上的"对称"。在建筑内部,"对称"常常在一个很高的层次上得到了切实的展现。[①] 在 18 世纪的鉴赏家和批评家看来,不

---

① 阿奇森承认这一事实,他据此提出哥特风格有一种"真正的美",虽然不是最高的美,因为它在一个有限的程度上和古典美具有同样的属性(《关于我们的美的观念的起源和品性的探究》,1725 年,§6,引自 1729 年第 3 版,第 76 页)。

讲对称成了哥特风格的特征,部分是由于历史的偶然,即很少有大型的哥特式建筑是完全按照最初的设计来建造的。但这一事实在当时还不甚为人所知或加以考虑。哥特风格的概念源于它的许多标志性建筑实际可见的一面;于是,不对称和不规则的概念渐渐与建筑上通行的"哥特式"这一术语紧密联系在一起。

3. 然而,对严格的新古典主义理论家来说,"规律性"意味着更多明显可感的对称和同一性质的成分的复演;它含有遵守一致性和明确的比例原则的意思,像维特鲁威所确定的那样。整个那一世纪有关这一概念的具体例证非常丰富。而在这方面哥特式建筑仍不无缺陷,它们通常被认为是靠经验估计或灵机一动设计出来的。因此,1782年托马斯·沃顿受雷诺兹的影响,把哥特式的

> 极尽粗陋之能事的建筑模式,
> 毫不依从维特鲁威式的对称

和古典艺术的

> 素朴的设计
> 恰当的比例和自然的线条

相比较,对他以前持哥特主义的观念表示懊悔。①

歌德在对其1770年初次游览斯特拉斯堡大教堂带有先入之

---

① 《论乔舒亚·雷诺兹爵士在新学院所绘彩画窗》,1782年。

见的描述中有趣地概括了以往瞧不起哥特式建筑的全部理由:

> 外面传我尊崇质地的和谐、形式的单纯,说我是对哥特式装饰[艺术]头脑混乱且言而无信的敌人。如同辞典里的哥特式条目,我把它所有可能导致误解的同义词,所有令我感到不确定、无序、做作、七零八落、漏洞百出和繁冗的东西都装在脑袋里。①

4. 普遍接受的新古典批评标准有时候引发了对哥特风格的蔑视,就像托马斯·沃顿谈论雷诺兹的同一首诗中那些熟悉的诗句所说的:

> 你有力的手砸碎了哥特式的锁链,
> 让我的心胸重返真实的本原;
> 真实不为任何异趣所限制,
> 它的普遍模式打动了人心。

这个标准用在建筑上比用在文学上明显更不符合逻辑,因为根据18世纪的推断,欧洲人对哥特式建筑偏好已经有了大约八百多年的历史,而就我们所知,希腊人和罗马人的建筑样式只是流行了几个世纪。没有任何历史依据来维持这样一种假说,即一种风格是普遍流行的,而另一种风格则不然。沃顿诗句中所表达的意见,我

---

① 《文集》,纪念版,第33卷,第7页。

认为不在于提出对哥特式建筑的不满,或者对这种态度进行理论解释,"古典的"观念通常与如下这个观念相关联,这个观念认为确定性和美被任何时代、任何类型、任何种族的任何人所公认;哥特式建筑由于不属于"古典"建筑——即与希腊或罗马建筑模式一致意义上的古典,因此,仅仅由于文字的混淆,沃顿认为,与帕拉迪奥建筑及其仿作相比,哥特式建筑较不"古典"——"普遍认可或欣赏"意义上的古典。

以上就是哥特式建筑要得到这样的人认可之前必须克服的四个主要预设,这些人认为所有艺术的首要法则是,艺术应该"摹仿自然"或"顺应自然"。

在哥特风格低劣这样的信条受到严峻挑战之前,哥特式建筑已在英国得到了相当程度的复兴。这是对建筑所要求的"协调"风格的新看法的结果。自16世纪以来,许多建筑师对哥特式建筑的三角饰和穹顶拘泥于古典式样毫不在意。但在17世纪末以前,行家和设计师开始觉察到这种做法并不妥当。整个建筑最好是保持同一种风格,哪怕是保持一种糟糕的风格,也不应该是各种不相协调的样式构成的大杂烩。雷恩是这一原则的影响广泛的鼓吹者。在那场大火(译按:指1666年9月2日伦敦大火)前,他提议重建古老的圣保罗教堂,他在提议中宣称"依照良好的罗马样式或依照旧有的哥特式粗野风格来重建圣保罗教堂同样是轻而易举的事情"。他提议把"一种宽敞的穹顶或圆形大厅,连同一个圆顶或半穹顶以及其上安有拱尖的圆顶或采光塔,安置在哥特式建筑的十字平面的横向位置上"。

但在他重建威斯敏斯特教堂计划的备忘录中,他写道:

08. 哥特式建筑的首次复兴和回归自然

> 我做了一个……依然是哥特风格的设计,至于这个建筑的其他部分的风格我也严格地坚持贯彻整体一致的意图;背离既有形式会陷入一种令人不快的混杂中,任何讲究品味的人士都不愿意去领略那种混杂。①

因此,当他的学生与合作者、乔治一世和乔治二世时代极走红的设计师霍克斯莫尔和肯特应召去完成或扩建哥特式建筑时,他们一起试着——必须说没有取得多大成功——在一定程度上保持建筑的原始风格。例如,我们发现霍克斯莫尔差不多是同时建造了牛津大学的两个四方院子。在万灵学院,前面旧有的四方院依然保留着;霍克斯莫尔(约在 1720 年)为北面新起的院舍设计了高高的双塔,近来的批评家大张挞伐,称之为牛津大学 18 世纪哥特式建筑中最花哨的部分。然而,女王学院院方希望或显然更情愿把那些中世纪的建筑群夷为平地;霍克斯莫尔在女王学院现有的意大利式外庭和外墙显示出,如果让他放手去干,他会倾向于做什么。

我们在梅森的《英国园林》(1779 年)第三卷中可以瞥见哥特风格复兴史上这最初的一段历史,故事的主角从祖先继承了一座哥特式城堡,那座大宅的"塔楼、尖塔和窗户"

> ……诉说着它们的家世
> 和那些华美的教堂同样悠久

---

① 《慎终追远》,第 302 页。

(哥特式的恶谥)

但由于拥有了一座哥特式的宅子,他就还得有哥特式的马厩、牛棚和鸽房,以及一座仿造的倾圮的大教堂以掩盖冰窖。①

> 依稀能看见修道院的小教堂
> 把角的窗户,微暗的回廊,
> 许多散立的圆柱;常春藤很快
> 爬满了缝隙,密叶覆盖了墙面。

是的,必须承认,即使是梅森心目中的主角,加上他对哥特式建筑的全部热情,也不能阻止风格的混杂。梅森本人在一段文字中把他的观点更向前推进一步,提出英国的哥特式建筑所普遍要求的"协调"既然充分显示在现有建筑中,尤其体现在乡村建筑中,那,这种风格便已经流行了。

18世纪20—30年代偶尔有对哥特式建筑的实在的赞美,甚或偏爱;归属于这种风格的新建筑的具体造势运动显然则开始于40年代初期。巴蒂·朗利在1742年出版了《古代建筑通过多种有效设计、以全新的哥特风格装潢其建筑和园林所得到的修缮和改良》一书,他的《按规则和比例加以修缮的哥特式建筑》则出版于1747年。前一部著作书前列出了114位"复兴撒克逊式建筑"的鼓吹者——大概都是订购这本书的人——范围从一大群公爵伯爵

---

① 《英国园林》,Ⅲ(1779年),第59页以下。

到铁匠木匠。朗利毫不含糊地宣称,"在宏大和美方面,哥特式建筑远远胜过希腊人和罗马人建造的所有建筑"。他是敢于大胆说出哥特风格不仅值得推崇,而且实际上也优于"古代"和"现代"的古典建筑,并热心地劝说同时代人按哥特风格来建筑的第一位职业建筑师,或许还是他那个时代的第一位作家,因此,尽管他有趣味和理解方面的错误,在审美风格史上的某些影响以及在为浪漫的中世纪风格所做的准备中,他都必定占有一席之地。

然而,在这一努力中,朗利有一个亲密的附和者桑德森·米勒,他是一名乡绅,一个文人和古物收藏者。米勒在他那个时代有些地位,到1910年,他与乡村友人的通信被重新发掘出来时,他的名字几乎被遗忘殆尽了。① 他先是在1744年改造了他祖先位于拉德韦奥兰治的宅邸,使宅邸更贴近他想象中的哥特风格。随后他受许多贵族和上流人士的敦请,对他们的宅邸也做了同样的改造。我们发现,他在1745年和1750年间,以仿旧的风格设计了大量的房屋、教堂塔楼、马厩等等,他似乎更多的是应邀担任设计师以改建遗址。他的一位推崇者戴克爵士(Lord Dacre)这样描述他:

> 你在建筑方面声望日隆,我所听到的就是这些……你很快就会让肯特先生黯然失色,尤其在哥特式建筑上,我以为肯特先生要想取得成功困难重重。②

---

① 《18世纪的书信》,莉莉安·迪金斯和玛丽·斯坦顿编。
② 前引书,第275页。

到了18世纪40年代末,哥特式建筑的复兴——以受到更多的激赏而不是排斥为标志——方兴未艾。早在1753年,我们发现它就像是在复述一段陈年旧事。[①] 新的拥趸常常是在民居建筑中而不是在教堂建筑中发现这种复兴,在独立小屋上似乎尤其如此,那些构成了风景的一部分而不是建筑设计的一部分的独立小屋似乎尤为盛行哥特风格。例如,米勒在恩维尔设计了一个"哥特式台球厅",我们甚至听说还有一个"哥特式斗鸡场"。新一代哥特式建筑设计师得到的设计项目有限,这无疑主要归因于这样一个事实,即重要的官方委任通常仍然是由老派的建筑师来承担。然而,在中世纪教堂中可以找到哥特风格之潜力的最重要例证,这一点似乎已经获得了足够明确的公认。

实情是,18世纪中叶这一新哥特主义显然未能葆有它的旺盛活力,它的一些最著名的支持者后来全部或部分放弃了早先的信念。个中原因我这里不加探究。事实上已经出现了对古典建筑传统的突破;但这种对传统的反动注定只能是一种临时的反应。

有关建筑和类似设计艺术的趣味发生变化的原因引起了观念史学者的兴趣,所有这些变化毫无疑问在很大程度上归因于对多样化和新奇感的自然追求,对超越自己的直系祖先的品味的需要,这种追求和需要周期性地代表了逝去的几代西方人的特征。在格里尔森教授提出的艺术史哲学中还有一些事实,即人类心灵不可避免地要经历"古典阶段"和"浪漫阶段"(虽然我认为这样使用这两个术语并不恰当)的循环交替,前者是人们暂时在一些已经确定

---

① 也见沃尔波尔:《书信集》,Ⅲ,第187页。

的综合方面安于自得的时期——不加怀疑,自信和志趣相投,而后者是重又发现"受人类拒斥与投入之心所左右"的种种综合,"人类生活中的所有均衡都不稳定",而努力构建一个新的、更全面的综合已经变得不可或缺的时期。① 但(且不论其他可能的批评观)没有什么普遍的解释能帮助我们去理解具体的革新运动何以走向了其所走的特定方向,或在运动发生的时候已经出现了特定的方向。即使可以假定艺术上"心灵收缩和舒张"的变革时期开始于18 世纪的第 2 个 25 年,那么为什么这一时期最早表明了重新评价中世纪建筑特质和出现效法(最初一点也不成功)中世纪模式的趋势?

对此问题,我所提出的部分解答是,对哥特风格的新评价——这种新见不仅出现在 18 世纪 40 年代和 50 年代的英国,还延续到 18 世纪末——可能是根据建筑中的哥特风格比古典风格更"自然"、更"顺应自然"这一所谓发现而作出的,换句话说,这种新评价是通过可能使"哥特风格"僭居古典主义者口号的某些观念发生变化而作出的。这种令人尊敬的想法虽然提法恰好暧昧不明,却自始至终没有改变;如果认为哥特风格是真正的"对自然的摹仿"不可能讲得通,那么,这一提法在 18 世纪就很难被广泛接受。然而,在审美观念和趣味的一般历史上,所谓哥特风格必然的"自然化"过程主要以两种方式进行的,一种方式不那么重要,而另一种方式则极为重要。

---

① H.J.C.格里尔森:《古典的和浪漫的》,1923 年。格里尔森先生只是针对孔德的"有机的"和"过渡的"阶段的对立发明了一套新的而且混乱的术语。

1. 我们发现早在18世纪就偶尔有种种说法,认为哥特式内景是与获得极高赞誉的英国式园林或自然风景相媲美的一种室内景致。1724年,威廉·斯蒂克利在参观了格罗塞斯特大教堂的回廊后,在《旅行搜奇》(*Itinerarium Curiosum*)一书中写道:

> 没有什么能令我如此迷恋(所说的)哥特式建筑,我认为,回廊、图书室或类似的建筑,哥特式是最佳风格,因为哥特式建筑的理念借自成行的树木,它的屋顶奇妙地摹仿了那美妙的树冠。[①]

沃伯顿主教在对蒲伯《致理查德·博伊尔书简》所作的注释中详尽阐释了这一观念:

> 当哥特人征服了西班牙时,……他们设想出一种希腊人和罗马人前所未闻的全新的建筑样式,其基本原理和观念比赋予古典主义以庄严宏伟的原理和观念要更为崇高。因为这个北方民族在异教的阴影下,已经习惯于崇拜林中之神,……当他们的新宗教要求有宏大的建筑时,他们独出心裁地打算使这些建筑在尽可能的间距内鳞次栉比,……由于他们实施计划时训练有素,获得了成功,……从中可以看出,没有任何细心的观察者能看出林木整齐的街衢,但现在却使他想起哥特式教堂长长的中殿……

---

① 引自《18世纪书信》,第262页。

这成了家喻户晓的常识,索伯里写道(前引书,1776年,第28页):

> 呈现在人们面前的是阿拉伯柱式和这种柱式的柱石,就像若干棵挺拔的大树相倚伫立,它们的枝干组成拱顶……,由这种柱式所组成的框架也是出自同样的构思。正是这枝干衬托出门和窗。

卡特勒梅尔·德·坎西1800年依然认为,哥特风格的确源于对自然的直接摹仿这一观念是一个假说,有必要加以检验和辩驳。他写道:一些人要么是重复沃伯顿说过的话,要么是想到同样的观念,"把哥特式建筑想象成一个奇异的摹仿体系,摹仿树林或园中小径。这些作家认为,哥特式建筑师打算在教堂内部进行一种笨拙的摹仿"。当然,卡特勒梅尔指出,因为"在任何时候,在任何建筑中,总可以找到与那些从未作为他们原型的客观对象相似的地方",[①]这样的理论家仅仅取得了一个意外的效果,然而,谢林在几年后详尽阐述了这一论题:建筑优先把植物作为其范本,这一看法仍然是坚持沃伯顿的理论,宣称哥特式建筑在本质上是一棵"参天大树或一排树",谢林甚至在细节上对这种平行性进行了阐述。[②] 部分是出于这个原因,谢林拒绝了"当时通常的看法:即是撒拉逊

[①] 《方法的百科全书》,"建筑"卷,第2卷,第459页。
[②] 《艺术哲学》,1802—1803年作为讲义发表,见《谢林全集》,冯·O.魏斯编,1907年,Ⅲ,第232—233页。

人把这种建筑风格带到了西方",他声称这种风格源自当地的日耳曼人:

> 在远古时代,德国被森林所覆盖,这使人想到,在建筑艺术的开初,首当其冲的是神庙,德国人是把森林作为古老的榜样来摹仿的,以此方式观之,在德国,哥特式建筑艺术原本就是土生土长的,并从德国首先移植到了荷兰和英国。

因此,"哥特式建筑完全是自然主义的,完全是摹仿自然的。"[①]谢林本人确实不明白宁取哥特式建筑而不取古典建筑的理由;因为像大多数德国浪漫主义者一样,谢林在美学上或伦理学上主要不是一个尚古主义者或"自然主义者"。[②] 他认为,这门艺术中(假定的)较成熟的形式要优于粗野的"自然"形式,"协调"是"建筑的主要要素",依赖于"比例"或"均衡";"爱奥尼亚式在很大程度上具有这种特性"。[③] 不管怎样,在我们征引的这段文字中,谢林表达了对哥特风格的性质及其起源在他那个时代仍然走红的看法。正是在这一看法中,他的一些同时代人和 18 世纪笃信直接摹仿自然的前辈找到了他们热衷于哥特风格的理由。

卡特勒梅尔提到的另一种哥特风格起源说(哥特风格的一些赞美者所提出),通过把哥特式建筑追溯到"初民的民居"而使之与

---

① 前引书,第 234 页。
② 关于此点,参见《论诸种浪漫主义的区别》一文。
③ 前引书,第 242—243 页。

08. 哥特式建筑的首次复兴和回归自然

"自然"相符。哥特式建筑与初民的民居是一致的,在某种类型的初民建筑和社会雏形期显得简陋的民居的特性中,已经有一种在后世得到完美仿效的模式或类型,根据这一事实人们必然会主张哥特式建筑在自然中有它摹仿的范本和类型。这一点,卡特勒梅尔予以详尽驳斥,并得出相反的结论:哥特式建筑的出现通常不是出于非理性,而是因为社会状况的衰败。①

2. 然而,比哥特式的形式与实在的自然客体或原始民居之间这些简单的相似更为重大的是审美的不规则原理(*principle of irregularity*)——"摹仿自然"原则的一个新发现的含义——从最初主要表现在造园艺术上转而表现在建筑上。柏克在 1757 年已明确指出了这一演变;他补充了一个令人感兴趣的说法,即先前流行的布局齐整的花园是由于建筑观念不恰当地侵入了造园,也就是说,是人力侵入了自然。柏克认为,依据这一观念,源自客观对象各部分的一定比例的美从来就不是研究自然的结果。

> 我坚信,赞同比例的人是把他们人为的观念转到自然上,而不是向自然借用其作品中所采用的比例。因为在有关这一问题的讨论中,人们总是尽快地逃离自然美的广阔领域——植物界与动物界,用建筑学上的人工线与角来支持自己的观点。……但自然最终逃脱了这些人为的戒律和桎梏;我们的花园说明我们已体会到数学概念不是衡量美的真正尺度。②

---

① 《方法的百科全书》,"建筑"卷,第 2 卷,第 459—360 页。
② 《崇高与美》,第 3 部,第 4 节。

但是,如果说源自建筑的审美原则先前已经延伸到造园,那么在柏克的时代正在持续着一个反向的过程。审美观念起先在造园艺术中出现和普及,现在正在回归建筑。在这一点上,我提议把主要阐释放在哥特风格在实际建筑设计上的最初复兴和英国中世纪哥特式建筑的辉煌遗产上。因为长久以来被认为是哥特式艺术所特有的奇崛性,现在在很大程度上难能可贵地成为造园领域获得极高评价的时尚。大家以为了解的哥特式建筑是以一种野性和不规则之美为特征的。霍拉斯·沃波尔在《绘事逸闻》(*Anecdotes of painting*)的一段文字中,说他早期对哥特风格的热情已经减弱了,但还绝不能说荡然无存。他写道:"高贵的希腊式神庙对于那些认为教堂高明地体现了哥特式趣味的人,很难传达多少意义。"沃波尔没有把这一点归因于建筑师的声望,而是归因于牧师的声望,他们"竭尽知识热情去构建他们的知识大厦,那些大厦的壮丽外观、结构、穹顶、题刻、彩窗、幽暗和视野,倾注了浪漫而虔诚的气息;他们很高兴地发现艺术家有驾驭这样的结构的能力。人们谅必具有感知希腊建筑之美的品味,而人们缺乏的只是感知哥特式建筑的热情。"在后一条注释中,沃波尔解释他的意图是"更多地记录哥特式教堂建筑师的姓名而不是圣彼得教堂建筑师的姓名,不是把他们作为建筑师,而是把他们作为政治家……哥特式教堂倾注了有别于希腊式建筑的异端意味。赞美……我确信自己不是通过这微不足道的反差来在规整建筑的理性之美和哥特式建筑所谓不加约束的随意之间形成对比",而且,他忍不住加上一句:"我清楚,那些尊奉后一种风格的人对他们的艺术有更深切的了解,比我们选择的意象有更多的品味、天分和适度感。"①

但在造园艺术中,我们可见一种审美上的恣意,一种"生动的野性"和将要成为优点的不规则之美,规则、对称的均衡被认为违反了"依循自然"这一首要戒律。它貌似合理地假定,一门艺术极高妙的特色在另一门艺术中便非有不可。确实,一段时期以来,这种看法标志着造园法则和建筑原理的截然对立。亨利·沃顿是英国作家中最早谈论建筑的一位。他在1624年评论了"建筑和造园之间的确凿对立;因为建筑应该是规整的,而造园却是不规整的,或至少归为非常自然的规则性。"②这种性质被18世纪的几位拥趸理解为"自然的园林",③但大体上令人觉得,两门艺术之间的分野就趣味和评价的实际变化来说,并不能严格或长期地保持下去。在某个领域里拥有的美学观念,更不用说审美感悟能力(aesthetic susceptibility),不可避免地会跨入其他领域。当然,渗透可能会在任何一个方向上:渗透的方向部分取决于各门艺术在理论家和鉴赏家眼里的相对位置,部分取决于拟定自然后果(*naturam sequere*)的审美命令的作用在各个阶段的自然后果。正如我们所看到的,17世纪的影响是从建筑转向造园,因此不利于哥特式建筑。但从英国园林的实例及其赞美者的热情鼓吹来看,当整整一代人学会了发现"不规则之美"时,一些人肯定要改善他们的指令,在其他方面寻找同样的美。事实上,许多人无疑一直在狭长的耳

---

① 前引书,1849年版,第1页,第117页以下。
② 《亨利·沃顿遗著》,第4版,第64页。
③ 比如,梅森:《英国园林》(Ⅰ,1,395),他的注释者伯格,以及希利(见《哈格利园林之美》,Ⅰ,第21页)。

堂、带回纹饰的穹顶和飞升的小尖塔以及断续的建筑影线中体验到快感;但没有任何品味高雅之士会容许自己同意这些设计。不过,现在可以谈论已获公认的美学原理了,即哥特式建筑的既有特性是审美愉悦的正当来源。这种可以称作不规则之美的基础的学说,已不再限于风景设计理论,而显然是普遍化了。

[18世纪40年代的一位作者说]在想象中规整和准确不再能激发人们的快感,除非采用对比的方法把它们与相反的事物进行对照……因此,一座规整的建筑可能只给我们很少的快感,而一块美的石头再衬托以朦胧明暗、饰以繁茂的灌木、藤蔓和枯枝,可以给我们提供更丰富的愉悦,甚或还能满足我们的想象。①

巴蒂·朗利确实通过强调在哥特风格的一些特征中可以找到的"规则和均衡",通过尽可能使之符合旧的标准,而极力褒扬哥特风格——先驱者常犯这样的错误。但这种看法并不令人信服,显然没有什么影响。鼓噪这种风格的有效途径是宣称——正像梅森所宣称的——在哥特风格中,"协调源自各个独立的部分"。梅森笔下主角的哥特式建筑的优点是其中

没有现代艺术
毁于那些误置的对称的桩柱。

---

① W. 吉尔平:《关于白金汉郡斯托的园林的对话》,1748年。

08. 哥特式建筑的首次复兴和回归自然

总之,桑德森·米勒的一位友人表达了哥特式建筑赞美者的真正用意,他在1753年要求设计一所新宅子时写道:

> 房屋的正面我绝不要四平八稳……因为哥特式建筑之美(在我看来)就像品达式颂歌那样,是由各个组成部分的大胆和不拘一格所构成的。①

所谓"中国式的洒落瑰奇"——这一术语先是用于造园,但是后来也用于建筑——的妙处,正如18世纪它的赞美者所主张的,基本上是同样的东西。它是一种美,或至少是一种令人愉悦的审美特性,它不依赖于对一目了然的总体布局——其中每个局部都"中规中矩",就是说都明显由总体框架的可认识的性质所决定——的认识。"洒落瑰奇"是一种无序之美,无刻意设计之美。正是出于这个原因,中国式和哥特式在18世纪思想中才常常被联系在一起。

建筑风格和诗的风格通常的相似作为对成熟的古典模式的反动,倾向于提倡将所有艺术形式中自然的不规则之美和审美优异性同等看待。同一时期发展演变过程中的审美趣味的三个变化相互支持。对英国园林或中国园林的趣味、对哥特式建筑的趣味、还有对莎士比亚的趣味,基本上常被视为同一种趣味;从任一种趣味的有效性出发,有时候就可以推演出任一种趣味或其余两种趣味;

---

① 《18世纪的书信》,第303页。

所有三种趣味的终极理论背景是同一个理论假设,即艺术必须具有能够区分"自然"作品和构成真正"自然美"的属性。——然而,这个"自然"不是在古典主义者的意义上而恰恰是在截然相反的意义上来使用的。这一点可以以 18 世纪两位最著名的英国人对莎士比亚的描述为证。蒲伯——他在理论上而不是在实际上多少是这三种全新潮流的先锋人物——他在《〈莎士比亚戏剧集〉序言》(1725 年)的开篇,即叙述了那些"独具特色的卓越之处,恰因为这些卓越之处(虽然有其不足),莎士比亚普遍高于所有其他剧作家之上";这一切首要的和最基本的正是他的贴近自然:

160
> 荷马本人没有直接从自然的源泉中取材,创造他的艺术,……作为一名自然的摹仿者[莎士比亚]也没有达到一个自然的工具那样的程度;说莎士比亚借助于自然讲话或自然通过莎士比亚发言,都是不甚恰当的。①

《〈莎士比亚戏剧集〉序言》以讨论莎士比亚的戏剧和哥特式建筑的相似性来结束,指出两者都有同样的长处和同样的不足:

> 我将以谈论莎士比亚及其所有的缺点,还有他戏剧作品的不拘一格来作为结束。人们可以看看他的作品,把他的作品和那些更完整、更规整的作品进行比较,就像把一座古老威

---

① 参见《著作集》,埃尔温和考托普编,X,第 534—535 页。艾迪生在《旁观者》(第 592 期)中对同一问题有不少议论。

严的哥特式建筑和简洁的现代建筑加以比较一样。后者更雅致、更耀眼,但前者会更有力、更庄严。应该说,这些哥特式建筑中的任何一个建筑都有足够的材料可以建筑多座现代建筑。哥特式建筑更富于变化,有更华贵的房间;虽然我们常常要通过幽暗、诡谲和怪异的通道才被引到那些房间,虽然许多部分不成熟,布局不当,与其雄伟不相称,但在总体上还是以其肃穆予人以震慑之感。[①]

四十年后,约翰逊博士在他的《〈莎士比亚戏剧集〉序言》中谅解甚至赞美了莎士比亚的"不拘一格之美",理由是自然本身是不拘常规的,它以"无尽的变化来取悦心灵";而自然正是基于这些理由才更悦人、更壮美。在这些段落中,我们可以看出新古典主义美学学说的两位最杰出的英国代言人放弃了古典主义的核心立场,把"顺应自然"的美学含义从简单变为复杂,从中规中矩变为不拘常规;他们在这样做的同时承认,即使是有所保留地承认,在建筑、风景设计和戏剧的名作中,后一种特性要更出色,甚至更具优越性。

作为对前面几段文字的说明,对于"多样性"的评价就像对"不规则"的评价一样同样发生了逆转,建筑上的古典主义者(例子已见前引)抱怨哥特式建筑的结构变化过于繁复,以致其装饰形形色色、过度奢靡,雕刻充斥着"回纹饰和不像样的形象"。但当艾迪生这样令人尊敬的审美权威宣称自然风景的惊人之美是构筑在这样的事实上,即在这种自然风景中,"眼睛所能看到的是变幻无尽的

---

① 前引书,第549页。

意象,没有任何一定的限度和范围",这种建筑上的必然后果迟早都会出现。沃波尔在 1750 年抱怨希腊建筑"缺乏变化,没有什么迷人的不规则之美"。① 歌德 1770 年初次看到宏伟的哥特式教堂时就产生了他的反哥特风格的偏见。为什么他会得出这样的印象,他给出的一个主要原因就是:

> 伟大和谐的质料,生动于无数微小的部分,如同永恒自然的杰作,直至最小的甲壳虫,一切形体,一切都合于整体的目的。②

但他后来在其古典主义阶段,在游历了意大利之后,改变了对哥特风格的批评,而这种批评我们在弗雷亚尔、伊夫林和艾迪生那儿都曾见到过。

> 很遗憾,所有北方教堂的装饰都只寻求在小的倍增中达到伟大。很少有人能理解,小也有小的道理和妙处;这样一来,像米兰大教堂简直就是耗费巨资堆积出来的大理石山,只知道追求豪华的形式。③

---

① 《书信集》,汤因比编,Ⅱ,第 433 页。
② 《全集》,纪念版,33 卷,第 9 页。着重号是我加的。
③ 《全集》,纪念版,33 卷,第 47 页。《古希腊神庙廊柱(研究)导论》,1798 年。"如每一位新近的北方艺术家所表明的,德国的艺术家很难、几乎不可能从无形物中完成造型。"(同上,第 115 页)

08. 哥特式建筑的首次复兴和回归自然

在那个世纪的后期,一位对他那个时代传播造园和中世纪建筑中追摹自然的趣味颇有贡献的著名作者对哥特式建筑的这两个方面——"多样性",主要是由各个部分的倍增效果和精致而多样的装饰所构成,还有"不规则性"——作了恰当的概括:

> 在哥特式建筑中,顶的轮廓呈现丰富多样的形式,……,有些部位是敞开的,有些部位带有回纹的变幻的装饰,建筑的各部分之间有严格的呼应,经常用华丽的、错综的和不规则的外观来加以掩饰。在哥特式教堂的门窗上,门窗的拱形变化丰富,呈现各种规整的图形,视线也不能从一种拱形猛地转到另一个拱形,就像透过希腊建筑的平行线所能看到的,而每个人都会因我们大教堂和倾圮的修道院的一些主窗户的极度华美和繁复而感到震撼。①

"华美和繁复"准确地道出了建筑上的古典主义者所声言反对的那种特性,弗里德里希·施莱格尔声称,这种特性是哥特式建筑的精髓及其最重要的价值。哥特式建筑是一门忠实于自然的艺术,因为自然同样给人以"无尽的完满"和形式多样的印象,"哥特式建筑艺术的本质在于其自然的完满和内在造型以及华丽外表的无限品质"。②

这两种特性都与另一种属性——对无限的暗示——紧密相

---

① 优夫代尔·普莱斯:《论如画美》,1794年,第51页。
② 《哥特式建筑学概要》,1805年,见《全集》,Ⅵ,第201页。

关,对无限的暗示也为那些提出英国造园理论的人士所坚持。艾迪生也表达了这种意见,后来的英国作家吉尔平则做了进一步发挥:

> 没有一种有限景致能悦人视觉(有限的景致不会呈现合理性)……眼睛自然是喜爱自由的,寻觅景观时眼睛不会因满足于最美妙的艺术而暂歇,囿于一个狭小的范围,(一旦视觉的新奇感过去了)眼睛就不再满足,以致视野的限制让眼神四处徘徊。①

德利神父评述"眼睛喜爱自由的气息"时,显然是在诠释这两行文字:

> 那就让花园没有明确的界限吧
> 眼睛不再有期待,魅力消失了。②

对这一特性的欣赏由于柏克《论崇高与优美》的流行而得到加强。柏克写道:"几乎没有什么东西以其伟大而感动人心,很难接近无限,也无法使我们明白它的界线。"③但书中提出,在这种特性中,

---

① 吉尔平:《关于白金汉郡斯托园林的对话》,1748年。可以看到,一些中国式园林的赞赏者赞美中国园林是因为它们避免了视觉的限制。这里,中国风尚和哥特式建筑是不合的。
② 《论园林》,第5版,第23页。
③ 《论崇高与优美》,第2部,第4节。

08. 哥特式建筑的首次复兴和回归自然

哥特式建筑比古典建筑更接近于英国园林和"自然"本身所能产生的审美效果。产生这样的效果,部分是由于它的变化和细节的繁复,但部分是由于哥特式设计的一种独特特质,圣彼埃尔的贝尔纳丹特别指出了这一点。"我们的哥特式建筑的教堂让人觉得无限感":

> 高高的拱顶靠着单薄的柱子支撑,如同棕榈树顶,呈现出空间的视界,使我们充满一种宗教情感。希腊建筑则相反,尽管有规则的柱式和美丽的立柱,却常常在拱形中表现出沉重的和世间的一面,因为它们相对于宽度不够高耸。①

到这个世纪末,这成了哥特风格的拥趸最熟悉的主题之一。约翰·米尔纳1800年在信中——引柏克的话作为权威——写道:"众所周知,高度和长度是崇高感的基本来源……[哥特式建筑中]尖拱巍然的形态,高耸的三角饰,锥形的小尖塔,排得整齐的柱子,隔着一定间距就重复出现的肋拱和拱廊,在观者的脑海中呈现出一种人为的无限感,而同等程度的平淡外观也许很难打动人心。"②我们将会看到,这一点与艾迪生所采纳的弗雷亚尔有关繁复的细节和支离的外表所产生的心理效果的理论恰好是相矛盾的。

---

① 《自然的和谐》,约写于1793年,1814年出版。见《遗作全集》,1833年,第66页。
② 引自托马斯·沃顿、詹姆斯·本瑟姆和弗兰西斯·格罗斯:《论哥特式建筑》序言。

已故的 W. P. 科尔教授提出:"中世纪通过建筑对文学的影响要远远高于通过诗对文学的影响。哥特式教堂和古老的城堡对许多对旧时法国和德国诗人一无所知、对其观念和风格缺乏好奇的作家施加了中世纪文学的影响……对哥特式建筑之神秘和好奇的惊叹要远远多于《亚瑟王之死》。"①这一方面的真实情况现在无疑已得到公认。疏于了解是这样一个事实,对此我已经给出了一些证据,即对中世纪建筑的欣赏再度流行,连同它的多重影响,其本身在很大程度上是 18 世纪"回归自然"的一个方面,但这个"回归"正如我们所看到的,是实实在在的,而不是把"自然"构想为艺术的规范和范本的另一种替代方式。新古典主义者的基本美学程式也是哥特派的基本美学程式;但这关键词的含义已经颠覆了。"自然"的主要含义的这一变化当然部分是由于其他原因所致的趣味变化的结果,但"自然"本身也是趣味变化的明显原因之一,是其确定无疑的、不可或缺的前提。直到那个世纪临近尾声,很少有哪位声誉卓著的美学理论家或艺术鉴赏家敢狂妄地亵渎这个神圣的字眼;在那个时代,如果说哥特风格所具有的优点得到了维护,那么它必须通过揭示这种艺术形式比它所挑战的普遍接受的标准更可靠来实现。重要的是要记住,艺术中的"自然性"(naturalness)概念发生变化是在建筑的中世纪化开始之前,并独立于此。这种变化始于那种其中"依循自然"与拘泥于形式的规整布局,拘泥于对称、朴素等其他古典特性显然不相容的艺术。哥特风格最初的复兴发生在英国,在人造风景设计的新时尚和对自然风景中的野性、

---

① 《剑桥英国文学史》,第 10 卷,第 217 页。

粗放、隐约的轮廓和无际视野的新追求中,找到了它的使者和先驱。英华趣味早期的主要同道也是哥特式建筑早期的主要同道,这并不出人意料。一种潮流为另一种潮流准备好了路径,因为它解除了新古典主义原则对审美愉悦的潜能的抑制,或一般认为它所强加的抑制;这样做更有效,因为只是对新古典主义法则的首要戒律提出截然不同且表面上显然不可避免的解释,更隐而不彰。在中世纪的伟大艺术中,"自然"外表上的一层包衣率先重获美学上的尊严;当它获得这种尊严时,中世纪遗风的许多其他模式也接踵而来。

09. 赫尔德和启蒙的历史哲学*

1780—1796年间,多位著名德国作家发表了可以称作进步主义的历史哲学的著作,这些著作当然本质上与多数形式的尚古主义相对立,隐含着对"自然"相对于"艺术"具有优越性的假设的否定。这些著作中最重要的是莱辛的《论人类的教育》(1780年)、赫尔德的《关于人类历史哲学的观念》(1784—1791年),以及《促进人道书简》的一些部分,第三编,1794年,尤其是第六篇;康德的《世界公民观点下的普遍历史观念》(1784年)和《对人类历史起源的推测》(1786年);席勒的《何谓普遍历史以及普遍历史的研究为何?》(1789年)和《审美教育书简》(1795年)。本文着重研究赫尔德在这一发展中所起的作用,根据其与人们以往主张且仍坚持的

---

* 本文起初是从一系列讲座中产生的有关启蒙的主要观念的未刊断想。细心的读者将会发现,本文与第6、第2、第3、第8、第10和第15篇文章具有某种联系。它勾画了在《自然神论与古典主义的相似性》一文中所概述的一般的基本观念框架的更迭的一个重要阶段;它指出了从普遍主义(universalism)和尚古主义向"完善能力"(perfectibilite)观念转变的有别于卢梭和蒙博杜书中所述的一个方面,且展示了早期浪漫派所宣告的那个无限扩张和革新的艺术计划的一个先例。但在赫尔德《关于人类历史哲学的观念》和这后者之间介入了一个过时而又短暂的古典主义阶段,后来是"反省主义"阶段;赫尔德的著作对1796年革新运动的发起者施莱格尔兄弟虽然不能肯定全无作用,但比起席勒的《审美教育书简》,尤其是他的《论素朴诗和感伤诗》来,较少影响力和重要意义。

历史观和历史研究的价值观或非价值(non-value)观的对比来加以考察。①

确实,在这些作家那里,尚古主义的传统和进步的观念、对"自然"的神化和对"艺术"的敬畏,依然不相协调地纠缠在一起,或为了占优势而互相争斗。这在赫尔德那里更是如此。赫尔德在《关于人类历史哲学的观念》等处,明显摇摆于相互冲突的预设概念之间。显然是受卢梭的影响,他不时以更卢梭式的口吻历数文明社会之恶。自然的自由生活是"所谓野蛮人"的快乐遗产,他们的生存是健康的,遗世独立的,平静安详的;他们没有任何未满足的欲望,因为他们简单的欲望和仅有的财产已经让他们满足,人们只要读一读我们所说的野蛮人的那些质朴的言谈,便会看出他们具有"健全的知性和自然的理性"。②但"艺术和人自以为了不起的奢华"毁坏了自然。③而且,赫尔德受莪相热的影响,成了这种观念的推动者之一,即,因为初民是"贴近自然的",他们的诗自然更出色,在文明高度发达的时代,很难写出真正的诗。这种看法在其《希伯来诗魂》(1783)中,在他收集整理民间诗歌的热情中[见《民歌集》(1778—1779年)]得到了充分显示。在对美和自然之伟大的感受方面,一个孩子常常超越了衰败的时代,"在构造自然和改造自然方面,最单纯的民族产生最崇高、最动人的诗艺"。④ 1825

---

① 关于这一普遍论题,请见 H. S. V. O. 奥格登先生的一篇重要文章:"1780—1800 年德国自然与艺术中对对比的排斥",《英语德语语文期刊》,第 38 卷,1939 年。
② 《关于人类历史哲学的观念》,《全集》,苏潘编,第 13 卷,第 317 页。
③ 前引书,第 323 页。
④ 《全集》,第 13 卷,第 7—8 页。

年,麦考莱在他首次为《爱丁堡评论》撰文论述弥尔顿时仍就此论题详加论述。

但尚古主义这些残存的遗风与最终成为赫尔德哲学主导观念的完满性原则以及相关的文化进步观,是势不两立的。马丁·许策教授区分了赫尔德看待"黄金时代神话"和自然人理想的四个连续阶段;但他总结道,在最后一个阶段,尤其是在《关于人类历史哲学的观念》中:赫尔德"发生学观点占了主导地位"。① 赫尔德走到这一步后,从不折回脚步(*vestigia nulla retrorsum*)对他来说成了历史的法则;折回——不仅折回到本源,而且折回到一般而言文化的任意一个早期阶段,或曰人类活动的任何早期阶段——在他看来不仅是不可能的,而且即使可能,也是所不欲的。自然给出了简单的定律,即从粗糙的形式向复合的、人为的和精致的形式发展。② 既然自然的方式是人的活动模式,既然在某种意义上人是服从于自然法则的,最终必须遵循这个普遍的法则或趋势,那么,人的生活、思想和艺术将会而且应该从较简单和粗糙的阶段发展到复杂而精致的阶段,也即人为的阶段。赫尔德像他的前人莎士比亚一样,虽则仍视自然为规范,现在已渐渐认识到"艺术"——在其所指的意义上即人类思想劳动的成果——无论怎么难以理解,都不能再以自然的名义而被轻视。他惊呼:"让我们感谢造物主,他赋予我们人类以知性(*verstand*),而知性成了艺术的根本。"人类的演进均在时间的演进中。

---

① 《现代语文学》,第 19 卷(1921—1922 年),第 376—377 页。
② 《关于人类历史哲学的观念》,《全集》,苏潘编,第 13 卷,第 49 页。

09. 赫尔德和启蒙的历史哲学

这种进步主义的历史哲学不仅敌视美学上的尚古主义，而且敌视古典主义——在赫尔德看来也是一种尚古主义。赫尔德在《关于人类历史哲学的观念》（第5篇，第4章）中写道：

> 时间的推移（Zeitenfortgang）影响了我们人类的思想方式（Denkart），这是不可否认的。现在我们试着写一本《伊利亚特》，尝试像埃斯库罗斯、索福克勒斯和柏拉图那样写作，是不可能的。儿童的简单思维、儿童对世界无忧无虑的看法，总之，希腊人的青春时代已成过去。希伯来人和罗马人的情形就是这样。另一方面，我们知道和了解希伯来人和罗马人都不知道的许多事情，有的事情需要一天的时间就知道，而另一些事情却需要百年的时间才知道。传统得到了丰富，时代的缪斯即历史本身，以上百种声音说话，以上百种音调歌唱。即使时间的运动对我们来说仿佛巨大的雪球一样滚动，可能包含了如你们的喜悦一样多的愚昧和混乱，不管怎么说，即使这种混乱是那些世纪的产物，它只能是由同一类人不屈不挠的推进所带来。任何回归旧时代、哪怕是回到著名的柏拉图年（great year）的想法，都不可能符合社会和时代的观念。我们被推向前进，逝水如斯，它从不会回到其源头。

赫尔德说，卢梭所叹惜的实用技艺和科学的进步在总体上必定也推动道德和美的艺术的进步。技术的发明，一段时间可能会误用，可能会成为腐朽奢华的工具，但最终，"我们毋庸置疑，人类理解力的每一次正确运用必然而且将会促进人性（Humanität）的进步。

每一次得到一种实用技艺,人的财产便更有把握,人的劳作更轻松,人的活动范围更大,由此奠定了更宽广的文化和人性的基础。"

与这种进步主义相关联的是一种历史相对主义,这种历史相对主义在赫尔德的思想中显然是其完满性原则的必然结果。当存在序列或存在之链的看法从静态的看法转化为动态的看法时,[①]前者固有的一些相关观念进入到后者之中。宇宙决定论起初有种暧昧不明的东西,而在斯宾诺莎那里变得清清楚楚。存在之链的等级序列和中间环节,其中的每一个层级都不得不是且恰好是那个样子;因为在总体上事物的图式(此图式被设想为是唯一合乎理性的事物图式)要求这样,还因为每种图式就其在类型中所处的位置而言,是理性所要求的,它也是适当的。加之,由于决定论(斯宾诺莎除外)的一般趋势是把"必然"转变为"应然",以劝勉人应该是什么或做什么,以此论点为前提,人们就不可能不是什么,或不做什么。18世纪早期的道德论者倾向于谈论人有责任保持他在存在的等级序列中的位置,努力既不凌驾于它之上,也不坠落于它之下。[②] 现在在赫尔德这里,至少在他思想的后期,固定的存在之链大体上转换成了一个个文化阶段之链,一个教育链(*Kette der Bildung*),一种次序(*a sequence*),而不是一个迅即可认识一切的恒居不变的结构(*Structure*);但这种观念的新形式承接了旧形式的两种同样的蕴涵;在这个动态的链中,每个中间环节都是必要的,它也不可能呈现别的样子而非它本来的样子,因此,沉潜在旧

---

① 参看《存在巨链》,第9讲。
② 见《存在巨链》,第200页以下,及本书第4篇文章。

看法中的静态的宇宙决定论就转向了历史决定论。赫尔德认为,这种必要性是有益的,而且联系以往同样未加留意的脱节,就理解了这种必要性的不可或缺的意义:任何时代的全部文化特性是其应然的样子,是在这个过程的某一点上历史法则所要求的那个样子,因此,在它自身所处的时代和地域,每一个中间环节都有它自己的价值和正当理由,没有哪个环节可以由另一个视点来加以判断或责难。对个体来说,原则是坚持自己在教育链中的位置,忠实于自己的时代,不要试图去摹仿或回归其他的时代。再者这一点显然内含一种非议,抱怨现时代在艺术、趣味和其他方面的劣势,这可以视为18世纪90年代初期德国古典主义者的特征。让我引述赫尔德的几段文字作为这些评论的依据。赫尔德在《论茇相》(1773年)中写道:

> 你嘲笑我对野蛮人的热衷差不多和伏尔泰嘲笑卢梭一样……但不要认为我因此而自诬自己的生活方式和品德。人类注定了在环境、教育和生活方式上取得进步,人不幸要在他不喜欢的场景中亮相、表演和生存!但同样不幸的是,哲学家在创造关于人类、生活方式和道德的理论时,仅只熟悉自身所处的场景,且判断最初的境况总是最糟的。如果所有的场景都属于进步主义这一整出戏,那么,每一个场景必须呈现出人类的一种全新的和令人瞩目的方面。当心,免得我现在把源自茇相诗的心态发泄到你们身上。①

---

① M.许策英译,《现代语文学》,1921—1922年,第365页。

在《各民族盛行的审美趣味趋于没落的原因》(也写于1773年)中,赫尔德写道:"莎士比亚的情况怎么样?他没有趣味,没有法则吗?他要远远高于同时代人,但那些人却代表了他那个时代的趣味,代表了他也要遵守的那个时代的法则。如果他以其天才生活在古人的时代里,有谁相信他会反对趣味呢?"①此处指反对所谓古典的趣味。

171　　我从《关于人类历史哲学的观念》中撷取一段(这一段非常明确地表达了我所称的完满性原则在当下的一个说法):"人类史学家必须像我们人类的造物主一样,或像大地的守护神一样,不带偏嗜地去观察,不带感情地去判断,……自然把整个大地馈赠给她的人类孩子,慨允万物在大地上萌发生长,而万物凭借它的地域、时代和生殖力,都能够萌发。万物都能萌发,在此刻萌发,万物都能渐渐萌发,将会萌发;如果不是在今天萌发,那就在明天萌发。"②"自然的岁月是漫长的,她有多少植物、有多少自然力滋养它们,就会有多少花绽放。在印度、埃及、中国,已经出现了这种大地上绝不会再次出现的情况。在迦南、希腊、罗马、迦太基也是如此。由生殖力、地域和时间构成的必要性和一致性(Convenienz)的法则处处带给我们异样的果实。"③再者,"在人类的王国里,那些在已有的国家、时间和地域条件下能够出现的事物终将会出现,对于这

---

　　① 《全集》,苏潘编,第5卷,第653页。
　　② 《关于人类历史哲学的观念》,第11篇,第6章,见《全集》,第14卷,第85—86页。
　　③ 前引书,第86页。也参见第227页。

一点,希腊提供了最丰富和最绝妙的实例。"在《关于人类历史哲学的观念》的另一段文字中,赫尔德谈到了罗马帝国的兴衰:

> 我们不带任何成见地重新审视这个问题——就像我们随意探究其因果的其他任何自然现象一样。罗马人过去、现在变成了他们所能变成的样子;一切可能都衰败了,或在衰败中苟延着、忍耐着。时间奔涌向前,时间之子——人(Menschheit)——以多种形态伴随着时间,万物尽情地在大地上盛开,而每一个具体的事物存在于它自己的时间、它自己的环境(milieu)中;它开始凋零,它还会再度盛开;属于它的时光会再度来临。①

(赫尔德的末一句忘记了他在别处说过的,任何事物一旦经历了一个阶段,就不能重现了。)

另外,在赫尔德那儿已然明确的是,有两个规范性原理注定要在德国浪漫派的意识形态中占有一席之地。(a)对于所有文化的所有文化成分而不是某种文化自身的成分——不论是历史上一些较早期的文化,还是其他种族或地域的文化——人们都应该基于已经勾勒出轮廓的历史宿命论和历史乐观主义,培养一种宽宏的鉴赏力和理解力。

这种评价以往历史以及外族的制度、传统和艺术的相对新的途径的重要意义,仅当人们以不同的方式来看待历史,才能得到充

---

① 《关于人类历史哲学的观念》,第14篇,第6章;见《全集》,第14卷,第203页。

分的认识,而以不同方式看待历史在启蒙运动中已成惯例——虽然也有重大的例外;要看看这一对比的效果,我们需要回顾一下历史以往的面目。

理性——或作为"公正理性"(right reason)的"自然"——意味着道德、政治和艺术等人类活动的每一种模式,只有一个不变的有效标准,由于受这个假设的支配,典型的启蒙主义者(Aufklärer)倾向于把人类事件的以往过程看作一个基本没有合理意义的场景。因为显然在其中找不到一个标准:不同时代、不同人民的文明呈现巨大差异。从我正谈论的观点来看,既然基本的假设是基本人性天下皆然,那么这种情况也就是不正常的。德国作家 J. 弗赖尔在他的《哲学史的历史》中有精当的评述:①

> 历史本身对启蒙运动的科学思想来说,提出了一个特别难解的问题。……如果在所有正在发生和已经发生的事物中,起作用的只是人的思想,事物的法则恒居不变,那么如何说明历史所显示的行为模式和文化类型的变迁?

在 18 世纪作家的思想中,实际的一致性的假定是至高无上的,因此,弗赖尔倾向于表明,人性和人类生活中的大多数东西没有什么改变。那些表面上能划分一个历史阶段与另一个历史阶段的事物仅仅是不甚重要的表象。弗赖尔在另一部著作中援引了一部 18 世纪的著作的一段话——不管怎么说,那也是一部史书——证明

---

① 前引书(1902 年),第 1 页和第 3 页。

这一推断明确而一贯地成立。这段话出自马斯科(Mascou)的《德意志史》：

> [历史的不同时期的]舞台布置的确是变幻不定的，演员们改变他们的服装和扮相；但他们内心的活动源自人类同样的欲望和激情，并对王国的兴替和人民的祸福产生影响。[①]

在被如此看待的历史中显然可以没有密谋，没有进步或普遍趋势，甚至没有时代与时代之间任何令人兴味盎然的差异。

"自然"真理与"历史"真理之间形成的对照中所表现出来的同样的思考历史的路径，连同启蒙运动的其他几个趋向，在18世纪后期一本广为人知的小书中得到了充分的说明，这本小书就是圣彼埃尔的贝尔纳丹写于1790年的《印度茅屋》。一名在印度的英国学者，皇家学会派遣的一个探险队队员，访问了许多国家，向这些国家的智者询问了一连串的问题。他为暴风雨所阻，只得到一个贫穷的贱民(pariah)的茅舍去避雨，他在这位贱民那里找到了在婆罗门和梵学家那儿都没有找到的智慧。英国人问那贱民最重要的三个问题，第一，"人通过什么途径发现真理？"问者道："我们的感性常常欺骗我们，而我们的理性更常使我们迷失。理性几乎每个人都不同，我相信，除了各个人的特殊兴趣之外，理性实际上空无所是。这可以说明理性在整个世界范围内存在如此巨大的差异。没有两个宗教、两个民族、两个部落、两个家庭——我敢说甚

---

① 见于弗赖尔的莱比锡论文，1911年，及前引他的同题单篇论文。

至没有两个人用同一种方式思维。在这一点上,如果知性不能为我们所用的话,那么我们怎样探寻真理?"贱民答道:"在我看来,这可以通过纯真的心来达到。思维和感知可能会出错,但一颗纯真的心虽然可能会受骗,却不会去欺骗。""你的回答是深刻的,"博士说道,"真理首先得用心去寻找,而不是用思维去寻找。所有人的感知是相同的,而他们的理性则不同,因为真理的原则寓于自然中,而人们从真理中得出的结论却不是建立在他们个人的旨趣基础上。"他继续问贱民第二个问题,他说这个问题更难回答:"我们到哪里去寻找真理?一颗纯真的心取决于我们自己,而真理却取决于他人。如果我们周遭的那些人,他们绝大多数为其偏见所惑或为其利益而败坏的话,那么,我们在哪里能找到真理?我遍访了很多人,考察了他们的藏书,请教了他们中的有识之士,除了矛盾、怀疑和比他们的语言更千差万别的各种看法之外,我一无所获。如果说,真理不是在这些最著名的人类知识宝库中找到的话,那么我们到哪里去寻找呢?对那些不通情达理、心已然腐蚀的人来说,有一颗纯真的心有什么用处呢?"贱民说:"我对真理存疑,如果真理的呈现只是通过这类人的沉思,我们在他们中间肯定找不到真理,而只有在自然中才能找到真理。自然是万物存在的源泉,她的语言是恒居不变的,就像人类及其书本的语言。人创造书,但自然创造万物。书是人的艺术,而自然是上帝的艺术。""你说得对",英国人说,"自然是自然真理的来源,但历史真理的来源如果不是在书本上,那么在哪儿?另外,怎样确定我们今天关注的问题在两千年前已经发生过?……你说得极好,一部书只是一个人的作品,既然这样,历史真理只能通过人的途径带给我们,就难免错误,因此我们必须放弃全部历史真理。"印度人说:"对我们的幸福而言,过往事物的历史有何意义?过往事物的历史就是过往事物曾经的历史和未来的历史。"

然而,我们更经常强调的是贝尔纳丹所勾勒的过往历史图景和当代图景的另一面。同样基本的是,无论怎么说,人性会以无限多样的方式来展现自身。在贝尔纳丹——卢梭派的感伤主义倾向的主要代表——看来,人性赋予每个人的恒居不变的东西是"一颗纯真的心";它更常常被称作"理性"(reason),——然而,理性以前是与"推理"(reasoning)大异其趣的东西,也根本不同于"一颗纯真的心",既然两者普遍都指称一种了解一些简单而根本的真理——自然真理——的能力,相信自然真理就足以指导人生。无论你怎么称呼这种"自然真理",至少它过去是一以贯之的,而历史却不是一以贯之的。一些非理性的情感或激情,"利益"或"虚荣"或"骄傲"或"偏见",莫名其妙地弄得人——在很多歧异的方面——背离了自然的方式。当你注意到问题的这一方面时,历史呈现出的不是基本不变的方面,而是它始料未及、变化无尽的方面。这是一个有关人类乖常的令人感伤的故事。勃朗宁借垂死的帕拉塞尔士(Paraselsus)*这个在编年上属于文艺复兴而不是启蒙运动的人物之口,表达了这样一种对待历史的态度:

> 我看不到过往的用处:那只是一个
> 堕落、丑陋和涕泪交零的场景,

---

* 帕拉塞尔士,1493—1541年,瑞士医生、炼金家。——译者

不光彩的记录最好遗忘,

人类史上阴郁的一页

只宜撕掉。

17世纪笛卡尔派哲学家对历史研究的蔑视(很大程度上是由这种唯理论的均变论所引发的)是众所周知的,①并且被历史哲学早期发展的先驱维柯在1725年的《新科学》中予以抨击。举一个18世纪中叶的例子,沃伯顿主教对托马斯·赫恩的卷帙浩繁的历史编年集和大约60卷本的英国史料有一个评论:"[这些著作中]没有一部不是对学问的羞辱,大多数是对常识的羞辱,有些甚至是对人性的羞辱。"正如亨弗莱·沃德女士在她的一篇论文中引述这一评价时所陈述的:"这一评价之极度愚蠢,对我们的时代来说是显而易见的。它不可能有充分的'文献资料',并且把许多沃伯顿变成了另一个佩皮斯;但它表达了18世纪的一个普遍判断。"②沃德女士感叹道:"想一想1789年前'历史'这个了不得的词之于宗教一词来说,意味着什么?自那以后又意味着什么!"

尽管这种否定性的历史哲学盛行,但对历史的好奇不会降低,历史的书写不断增加,嗜史者忙于收集历史资料——托马斯·赫恩(1678—1733)就是这一事实的显例。研究历史有一种动因,那就是研究即使不是这些预设概念的启发,至少也似乎是由这些预设概念所支持。事实上,没有人能设想可以借助毫无依傍的自然

---

① 布吕耶尔:《笛卡尔派哲学的历史》,1868年,第2卷,第536页,第544页。
② 《基督教教育的新形式》,1898年。

的启发而了解历史事实；你至少可以以历史事实来强化自然的启发。如果你的意思是，"自然"真理（在其他事物中）意味着在行为——特别是政府的行为——与民族的福祉或国家的繁荣之间存在着长久而稳定的因果关系法则，那么，历史可以被视为这些永恒不变的真理的富有启发意义的一组例证。它不是历史的总的进程、人类进步的记录，民族发展各个历史阶段的必然结果的鉴别，这些过去已做过研究；历史学家是去寻找一定法则的反复重演的例证。这些法则无疑可以在历史之外找到，但这些法则通过在具体事件中自身的呈现、一遍遍的呈现，变得更鲜活、更有效。历史研究以它能在永恒的（或至少是经验上普遍的）道德真理和政治中提供有益的具体实例来为自己辩护，[①]——绝大多数历史研究都是以历史镜鉴为存在理由。它倾向于强调历史的负面教训。就连那些主要记录人类错误和愚蠢的记载，也可以作为人类易于犯蠢和引发祸端的警示来加以有益的研究。

大体上，这是博林布鲁克在《关于历史的研究和作用的通信》（1735年）中陈述的看法。他高傲地评述道："历史的真正作用不是满足我们对过去的无谓的好奇，也不是用我们祖先或同胞的功业来填补我们的虚荣，更不是给我们提供能感同身受的冒险故事。"不，博林布鲁克说："历史是通过实例来教授的哲学"——除了蒲伯在《论人》中加以改写的那几句诗以外，这是他常被引用的最

[①] 无意识地混淆"自然"的两种意义——作为"公正理性"的自然，它是普遍和直觉地认识道德和宗教之真理的主体，以及作为宇宙秩序及其"法则"的"自然"，它事实上只能被经验地认知——是这一术语的习惯使用中的早期的和常见的现象；见本书后面论德尔图良的文章。这一方面的例子在19世纪极多。

著名的隽语——即历史是根本的普遍真理的一系列例证,适用于人生的每一个阶段:

> 这所实例的学校自成一个世界,而这所学校的名师是历史和经验。

历史虽然不能绝对地取代个人经验,但能在我们生命的初期尚未参与到这个行动的世界之前,在给我们提供类似的教训方面大有可为,这样做并不要我们自己付出多大代价,我们从历史中学到别人付出代价的教训,尤其是历史能给我们更充分、更细致的启示:

> 历史呈现给我们的实例,无论是人还是事件,一般都是完整的,整个实例放在我们面前,然后是整个教训,或者有时候是哲学打算教导我们的各种各样的教训,用实例……我们明了人的一生在历史中的意味,通过一种至少比经验媒介较少偏颇的媒介,了解了历史中的人们。

博林布鲁克说,这一优点属于最高级别的古代史研究;因为现代史中的实例可能是不完整的,在古代,"起源、发展直到衰亡,不是出现在某一个特定的王朝,也很少出现在一项具体的事业,或仅仅出现在政治体制中,而是出现在政府、民族、帝国以及在其存在过程中交相兴替的所有各种体系中。"博林布鲁克此处的确是就特殊原因的社会后果而言,就不同的政府系统的成效以及类似情况而言,假定历史提示我们的一般教训,最好能从大量历史事实中去获取。

但不存在这样的意思,即在整个历史中,非周期性的阶段存在有什么重大的连续性,尤其不存在历史相对论,不承认——例如生命的条件,甚至人性本身——可能随时间而变化或者随种族而变化的可能性,以至于希腊人和罗马人的政治经验对解决不同时代或不同的人的问题没有借鉴意义。这里我们可以明白,在很大程度上可以解释在古典历史中作为示例的许多 17 世纪、18 世纪的政治作家和其他作家的偏嗜的基本前提。正如博林布鲁克最后总结的:"准确地说,历史的伟大作用不同于那些纯粹的编年史家和嗜古者的历史书写",可以说是要去证明事物的永恒性质,把我们带向柏拉图理念的世界:

> 在这项研究中,通过对比其他人和其他时代的经验与我们自己的经验,我们有了两点提高,我们可以说是对哲学进行了分析;我们把所有抽象的伦理学思考和所有人类权谋的一般法则都还原为它们最初的原理。由于这些优点,每个人都可以——虽然很少有人这样做——日渐趋近那些理念,那些原本就存在的本质(increated essence),即柏拉图主义者所谓人实际上所不能达到的本质,但在最接近它的地方存在着我们人性的完美。①

与这些理念相关联的自然是另一种道德,它的确与赫尔德的历史普遍性具有某种共同之处,但不是真的与这种历史普遍

---

① 《著作集》(1809 年),第 3 卷,第 408 页。

性——一种反民族主义的道德——等同。根据博林布鲁克的观点,在历史教给我们的更为具体的真理中,最重要的是民族自尊的愚行和由自身所处的社会和时代的偶然标准来评判事物的荒谬:

> 很少有任何愚行或恶事比那些荒唐有害的虚荣更能在人类的下一代中蔓延,由于各个国家的人民都倾向于喜欢自己而不是任何其他人,养成他们自己的习惯、生活方式和公共舆论以及评判对错真假的标准……再没有什么可以比我们早早地养成思考这个星球上不同的民族更能使我们免受这种虚荣的污染,在那幅巨大地图上,历史铺展在我们面前,展现那些民族的兴衰,野蛮和文明的状态,所有民族彼此间的异同以及各个民族自身的异同。……我可以……举几个例子,在这些例子中,历史致力于清除那些带有民族偏见和不公的想法,这种偏见和不公我们倾向于通过教育来加以克服,一般来说,这种想法与其视而不见,不如加以正视,因为它通常像我们的教育一样是狭隘的。①

对博林布鲁克来说,历史研究是从他所说的"狭隘"观点中解放出来的主要途径之一。不过,这里虽然至少有对其他时代和人民的习性的普遍宽容的意味,但博林布鲁克更具代表性的态度肯定是对习性只作为习性本身的普遍宽容。相信某人自己的生活方式、政治制度或诸如此类,就其不同于他人的生活方式、政治制度

---

① 前引书,第332页。

等而言高出一筹,是荒谬的;不过,其他所有人的生活方式和政治制度等,就其背离了自然的同一标准来说,也是荒谬的。而赫尔德的意思是他们谁也谈不上荒谬,全都是必要的,恰当的,"依循自然的"。

应该附带补充几句——以免任何人拿这些最后征引的博林布鲁克的看法指认他是一位纯粹的世界主义者——博林布鲁克最后竭力用一种赞颂爱国主义激情的语调对它们进行调和:

> 虽然历史研究早期的恰当运用,肯定会有助于我们的思想免除那些在我们自己的国家所流行的荒谬的偏嗜和针对他人的恶劣的偏见,而同样的研究会在我们心中产生一种独爱自己祖国的偏爱,……当然,对祖国的热爱是一种理性的教导而不是自然的惯习。教育和习俗,义务与利益,使我们依附这种情感,而不是出自自然的机制。然而,要想建成一个文明繁荣的社会,爱国热情是不可或缺的,而在某些方面要达到鼎盛的局面,就更有赖于这种情感。演说家仰仗雄辩,诗人仰仗激情,努力把这种道德训诫塑造成一种激情的动因。

在这里,说这种话的更多的是有实际经验的政治家而非启蒙哲学家的博林布鲁克,前一身份的博林布鲁克清楚地知道——尤其对那些希望自己的祖国"伟大辉煌"的人来说——大量培养"自然"没有赋予我们的这类情感是多么重要,在他们的治国之道中利用这种情感有多么重要。

伏尔泰的《哲学辞典》表达了一种相当类似的历史观,主要是强调错误的出现是可以避免的。在"历史"①条目的"历史的借鉴"一节,伏尔泰写道:"这样做的好处在于一个国务活动家,一个公民,可以将外国的法律和风俗与他本国的法律和风俗进行比较,这促使有些现代国家(民族)在艺术、商贸和农业方面超过了另一些现代国家。过去所犯的重大错误,在各方面都起了重要作用。人们不太懂得重新审视那些由于荒唐的争吵所引起的犯罪和造成的不幸。可以肯定,由于对过去的争吵不断进行反省,人们才避免了这些争吵一再发生。"这个条目补充道(这一评论虽然与我们的主题不相干,却耐人寻味),现代史的主要用处及它之于古代史的优势,是教导所有的统治者,自15世纪以降,任何占绝对优势的权力都会找到针对自己结盟的对手。这一权力平衡体系古代人却不知晓。

在那个世纪[18世纪]结束的时候,我们发现了德·包塔利斯伯爵仍然把同样的历史观作为振聋发聩的警示来详加论述,"人类最容易遗忘的是人性的欠缺,历史应该不断地提醒人们这一点"。作者承认,到处都有善行(bonnes actions isolées)表明上帝没有完全抛弃人类。不管怎么说,历史着意给我们的的确不仅仅是"对罪恶的扼要重述",而是后来发生的那些灾难的有用情境……那些不幸的教训,都具有属于它们自身的力量和普遍性的特点。②

针对这种与广泛流行的历史态度形成对照的背景,赫尔德思

---

① 《全集》,伯绍编,1829年,第30卷,第207页。
② [约瑟夫·玛丽]包塔利斯伯爵(1778—1858年):《历史学家的职责是通过评价生活于其间的伟人来思考每个世纪的个性和天分》,巴黎,1800年。

考历史的方法的性质和历史意义就显得非常突出。

但(b)起初所概括的赫尔德的那些观念的其他含义是一种特殊神宠论(particularism)。自然通过假定历史发展的必要的和良性的过程,把你置于一个特殊的情境中,一个最适合你的情境中,你,作为一个个体,属于创造你的那个过程;如果你试图成为与此前不同的任何事物,可以说,你将会与你原本的环境格格不入。一个现代人应该是摩登的,一个德国人应该是一个有意味的德国人,一个英国人应该是一个与众不同的英国人。但在这种智慧的说教与满足于你所处的时代和民族文化特征以及进步观念之间存在一种潜在的不协调。正如我们已经看到的,在完满性原则的静态版本中,自然法则在两个方向上起作用;不是凌驾于就是沉潜于自然指派给你们的位置。但在动态版本中,自然法则被认定只在一个方向上起作用。你不可以走回头路,你只能一直向前;而这一预设——对历史进程把你置于其中的情境的不满——是一种时间倒错感,需要加以校正。我想,赫尔德并未强烈地感觉到这种失调,部分是因为他很少感觉到不满和进步的关系或什么被认为是进步。他不强调这样一个事实,即就反对先前占主导地位的思想风尚和趣味的一代人而言,历史的变迁通过一系列的突变,且不说革命,在很多问题上已然发生了。大体上,他倾向于认为这个过程是平稳和自运行的,就像一株植物的自然生长和分权,而不像一系列激变或间歇性激变的阵发性事件,不像一连串激变或间歇性激变。在任何情况下,他关心的两个主题是:人能自处的生活状况的必然出现和优越性,人据之能超越其生活处境的诸种变化的光辉远景。《关于人类历史哲学的观念》以赞美欧洲现存文化而终篇,誉之为集聚了既往全部历史的成果;以通过能带来以往历史进步的同样力量来预言未来的演进而终篇:那将是一种文化产业、科学和艺术。赫尔德所陈述的传统的尚古主义偏见现在已经完全被克服了。[①]

[①] 虽然赫尔德也相信人是继其他动物在进步序列中开始出现之后才出现在这个地球上的,在这个序列中,人类是渐渐完善的,但他不能接受物种进化的理论,甚至也不接受蒙博杜(所讨论)的人和奥郎-乌当的物种身份问题。猿和人同源的看法是一种"与解剖学事实相抵触的错误"。见洛夫乔伊:"18世纪的几位进化论者",载《大众科学月刊》,1904年,第327—336页。

10. 早期德国浪漫派中"浪漫"的意义[*]

I

大家都普遍承认"romantic[浪漫的]"一词——该词仍"在世界范围内和各种场合引发许多争议和分歧"[①]——由弗里德里希·施莱格尔而开启了它在整个19世纪文艺批评和哲学中的动荡历程。在《雅典娜神殿》(1798年)第2期,施莱格尔首次宣布了浪漫诗(die romantische poesie)的至高地位,把这个形容词——它的一些旧用法[②]已经成了一种流行语——改变成一个美学理想的称谓和一个哲学运动的口号。但为什么这一"新流派"选择了"浪漫的"(romantisch)一词作为他们的标志语呢?这一问题对浪漫主义的一般历史来说具有头等重要的意义。要理解所谓浪漫主义者的核

---

[*] 本文最初发表于《现代语文学评论》,第31卷(1916年)。
[①] 见《歌德与埃克曼的谈话录》,1830年3月21日。
[②] 虽然我们可以举出这个词在17世纪的用法的例子,主要只是在18世纪中叶以后,由于汤普生《四季》的译文的流行,才运用于风景画上。对德语中这个词的早期历史,J. A. 瓦尔茨做出了一个有意义的贡献,即"18世纪的语言运用",载《德语语言研究杂志》(*Zeitschrift für deutsche Wortforschung*)第12期(1910年),第194页。有关这一论题的更精细的研究是在上述这篇文章发表之后,理查德·乌尔曼和海伦·戈特哈德:《德语中Romantisch观念的历史》,柏林,1927年;及阿尔弗雷德·施拉格登霍芬:《弗里德里希·施莱格尔及其小组》,巴黎,1934年。两者对问题的总体看法大部分都与前述文章相符,但都未像本文及后面的文章那样追溯Fr.施莱格尔概念的演变。

心观念、目的和纲领,显然有必要理解这一在他们看来似乎最适合表明他们主张而众所周知又语义暧昧的词的含义。

对这个近半个世纪来的常见问题,显然是鲁道夫·海姆(Rudolf Haym)最先做出了回答。为了揭示施莱格尔兄弟的用法,海姆探究了那篇著名的《断片》[1]——文中对"浪漫诗"做了热情的界定——与弗里德里希在《雅典娜神殿》同一期上发表的《论威廉·麦斯特》一文之间的关系。海姆宣称,年轻的称赏者希望实现的美学革命的纲领主要是受他们对歌德后来所设立的范式的赞美的启发而形成的。对弗里德里希·施莱格尔来说,歌德的杰作是《威廉·麦斯特的学习时代》,他最初主要把这部小说理解为一种新的诗体(poetic genre)的启示,涵盖和超越了所有其他艺术类型。所以,施莱格尔"总是热衷于新结构和新形式,这契合了威廉·麦斯特的学说,即真正的小说乃是节奏新颖外加极端,是所有诗意的聚合,这种诗艺的理念与'浪漫诗'的名义相吻合也是合乎逻辑的"。[2]

因此,根据这一解释,"romantisch"一词在施莱格尔看来等同于"romanartig"[小说般的]的意义;同时它作为所有 romane[长篇小说]的原型成了歌德小说的一个特殊注脚。采用这个词来指诗的限度暗示了 Roman[小说]高于所有其他文类(genre)这一论点;而且一般的"浪漫"观念,至少作为美学范畴的"浪漫"观念正是从

---

[1] 第116篇,这里是米诺版的序号:《弗里德里希·施莱格尔,1794—1802年》,以下参见《早期著作》。

[2] 海姆:《论浪漫派》(1870年),第251页。

《威廉·麦斯特》的特点那里得来的。①

自1870年以来,对这一问题的描述为许多作家所津津乐道,至今仍是德国文学年鉴、百科全书乃至浪漫主义专题论文的常见话题之一。因此,托马斯写道:"通过 *Romanpoesie*[小说体诗]变成 *romantische Poesie*[浪漫诗]的文字游戏,弗里德里希·施莱格尔首次从并不浪漫的《威廉·麦斯特》中析离出 Romantic 一词,把它定义为完美的理想。"②同样,A. W. 波特菲尔德在他的《德国浪漫主义》(*German Romanticism*)一书(1914年,第44页)中写道:"弗里德里希·施莱格尔在1796年去了耶拿,他在那儿从歌德的《威廉·麦斯特》中发掘出浪漫主义理论。"其他一些近代作家如基歇尔③、朔尔(scholl)④和席勒(schiele)⑤,在浪漫主义和小说概念的起源以及《威廉·麦斯特》模式的起源等重要问题上,显然采纳了海姆的观点。玛丽·约阿希米总体上否定了海姆对"浪漫"的解释,但没有作任何检讨,也没有对弗里德里希·施莱格尔对这一术语的用法进行归纳研究。⑥ 奥斯卡·F. 瓦尔策尔令人称道的《德国浪漫派》(*Deutsche Romantik*,1908年)没有对问题直接加以讨论,虽然从该书对浪漫观念起源的泛论以及他早前为《歌德和浪漫

---

① 海姆在费希特哲学中发现了浪漫主义的其他主要来源,他把浪漫主义运动描述为根本上是歌德式的和费希特式的结合。
② 《德国文学》(1909年),第332页。
③ 《浪漫派的哲学》(1906年),第163页。
④ "弗里德里希·施莱格尔和歌德",见《现代语言学会会刊》(*PMLA*),第21卷(1906年),第128—132页。
⑤ 施莱尔马赫:《独白》(1914年),第 xxvii 页。
⑥ 《浪漫派的生命哲学》(1905年)第118页。

派》(Goethe und die Romantik)①一书所作的导论，可以想见，瓦尔策尔不会接受海姆的理论。浪漫的起源以及这一术语最初的意义在卡尔·恩德斯(Carl Enders)论弗里德里希·施莱格尔的近著(1913年)中同样也未加讨论。对本文论题来说，还要注意到近期至少有两篇讨论浪漫主义的论文的作者明确否定了在海姆的重要著作出版之前盛行的推测，即弗里德里希·施莱格尔对"Romantische"一词的用法主要是在"古典-浪漫"的对比意义上使用的。由此，基歇尔写道："把浪漫和古典相比照作为Fr.施莱格尔理论的核心，是一个巨大的错误。施莱格尔从来就没有这样表述过。"②

本文的目的是试图解释目前依然流行的对romantic一词——在早期浪漫派的用法上——的起源和原始意义及其所代表的美学和哲学观念的来源和内涵的描述。顺便说一句，前面所引的一段持之有据的否定性意见，我相信肯定会在这个问题上给人以很多启发。为了达到本文的目的，当务之急是对海姆主要赖以作出解释的施莱格尔的两部著作进行考察。

论《威廉·麦斯特》那篇文章本身并没有给出"浪漫诗"这一术

---

① 许德科普夫-瓦尔策尔，见《歌德学会作品集》，13，1898年。
② 《浪漫派的哲学》，152。里卡达·胡赫表达了一个近似的观点(《浪漫派的全盛期》，第5版，52)。在施拉格登霍芬有关这一主题的部分中，虽然承认"浪漫的"对施莱格尔来说远比"新奇的"要丰富，但仍然把Romantisch和Roman作了过多的联系，在我看来，似乎错过了这个概念形成的真实过程。

语的明确或清晰的意义。① 施莱格尔在文章中对歌德的小说推崇备至,他在歌德小说中发现了其他地方所列举的浪漫诗的许多特征,他在这部小说中看到了德国文学,乃至欧洲文学新时代的曙光。然而,所有这一切都不足以说明这样一个等式,即"romantische Poesie[浪漫诗]"＝Romanpoesie[小说体诗]＝具有《威廉·麦斯特》特征的作品。但这不能否认《雅典娜神殿断片集》第116篇开宗明义的句子:"浪漫诗是渐进的总汇诗"——读上去好像意思是"浪漫诗"只是作为一种文类的小说。因为它谈论的是一种类型的诗,可以定义为一种"形式"或体裁,区别于其他已得到公认的文类。特别是,在接下来的句子中,"浪漫诗"和小说的鉴别几乎是明确的,"没有哪一种如此炮制的形式能够充分表达作者的精神,这也包括那些哪怕只想根据自身经历写一部小说的艺术家"。在《雅典娜神殿断片集》的其他段落中,还有一些暗示要把一个特别典型的意义赋予一般意义上的小说的倾向,把它作为自我表现的富有现代特征的、特别适当的工具。比如,《吕刻昂断片》第78篇:

> 有些优秀的小说只是提纲挈领式的,只是对一个天才人物的全部精神生活进行百科全书式的描述;这样的作品如《耐坦》,即便采用了全然不同的形式,也只是由此摆出一副小说

---

① 这个形容词在论文中出现了三次,但意义较为含糊,没有提到文学史上任何具体的类型或思潮,因此与本文探讨的问题不太相关。

的架势而已。

在《雅典娜神殿断片集》第 146 篇,弗里德里希·施莱格尔评论说所有的现代诗带有"小说"特征的"基调"。

然而,如果这一点对浪漫主义者而言是浪漫诗的一种由来和原始意义的话,那么,人们必须面对一个新奇而突兀的事实,即有关这一术语的后来的解释没有一个显示出对其意义的了解,或者至少与其贴切。仅两年后(1800 年)在《雅典娜神殿》第 3 期的《谈诗》中,弗里德里希·施莱格尔借一位对话者之口,从这个词的由来和作家们通过完美的举证所要指称的特性,清楚地表达了这个词对他来说意指什么。

> 我在古典作品和浪漫主义作品之间找到了彼此对立的明确标志。正因为如此才更有必要请求您,不要因此就假定我会把浪漫主义与现代主义混为一谈。

就是说,有并不浪漫的现代诗,比如《艾米丽娅·伽洛蒂》"既未表示现代,也一点不浪漫",要想知道何谓真正的浪漫,人们必须转向莎士比亚:

> 在莎士比亚那里我找到了浪漫主义观念的核心,它特有的中心。在较为早期的现代主义那里,在莎士比亚那里,在塞万提斯那里,在意大利诗歌中,在那个骑士时代、爱和童话的

时代,我寻觅到了浪漫主义的真谛,在他们那里,事物和语词自身在说话,直至现在,它仍是唯一与古典作品相抗衡的东西。①

确实,这一对话还把"小说"(它指优秀的"小说")定义为"一种浪漫之作";但它绝不意味着对小说定义的颠覆。相反,在莎士比亚那里,如此细致而具有历史意义的戏剧是小说的真正基础。叙事或"历史"的性质对浪漫作品来说并不要紧,一首歌也可以像一个故事那样浪漫。②

的确,一位对话者读了《论歌德早期著作及后来著作的不同风格》(Uber den verschiedenen styl in Goethe's früheren und späteren Werken),其对《威廉·麦斯特》的赞扬甚至超过了施莱格尔两年前文章中的赞扬。但该文对 romantisch 一词的使用非常

---

① 《雅典娜神殿》,第3期,122—123页,参见第121页所说:"浪漫诗的本质倾向在于与古典诗相对立。"第79页中说:"瓜里尼的《忠实的牧羊人》(Pastor fido),在浪漫精神和古典形态相融合方面达到了完美的和谐。"这里可以补充半打关于"浪漫"的例子,在对话中,这个词不是指某类文学,而是指作为这类文学的特征的性质或精神。比如,第83页中说:"莎士比亚给浪漫主义带来的繁盛是从斯宾塞那里获得的营养";"他从斯宾塞那里获得的营养给其所有的剧作都吹入了浪漫主义气息……并为所有现代剧作奠定了浪漫主义的基调,足以傲立于所有时代。"第107页说:"每一首诗都有浪漫的气息,每一首诗都启人遐思。"当然,这种用法完全遵循了上述定义;浪漫精神多多少少是一种"现代特征"。

② 施莱格尔的"安东尼奥"见其《关于小说的书简》(载《雅典娜神殿》,第3期,123)。在《施莱格尔全集》版的《谈诗》中,又补充了另一对话者罗萨里奥的冗长谈话,作为对整个问题的一种结论,谈话把文类置于比史诗层级要低的小说和戏剧之间,"它来自深邃的自然之源。……并且整个心灵都诗性化了",另外把抒情诗,尤其是宗教抒情诗,归为最高等级(《全集》,1846年,第5卷,第240页)。由于这段文字没有出现在《雅典娜神殿》最初的文本中,它就不能被征引来作为早期浪漫派的观念的证据。

重要;文章富有想象力的作者没有将歌德说成是浪漫诗的典型代表,而是认为歌德的伟大在于他已经完成了"所有诗的终极任务",即古典诗和浪漫诗的和谐。在《威廉·麦斯特》中,在现代的外表之下到处都显露古典精神。《哈姆雷特》和《堂吉诃德》是浪漫主义艺术领域中最匠心独运和最具灵智的两部作品;只有"它们和歌德的普世性旗鼓相当"。这里,歌德似乎超过了他的伟大前辈,但他同时又被置于浪漫主义艺术领域之外。重要的是记住,在谈话过程中,其他对话者对歌德的热情赞美进行了严肃的讨论。安东尼奥抱怨"这些断言在表述上有些专断的味道。实际情况可能是山外有山,人外有人,不同的人有完全不同的看法"[①],而且,这场谈话的大多数参加者都指出,准确而言,歌德主要是因为"融汇古代诗和现代诗"而得到赞美,这是难以企及的成就。当然,一位发言者主张,在格律方面,古代诗和现代诗永远存在对立之处;没有第三种情况能把两种不同形式的美学价值调和在一起。另一位发言者补充道:古代和现代的遣词造句的特征也不可能同时并存。还要注意到第三种情况,在把握人物和情感的所有重要问题中,古代诗和现代诗的方法和目标是截然不同和不可调和的。前者的人物在思想上很玄奥,但阐释上却很形象化,如古老的神像;相反在现代诗中,"其风格要么是实实在在的东西,要么是一种建构,仿佛是真有其事;在具体阐释时却又像画家那样,千姿百态,虽然就勾勒

---

① 在收录于《全集》的对话文本中,这一评论写作:"然而,很有可能的是,在奇特远离我们的领域有我们无法理喻的艺术世界,您给我们提出的这一新奇的艺术星空在遥远的外星人看来完全与众不同,我们不以为然的东西在他看来也许光芒四射"(第5卷,第316页)。

肖像的风格来说,有其表述的相似性"。最后,罗萨里奥(Lothario)明确宣布,没有悲剧诗人堪称这两方面的大师,既是严格的古典诗人又是典型的浪漫诗人。为什么古代悲剧的题材或者当代摹仿古代悲剧的题材必须是神话的而不是历史的,理由是,我们现在在历史题材方面"要求对人物的现代把握、性格的现代处理方式,归根结底是与古典主义相对的。艺术家用这样或那样的方式反对古代悲剧或者反对浪漫主义的东西,而趋向于短剧化"。①

施莱格尔在《谈诗》中对"浪漫主义的"一词的诸种解释作为一个历史批评的术语,当然由海姆作了恰当的注解,海姆在他的论文中着手诠释了那篇文章。海姆承认,它们与基于《雅典娜神殿》第1期断片第116篇的早期解释不相合。② 海姆1800年被迫将这些解释当作施莱格尔早期的"浪漫诗"概念的一个修订。"以前Fr.施莱格尔至少大体上是从 Roman 引出这一概念;现在,虽则这一派生意义仍然是重要的,但他比以前更强调这一概念的历史关系。"③在 A. W. 施莱格尔发表柏林演讲时(1801—1804年),"浪漫

---

① 《雅典娜神殿》,第3期,第186—187页。这是一个有关推测"浪漫诗"的观念来自《威廉·麦斯特》的奇特评论,早在1799年,我们发现施莱格尔接受蒂克的《弗兰茨·斯滕巴尔德的漫游》(1798年)作为"塞万提斯以后的第一部小说,是浪漫主义的,远远超过《威廉·麦斯特》"(《施莱格尔兄弟书简》,第414页)。

② 然而,海姆在他对这一解释的最初表述中极不合理地要求认可施莱格尔对话中的这一说法:"首先,理解的关键在于,浪漫诗简直就是为小说体诗量身定做的。毫无疑问,在施莱格尔晚期的《谈诗》中,小说体诗语言完全处于支配地位"(《浪漫派》,第252页)。

③ 《浪漫派》,第688—689页。

的"向一个崭新的、更难解的概念转化变得完全明朗了(ganz herausgerückt)。①

我想指出的是,"浪漫诗"这一被认作是后起的意义实际上是其基本意义;《雅典娜神殿断片集》第116篇仅仅在"Romanpoesie"或"Roman"的意义上使用"浪漫诗"这一术语,因此是暂时地和误导性地偏离了1798年之前、期间和以后通常的用法;海姆强调一般意义上的 Roman,尤其是强调《威廉·麦斯特》是施莱格尔"浪漫诗"观念的来源,使浪漫主义起源史陷入了严重错误。

海姆本人注意到,施莱格尔——尤其是在其早期著作中——偶尔用"浪漫的"一词来指骑士史诗,也指"一般意义上的中世纪和早期现代诗"。② 但这些用法的实例在各个时期都很丰富,比海姆所指出的要多得多。另有一些例子值得引述。

1794年2月27日,弗里德里希·施莱格尔致信他的兄长说,他们那个时代的诗的问题在他看来是本质上的现代诗和本质上的古代诗的统一。他用这种解释思路补充道:

---

① 前引书,第813页。A. W. 施莱格尔在一些演讲中对这一术语的解释在这里由海姆加以适当的概括;也许有两个最重要的段落值得重温。在 A. W. 施莱格尔第三辑的导言中,威廉·施莱格尔宣布他希望尽快去除人们的疑虑:"它是否真的是浪漫主义的,即原本的现代主义,也即不按照古代样式构建的现代诗。"……表达这一观念的形容词"Romantisch"由下述说法得到了证实:"因为人们用 Romance 来命名一种新的掺杂了征服者方言的拉丁语;因此,在 Romane[小说]中书写的诗,浪漫主义就是从这个词里演绎出来的,这一诗歌的性质实际上就是古德语和稍后的也即基督教化的罗曼语的混合,其要素的构成从名称上就能看出来"(《文学与艺术讲稿》,米诺版,第3卷,1884年,第7页,第17页)。

② 海姆书,第251页及注释。

> 如果你研究、讲授但丁的精神,也许还包括莎士比亚的精神,你就很容易体察我先前称为现代之本质的东西,以及我为什么偏爱这两位诗人的缘故。你曾经计划写的"浪漫诗的历史"进展如何?——如果理解了这一点,较为新近的戏剧和小说史也许就更加容易把握了。①

Fr.施莱格尔在文中专注的问题我们暂时还无暇顾及。这里注意到如下这些就已经够了:"浪漫诗的历史"明显地涉及莎士比亚和但丁的作品(虽然语言并不明确),又明确地不包括更近的戏剧和小说在内;浪漫诗的概念和"本质上的现代诗"概念在施莱格尔的思想中已经紧密地联系起来了。

在《论希腊诗的研究》(1794—1795)中,"浪漫诗"这一术语不断出现,有时候是作为骑士传奇的一种称谓,有时候又表示比"中世纪和早期现代文学"更宽泛的意义。施莱格尔在为他断言莎士比亚是"现代诗的精神最完整、最有个性的代表"辩护时说,他是在前一种意义上使用"浪漫诗"这一概念的。他写道:"在他那里,浪漫激情的迷人绽放和哥特式英雄时代的鸿篇巨制与现代社会生活的特性有机地结成一体",诸如此类。② 然而,在下面这段痛惜近期文学衰退的文字中,施莱格尔所指的似乎是一种更宽泛的意义,他说:"近代诗是从浪漫诗中寻章摘句的一团乱。……因此,不懂

---

① 瓦尔策尔:《弗里德里希·施莱格尔致兄长的信》,第170页。这一考虑成熟的"浪漫诗的历史"在1794年12月7日的一封信中再次提及。
② 米诺版《早期著作》,第1卷,第107页。

艺术的人用较好世界的残砖断瓦拼凑成了哥特式建筑。"①

1798年2月,即差不多在写作《论〈威廉·麦斯特〉》和在《雅典娜神殿》杂志上写作断片的时期,弗里德里希·施莱格尔建议他的兄长,他们应该撰写一系列论莎士比亚的书简,其中应该包括所有浪漫喜剧的典型特征,浪漫喜剧的理论,莎士比亚的比肩者卡洛·戈齐(Carlo Gozzi)、那个西班牙人和瓜里尼等,浪漫机趣的特征,以及对阿里奥斯托和塞万提斯的评价。在《谈诗》中类似用法的例子前已引述。在《雅典娜神殿》的第2期(324),施莱格尔谈及《堂吉诃德》没有优秀的德文译本时写道:"像蒂克这样的诗人和早期浪漫派的密友深知必须弥补此一缺失。"在弗里德里希·施莱格尔《雅典娜神殿》时期以后的作品中,同样意义的例子不胜枚举。如写于1801年的论薄伽丘的文章,谈到了作为一种浪漫诗的弗洛里奥和布兰歇弗勒的淳朴故事,说它是浪漫童话的一种孩子气的单纯。② 在施莱格尔自己编集的准备出版的著作中,在"关于浪漫诗的文稿"栏下,有四篇论文,讨论到薄伽丘、路易·德·卡蒙斯和其他早期的葡萄牙、西班牙和意大利诗人,还讨论了"北方诗"(莪相、埃达、尼伯龙根等)以及莎士比亚。

---

① 米诺版前引书,第112页。在同一篇文章中提到 Romantisch 的另一些例子是:"浪漫诗的滥情";"浪漫诗中的现代骑士";亚里士多德和"另类玩世不恭的浪漫诗人";"浪漫传奇和诗的想象";"浪漫诗的想象人物";"浪漫戏剧和骑士故事中的奇异缪斯";"维兰德的浪漫诗";"塔索也没有远离浪漫写作风格";"把浪漫寓言或基督教传说美化成理想主义神话的尝试";"希腊的浪漫诗和罗马史诗"。在这段文字中,他提出了荷马史诗和骑士传奇之间的相似。关于"Romanartig"意义上的"Romantisch",除了《雅典娜神殿断片集》第116篇以外,似乎只有一个(可能的)例子:《吕刻昂断片集》,49。

② 《全集》,1864年,第8卷,第13页。

10. 早期德国浪漫派中"浪漫"的意义

因此，运用于多种文学类别或文学主体或个人创作的形容词"Romantisch"，在整个 17 世纪 90 年代已经成了弗里德里希·施莱格尔的一个习惯用法，后来又成为一个普通的历史名词。因此，当施莱格尔在众所熟知的《雅典娜神殿断片集》中畅谈"浪漫诗"时，他并未新创一种新的术语，甚至没有在他的小圈子中使用一个新奇的术语。如果海姆对《雅典娜神殿断片集》所作的解释是正确的话，那么，施莱格尔在书中是在一个不同寻常的矛盾的意义上使用这个术语的。与 *Romanpeosie* 或 *der Roman* 的含义相同的 *Romantisch Poesie*，差不多是一种 $άπαξ\ λεγόμενου$［以往的表述］，甚至与《雅典娜神殿断片集》其他地方对这个术语的使用都不一致。如果莎士比亚的普遍意义是浪漫艺术的核心，这就证明了 Romantisch 不是指莎士比亚没有提供范例的一种文类。如果宣称从浪漫的视角看，浪漫诗是一种诗的变体（*Abarten*），甚至是一种古怪而可笑的变体，在有助于普遍性上才具有其价值（条件是它们具有独创性），似乎很难相信还有什么比这种"新奇"的观点更低劣的了。

无论如何，在《雅典娜神殿断片集》及其以后，*Romantisch* 作为一个文学批评的术语，明显不再仅仅指一种特定类型的文学创作或者文学史上的一个特定历史时期。这个词现在汇集了美学和哲学的含义，就我们所见，现在不仅有所谓 *Romantisch* 的主体，还有一种浪漫的视角。根本的问题是，"浪漫诗"这一术语的更广泛的哲学含义从何种更具体的意义发展而来？海姆的解释暗示它主要得自对作为一种文类的 *Roman*［小说］的性质的反思，尤其是得自歌德小说中所例示的审美特性，以及所极力主张的审美原则的普遍化。本文的第二部分将指出这种观点的错误。我在下文将尽力证明浪漫艺术的概念的确是由弗里德里希·施莱格尔完成的,是在他知道《威廉·麦斯特》之前,在他转向"浪漫的视角"之前,而且这一转向可能并非由于歌德的影响,而部分由于其他外部影响,部分由于他自己早期美学原理的内在逻辑,等等。因此,强调《雅典娜神殿断片集》第 116 篇、强调 Romantisch 和 Roman 的关系(海姆对此要负主要责任),会掩盖两个名称的真正起源以及"浪漫的"观念在美学和哲学意义上的真正起源(此点更为重要)。

II

在浪漫派发表最初宣言之前的六年时间内,弗里德里希·施莱格尔的思想主要关注"古代艺术"和"现代艺术"的性质、相互关系和相对价值问题。古典艺术和趣味与现代艺术和趣味两者之间在精神观念的形成上,有一些重大而意味深远的差别。弗里德里希·施莱格尔就是从这一假设出发,对美学问题做了最初也是最富特色的思考。长篇论文《论希腊诗的研究》(1794—1795 年)是他思想中确立这种对立的一个显著例子;他很少在对他关注的问题没有提出证据的情况下形成文字。[1] 他在 1796 年宣称,在"文化

---

[1] 尤其参见《论美的界限》,1794 年;《吕刻昂断片集》,84;接着是 1801—1804 年 A. W. 施莱格尔柏林讲演中讲到的古代诗和现代诗的恰到好处:"两种不同的精神,两者之间僵持着的对立,因此,人们应该怎样看待两者之间彼此修正、相得益彰的关系,以便不带任何偏见地彼此认同:这才是理解我和舍弟在互有短长的批评文献中的要点之一"(前引书,第 3 卷,第 6 页;载《德国文学史》,第 19 卷,第 6 页)。

10. 早期德国浪漫派中"浪漫"的意义

王国有一种内战"——一种旧与新之战——因此,"给古代的和现代的概念下明确的定义($fixirt$),从人性本身推演出明确的定义",①对理解人性的历史是不可或缺的。

然而,施莱格尔对这一问题的兴趣并不是一个历史学家的兴趣,而是一个美学家的兴趣。"古代的"和"现代的"所表达的年代学上的区别要小于哲学上的区别。这两个术语的每一个所代表的趋势都可以在通常是以另一术语所表示的时期中显示自身,而且不可否认在某种程度上确实显示了自身。尤其是施莱格尔的本质上的古代(das Wesentlich-Antiker)概念更多地是审美理论的产物而不是历史探究的产物;虽然他真诚地相信这一概念表达了希腊艺术的主要特征,但他对古代艺术的概括是如此仓促,在某些论点上,是如此荒唐,因此很容易成为席勒的《格言集》($Xenien$)的讽刺对象。当施莱格尔与那个时代普遍流行的风尚一致,在他的第一个时期(1793—1796)颂扬古代诗而贬斥现代诗时,他实际上是在构建两种相互对立的批评理论,而且为一种理论辩护而舍弃另一种理论。

这种对立,用更富描述性的术语来表达,是优美诗和兴趣诗之间,或客观性和主观性之间的对立,是艺术创造和审美鉴赏的主导性原理。施莱格尔在这个时期所持的学说,在根本上是一种美学上的理性主义。它把"美"视为一种客观特性,艺术作品可能具有、可能不具有这种特性,与艺术家的情感和经验无关,如果不是与读者、听众或观者的情感完全无关的话。一种真正的审美价值必须

---

① 见关于赫尔德的《促进人道书简》的评论,《早期著作》,II,42。

是"普遍有效的价值"。既非个体主观兴趣的表达,也不依赖于各个个体的主观"兴趣"。存在或应该存在一种普遍有效的趣味和艺术的科学,因此,纯粹的①美的法则是一种客观的普遍适用的法则。艺术的目的是通过忠于这些法则而获得美;艺术的目的不是摹仿或追摹可感性质,也不是记录艺术家有关自然和生命的内心反应。艺术法则中最重要的一条是自我约束,通过排斥内在的丑陋和与任何独立作品的严格的统一性、清晰的轮廓以及整体效果的单纯性不相调和的任何东西,来对其主题和表现手法加以限定。在施莱格尔的早期美学著作中不仅有不少自以为是的关于"优雅趣味"和"恰当技巧"(尤其是在戏剧中)的谈论,这后来都成了浪漫主义者喜欢讥讽的对象。②

然而,本文的目的不是提供弗里德里希·施莱格尔在第一个阶段对古典主义所做的详尽说明。我们关注的是他在同一时期所排斥的对审美理想的系统阐述,但对此的界说,尤其是在《研究论文》(*Studium-Aufsatz*)*中,他无不全力以赴。我这里希望指出的是,他的独特的现代(das eigentumlich Moderne)概念,从根本上说,早在《雅典娜神殿》时期之前很久就已完全形

---

① 在康德的意义上,"纯粹"可能即"先验的"。

② 对所有这一切,见《论美的界限》(1794年)、《论希腊诗派》(1794年)、《关于希腊诗人中的女性》(*Über die weiblichen Charaktere,usw.*,1794年);尤其是《研究论文》(1796年)各处,见米诺版施莱格尔《早期著作》;还有(一般认为)《德意志民族文学》(*DNL*,143卷)的最后提到的文章的早期形式。正如奥特指出的(《席勒和施莱格尔兄弟》,1904),威廉·冯·洪堡在《季节女神》(1795年,Ⅳ,第31—33页)中提到美与兴趣之间同样的对立,否认了后者具有任何"纯粹的审美"价值,发现了对后者的偏爱成了现代趣味的一个有代表性的缺陷。

* 指《论希腊诗的研究》。——译者

10. 早期德国浪漫派中"浪漫"的意义

成,在他越过了 1793—1795 年的希腊癖(Gräkomanie)阶段,经过 1796 年的过渡阶段进入 1797 年及其后的浪漫主义阶段时,并没有发生实质上的改变。在 1798 年后,我们听得如此耳熟的"浪漫诗"只不过是早期的兴趣诗。改变的只是施莱格尔对这类诗的评价。

在施莱格尔 1793—1795 年的著作中,归结于"独特的现代"概念的主要特征是,艺术以牺牲作为"艺术的特权"①的"统一性和一致性",来换取摹仿作为"自然的特权"的"丰富和生动"的倾向,因此必然会产生一种倾向要打破所有既定法则和限制,"好像并非所有的艺术都是有限的,所有的自然都是无限的"。② 创作的倾向不像古代艺术那样,让些许的不安平息下去,让所有的渴望沉寂下去,而是一种永不满足的渴望;③对"形式"、对纯"美"相对淡漠,而关注内容的表现性和丰富性,尤其是不渴望领会和表达普遍和典型(它只是与"美"一致)的东西,而渴望领会和表达事物的差异,领会和表达唯一的和个体的东西,——"这是对某种生活的艺术的主

---

① 《论美的界限》(1794 年),见米诺版《早期著作》,第 1 卷,第 23 页。让我们看看施莱格尔在这里是如何准确定义(他这时讨厌这种特征)他后来视之为浪漫倾向之精髓的特征的:"一种可怕而无用的欲望蔓延至无限,渴望打破个人的束缚。"他现在将这出自同一来源的两点热望和现代精神的特征当成了美学和道德价值的首要敌人。

② 前引书,Ⅰ,第 24 页。

③ 《早期著作》,第 1 卷,第 87 页,第 89 页。

观兴趣,是某种特殊的题材";①是对特殊的独创性或力量的个人的特殊兴趣;②是对表现极端丑陋或怪诞的推崇;③是各种文类不断混用和拼合;④是把哲学旨趣和纯粹的审美旨趣融汇在一处,因而有哲学家诗人和诗人哲学家一说;⑤艺术家如果缺乏审美非功利性和超然,就会倾向于采用所有的诗的表现形式来表现他个人对现实的态度,而不是致力于在艺术作品中创造一种纯粹的、"客观的"美。⑥

以狂热的语言而不是审视的语言来描述这些特征,你就抓住了弗里德里希·施莱格尔后期有关浪漫诗性质的大多数要素以及一般的浪漫的要素:旨趣和主题的普遍性、不断的进步以及永远的自我超越;对无限的探寻,对好上加好的赞扬,对天才人物的自我

---

① 《早期著作》,第1卷,第91页,第19—22行;Ⅱ,第80页,第34—40行。关于普遍性的(即类属的),而非个体的是真正的(和古代的)艺术客体的问题,参见Ⅰ,第38—39页,第89页,第135页。这种表现个体的热情就是施莱格尔常常提及的对 das Charakteristisch[特征化的]现代的偏好所意指的东西。洪堡也证实了对"兴趣"的热情而导致对 Charakter-Ausfruck[即表现个人或情境的表现性]的偏好,他叹惜现代趣味中对这种"兴趣"的追求,与对"崇高与优美"的纯欣赏是不协调的。(《季节女神》,1795,Ⅳ,第33页)

② 这是一种施莱格尔含义上的"兴趣","尤为有趣的是,每一种具有原创的个性都包含有较大的知识成分和审美能力。"(《早期著作》,Ⅰ,第109页)美学上对此的责难基本上是基于柏拉图式的理由:既然这样的"兴趣"涉及相对重要的观念,"既然所有的重要性可能增至 ad infinitum[无限]",因此,可能不存在像 hochstes interessantes[极度兴趣]这样的事物,即不存在有关这一性质的固定的和绝对的标准。

③ 《早期著作》,第1卷,第85页;第2卷,第39页。

④ 前引书,第1卷,第22页,第89页,第102—103页,第122页,第146页,第150页,第157页。

⑤ 前引书,第1卷,第89页。

⑥ 前引书,第1卷,第81页;Ⅱ,第1—23页,及Ⅰ,第76—82页,Ⅰ,第17页。

10. 早期德国浪漫派中"浪漫"的意义

描述的浓厚兴趣,甚至包括艺术领域中作为"普遍性"的基本要素的反常和怪异;要求结合诗的各种类型,把哲学和诗加以鉴别;主张赋予创造性的艺术家以不加限制的自由,无条件的宽容。尤其是,你早期不以为然地描述的"本质上的现代"的大多数要点,在《雅典娜神殿断片集》第116篇都已有强调,虽然那一篇断片首次出现只是作为对小说这一文类的赞词,而赞扬的理由是小说特别可能达到那些性质,施莱格尔长期以来把它描述为"本质上的现代"的一个显著特征。

在施莱格尔把诗的现代理想采纳为自己的理想的前后,不仅诗的现代理想的特征,而且其主要的历史体现对施莱格尔来说是同一种东西。在上述所引的段落中,我们被告知"莎士比亚是所有作家中最全面、最动人地体现了现代诗的精神的",但对1795年的施莱格尔而言,这意味着这位英国剧作家尽管或因为是一位天才,因而也是现代艺术中审美乖常的最突出的例子。所有现代诗都有一个通病,都过度伸张个性、格调和哲学。施莱格尔热情地肯定莎士比亚取之不竭的丰富性,"他的独特性是迄今所知最耐人寻味的"。不过,任何研究莎士比亚诗的美的艺术(als schöne Kunst)的批评家只会落入更深的矛盾中,批评家的穿透力越强,他对诗人的了解就会越全面。莎士比亚的剧作没有一部在整体上(ist in Masse schön)达到了美,也没有一部的整体结构是由美的原则所决定的。甚至,在局部所呈现的美中,就像在自然中,很少能免除丑的掺和。美不仅仅是为美自身而存在,而是作为达到一种相当独特的目标——为了表现人物或者一种哲学观念——的手段。莎士比亚常常是粗糙的,未事雕琢的,而他要对素材做精细的打磨是轻而易举的事情。他在极在意的方面却又如此精确。他的丰富性常常意味着纠缠不清的混乱,整体的效果是一场无休止的斗争,甚至不能说他向我们呈现出了纯粹的真理。他只给我们呈现了真理的某一面,即使那是最宽广、最完整的一面。他的描绘从来不是客观的,而总是个人的,①是他个性的一种表现。② 就连莎士比亚最伟大的剧作也展示出了现代艺术的典型缺点。就拿《罗密欧与朱丽叶》来说,它是"纯粹的诗的奇异混合"的范例,因为它属于我们可称之为"抒情诗的"现代戏剧——不是在其包含抒情段落的意义上,而是在诗本身这一更重大意义上,而戏剧形式从根本上来说是一种"抒情性的戏剧表现"。《罗密欧与朱丽叶》只是对青春欢愉飞速即逝的一种浪漫的感叹,其表现手法的出色之处在于使"这种类型的变异"更为明显。③ 甚至《哈姆雷特》,虽则该剧称得上是"艺术上睿智的杰作",也只能算是人类心灵完全失调的并不美好的图卷。——这部悲剧总的印象是一种极度的绝望,因此它是"哲学悲剧"的最佳范例,与"美学上的悲剧形成了鲜明对比"。后者是优美的诗的完成——它的最终结果就是高度的和谐。④

　　1794—1795 年的莎士比亚即使是最天才的作家,在施莱格尔看来,仍然代表了对现代趣味的曲解。歌德是批评家推崇备至的作家,是重返健全的美学原理和美学实践的希望基础。但必须看

---

① Manierirt[做作的]一词像施莱格尔的定义所显示的,对他而言,有这个意义。
② 《早期著作》,第 1 卷,109;参见第 107 页,第 1 卷,第 30 页。
③ 《早期著作》,第 1 卷,第 102—103 页。
④ 《早期著作》,第 1 卷,第 106—108 页。奥特(《席勒和施莱格尔兄弟》,第 18 页)奇怪地指出,这段话是一个证据,证明施莱格尔在这一时期"远离对'现代诗'的指责"。对于施莱格尔后来改变对莎士比亚的酷评,请见《雅典娜神殿断片集》,第 247—252 页。

到,尚未出版《威廉·麦斯特》的歌德,完全是因其"古典主义"特质受到赞美的歌德——因为他的"静穆",他的"均衡",他的"客观性",他的"近似希腊风格",以及他没有像现代通常那样高估兴趣诗。"歌德的诗是真正的艺术和纯粹的美的发端,……他的著作无可辩驳地证明客观的实际上是可能的"。在属于特征诗的诸种价值方面,莎士比亚也许超过了他,但他的目标不是这样的内在价值:美也是一种标准,一种用于欣赏的诗。那个时代要产生一个全面的美学革命的时机已经成熟,它将导致统辖兴趣诗、特征诗和其他种种诗体的终结,从而复兴希腊艺术中曾经拥有的美妙,因为通过一种快乐本能而不是已经定型的原则,纯粹美的统一律、均衡律、分寸感依然在艺术家的创作实践中发挥作用。①

1798年,当施莱格尔公开声称自己是浪漫主义者时,仍然是莎士比亚最充分地代表了(现在所赞美的)现代诗的特征。在《雅典娜神殿断片集》第247篇,莎士比亚、但丁和歌德被称为现代诗的大三角;但丁的"预言诗"是这类诗中最高的一种,歌德的纯粹诗意的诗是诗中最完善的诗,莎士比亚的"总汇诗……则是浪漫艺术的核心"。(如海姆所说的)在《论威廉·麦斯特》一文中,歌德被视为批评家心目中完美的诗的新理想的唯一或至高代表,这并不确实。施莱格尔评论道,当歌德的教育小说(*Bildungsroman*)达到顶峰时,他的主角和读者都可能抓住了最高明和最奥妙之处,他在莎士比亚那里找到了适合他的目标所需要的"伟大典范";"那么,除了那个当之无愧能被称为法力无边的文豪的人之外,还有谁能

---

① 《早期著作》,第1卷,第114—116页。

做得更好？"①在这篇文章中,对歌德没有使用如此赞扬的话。这里,歌德相对于莎士比亚的地位,与 A. W. 施莱格尔在《雅典娜神殿》第 1 期所指出的是一样的——必须记住,他在那一期的"新文学批判稿"等于是"新流派"的发起宣言。我们从那篇文章中了解到,对于了解莎士比亚来说,歌德成了"一种新的认知媒介,以致从这两个流派中发展出一个诗派"。歌德划时代意义的大部分——如果不说是主要部分——被说成是赋予莎士比亚的真正意义和价值以新时代的意义。我们又在 1800 年的一段文字中发现 Fr. 施莱格尔将莎士比亚描述为"真正的中心,浪漫想象的中心"——这段文字确立了 romantisch[浪漫]一词的主要的正式定义,而这个词在这里是被明确宣称为与古典的古代诗相对的现代诗的同义语。②

弗里德里希·施莱格尔最初在他之前的莎士比亚那里得到了艺术的"浪漫"概念,无论是抽象的表达还是具体的体现。施莱格尔早期的美学学说的核心基于前引的一段话,即所有艺术都是有

---

① 当然,这指的是歌德对哈姆雷特的解释。
② 《雅典娜神殿》,第 3 期,122。《早期著作》,第 2 卷,第 372 页。至于对早期浪漫派所承认的莎士比亚在诗的等级中的至高地位的进一步阐释,以及对其浪漫诗的一般概念的证明,值得引用蒂克在他的《诗学日记》中的简要介绍,这个简要介绍在初版的《浪漫诗》(*Roamntische Dichtung*,1799—1800)末尾处,蒂克在那里写道:"我的主要目的是展开我关于艺术和诗……的思想。因此,我主要是观察,那些新近出现的最伟大的诗人已被认可的著作,请您优先注意此点。比如,在关于莎士比亚的信中,我将对一篇刚出版的文字逐字逐句加以剖析,……此中我将放手进行历史的和批判的研究,试图对这部无法穷尽并且始终没有得到充分研究的著作予以澄清。类似的一些关于比较古老的英国、德国文学以及西班牙和意大利辉煌时期的文学的文章也与此相关,不厌其烦地描绘出那些值得注意的现代诗的图画(并非时下司空见惯的东西)。"

10. 早期德国浪漫派中"浪漫"的意义

限的。不过,针对这种"古典的"理想,他已经清晰地构想出了一种艺术,对这种艺术来说,对假定不可改变的"具有客观的审美有效性法则"的限制是难以忍受的:一种艺术更多地倾心于生活而不是美;赞成在艺术领域里无所不为要远胜过无所作为;决心把握和表现人类的所有经验;对个体变化的兴趣要胜于对一种类型的兴趣;可以感觉到自然的丰富和无限的相互关联与事物彼此间任何刀劈斧凿式的分野是不相容的,无须担心有什么"混乱"胜过自然[的混乱];意识到个体艺术家视角的独特性和特质是自然丰富性的要素之一,因此,不应该在艺术中压制这种特性;意识到艺术为自身设立的任务是没有穷尽的,因此在其发展过程中所达到的任何一个阶段都不能是定型的。①

在浪漫主义起源问题上(海姆和他以后的许多人)的如下看法是严重错误的:"浪漫诗"的概念是施莱格尔在1796年前后形成的;施莱格尔从《威廉·麦斯特》中得出了这个概念;这一概念暗含

---

① "浪漫诗"这一概念最初是施莱格尔的概念,是生活的丰富(fülle des Leben)的再现,后来其首要特征是普遍性和表现性,诺瓦利斯也持这种看法:"浪漫派作家研究生活,如同画家研究色彩,音乐家研究声响,力学家研究力那样。对生活的仔细研究使其成为浪漫主义者,如同对色彩、造型、声响和力的研究使其成为画家、音乐家和力学家一样"。"一首诗越有自身烙印,越是具有不可替代性,它就越接近诗艺的中心"(《著作集》,1837,Ⅱ,第224—225页)。这样的浪漫主义纲领,目标显然在于描述施莱格尔所称的特征(das Charakteristische),明显和现实主义有很多共同之处,但和(带有一些不一致性)赋予诗人"主体性"的立场有所不同。然而,诺瓦利斯主要是对引入一个非常不同的"romantic"概念负有责任——部分是由于这个词较早的流行含义的影响——由此它指一种遥远的、奇妙的、不确定的含义:"所有浪漫的东西讲究的就是距离感"(前引书,第221页;参见第236页)。这两个概念的共同要素是对作为艺术对象的"无限"(the infinite)的看法,这一看法通过观念之间含混的关联,被赋予了两个高度对立的意义。有关此点请看下篇论文。

着在诸多文学类型中对小说的推崇;施莱格尔首次阐释这一概念是在1798年的《雅典娜神殿》上。可以说,浪漫主义理论是18世纪90年代初普遍流行的古典主义的一个副产品。当时的几位哲学美学家希望更清楚地界定他们所想象的古代艺术(这是他们所推崇的)的精神及主要原则,同时充分地界定与古代艺术相对的浪漫艺术的精神和主要原则,并详尽阐释"独特的现代"理论。结果是他们中的一些人——Fr. 施莱格尔首当其冲,但并非只有他一个——转而信奉浪漫主义理论,而他们起初着力研究浪漫主义理论目的都是为了可以更好地否定这一理论。由于熟悉了浪漫主义理论令人敬畏的方面,他们最终接受了该理论。到1798年,施莱格尔有近五年时间一直在讨论浪漫诗,因此他不可能从《威廉·麦斯特》得到他读这部小说前已经非常熟悉的概念。① 1796年所发生的既不是施莱格尔发现了,也不是发明了艺术的浪漫学说,而仅仅是皈依了浪漫学说。

谁或什么是助力这一皈依的主要手段?对这一问题,我将在另一篇文章中给出更完整的讨论,现在我只是不做论证地说,在1795—1796年发表的一部名著显然对施莱格尔美学见解的转变

---

① "论美的界限"一文于1795年4月完稿。"论希腊诗的研究"命笔于1794年春,1795年12月完稿,但1797年后才发表。关于《威廉·麦斯特》的脚注显然是后加的(《早期著作》,Ⅰ,第106页)。这篇文章的早期形式1794年7月定稿,以"论研究希腊和罗马的价值"(Vom Wert des studiums der Griechen u. Romer)初次发表于《德意志民族文学》(DNL),143。然而,我不确定《德意志民族文学》的文本与原始文本是否一致。《威廉·麦斯特》是在1795—1796年分期发表的。在弗里德里希·施莱格尔致兄长的信中首次提及是1795年6月16日,其兄此前尚未读过这本书。

10. 早期德国浪漫派中"浪漫"的意义

产生了直接而有力的影响,这部作品不是《威廉·麦斯特》,而是席勒的《论素朴的诗和感伤的诗》。[①] 席勒在书中提供了让弗里德里希·施莱格尔印象深刻的对诸种原理的现代阐释,事实上,这些原理成了他后来确信"浪漫艺术"之高妙的基础。但施莱格尔的美学理论从一开始就处在一个不稳定均衡状态;只需些微的推力就能使它失去平衡。"古典主义"的限制与他脾性不合;而且这位年轻的批评家常常表现得——尤其是在论述莎士比亚的文字中——暗自赞同按他的严格信条他感到有责任否定的[古典主义]。不仅他的天性与他的学说不相谐和,他的学说本身也不相谐和。他的学说从一开始就包含有明确的纲领或主张——大部分是来自康德——虽然他还没有意识到,他的学说和他后来热情传播的那种美学信条不是一回事。

总之,尚待把所有这一切与本文开头所提出的语义学问题联系起来。在"romantic"[浪漫的]一词被选用来指称浪漫美学,且在这一学说本身被其立说者正式选定之前,我们看到,浪漫美学业已成形,我不是说浪漫美学已经完全成型,但大概可以说它像一直以来那样。施莱格尔在 1797 年后所称颂的"浪漫诗"的含义,正如已经表现出来的那样,在所有根本点上与他在 1794—1796 年所提的兴趣诗是同一个东西。所谓兴趣诗就是施莱格尔所构想的现代

[①] 尤其是头两个章节。1795 年底发表于《季节女神》。这篇文章在施莱格尔哲学发展中具有重要意义,已经由恩德斯(《弗里德里希·施莱格尔》,1913,第 259—263 页)和瓦尔策尔(《德国浪漫派》,1908,第 29—31 页;参见其《浪漫主义者席勒》,载《18—19 世纪的精神生活》)加以强调。

文学的一种特性或趋势。因此,(姑且不谈《雅典娜神殿断片集》第116篇中对海姆观点的明显赞成)我们不能认为"浪漫诗"基本上或指小说体诗(Roman Poesie)或小说般的诗(romanartige Poesie),或者它隐约指《威廉·麦斯特》是一部典型的浪漫作品。正如施莱格尔兄弟在他们对浪漫诗的最终解释中所证实的,它从一开始即指一种独有的现代诗,而不是依循古代诗的范型,他们信奉的理想和审美价值与古代艺术精神相乖违。①

但人们仍然会问,为什么我们会用 romantisch 这个词来表达我们所要表达的意义呢?问题并不难回答。Modern 一词因为其仅仅表达年代学上的性质,因此诚如我们所见,它并不能指称我们意欲表达的比编年更丰富的性质。在施莱格尔改变看法之后,早期的美与兴趣(Schön vs. interessante)的对照,既然对大多数人来说恰好暗指对他现在称赏的这类诗的贬低,因而难以适用。1796年,在一篇典型的转变观点的文章中,我们看到他正式要求采纳"*objectiv*"和"*interessante*"两个词作为"新的技术术语",以区别索福克勒斯和莎士比亚的悲剧类型。② 这一提议很快就落空了。人们可以推测,甚至"*interessante*"也有两个可议之处。*modern*[现代]具有过于突出的年代学意味,*interessante* 则完全没有年代学

---

① 还要注意 A. W. 施莱格尔的说法。1809 年他为浪漫派的最初目标提供了一个回顾性的概述。他谈到了现代文学的所谓"古典"时期的荒芜;接着写道:"就在前不久,尤其是德国的思想家们在这些方面的尝试有了长足进展……在前辈们得到了足够尊重的同时,后生们的独特价值也得到了认可。……正是这些后生为现代艺术的本真精神发明了'浪漫'这个称谓。"(《选集》,1846 年,第 5 卷,第 9 页)

② 《论研究希腊和罗马的价值·引言》,见《早期著作》,第 1 卷,第 83 页。

10. 早期德国浪漫派中"浪漫"的意义

意味;而且由于施莱格尔本人和威廉·冯·洪堡的使用,它已经有一种明显贬抑的意味。同时,还有一个现成的词,好像适合表达Fr.施莱格尔思想的概念。*Romantisch* 在施莱格尔兄弟这里(就像他已经揭示的)主要并不意味着一般意义上的"现代",而是意味着——特别包括中世纪和现代早期——后古典(post-classical)时代。因此,哪怕在纯粹历史的或年代学的意义上,它也比"现代"(modern)更适于表达目前争论中的审美对立的某一方面,因为正是在中世纪和现代早期这段时期,施莱格尔所定义的与"古典"相对的诸种特性充分表达了出来。而现代后期,伪古典主义的复兴以及其他对浪漫的偏离颇为彰显。特别是,*Romantisch* 一词在Fr.施莱格尔那儿最初是与但丁、塞万提斯和莎士比亚相关的;正如我们所知,这三人,尤其是莎士比亚,在施莱格尔观点转变的前后,都是兴趣诗和"本质上的现代"的典型代表。更重要的是,"*Romantisch*"比"*modern*"较少固有的年代学意味,因此更可能内含确定的美学特征,其独特的现代起源是一个重要的但非根本的事实。因此,从施莱格尔个人用法的角度来看,没有其他单词能够像 *Romantisch* 一样精确地表达他所希望表达的含义。从这些角度出发,我们不仅可以认识到施莱格尔兄弟在1799年及此后赋予 *Romantisch* 的意义,而且还可以认识到他们选择这个词的种种理由。长期流行的海姆对这一术语的意义和起源的解释,以及对这一观念的起源的总体描述,因此必须加以辩驳。理解海姆何以犯错,必须加一句,对施莱格尔而言,"*Romantisch*"这个形容词只有在名词"Roman"含有小说和中世纪传奇的意义上,才会继续与之保持一种暧昧的关联;在《雅典娜神殿断片集》第 116 篇所言的浪漫诗的特征中,诸种观念的这一关联——不是透过混合,就是像人们猜测的那样,通过令读者感到困惑——而令人瞩目。但正如我们已经看到的,即使在这段文字中,施莱格尔也只是间接地说明了小说(*Roman*)作为一种文类的可能性;他基本上是在表示,如他先前经常表示的,在他看来,审美目标和倾向把现代艺术与古典艺术区分了开来。

11. 席勒和德国浪漫主义的兴起[*]

I

在前一篇文章中,我揭示了"浪漫诗"概念是由弗里德里希·施莱格尔提出的,是施莱格尔在他的第一个阶段(1793—1796年)专注于系统阐述的古典艺术或古代艺术与现代艺术的不同特性问题的结果。这一审美特性是施莱格尔在学会欣赏它们,名之曰Romantic之后,较早界定和评议的属于"真正的现代"的那种特性。就像我前已指出的,施莱格尔在古典主义时期持这样一种美学理论,在这种美学理论中(假定的)希腊实践的实例与通过类比从康德认识论中推演出的抽象原则奇怪地交织在一起。艺术必须以客观之美为目标,必须遵从基于人性的基本构成的美学法则,因为对所有人、所有时代来说,这种客观之美都是同样的。现代诗在其典型表现上来说是退化的,因为它是"兴趣诗",即,因为它诉诸多样化的个人的主观"兴趣",或某种特殊心理类型的兴趣;因为它把特征(*das Charakterische*)即个人或独特的处境而不是类属作

---

[*] 本文最初发表于《现代语言评论》,第35卷,1920年。

为其主题;因为它致力于表现生活的完满性和多样性,过分执着于希腊诗所可能已经达到的审美上的完美程度,可能忘记了"所有艺术寓于有限性"这一基本事实。

所有这一切和席勒同一时期的美学见解是非常相似的。正如瓦尔策尔所评论的,这一时期的席勒对希腊癖完全有份,尽管他后来挪揄了施莱格尔的希腊癖;对他来说,古代艺术的高妙就寓于希腊艺术的客观性之中。[①]"客观"之美,虽然有赖于诉诸各种感官,需要一种可感媒介,但"独立于感性的所有经验条件。在个体的主观条件($Privatbeschaffenheit$)发生变化的情形下,也保持原样不变。……这是令人满意的。这不仅仅是对个体而言,而且是对类属而言"。像康德逻辑中的有效判断一样,艺术作品必须获得"必然性和普遍性","只有揭示现象的方式显示为必然性时,具有独特美感的艺术领域才能获得如此深远的拓展"。但在任何个体心灵的构成中,除了其"类属特征"外,没有什么是"不可或缺"的。因此,诗人必须专注于那些与其民族一致和共同的情感;为了做到这一点,至少在目前,他必须去除掉自己身上所有与众不同的特殊个性。"只有当他不作为某一确定的人(在他看来,类属总是受到限制的),而把自己当作人来感受时,类属概念才一再出现。"[②]席勒在其美学思想的"古典"时期,对这种个体的独特性的不满达到了这种程度,以致他不惧于断言由于"每个个体是较不重要的人,在某种程度上他只是个个体"[③]这一奇特的悖论。在"客观"艺术中,

---

① 《对各种审美对象的断想》,1793年。
② 摘自《论弗里德里希·马蒂森的诗》,1794年。
③ 前引书。

11. 席勒和德国浪漫主义的兴起

被描绘的事物以及艺术家的心灵必须加以概括和整理,所有这些是特殊的或特有的:"在一首诗中,现实的(历史的)自然是不允许出现的,因为全部现实性或多或少都受到普遍的自然真理的限制。"①

在《审美教育书简》(1795年初发表于《季节女神》)中,席勒在某些方面的意见是一种过渡性看法。但他仍然坚持"客观性"、"普遍有效性"以及审美标准的不变性;关注作为美的标准的"不动情",重申人们已经熟悉的审美愉悦的非功利性议题;否认"说教诗"或"哲理诗"具有审美价值;界定美的创造和美的感知既完全自由,又严格依循法则;把"游戏"说成是艺术的特征;把希腊人列为艺术"大师"。通过把审美的结果当作来自于人类心灵的两种对立的要素或冲动——即所谓感性冲动或质料冲动和形式冲动——的相互作用,席勒仅仅是创造了自己的一套术语来表达一种对立,在施莱格尔的早期美学论文中,这种对立非常突出。质料冲动(*Stofftrieb*)的对象是最广泛意义上的生命,引发艺术家去寻找"世界的最广泛的联系"。② 形式冲动(*Formtrieb*)在寻求"一致性和永久",而不是寻求内涵的完满性和变化。它"促成人性表现的多样化的和谐";它提出了不能改变的、在我们所有的判断中作为"必然性和普遍性"之源泉的法则。施莱格尔认为感性是现代艺术的缺点,他把对感性(*Stoff*)的需要和希腊艺术突出的形式感进行了对比:"从根本上说,对所有形式都抱持一种完全无所谓的态度,而一味追求内容,同样,那些较有水准的读者对艺术家的期望也不

---
① 前引书。
② 《审美教育书简》,第13封信。

过是满足有趣的个人品味。"①

的确,席勒已经注意到,这两种"冲动"在心灵的任何有效运作中都是必要的,不论这种运作是一个合乎逻辑的判断,还是一个审美创造或审美鉴赏的举动。他从与康德知识论的类比出发进行了论证,当然预先就表明了对这一立场的赞同。他注意到,美学理论只有两极,每一极都存在着漏洞。有些人"担心由于对美的严格分解而剥夺了它的自由";但这些人没有考虑到"他们完全有理由把美的本质定义为自由,自由并不是无规律性,而是规律的和谐,不是任性妄为,而是最高的内在必然性"。另一方面,那些唯恐"由于太大胆的综合,可能会毁了美的概念的确定性"的人没有想到,"要求美具有确定性固然合理,但是美的确定性不在于排斥某些实在,而在于绝对地包罗一切实在,所以它不是有限的(Begrenzung),而是无限的。"②这似乎是对施莱格尔所概括的古典主义精髓"艺术是有限的"原则的一种否定。但对席勒来说,实际上"形式"依然是艺术必须加以特别关注的:"不过,只有通过形式才能获得真正的审美自由,因此,艺术大师独特的艺术秘密就在于他要通过形式来消除素材。"③

这样,整个17世纪上半叶,席勒和弗里德里希·施莱格尔尽管彼此之间有细微的差别,他们在思考美学问题时却采用了同样普遍的美学范畴,遵循了同样类型的美学学说——这类美学学说

---

① 《论希腊诗的研究》,米诺版,《早期著作》,第1卷,第91页。
② 《审美教育书简》,第18封信。
③ 《审美教育书简》,第22封信。

11. 席勒和德国浪漫主义的兴起 255

由于确信艺术中"形式"比"内容"重要,确信一致性比表现性重要,确信古代艺术的高妙最适合实现这些标准,因而是以坚持"客观的"审美标准为其特征的。同时在施莱格尔思想中起作用的最初两种力量已经有效地预设了他最终从"古典的"转向"浪漫的"理想的原因,其中首要的原因是,他和席勒从为其古典主义所进行的主要理论辩护所发展出的哲学对他的影响。正如我已经指出的,那种理论辩护主要在于他们转向在康德认识论中找到的某些概念和范畴的美学领域。但康德的影响奇妙地具有两重性,它指向两个截然相反的方向。的确,通过对康德的理论哲学与其一部分道德哲学进行类比而构成的美学,会寻求将艺术限制在对所有人和所有时代都"普遍有效法则"的紧身衣下,并且通过避免具有"独特性"的,即个人或地方或特有的具体历史情境的所有主题和样式,以获得这种一致性。但康德的另一部分伦理学通过类比,提出了一个非常不同的审美价值的标准。在康德的最终陈述中,绝对命令(imperative)只代表了一种观念上的可能性,不是实际上所能实现的,而只是一个没有休止的不断趋近。

> 由道德法则决定的意志的必然客体是至善在世界中的产物。至善的无上条件完全切合于道德法则,——这种完美切合是一种没有哪一个感觉世界的理性存在者在其生命的任何一个时刻所能达到的……既然这样的切合无论如何是道德上所要求于我们的,……纯粹的实践理性迫使我们把趋向于无限的实际的进步视为我们意志的真实客体,……对一个有限的理性存在者来说,唯有趋于无穷的从低级的道德完善性向

高级的道德完善性的前进才是可能的。①

1794年,费希特把康德的道德理想是对永远不可能实现的目标的无尽追求的看法转换成了一个形而上的原理,把万物的性质视为绝对自我的无尽、永不满足的斗争,由此它先是建立了外部世界作为它自身活动的障碍,继而逐渐地但不断地战胜这一障碍。在哲学中无限的概念先于有限的和限定的概念,生成的概念先于存在的概念,行动的观念先于完成(achieved completion)的观念,无尽渴望的心情先于比心灵的安宁静谧和泰然。

现在,这一康德的原理,在从伦理学转向美学的过程中,显然和那些批判标准无法调和,那些批判标准具有弗里德里希·施莱格尔的"古典主义"的本质;这一原理暗示"美的法则"是相对的,是随时代而不断变化的,艺术处于连续不断的演化中。因此,我们从他一开始的美学文章中发现的是两种同样源于康德的思想倾向之间的冲突,在这一冲突中,古典的"客观性"理想最初在整体上占了上风,但并不稳定,采取了显然自相矛盾的手段。在施莱格尔最初试图界定古典文化和现代文化的本质的过程中(《论希腊罗马研究的价值》,1794年),我们已经发现他试图"凭借基于晚近哲学即康德哲学的理论来解释古代史"。他认为构建历史的一般进程有两种可能的途径——历史是一个不断往复的循环运动,或者是一个无穷的、永不停歇的前进过程。这些概念中的第一个概念即 *system des Kreislaufes*[循环体系],较好地满足了康德所谓理论

---

① 《实践理性批判》A,第219—221页(中译文引自韩水法译本,商务印书馆版)。

理性(theoretical reason)的要求;之所以如此,施莱格尔显然认为在康德的术语中只有完满综合(completed synthesis)作为一种真正的一致性,能让我们构想出历史的内涵。但是,"描述满足实践理性的历史的唯一途径",以及寻求一条永远趋近于不可能实现之完美的途径,是无穷进步的体系。那么,基于康德的原理,"依据再现能力和意欲能力,显然先验地存在着两种文化类型:即自然的文化和人为的文化;前者在时间上最先出现,必然先于后者;而循环体系只可能是文化的自然类型,无穷进步体系只是一种人为类型。"①

因此,古代人的文化是基于前一种历史进程的看法,现代文化是基于后一种历史进程的看法。希腊罗马文明的基本共同因素,赋予其历史以统一性的事物,是循环体系——换言之,即基于人类活动的任何领域不存在人们所期望的连续向前运动的假说——对其思想和生活产生的多重影响。这"多少有些明确的表述,不仅是伟大的希腊罗马史家的观点,而且也是人们普遍的思想方式,这种想法的错误在于,他们认为自己历史的成果具有普遍有效性,仿佛那是全人类的历史的成果"。古代文明的循环性通过其不可避免的衰落显示出来。如果有一个有限的目标,那么这个目标可能会完全实现,但目标实现后,情况只能会变得更糟。

另一方面,既然现代文明是由完全不同的历史观所形成的,其

---

① 我接受瓦尔策尔对这篇由他发表于《德意志民族文学》(143)的文章的鉴定,就原始文本来说,虽然这一文本相当于两种后来的修订本之一,在我看来不应绝对排斥。然而,内证在总体上倾向于较早的日期。

艺术以及独特精神的所有其他表现,不能也不应该仅仅试图重塑古代文明所达到的、与现代文明异质的辉煌。我们现代人"必须知道,像远古时代那些靠施舍过活的乞丐那样生活并非我们的专长",每个时代,正如每一个个体那样,都是自身的目的,都有"不可剥夺的成为自身的权利"。"通过满足独自决定着现代文化方向的实践理性的要求,古代文化的力量和完美性获得了其最高价值;如果我们的历史必须一直这样不完整地残存下去,我们的目标无法实现,我们的奋斗劳而无功,那是我们的目标太大了。"这里不仅有独立于"古典"标准的姿态,甚至还有大胆宣称现代世界的美学和道德理想更其优越的味道。但此文的大部分篇幅是礼赞古人。"对希腊人和罗马人的研究,是研究人性之大、之善、之高贵和之美,从中我们可以复兴富足、活力、统一、均衡、和谐、完满,这些依然是现代文化中生硬的艺术所轻视、肢解、混淆、错乱、割裂和毁掉的。""鼎盛时期最杰出的希腊人和罗马人是一种超人,一种最高雅的人。"[①]这里显然是与其自身,即试图与其自身的否定共存的希腊癖不完全一致的学说。如果现代艺术有根本不同的意义和理想,那么,要求现代艺术家应该从古代模式中汲取灵感显然是矛盾的;如果尽善尽美的现代理想是更高的理想,那么,就连独特的"古典"文化的最好体现,也不能被认为恰当地表现了人性的丰富可

[①] 参见以下文字:"在希腊人和罗马人的故事中,具有完全确定的造型的等级概念,它规定并完善着纯粹的形式,单个的素材是如此静穆和完美,以至于希腊人就称之为 κατ' εξοχην[同等之妙],单纯的基础,秩序井然,材料广而单纯,完美无瑕。这种形式简直就是一种哲学的译述,简直就是人的性情中一种永恒的不成文的规定,简直就是人在风格和精神中的一种天然故事。"(前引书,第263页)

能性。

施莱格尔大约同时期的另一篇论文表现了他的标准中同样不稳定的平衡,文章主要就美学问题进行了探讨(《论美的界限》)。①虽则文中强调了古代诗的卓越,虽则古典理想因其对形式、分寸、限制以及对德尔斐神谕在艺术和行为两方面 $\mu\eta\delta\epsilon\nu\ \alpha\gamma\alpha\nu$[过犹不及]的强调,受到了赞扬,无论如何还应该注意到,既然古典艺术之卓越是出自本能而不是出自思想的识见,因此,它不是仅仅会进步,而是注定会出现偏差和退化。另一方面,现代艺术的不足是希望之基础,我们的不足是我们的希望;因为它们的不足源自人的理智($Verstand$)在其中占据主导,理智虽然进展缓慢,却可以达致完美。当这种能力"在完成了为人类确认永久基础并赋予其不可改变的方向的任务后,人们便不再有机会去质疑人类历史是像一个圆环永远回复它自身,还是无限地进步"。整篇文章给读者的印象格外混乱;因为作者似乎不能在两种美学理想之间做出抉择,这两种美学理想在他的脑子里轮番呈现。事实上,他既渴望业已达成的完美,又渴望潜在的进步,既渴望内心的安详,又渴望难以平息的自我的不满足;正如他所认为的,因为现代艺术在根本上缺乏一种卓越,古代艺术则缺乏另一种卓越,他似乎无法断言孰优孰劣。

在这些交织和矛盾中,就我们当下的目的而言,重要的是要注意到弗里德里希·施莱格尔早期文章所包含的诸种观念(同时还有相反的观念),和席勒后期论文《论素朴诗和感伤诗》所持的看法

---

① 初次发表于《新德意志水星报》,1795年5月,米诺版《早期著作》,第1卷,第21—27页。

非常接近。在这些文章中,我们已经发现了以下的对立,每一组对立彼此间平行或相关:①

> 古典艺术-现代艺术
> 自然的教育-人为的教育
> 创造财富-追求财富
> 循环体系-无穷进步的体系②

这里只需提一下导致施莱格尔转入他后期思想或曰浪漫思想的第二种力量,我已经提请对此加以注意。这种力量就是他本人天生的趣味和脾性的影响。然而,不论在所持理论的驱动下,他会怎么痛惜现代世界对"内涵"的渴望、对"兴趣"的渴望,对"独特"和个性化的渴望以及对纯形式法则的相对淡漠,然而同样真实的是,在施莱格尔的天性中,席勒所说的质料冲动是极其强烈的,更不要说有重要影响了。他对生活和人性的好奇太强,很难让他持久地满足于那种只要求诗人勾画一个普遍类型,而禁止诗人坦诚他自己的个性或者把他自己的心绪偷偷塞进他的作品的艺术理论。在可以引述的许多例子中,弗里德里希·施莱格尔的《论希腊诗中的女性》一文中有一个例子足以说明他的思想倾向与其早期美学理

---

① 《早期著作》,第1卷,第22页。
② 还应该注意,施莱格尔在基督教精神的引入中已经看出了现代艺术区别于古典艺术的历史进程的理想和概念发生改变的主要原因。但这是一个需要另外的讨论的主题。参见《论研究希腊和罗马的价值》,载于《德意志民族文学》(DNL),第143页,第261页,及《早期著作》,Ⅰ,第81页。

11. 席勒和德国浪漫主义的兴起 261

论之间存在这种内在矛盾。虽则施莱格尔认为希腊诗人符合"美的艺术"的原理，不去尝试描绘"作为个体的有趣男女"的生动细节，但他不由得叹惜没有这样个性化的和写实的希腊人像流传给我们。①

这样，施莱格尔的浪漫派艺术理论已经隐含在他第一个时期的这两种特性中：(a)隐含在康德伦理学与康德美学的类比中，即艺术应该以不断拓展其边际，向难以企及的遥远理想不断进步为特征，而不是以拘泥于永远不变的法则和有限的目标而获得任何确定的完美形式为其特征；(b)隐含在他对莎士比亚这样的诗人及其优点的热情赞美中，尽管他忍住了要求诗——仿照莎士比亚——都应该把全部生活视为其表现的领域，把艺术表现的丰富性和真实性作为艺术家成功与否的唯一标准。不过，在1796年前，施莱格尔从未完全顺从这一情绪化的倾向，也从未认识到康德式类比或此类比与其古典主义和客观美标准的矛盾的全部后果。相反，在完成于1795年的长篇专题论文《论希腊诗的研究》中，他对客观性的癖好，他对现代人的乖常的愤怒，他对"纯美的先验法则"的尊崇，他认为诗只有通过最严格地限制其主题的范围和手段来与它的天职契合——所有这一切都比以往更强烈。一些外部动力对他迈出下一步是必要的，而这一步是他已经做的让步所要求的，以便明确地达至他将要命名为"浪漫的"立场。

现在，我将提出证据，这种证据带有结论性地显示了出自席勒1795年12月发表于《季节女神》杂志的《论素朴诗和感伤诗》，尤

---

① 《早期著作》，第1卷，第39页。

其是该文的第二部分的这种推动力。但我同时将试图搞清楚在席勒的"感伤诗"的概念和施莱格尔"浪漫诗"的理想之间确切的逻辑关系,在这种关系中,不同点显然远远大于相同点。

II

弗里德里希·施莱格尔本人有明确而断然的证言,表明他初次阅读席勒分期刊登的《论素朴诗和感伤诗》第二部分时留下了深刻印象。他在致 A. W. 施莱格尔的信中写道:

> 席勒的理论是那么具有感染力,以至于我在许多天里除了读它及有关它的一些评论之外,什么都做不下去……席勒真的让我眼界大开。我的内心是如此激动,根本无法平静下来做别的什么事。只有一件事是我决心要做的,无论如何,在这个冬天要让我的诗学概要付梓,只有这件事是不可动摇的。①

弗里德里希·施莱格尔不久后为其论希腊诗的文集而撰写的前言显然有这次阅读的影响。他现在公开承认受惠于席勒的文章;而席勒的文章赋予他"看待兴趣诗的宽阔视野,阐明了古典诗

---

① 《施莱格尔兄弟书简》,253,着重号是我加的。不久(1796 年 2 月)施莱格尔写道:他完全同意席勒的"感伤诗人的解读与入门",即文章的第四部分(前引第 263 页)。

11. 席勒和德国浪漫主义的兴起

的范围和限度。"① 如果他早点读到此文,他现在这本书对现代诗的起源和性质的解释将会"周详完备"。事实上,他在前言中对该书收录的(早前写成的)这篇文章采取了一种明白无误的致歉的笔调。他请他的读者不要把他对现代诗的酷评当作他对这一问题的定论。他提示,现在他会把他的看法仅仅作为一种假设。如果"美和艺术的纯粹法则"决定了我们的审美标准,如果"客观性"是审美价值的要素,那么,现代诗必然要遭到非议,因为它不是以符合这些标准为宗旨,而是发觉自己的理想在于"兴趣诗,即主观的审美技艺"。但如果有其他判别审美价值的标准,那么,正是通过准确地指出现代诗的这种特性,席勒——正如施莱格尔郑重提示的——制定了为现代诗进行有力辩护的方法。

然而,施莱格尔并不确实想彻底抛弃他以前的谬见。他只承认"诗中的兴趣"有"临时的有效性"。古代诗的完美形式无疑归因于其内容的严格限制;现代诗则无疑注定要超越这种限制,在这样做时要经历"纯美"在艺术的内容与素材方面不断丰富的许多阶段。在所有这些阶段,必须承认,"这种有趣的东西只是趋向美学追求之无限完美的必要准备,它只是实现美学所允许的东西"。但这个目标与优美的"客观理论的法则"、与"古典诗的范例"仍然完全吻合。正如恩德斯所评论的,② 这一限定与其说确有其实,不如

---

① 施莱格尔用 sentimental 一词来与客观诗相对,与他迄今为止用 interessant[兴趣]所指的重要部分——虽然不是整体——相当。他对这一术语的第一个定义是:"它是一种追求无限的诗性的表达,这种表达是与反映理性与现实的关系联系在一起的"(《早期著作》,I.81)。这应被视为施莱格尔明确用 sentimental 一词来与席勒的 sentimentalisch 一词互换。

② 《弗里德里希·施莱格尔》,1913年,第263页。

说空有其名;因为既然认为这一目标是不可能达到的,只可能无限趋近,"兴趣"同时成了诗出色与否的标准,那么,诗人或批评家就可以实际只关心这一点。

正是1797年版前言的过渡特征及前言公开承认的施莱格尔的立场转变是由于席勒,明确证明了是《论素朴的诗和感伤的诗》促成了施莱格尔转向新的美学信念——即浪漫的-美学的信念(Romantic-aesthetic faith)。不久,在《吕刻昂断片集》(1797年)中,我们发现施莱格尔的转变已经完成。现在,他毫不客气地嘲笑自己早年对客观性的癖好(*objektivitätswut*),在类似席勒所陈述的立场上肯定"现代诗"的优越性,[①]发表了有关浪漫精神的独到论文。

不难看出,在席勒的论文中,什么对施莱格尔的思想产生了如此巨大的影响,马上为他提供了新的"解决方法"。因为那篇论文——特别是论文的第二部分——首先开门见山地提出问题,这一问题是作为批评家和美学理论家的施莱格尔从一开始就专心致力的问题;论文试图界定古代诗和现代诗中固有的诸种观念,以系统地表述两者的道德含义(*moralische Bedeutung*)(这是席勒的用语)。一些基本著述与施莱格尔通过自己的思考得出的想法是相同的。比如,现代人已经不再与"自然齐一"了;现代诗人相对于古

[①] 《吕刻昂断片集》,93:"在老人身上,人们看到的是完美诗的韵律,而新人应该去摹仿他们成熟的精神";91:"这些老人不仅是上帝随心所欲遴选的人,还是唯一能救世的美丽神话。"也参见107篇。《吕刻昂断片集》中典型的romantic,还有以下各篇:7,16,20,34,42,48,60,64,82,87,95,104,108,115。第84篇也许更代表了前面提到的Vorrede[前言]的过渡性立场。

代诗人来说,专以"主观的"为其特征,他们感兴趣的是客观事物加给他们的印象,而不是客观事物本身;"古代诗人通过自然、通过真实感、通过当下的活生生的现实打动我们,而现代诗人通过各种观念打动我们";所有这一切最具独特性的是,现代艺术是一种无限的艺术,而古代艺术是一种有限的艺术——这是施莱格尔本人连篇累牍地讨论的主题。对施莱格尔来说,赋予席勒论文以革命性意义的是文章确定了作为现代艺术特征的不是颓废,而是一种相对于古代艺术的精神和目标来说的"无限的优越性";文章确认,"现代诗人所追随的道路"是所有人——无论什么种族或个体——必须依循的道路,换言之,是艺术进化的一个正常阶段;它断然指责(在施莱格尔早期美学著作中如此突出的)首先"从古代诗的一般性中提取出一种片面的看法,再通过把现代人与这一看法进行对比从而贬低现代人"的做法;文章清楚地表明,在施莱格尔和席勒迄今为止都使用这一术语这一意义上来说,不存在什么"客观的"美学原理——不可能设立完备的、最终的、"必要"的、永不改变及具有"普遍有效性"的标准和模式——因为尝试通过这样的标准来限制艺术家就是试图阻止无限的"进步",而这是现代艺术独擅胜场之处,是现代艺术的荣耀。

可以看到,席勒为施莱格尔所做的并不是用给他提示新的论点,而是用实例鼓励他勇于坚持一种更具革命性的结论,一种通过康德的伦理学与费希特的形而上学的类比已经揭示给他的论点。这一结论是浪漫学说中被认定为正在形成的一般要素的命题,即无限的艺术优于有限的艺术,以及现代艺术,即所谓"进步的"艺术和"主观的"艺术,与古典时代静止的、更纯粹的"客观"艺术相比,由于后者的完美形式受到约束及其严格的自我限制,因而最终更胜一筹。席勒带给了弗里德里希·施莱格尔浪漫派的基本信条,在此意义上,席勒可以被视为德国浪漫派的精神鼻祖。

施莱格尔后来对"浪漫的"所做的正式定义显示浪漫学说具有与席勒的"感伤诗"的概念以及作为现代精神真实表述的"无限艺术"的概念同样普遍的本质(虽然不是同样特别)。施莱格尔在1800年写道:"依我之见,用我的语言来说,浪漫派同样是在一种富有想象力的现实中描述某种令人感伤的素材。"他进而解释:他采用sentimental[感伤的]一词,不是在它的通俗意义上,而是指具有"爱的精神"特征的东西;反过来,通过"爱",他指的超出了个人的情感旨趣,是"一味向崇高升华,追求无限,追求无限之爱,以及使生活趋向神圣,如生动的自然界一样丰富"。因此,在同一篇文章中,施莱格尔处处谈到了"romantic 一词的广泛意义",这个词指称追求深沉的无限意义的趋势。① 认为席勒的"感伤诗"概念等同于施莱格尔的"浪漫诗"概念,是一个极大的错误。非但它们的性质远非如此,而且在某些方面,施莱格尔式的"浪漫诗"倒与席勒的"自然(素朴)诗人"更契合。我们马上可以从席勒所给的例子中明显看出这一事实。的确,对席勒来说,荷马是"自然的"诗人,而莎士比亚、莫里哀、歌德是伟大的现代诗人。另一方面,正如我已经指出的,对施莱格尔来说,"莎士比亚是浪漫诗的核心和中心"。在

---

① 《早期著作》,第2卷,第370—372页,参见诺瓦利斯在1798年1月的一段文字中预言的一种扩展的诗 höhere[高等诗]的到来,人们只能称扩展诗为无限的诗。这里的提法是席勒的,但也是针对浪漫派的提法。

具体诗人的类别上如此显著的差异指出了"感伤主义"和"浪漫主义"两种学说的一些重大分野。

这一分野可以公允而准确地加以确定。认为现代诗的优越性基于其内容(Gehalt)的"无限性",基于其所致力的对永远无法企及的理想的探求,基于其永不停歇地趋近无限的伟大,两位作者意见相同。但席勒和施莱格尔所思考的"无限性"的主要方面并不是同一种"无限性",一位渴望得到的"无限进步"是不同方面、不同方向上的进步,另一位考虑的则是这种进步给现代艺术的启发。至于在艺术或生活中"寻求一种无限内涵"的笼统而含糊的看法,如我已经指出的,席勒和浪漫派大体上是共同的,对此可能至少有五种清晰的、但在任何情况下并不相互排斥的解释。这可以理解为是在伦理的、或类似神秘的、或享乐主义的意义上,或(这里似乎没有任何渲染的意思)在为追求而追求的意义上,或在所谓现实的意义上,竭力描绘现实的丰富性和多样性。换言之,诗人可以(1)在某些太高傲或太多面或太苛刻以致难以完全表达而又值得表达的道德理想或道德情感方面,找到他的艺术灵感;(2)他的艺术可以表明一种偏好意义上的"对无限的探寻",这是对神秘的或笼统的或遥不可及的事物的偏好,或是对极致的向往,这种极致的魅力内含在其难以名状的、对日常生活的超越中;或(3)诗人可以一时兴到地突出表现出对新的情感、欢愉或拥有的永不满足的热衷(就像卡莱尔所言的"无厌的擦鞋者"),可以用他的艺术来展示自己的独特性;或(4)他可以把永不满足(insatiability)作为他的自觉理想,把对这一理想的赞美作为其艺术的主题(就像《浮士德》那样);或(5)他可以设想把这种永不满足作为其艺术的功能,以日益充分但又从未完全充分地表达对生活——即自然诸方面和人类经验尤其是内心经验诸相的无尽变化和不竭的兴味(interestingness)。"无限"这一基本观念的暧昧性是浪漫学说发展出如此变化多端、彼此矛盾的形式的主要原因,也是 Romantic 这一术语渐渐产生如此混乱多歧的释义的原因。

那么,席勒所说的"感伤诗人"的"无尽追求"主要是这五种形态中的第一种;它是在争取更完满地实现或更恰当、更令人称道地表达一个道德理想。他的不满足源自"理想与现实之间的冲突",举例来说,这种不满足不仅是世界满足不了我们欲望的一种挫败感,还是"一种道德冲突的深刻情感,一种不断累积的对道德颠覆的厌恶感"。① 表达现代艺术的真实理想的诗人不会关心描绘"现实的人性",而是关心描绘"真实的人性",即在这种人性中,人的高级而独特的自我能动的理性能力起主导作用。② 的确,讽刺诗人有必要把人性的不完美或荒谬性置于我们面前;但他这样做是为了通过对比、通过嘲笑或义愤更好地表达某种理想,他肯定一直感到并让他的读者感到这种嘲笑和义愤,因为他叙述了这种个人性格或生活习俗中的卑下、褊狭和非理性。诗人的目标一直是使其读者完善(veredlung)和复原(Erholung)。总之,《论素朴的诗和

---

① 此处席勒尤其指讽刺诗人,讽刺诗人(在他们与这些要求一致时)是"感伤诗"的两种主要类型之一。

② "激情的每一次勃发,即使极其庸俗,总是实际的自然;它甚至可以是真正的自然,但绝不是真正的人的天性,因为真正的人的天性在它的每一个表现中都需要独立的力量的参加,而这种力量总是表现在尊严之中"《论素朴的诗和感伤的诗》,第5章。

感伤的诗》中的美学学说具有极高的道德意义。①

弗里德里希·施莱格尔对"无尽追求"的解释是完全不同的,他也视之为现代艺术的特征。他本人对浪漫主义文学的第一个贡献就是创作了《卢辛德》,这部作品追求的绝不是以"无限"为目标的完美道德的理想,这种道德理想对人性来说过于高傲和苛刻,难以企及;它的目标毋宁说是把现实生活的无限性——无论好坏——作为诗艺的题材。总之,施莱格尔主要在我前已区分的五种特殊含义的最后一种含义上形成了他的整体看法。在很久以前他的希腊癖时期,他就把现代艺术和趣味的诸种特征(他随后加以严厉指摘)解释成重塑文学中的丰富和生动(Fülle und Leben)。这种"丰富和生动"是自然的特权,是一种"可怕而无益的渴望,把这无限和热切播散开来,渗入每个个体的心灵";现在他把他的新见具体化为一种审美必要条件(aesthetic desiderata),具体化为他以前对现代精神所下的糟糕定义的所有要素。② 这种追求质料的丰饶(Reichtum des stoffes)的抱负,这种把艺术的丰富性与自然中的多变性和复杂性相对立的热望,构成了施莱格尔的浪漫理想的"无限性"。

施莱格尔有一段文字按自己的理解来解读席勒的术语,文中上述对立就变得更为突显了。1800年他写道:有一种特殊的因

---

① 席勒看法的要旨和重点至少是真实的。然而,他偶尔会陷入一种多少有点不同的"感伤"概念,而他自己显然没有意识到这种差异。例如,他在谈论维特——不是小说,而是歌德那部小说中刻画的人物——时,把他作为一种"感伤"类型之扩展的证明,他肯定被认为忘记了他本人的一些个性因素。因为那不可能出自维特所经历的探寻道德理想的狂热。

② 参见前文。

素,"在对感伤诗的解释中,恰恰流露出了浪漫诗与古典诗对立的趋势",这就是对现实生活的兴趣,对真实的历史资料必然的偏爱。"浪漫诗完全基于历史的背景",自传作品,像卢梭的《忏悔录》(施莱格尔附言,是极佳的小说,远胜过《新爱洛漪丝》),文学上的"阿拉伯风格",比如像让·保尔的小说,是"我们时代单纯的浪漫的自然产物"。"所有的所谓小说"应该根据"大量直接的个人观察(eigne Anschauung)以及它们所包含的大量的生活描绘来进行评价;按这种观点,即使理查森的后继者也是值得欢迎的,虽然他们可能偏离了正轨。我们至少可以从塞西丽娅·贝弗丽那儿了解到,人们如何厌烦了伦敦,这种厌烦何时成了时髦,一个英国妇人如何因为过度敏感而以自戕告终。起誓、乡绅及诸如此类在菲尔丁笔下可以说是悄悄从生活中得来的,《威克菲尔德牧师》使我们得以深刻了解这个世界看待一个乡村牧师的方式。……但这些书只是有限地、少量地给予我们其所包含的部分现实(das wenige Reelle)! 一部小说在一个以浪漫精神读过它们的人看来,几乎要好过任何一本游记、书信集或自传!"①但在席勒看来,对现实的这一偏好不是"感伤诗人"的标记,而是"自然(素朴)诗人"的标记。

---

① 出自《谈诗》(1800 年)的"论小说书简"一节;《早期著作》,第 2 卷,第 372 页,第 374—375 页。的确,同篇还包括一段激扬的文字,部分已经引用过。在这段文字中,我们知道感伤的诗关注 eine unendliches wesen[无尽的本质],但并不把它的趣味只集中在人、事件、情境和个体的欲望上,而是仅把这些作为一种"高级的、无尽之爱"等等的符号。换言之,施莱格尔虽然主要抓住了我认为有现实意义的浪漫的"无限",但他在修辞阶段拘泥于语言,甚于合乎类似神秘的意义。甚至在我们讨论的这段文字中,他指出他心目中所有的"无尽的本质"既非一种超感知的现实,也非一种道德理想;它是不断形塑自然的神圣的、丰富多彩的生活。

11. 席勒和德国浪漫主义的兴起

"素朴的诗基于感伤的诗毫无所知的经验"。"感伤的诗是隐遁和静寂的产物,这也是它的迷人之处;素朴的诗是生命之子,它引导我们复归到生活中去。"[①]席勒的这段文字特别明显地指出了他本人的"感伤主义"和施莱格尔的"浪漫主义"之间的对立。他评论道:诗可以通过两条途径"具有一种无限的内涵",这两条途径其中一条据说即使自然诗人也可以以"无限"为目标,即"诗人描绘了客观对象的全部范围,他把客观对象个性化了"。这里,席勒的意思似乎认为,全面描述一个单一对象——一个完全个性化的对象——连同其全部具体的确定性和各种关系,是一项无尽的任务。他继续说道:但感伤诗人的任务并非这种无限,他把他的艺术对象提升至无限而不是"通过把艺术对象理想化从而摆脱它的所有限制"。这恰好是席勒用"素朴诗"而施莱格尔用"浪漫诗"加以阐释的那种"无限"的含义。

因此,席勒可以把莎士比亚列为"自然"诗人,施莱格尔可以把莎士比亚列为浪漫诗人。对于十四行诗人的莎士比亚,席勒并不在意;对于剧作家的莎士比亚,他又未能破解。在大多数情况下,莎士比亚并不描写理想化的人物,而是描写高度个性化的人物,"以及与之相关的全部事物";他对表现难以企及的道德理想并未显出浓厚的兴趣,他也不关注他的听众或读者的完善(Veredlung)。但——就像在施莱格尔看来,——他在表现生活的普遍性方面超过了其他所有诗人;正是出于这个原因,他成了浪漫

[①] 《论素朴的诗和感伤的诗》,《席勒全集》,1847年,第11卷,第233页,第232页。

艺术的最高代表。①

最后,我们可以通过重温施莱格尔在著名的《雅典娜神殿断片集》(1798年)第116篇为浪漫主义所下的定义来观察"感伤"和"浪漫"这两个术语的相似和对立。这个形容词可以说在这里获得了其最初的正式定义。"浪漫诗"首先是一种"渐进诗",它"仍然在变化之中,这个变化永远不会完结,也从未完结。变化的确是浪漫诗的本质"。在这一点上,显然它类似席勒的"感伤诗"。但浪漫诗也是一种"总汇诗",——值得注意的是,总汇并不是在引起普遍兴趣的意义上,而是在内涵的全体性意义上,或指内容的无所不包,一种更趋近于而从未达到的无所不包。诗的诸种形式和类型(genres)自身不仅要融汇为一体,而且还必须"给每一种艺术形式灌注各种实在的文化教养的材料(*bildungsstoff*),通过人的性情的搏动给艺术形式灌注生气。浪漫诗包罗了一切稍有诗意的东西,大到一个自身包含了许多其他体系的宏大体系,小到歌童轻声哼进他那纯朴歌声中的一个叹惜,一个吻。……浪漫诗成为周围整个世界的一面镜子,成为时代的肖像"。而且它还比任何其他(艺术)更能表达诗人对他所描绘的客观对象的反思。"只有浪漫诗是无限的,因为只有浪漫诗是自由的(*Willkühr*)。浪漫诗将诗人的随心所欲容不得任何限制自己的规则当作其最高法则。"施莱格尔在后来的《断片集》中补充道:"从浪漫诗的立场看,即使是诗

---

① 感伤的诗和浪漫的诗概念中包括的"主观性"的观念(虽然通过不同的观念的关联),在席勒和施莱格尔的思想中,导致了一种混乱的划分。分析这种观念与两种定义中其他因素的关系,由此去厘清混乱,需要扩大本文的篇幅,殊为不妥。

的变体,哪怕是怪诞和怪异的变体,作为总汇性的材料和预备练习而具有价值,只要其中有点什么,只要它们是独创的。"①

这就是最早的浪漫主义美学纲领。它的代表性特征,它在描绘生活时对总体性的要求,具有主观和客观两方面的效果。一方面,它要求诗人自我表现的恰当性,因此,也就要求这种自我表现的自由;因而便有了自我的呈现(étalage du Moi);另一方面,这是对表现人性和经验的现实在其全部的无尽变化中的真实性和完整性的要求——对于最初的浪漫主义者来说,这种要求更广泛也更显豁;在这一方面,起初的浪漫主义纲领是一个真正的现实主义纲领。这中间似乎只是一种单一观念的两种运用,施莱格尔似乎未能截然分辨此二者,但二者之间有一个潜在的矛盾,最终突显出来;但在其解释中,尤其是在第二种解释中,关于普遍性的浪漫理想明显不同于席勒的"感伤诗"的概念,因为这种概念执意于"真实与理想的对立",它缺乏对"现实人性的关注",它主张理想化。不管怎样,正如我们所看到的,正是席勒,主要或者说最终决定性地引导弗里德里希·施莱格尔采纳了浪漫理想。②

---

① 《雅典娜神殿断片集》,第139篇,亦参见124篇,它预示了后来的现实主义:"一旦人们从心理学角度出发来写小说或读小说,那么害怕对不自然的肉欲作最缓慢、最详细的分析,就是非常不合逻辑的、卑劣的。对于恶俗的痛苦、可恨的不名誉、令人恶心的肉欲和精神上的无能的分析也是如此。"

② 至于这一观点的英国后继者——英国浪漫主义者,尤其是柯勒律治和赫兹列特,对施莱格尔式的对立和美学思想的接受,见本文发表之后才发表的以下文章:W.霍顿·泰勒:"特殊人物:文学革命的一个早期阶段",载于《美国现代语文学会会刊》,第40卷(1945年),第161页以下;及斯蒂芬·A.拉腊比:"赫兹利特的批评论和希腊雕塑",载于《观念史杂志》,第2卷(1941年),第77页以下。

12. 论诸种浪漫主义的区别[1]

1

我们探索了一个世纪或许不是一丁点儿也不配受到学术团体的注意。1824年,下茹埃尔堡(译按:法国地名)尊贵的市民迪皮伊先生和科托内先生开启了一项事业。据记载,这项事业——通过收集由著名的权威人士提出的各种定义和特征来揭示何为浪漫主义——"他们熬了十二年",以失望而告终。我因而猜想,委员会邀请我来谈论这个话题的目的之一也许是推进迪皮伊和科托内的百年巡礼,在这个巡礼中,至少可以部分地展现代表文学批评家和现代文学教授百年劳动成果的诸种浪漫主义定义。可以肯定的是,这个巡礼不缺乏素材;这些论文的当代整理者在赞美一个世纪前那些可敬的先驱的勤勉和苦恼时,主要会对先驱们的任务相对单纯感到羡慕。他还将发现,那一术语的诸种含义的明显矛盾与

---

[1] 这篇讲稿最初提交给美国现代语言学会第40次年会(1923年12月27日),发表于《现代语言学会会刊》(*PMLA*),第39卷(1924年),第229—253页。第一段指的是阿尔弗雷德·德·缪塞的《迪皮伊和科托内书信集》(1836年)。这篇讲稿重印于此,补充了有关浪漫主义一些后来的定义或特性。

12. 论诸种浪漫主义的区别

其数目的增加同步;这个问题从一开始就具有的激发矛盾和引发分歧的特有力量,一点也不随年份的推移而递减。

如果今天某位迪皮伊首先只是收集近期对浪漫主义起源和时代的解释,他将会从拉塞尔先生①及其他许多人那里得知卢梭是浪漫主义之父;将会从罗素先生②和桑塔亚那先生那里③得知,浪漫主义起源的荣耀理应归于伊曼努尔·康德;从塞埃先生那里得知,浪漫主义的祖先是费讷隆和居永夫人;④从白璧德教授那里得知,浪漫主义最初确定的先驱是弗兰西斯·培根;⑤从戈斯先生那里得知,浪漫主义源于尊敬的约瑟夫·沃顿;⑥从已故的科尔教授那里得知,浪漫主义始于"17世纪初或更早,在《阿卡迪亚》或《大居鲁斯》⑦这类书中已经出现了";从蒙莫朗西先生(J. E. G. de Montmorency)那里得知,浪漫主义诞生于11世纪,它源于英法,更确切地说,源于盎格鲁-诺曼人对复兴的一种渴望;⑧从格里尔森教授那里得知,圣保罗"侵入希腊宗教思想和希腊散文"是浪漫运动的一个实例,虽然第一位伟大的浪漫主义者是柏拉图;⑨从查尔斯·惠布利先生那里得知,《奥德赛》的"文理和精神"是浪漫主

---

① 《法国浪漫主义》(1919年),第141页及各处。
② 《哲学杂志》,第19卷(1922年),第645页。
③ 《德国哲学中的自我主义》,第11—20页,第54—64页。
④ 《卢梭的先驱居永夫人和费讷隆》,1918年。
⑤ "席勒和浪漫主义",载《现代语言学评论》,第37卷,第267页(1922年)。
⑥ 《不列颠学术院院刊》,1915—1916年,第146—147页。
⑦ 《诗艺》(1923),第79—80页。
⑧ 《当代评论》,1919年4月,第473页。
⑨ 《古典的和浪漫的》(1923年),第32页,第31页。

义的,此外还有,浪漫主义"诞生于伊甸园","蛇是第一个浪漫主义者"。① 研究者同时还发现,浪漫主义的许多发起者——的确,包括我们一直提到的一些难以甄别的同时代人——出现在恰恰与浪漫主义相对立的思潮的发起者和代表者的名单中。

对于浪漫主义的时代和世系的这种种说法,与我们时代特别关注浪漫主义的人对它的种种描述不相上下。在科尔教授那儿,浪漫主义是"漂亮的写作方式",②在戈斯先生看来,浪漫主义与"恪守事实"③不一致,在 F. Y. 埃克尔斯先生④(他附议佩利西耶先生)看来,"浪漫的观念体系"是"现实主义的错误"的直接来源,是将心理学视为"纯心理现象的枯燥标记"以及随之把小说和戏剧归为对人的愚蠢(la bête humaine)的呆板姿态进行描述的倾向的直接来源。对科尔教授来说,"Romantic"一词还意味着"回忆":"浪漫主义多多少少总是仰仗着过去。"⑤同样,杰弗瑞·斯各特先生发现"浪漫主义最典型的形态"是"对早已逝去的事物的热情"。⑥但 F. E. 谢林教授告诉我们,"古典倾向向过去学习,而浪漫倾向则无视过去;……它引导我们向前去创造新的先例";⑦而对 19 世纪 20 年代或 30 年代的一些法国浪漫派批评家而言,这一运动的口

---

① 乔治·文德姆《论浪漫文学》的编者导言(1919 年),第 xxxiii 页。
② 《诗艺》,第 79 页。
③ 《各个方面和各种印象》(1922 年),第 5 页。
④ 《对浪漫主义的清算》(1919 年),第 14 页以下。
⑤ 《诗艺》,第 50 页。
⑥ 《人文主义建筑》(1914 年),第 39 页。
⑦ 《现代语言学会会刊》(*PMLA*),第 13 卷,第 222 页。

号是与时俱进(il faut être de son temps)。① 保罗·埃尔默·莫尔先生把浪漫主义界定为"在自然之流本身而不是撇开自然之流观察无限的一种幻想",简言之,是对宇宙之流的一种礼赞;②但一些专门研究德国浪漫派的学者把施莱格尔的"一切见识都不过是一种隐喻的真理"和歌德的"一切瞬间的存在都只不过是一种比喻"引为浪漫派的典型表述。③ 对于近期一位德国作家来说,浪漫主义中最深刻的是"宗教憎恨这种生活……浪漫主义却想探寻人性的东西与超人性的东西的直接联系。"④在那些认为浪漫主义首先指一种社会的和政治的意识形态和思潮的人中间,有一位颇具典型性的作家告诉我们,浪漫主义在每一个领域都招致无政府状态……是对每一个被授予哪怕一丁点儿社会权势——丈夫或家长、警察或法官、牧师或内阁成员——的人的蓄意敌意。⑤ 但戈茨里夫斯教授在亚当·缪勒的说法中发现了"浪漫运动中政治和经济思想的极致",缪勒的学说寻求为体现在家庭和国家中的已确立的社会权威和尊行辩护,"按一种必然的逻辑,浪漫主义者的意识形态被划入反动阵营"。⑥ 塞埃先生最著名的著作中表明,浪漫主义的心灵易受一种自卑情结的影响,"一种不满足感,精神上的孤独感,甚至一种焦虑感",⑦从这位作家的其他著述中我们了解到,

---

① 参见乔治·博厄斯,载《美学杂志》,I(1941年),第52—65页。
② 《浪漫主义之流》(1913年),第 xiii 页,第247页。
③ 玛丽·乔基米:《德国浪漫派的世界观》(1905年),第52页。
④ 尤里乌斯·巴布:《福廷布拉斯,或19世纪浪漫精神之争》。
⑤ 查特顿-希尔:《当代评论》(1942年),第720页。
⑥ 《观念史杂志》,II(1941年),第279页以下。
⑦ 《浪漫之恶》,1908年,第vii页。

浪漫主义不论在个人方面还是在民族方面,都是一种"帝国主义的"情绪——对强力意志的过于自信的维护,这种帝国主义情绪源自"一种神秘的感觉,即人的行为要强过神的同盟"。① 人类思维的功能被视为一种特殊的"浪漫",这对一些人来说,"是心与脑的对立",②而对另一些人来说,则是"想象力与理性和客观事实感的对立"。③——我绝不将这些当作表达与一些对立的心理现象类似的东西的方式。浪漫主义精神实质的典型表现被设想为对月光的热衷,对红马甲、哥特式教堂和未来派绘画的热衷;④只谈自己、英雄崇拜、沉迷于对自然的忘我冥想,不一而足。

对于浪漫主义所引发的结果,人们的看法如同对其属性和先驱一样,不可思议地五花八门。不同的历史学家——有时是同一历史学家——认为是浪漫主义招致了法国大革命和牛津运动;回归罗马,回归自然状态;黑格尔哲学、叔本华哲学和尼采哲学——很少有另外的哲学家能比这三位哲学家更加接近穷尽哲学争论的丰富可能性;新柏拉图神秘主义在柯勒律治或阿尔科特那儿的复兴,爱默生式的超验主义和科学唯物主义;华兹华斯和王尔德;纽曼和赫胥黎;韦弗利系列小说,《人间喜剧》、《卢贡马尔卡家族》。塞埃先生和白壁德教授在孜孜探寻过去一百年浪漫主义的传人;他们的研究发现,浪漫主义的后继者为数惊人,且构成驳杂,这是

---

① 卢吉安:《法国现代史上的一种新哲学》,1921 年,第 6 页以下。参见塞埃:《当代民主启示的神秘危险》,第 2—6 页。
② 维尔纳:《浪漫主义和德国浪漫派》,第 3 页。
③ 尼尔森:《诗的要义》,1912 年,第 3 章。
④ 关于最后被提及的,参见戈斯,载《不列颠学术院院刊》,1915—1916 年,第 151 页。

12. 论诸种浪漫主义的区别

在座各位都知道的,因此,要做进一步的佐证看看他们的著作就足够了。

所有这一切只是一个暗示,随便哪一个展品都提示我们百年巡礼可能搜集的展品之丰富。结果是术语和观念的混乱,与此相比,一百年前的术语和观念——虽然它曾令下茹埃尔堡诚实的探索者动过脑筋——似乎相当明晰。"浪漫的"一词渐渐指如此多的事物,而它本身空无所指。它不再发挥言语符号的功能。如果某人受邀——如我曾有幸受邀——去讨论浪漫主义,我们不可能知道此人将谈论什么观念或思想,这些观念或思想何时流行,或有谁认为这些观念和思想已经给出了例证。也许有人认为,不必为浪漫一词的意义含混感到遗憾。1824年,维克多·雨果证实,有些人他们宁愿听任浪漫这个词,让人产生一种空幻的、难以表述的模糊,这种模糊使人们对这个词更觉得恐怖,也许这种趣味并未过时。但对一个哲学家的志业来说,这种情况起码是令人困惑和恼怒的;对哲学家而言,且不论与此相反的流行信念,他们备受想知道他们正在谈论的是什么的可怕折磨。

在目前尚不确定浪漫主义流行的性质及其范围的情况下,压根儿就不可能在争论中偏袒某一方,而有关浪漫主义的优点、有关浪漫主义对艺术和生活的普遍影响的特性的这种争论仍然方兴未艾,这样做太像同意加入陪审团,在一帮精通法律的法官面前审判一个并不确认罪行的犯人,而这些法官正相互指责是造成这些伤害的同谋。据考察,像拉塞尔、塞埃、白璧德和莫尔诸先生(无需提其他人)都忙于争论说:那些称为浪漫主义的事物是19世纪和我们当代所忍受的精神之恶的主要原因;但关于这些恶是什么以及如何加以消除,他们可能至少代表了三种不同意见。拉塞尔先生把浪漫主义视为法国革命的根本精神,他发现了我们灾难的主要原因是,那场革命与以往相悖,抛弃了欧洲文明的古代传统;他因此寻找良策以恢复古老的信念和古老的政治、社会秩序,放弃由进步观念所带来的乐观的宿命论。然而,塞埃先生主张,由于"法国革命的精神是理性的、斯多葛主义的、笛卡尔的、古典的……得到了证明,因此它是恒久的,必定会在世界不断前进。"① 因此,只有在革命运动偏离了其真实进程的地方,在"社会的神秘主义和当今时代的共产主义社会主义中"才应该把浪漫主义的恶名加诸革命运动。因此他表示,拉塞尔先生可能代表的这派观点本身就是浪漫主义的一种变体。② 但同样可以肯定,塞埃先生自己的哲学也是白壁德先生和莫尔先生所界定的浪漫主义的变体之一;反过来,白壁德先生最后一部杰作的不止一位批评者断言,重要的是塞埃先生也这样认为,白壁德创立了一种本质上是浪漫主义的哲学。赫福德教授谈到(不论恰当与否)浪漫哲学的"倾向不是任何'实证'派的倾向,而是一种玄虚倾向","它与荷马和索福克勒斯无涉,即使说有什么真正的古典主义范型,就像与亚里士多德无涉那样。"③

那么,为了澄清或减少术语系统和思想的混乱,我们能做什么

---

① 《浪漫之恶》,第 xli 页。

② "在那种遭到某些冒失的传统主义者极力反对的方法中,甚至也存在着很多浪漫主义的东西,拉塞尔先生有时候似乎接受了其中一些有害的建议"(见前引文)。

③ 《英语协会会员论文和研究》,第 8 卷(1923 年),第 113 页;参见笔者对白壁德先生《卢梭和浪漫主义》的评论,载《现代语言学评论》(1920 年)。

呢？术语系统和思想上的这种混乱，一个世纪以来已经成为而且依然是文学史和批评史上的丑闻，因为它不难显出大量的历史错误和对我们时代的道德和审美弊病不加辨别的可怕误断。一种实实在在的根本补救——即我们应该完全停止谈论浪漫主义——我担心肯定不会被采纳。试图劝说学者和批评家们把他们的术语用法严格限制在一个单纯而合理的、明确界定的意义上，可能也同样徒劳。这样一个设想只能是一种新的矛盾的起点。人们，尤其是语文学家，无疑会继续随心所欲地用词，然而，正是这种无序的自由给哲学家带来了更多的困扰。但有两种可能的历史研究，如果做得比以前更全面、更精心，我想会极大地矫正目下的混乱局面，同时会促进对观念的全面运动，对现代思想和趣味的主要阶段和过渡期的逻辑关系和心理关系有更清晰的理解。

这些方法中有一种多少类似于当代精神病理学家治疗特定类型的精神错乱所采取的方法。据说，人们发现了一些治疗心理障碍的方法，通过使病人明确意识到他的恼人的"情结"的来由，即，让病人重构那些观念形成的联想过程，从而使症状得到治愈或缓解。我想，在眼下这个例子中情况也类似，这会有助于探索"浪漫"一词得到眼下惊人的多重含义，以及后来的外延和内涵是不确定的联想过程；换句话说，对这个术语进行充分的语义学研究是有用的。因为关于浪漫主义的确定的事情之一是，它的称谓给出了语义学中最复杂、最有意思，以及最有启发性的问题之一。总之，这是观念史学者的任务之一，当他致力于研究被称作浪漫主义的东西或诸东西时，如果可能的话，使得如此多样和相互抵牾的现象都有同一个名称从心理上是可理解的。我相信，这样一种分析会向我们表明,在过去125年的思想运动中,有大量纯语言的混乱作为实际的因素发挥着作用,澄清这些混乱就很容易避免这些混乱了。

但在实践中,这种研究在很大程度上与另一种研究是不可分的,后者是我在此特别想推荐的补救。在应对混乱的第二种方式中,第一步是我们应该学会在多重意义上使用"浪漫主义"这个词。当然,更加谨慎和小心的文学史家已经这样做了,因为他们认识到一个国家的"浪漫主义"可能与另一个国家的"浪漫主义"几无共同之处,肯定要用不同的术语来加以界定。但在我的想法中,诸种浪漫主义之间的区别不仅是或主要是民族性或语言的差别。我们需要的是,对于这一题目的任何研究都应该以认识浪漫主义表面上的多重意义、可能相当独特的思想情结(thought-complexies)的多重意义——其中若干意义可能出现在同一个国家——为起点。如果现代文学学者——哎呀!就像许多杰出作家反复所做的那样——含含糊糊地把这一术语实体化,并且从"浪漫主义"是自然中可以找得到的某些单一实体或某一类实体之名这一假设出发,那么,要想思考清楚浪漫主义是完全无望的。他必须从简单而明显的事实出发,即我们时代或其他时代的各位历史家出于这种或那种理由,用浪漫主义之名来命名了不同的历史阶段或运动。18世纪90年代德国发生了一场运动,它为自身而发明了这个术语,成了唯一能够无可争议地可被称为浪漫主义的运动。18世纪40年代,在英国发生了另一场运动;1801年法国爆发了一场运动;19世纪20年代,法国又爆发了另一场与德国的运动相关的运动,且借用了德国运动的名称。我们在卢梭那儿发现了一组丰富而又不相一致的观念。另外也有许多其他作品被本文开篇所引的各位作家称作浪漫主义。事实上,不同的学者以同样的名称命名所有这些事件(episodes)并不表明,甚至不可能建立一个假设:这些事件在根本上是同一的。这些事件可能有共同的特性,即便如此,这一特征也从未明确地展示出来,而且不能假定这一共同的特性"先验地"存在。无论如何,这些所谓的浪漫主义的每一种都是高度复杂、通常多变的才智复合体;换言之,由各种相互关联的单元观念组成,这些观念大多不是出于任何牢不可破的逻辑必然,而是出于非逻辑的联想过程而关联在一起的,至于诸种浪漫主义在"浪漫的"称谓发明之后的成长,部分是由于这一语词本身先天的和后天的含糊性而促进的。即便诸种浪漫主义确实存在着共同的重要要素,这些要素也不必然是任意两个浪漫主义之间同一的要素。浪漫主义 A 可以有一种独特的预设或动力 X,它和浪漫主义 B 共有;浪漫主义 A 和浪漫主义 C 又共有另一特点 Y,而 X 与 Y 是完全不相关的。而且,那些思想运动和流派所处的时代所贴的标签,其内涵有时候已经发生了巨大变化。十年或二十年过去了,同样的成员,同样的流派名称,但观念却已大不相同。正如大家熟知的,法国浪漫主义运动所发生的事情恰恰就是这种情况。正如 M. A. 维亚特所要揭示的,[①]在这一改变过程的初期,一些微妙的酵母已经在起作用,使得最终的结果不可逆转;事实上,在文学、伦理学、政治和宗教之间绝大多数切实重要的共鸣与关联中,18 世纪 30 年代法国"浪漫主义"与 18 世纪初的法国浪漫主义形成了

---

① 《浪漫主义中的天主教教义》,1922 年。

对照。

但第二种补救的本质在于这些浪漫主义中的每一种——在大致区分了其代表人物或年代之后——都应该通过对其基本原理比平常更全面、更敏锐的分析,被分解为其基本元素,分解为它赖以建构的若干观念和审美感悟。只有其基本的思想元素或动机倾向被清楚地加以区分或详尽列举之后,我们才能够判断其与已经适用于浪漫主义这一称谓的其他"复合观念"的相似程度,才可以弄明白任意两种或更多的浪漫主义共有何种心照不宣的预设或主导动机或明确主张,它们由此而表现出独特而多样的思想倾向。

2

有关分析地比较和区分浪漫主义的必要性,我做以下三点说明:

1. 几年前,埃德蒙·戈斯先生在不列颠学术院所作的一场引人入胜的讲演中,将约瑟夫·沃顿写于1740年的少作《对自然的钟爱》当作"伟大的浪漫主义运动"的最初的明确呈现,"这一运动迄今为止的兴盛与衰落……,我们在诗中第一次发现了对文学的全新内容,对浪漫之痴狂的本质的断然强调和重申。《对自然的钟爱》第一次表达了对古典思想的全面反动,而古典主义倾向近一个世纪以来在整个欧洲文学中一直占据着主导地位。约瑟夫·沃顿的表述如此全面,很难想象他没有受到卢梭的影响,……而他直到

12. 论诸种浪漫主义的区别

十年后才写出具有独特性的作品"。① 那么,让我们把这首诗中的几个独特观念与1796年后弗里德里希·施莱格尔及其浪漫派同道所创造的浪漫诗概念进行比较。两者明显有共同的要素,两者都背叛了新古典主义美学的形式;两者都部分地受到对莎士比亚热情赞美的启发;两者都宣称创造性的艺术家不一定匍匐在"规则"之下。因此,这第一次显示,两种浪漫主义尽管在措辞方面存在天然差异,但在本质上是一致的,是同一矿脉的不同岩层,是贵是贱,视你品味。

但一个更细致的考察显示,它们之间的差异并非无足轻重,在我看来,这种差异比它们之间的相似更为重要。约瑟夫·沃顿的诗的主标题(必须记住,这首诗的副标题是:热爱自然的人)许多世纪来一直是老生常谈。自然绝对优于艺术,这一主题可以追溯到拉伯雷对自然生成原则与反自然生成原则(physis vs antiphysis)的对比。这也一直是蒙田一些最著名文字的灵感来源。莎士比亚曾对此加以抨击。蒲伯《论人》也详尽论述了这一主题。首先,自然的方式与人为的方式形成了对比,自然的方式不是人为的;在人的生活中,自然的方式被认为存在于对人性的表现之中——这种人性的表现是最自发的、未经预先谋划的、或未经反省或设计的,免除了社会规范之束缚。蒙田叹道:"人工的创造胜过我们万能的大自然之母,是毫无道理的。我们用我们创造的东西给她丰富美好的作品增添了几多负担。"这段文字后接着是现代文学中尚古论的经典段落,讨论野果和野蛮人要优于那些为人工所败坏了的东

---

① "浪漫主义的两位先驱",载《不列颠学术院院刊》,1915年,第146—148页。

西的著名段落。①

接着,沃顿从各个方面呈现了这一古老主题。他喜欢凡尔赛花园的全部的美:

> 一些松枝覆顶的断崖,
> 陡峭而草木丛生。

他反问道:

> 肯特花园的布局能酷肖自然吗?

他又叹道:

> 那种奢华和虚饰……
> 令人傲慢地弃绝自然的单纯之美。

他也探究为什么"误解者"会视之为华贵

> 居于宫殿和华堂
> 胜过上帝的林原,那至尊之所?

---

① 《随笔》,第1部,第31章。蒙田在这里所表达的那种自然主义事实中有一个反讽,是以18世纪的莎士比亚复兴为基础的。莎士比亚本人对这段文字"极富同感是通过他两次对此作出回应来显示的",幽默的一次出现在《暴风雨》中,而严肃且意味深长的一次出现在《冬天的故事》中。

所有这一切容我直言,都是古老的谈屑。主要问题是沃顿在诗中大胆地把自然优于人为艺术的学说运用到诗论中:

> 智巧的艾迪生如何谋划?
> 以了无趣味的恰当对莎翁鸟儿鸣啭的荒野?

说自然本身是野的、不羁的,是声名狼藉的,几乎是同义反复的赘语。正是莎士比亚作品所谓的"野性",打破了传统的规则,率意驰骋想象和纵笔畅言,证明他真的是师法自然。

在新古典主义时期,通常并未能从自然高于艺术的流行见解中推断出现在这一美学结论。"师法自然"原理在美学上常常被理解为这个圣言的几打含义之外的又一种含义,或不止有一种其他含义。[①] 不过,在其他思想领域,也反复提及一种类比推论。起初视"自然"(在这个词与"艺术"相对的意义上)为一种规范的风尚,导致了反律法主义,在某种意义上,也导致了对限制的蔑视,导致了"放任自我"的理想。这里似乎有一种流行的观念,即一种反律法主义的倾向,在18世纪的某些时候被一些浪漫主义者引入了美学理论和美学实践,它迅速蔓延到道德情感和社会行为中。[②] 历

---

① 这不是修辞上的夸张,"自然"观的60多个不同含义或所指可以清晰地区分开来。
② 戈斯先生所言很明显:"[浪漫]派历史渐渐形成文字的时候,从无可挑剔的沃顿到奥斯卡·王尔德的享乐主义散文以及未来主义者狂暴的无政府主义追踪反律法主义的衰落是令人兴奋的"(前引书,第151页)。

史的结果恰恰截然相反,正是蒙田——他不常被划入浪漫主义者流——又写道:

> 我是从我出发直截了当地引用这句古老的格言,我们不能疏于追随大自然,……我没有像苏格拉底那样以理性的力量改正我的天生气质,也没有人为地干预我的癖好。既来之则安之,我从来不与任何事情过不去。①

蒲伯问道:

> 那冒犯自然之神的,
> 自然本身授意了什么?

他谈到了

> 在根本上发挥作用的粗犷自然的活力,

作为激情的源泉,其中蕴含了人所有的原始生命力。

沃顿的诗的主要新颖之处除了突出情调之外,还在于把这些观念运用到这些观念一向奇怪而并不一致地予以排斥的领域,在于把反律法主义,一种更温和的"主义"引入诗艺高妙(poetic

---

① 《随笔》,第3部,第12章。

excellence)观。① 但这种广度显然从一开始就内含在呈现多样性的"自然主义"的逻辑中,"自然主义"一直是文艺复兴晚期以来现代思想中最独特和最具潜势的;一定有人迟早会清算这一点。沃顿的诗并非第一个采用这一美学原理;18世纪英国人极热衷的一门艺术的理论和实践中已经运用了这一原理——这门艺术就是造园。对新古典主义美学的第一个大的反拨根本不是在文学上,而是在造园上;我想,第二个反拨是在建筑趣味上;所有这三个反拨都是受了同一观念的启发;②"巧言的艾迪生"注意到,"如果自然产品提高了价值,是因为它们多少与人工作品相似,那么,我们可以断言,人工作品也会因其与自然产品的相似而得到好处",既然自然因其"不事雕饰、漫不经心的手法"而卓尔不群,那么,造园就应该以"一种比我们通常所见到的匀整和优雅更具魅力的、人为的天然意味"③为目标。这种园艺上的浪漫主义受威廉·坦普尔爵士、蒲伯、霍拉斯·沃波尔、巴蒂·朗利等人的鼓噪,在肯特、布朗和布里奇曼的作品中得到了明确印证。在我们讨论的沃顿那首诗中,至少认为肯特在他的造园中尽力摹仿了自然的野性。

> 他不拘泥于规则,公然蔑视
> 俗套和程式;圆和方他都

---

① 诗题及其思想感情的一些要义——尤其是它在现实世界的意义上对"自然"的宗教般的热情——类似于且可能是从夏夫茨伯里的《道德说教者》派生而来。但在夏夫茨伯里那里,不存在"自然"与艺术相对的和反律法论的倾向,伦理的或美学的"仪轨"、"秩序"、"平衡"和"比例"是他喜用的语汇。

② 参见前文《哥特式建筑的首次复兴与回归自然》。

③ 《旁观者》,第114期。(译按:应为414期)

不喜,设计崇尚不讲规矩。

这和对戏剧程式的拒斥并无多大不同,和对英雄史诗中谨饬格律和对称的反感、对各门艺术中惯例、俗套、程式、技巧的反感也相差无几。

然而,"自然"与"艺术"的对照中起初有一种奇妙的二重性,是构成人类思想史的一连串极富意味的观念之一。虽则一方面"自然的"被认为是荒蛮的、自发的和"无序的",另一方面,自然还被认为是单纯的、朴素的、不失纯真的。16世纪、17世纪和18世纪早期,没有哪两个词比"自然"和"单纯"具有更固定的联想,结果,宁愿选择自然而不是选择惯习和艺术的观念,通常不会忘记自然所提示的通过自然淘汰达成简化和改良的计划;换句话说,它意含尚古论。"自然的"是那种你通过归隐和索居所能达成的状态,这种联想——在蒙田、蒲伯和其他许多"自然"的鼓吹者那儿已经非常明显——在沃顿的诗中仍然是引人注目的。这位"旧时的吟游诗人"正是"道地的自然之友"。诗人羡慕

> 还没有禁锢于
> 烟熏火燎的城市的初民

他渴望居住在

> 凡人看来尚属单纯的岛上,
> 在植物的蔽阴下居隐,

那里尊崇福乐和宁静

还有纯真的印第安人。

那么,出于简洁的缘故,我把自己限制在戈斯先生认为在文学史上具有重要地位的这首诗中。当然,即使在沃顿先生的早年作品中,肯定有更多的在18世纪40—90年代间通常称为"浪漫"的其他现象,我们这里不能考虑更多的因素。比如,对英国浪漫主义的早期阶段进行划分已成为时尚,其中值得注意的是所谓哥特风格的出现,它部分且临时性地与自然主义融合的奇妙事实。分析性的观念史上最富意味的问题之一是恰好看到自然主义和哥特风格怎样和为什么在18世纪的英国联起手来,而在法国,就算真的有类似联合,也微不足道。但对于本文的目标来说,它足以凭借某种特别重要的方式把《对自然的钟爱》当作18世纪90年代以前大量的所谓浪漫主义的典型之一——这种浪漫主义,即不论它可能具有什么更进一步的特征,都是以自然主义(在我所指的这个词的意义上)为基础与某种模式或某种程度的尚古主义相关的。

2. 从这一根本点来看,早期的"浪漫主义"根本不同于德国美学理论家和诗人选用来最贴切地指称他们自己的文学观念和文学纲领的"浪漫诗"一语。后来的"浪漫主义"在本质上是对以往自然主义预设的否定,沃顿的诗以一种特别且多少有点新奇的方式表明了这一点。正如我在别处谈到的,德国的思潮受到席勒《论素朴的诗和感伤的诗》直接而决定性的推动;它从林林总总的作品中演绎出来的是"与自然和谐"的信念,在某种意义上就意味着与"文化"、"艺术"、反省和自我意识的产物相对立,这对现代人或现代艺术家来说，是既不可能也要不得的。早期浪漫派从席勒那儿，也部分地从赫尔德那儿了解到，一门艺术的观念，其模式和理想，不能仅追溯到原始时期，也要追溯到古典时期——席勒偶尔奇怪地把这两个时期的观念混为一谈；艺术的观念应该有一种恰当的表达，不是一种"自然的"表达，而是"艺术教育的"表达；非但不希望简单化，非但不以艺术和生命中的和谐为目标——这种和谐可以通过退隐的方式而得到，反而应该首先追求内涵的丰富性，应该为了这一计划，充分表达人类经验的全部范围和人类想象力之全部所及。弗里德里希·施莱格尔认为，对人来说，"人为的"就是"自然的"，"抽象化是一种人为状态。这种人为状态无权反对抽象化，因为人固然有其自然的一面，但他也在某个时刻迁入人为状态"。再有，"压根就不存在什么只强调艺术与教育相对立的天然的思想方式"。要不失纯真，要回到"单纯的印第安人"的心灵状态，至少是德国浪漫派作家的雄心，——虽然不失纯真是人性的一种类型，而人类的艺术至少在理论上对此是无所谓的。他所赞赏的莎士比亚并非天纵英才的自然之子，热衷于"鸟儿鸣啭的荒野"。A. W. 施莱格尔说，莎士比亚不是"一个盲目的不羁的天才"，他"在艺术实践、惊人的渊博和深邃的思想中有一套体系"。这位批评家似乎有意抨击约瑟夫·沃顿或格雷关于莎翁的名句，他写道："那些诗人惯于把自己描绘成自在的自然之子，没有机心，未受教化，如果他们创造出真正卓绝的杰作，证明他们的心力、技艺、纯熟而恰切的设想受过特殊的培养（kultur）。"在这些浪漫主义者眼里，莎士比亚的伟大在于莎士比亚的普遍性，他对人性的深刻洞见，对人物栩栩如生的刻画；正如弗里德里希·施莱格尔所说，正是这一点使得他成为"浪漫艺术的核心";也许还可以补充由戈斯先生在约瑟夫·沃顿诗中所发现的浪漫主义的另一个特性,即认为训诲诗不能称作诗,早期德国浪漫派也排斥训诲诗。弗里德里希·施莱格尔又问道:"当大部分的诗在谈论生活的艺术以及人性的知识时,怎么能说训诲(die Moral)只属于哲学?"[①]

我的意见是,这两种浪漫主义的差异与二者的相似相比,意义更大,更富意味。在判断自然高于自觉"艺术"与自觉艺术高于纯粹的"自然"之间,在有关哪种尚古主义是最重要的和哪种永恒的自我超越观念是最重要的思路之间;在对单纯性——即便是一种"粗糙的"单纯性——的根本偏爱与对多样性及复杂性的偏爱之间,在《对自然的钟爱》率直天真的特性与浪漫讽刺观的精致和微妙之间;这些对立是现代思想和趣味必须展示的最基本的对立。我不否认任何一方——如果他愿意——把这些相对的事物称作浪漫主义之言之成理;但我不由得认为,赋予两者同样名称的流行做法导致了观念史上大量无意识的弄虚作假。一种浪漫主义的原理被误读成另一种浪漫主义;两者之间相对的性质及其深刻含义容易被视而不见;现代思想中的预设和现代趣味中的感悟,其相对重要的各种变化容易被错误地估计。这里我不打算摘举在我看来属于这种历史错误的具体实例,但我认为,它们总体上并非无关紧要。

[①] 引文出自 F. 施莱格尔《雅典娜神殿》,第 2 期,1,第 29 页;第 3 期,1,第 12 页,第 68 页;第 3 期,1,第 19 页。出自 A. W. 施莱格尔,转引自玛丽·乔基米《德国浪漫派的世界观》,第 179—183 页。

自文艺复兴以来（以及此前）流行的自然主义，是浪漫主义特殊的和过时的呈现，与始于 18 世纪末的德国——后来也有些在法国出现——的"浪漫主义"有一种不可小觑的差别，这要归因于在运动末期基督徒对 Romantic 一词含义的鉴别，主要是中世纪对这个术语的运用。这不是弗里德里希·施莱格尔所构想的"浪漫诗"之起源说的中心观念，正如我在别处试图揭示的[①]，这对他以及与"独特的古代"相对的"独特的现代"整个流派来说基本上是附带的含义。但他最初所发现的古典艺术与现代艺术之间所假定的根本差异的主要历史原因仅仅是出于基督教的影响。1796 年，施莱格尔在他本人转向他已经界定为 Romantic 艺术的现代艺术时，写下了这样的看法：

> 这种想在基督教诗歌中追求打开一个神的帝国的企图是多么可笑和无趣；然而，史学家也发现了一个值得注意的现象，他发现，这种追求绝对完满的努力，这种追求无限的努力，居然在永不停歇的时间转换中，在多民族无以复加的差异性中，以最堂而皇之的理由被称为一种现代的特性。[②]

在读到席勒的论文后，施莱格尔本人成了他先前否决的那些美学理想的信奉者，1797 年，他写道：

[①] 参见前文《早期德国浪漫派中"浪漫"的意义》。
[②] 对赫尔德《促进人道书简》的评论，米诺版，F. 施莱格尔，1794—1802 年。

12. 论诸种浪漫主义的区别

在古典那种完美、自然的造型决定性地沉沦之后，在它无可挽回地颓败之后，有限的实在性受到了损害，完美的形式荡然无存，于是引发了对无限之实在性的追求，它迅速成为时代的普遍声音。[①]

"浪漫"艺术渐渐指——拿一点来说——受一些观念或一些被认定为基督教之根本的伦理倾向启发而表现出的艺术。1804年里赫特说："整个现代诗的起源和风格是多么容易从基督教里推导出来，以至于人们完全可以把浪漫主义就称为基督教。"[②]这话那时候不断重复，已经成了一句套话，但基督教的根本特性与浪漫派的根本特性，其精神却是大相径庭的。在德国浪漫主义者中，对这一特征的确有相当普遍一致的看法：受基督教所引导的心灵的习性以永不满足为特征，它的目标是无限物，不会对任何实际获得的东西保持持久的满足感。而认为希腊人和罗马人为他们自己设立了可以实现的有限目标，也有实现这些目标的可能，并由此能够自我满足，功德圆满，已经成了大家热衷的老生常谈；现代艺术或"浪漫"艺术由于源自基督教，在这一最根本点上有别于席勒所说的无限的艺术（kunst des Unendlichen）。诺瓦利斯宣称"绝对的抽象化，消灭现在，迷信未来，这就是一个更美好的世界！这就是基督教鼓吹的核心"。把它运用到美学实践中，这种"对未来的礼赞"意味着永无止境的进步的理想。用大家耳熟能详的弗里德里希·施

[①] 《论研究希腊和罗马的价值·引言》，米诺版，前引文，第1卷，第82页。
[②] 《美学导论》，第1卷，大纲，V.§23。

莱格尔的定义来说,就是"一种渐进的总汇诗"的理想;它意含艺术必须不断把新的生活领域带入它的领地,取得新颖的独创性效果。那属于或被认为具有基督教世界观(weltanschauung)特征的任何事物,渐渐成了"浪漫"一词通行含义的一部分,也成了浪漫派实际理想的一部分。超感觉现实(supersensible realities)的成见和普通存在的错觉感因此常常被人们认为是浪漫艺术的特征,理由是基督教是一个超世俗的宗教;A. W. 施莱格尔说:"无限性的观念消灭了有限性;生命走向幻影世界,沉入暗夜。"[1]另一个公认的基督教特征因而也是"浪漫的"特征,是伦理上的二元性,确信人的构成中存在两种不断冲突的天性,用 A. W. 施莱格尔的话说,希腊理想是"完美的一致,所有的力的均衡,自然的和谐。与此相反,更现代的东西则趋向于内在分裂的意识,这种意识已使所有和谐一致的信念成为不可能的东西"。[2] 可以看出,与此直接相关的是基督教的内向性(inwardness),它全神贯注于"心"而不是外在行为,它倾向于内省;因此,正如斯达尔夫人等人所谈到的,"现代"艺术或"浪漫"艺术已经发现并拥有了它的专门领地,即人的内心生活的无疆领域。

　　古人可以说有一个肉体化的灵魂,其一切行为都是强有力的、直接的和有始有终的,受基督教熏陶过的人心就不是这样了,近代人从基督教的忏悔中学到了不断反躬自省的习惯,

---

[1] 《戏剧艺术和文学讲稿》,1809—1811,全集,1846 年,第 5 卷,第 16 页。
[2] 前引书,第 5 卷,第 17 页。

但是为了表现这种完全内在的存在,就需要大量变化多端的情节,以各种形式表现心灵活动的精微之处。①

这是浪漫主义一词历史上的诸多悖论之一,是确定浪漫主义核心意义的诸多争议之一。当代几位著名的文学史家和批评家别出心裁地认为,浪漫主义的道德本质在于一种"此世性"(this-worldliness),在于对所谓"基督教的和古典的二元性"的否定。这些批评家的判断中,最可叹、最危险的错误在于它未充分认识到在人心"深处的内战",它对人的"天赋良善"的信念。他们对"浪漫主义"所作的界定,与那些最初把他们自己的理想称作"浪漫"的作家常常所作的界定恰恰相反;我不由得想,这种风尚常常模糊了明确而重要的历史事实,即在命名上无可争议的一种"浪漫主义"(如我已经指出的)被那些作家视为典型的基督教思想和情感模式(不论好坏)的再发现和复兴,视为一种神秘超俗的宗教以及作为人类经验中的特殊事实的内在道德冲突感——一个世纪以来一直不见容于"雅"文学的主流——的再发现和复兴。新的思潮几乎从一开始就像反对艺术中的古典主义那样明确反对宗教和伦理上的异端邪说。有关新思潮对宗教哲学的意义,最初的重要表述见诸施莱尔马赫的名著《宗教讲演录》(1799年),该书谈到对"有教养的反宗教人士"来说,一部阐幽发微的——有时候恰是不健全的——著作在伦理倾向上具有双重性。施莱尔马赫宣称,基督教是反复论战的(durch und durch polemisch),它知道蒙昧人的心灵冲突永无休

---

① 《论德国》,第2部分,第11章。

止,它发现内心自律①的任务永无完结。务必记住,借用一位德国文学史家的话说,《宗教讲演录》是"大受浪漫主义的崇尚者们欢迎的福音书"。②

那么,把根源于自然主义的"浪漫主义"的伦理倾向——即假设人的唯一卓越之处在于人是天真的、尚古的、"未开化的",因此除了从社会习惯和人为规范中解放出来所要求的努力之外,不需要努力就可达到这种卓越——描述为反双重性和在根本上是非道德的,这并不错。浪漫主义的这一方面甚至可见于"无可挑剔的沃顿"的诗作,他在诗中描述了他所向往的自然状态的活力。但是由于普遍忽视对各种浪漫主义加以区分,这一思潮成了反叛自然主义假设的审慎而生气勃勃的开端,而自然主义假设一直是强有力的,在三个多世纪的现代思想中常常居于支配地位。实际上,人们把浪漫主义运动视为自然倾向的延续。部分由于语言上的偶然因素,部分由于缺乏文学史家的精细考察,命题和反命题被赋予了同

---

① 参见第五讲:"没有哪个宗教像基督教那样完全的理想化,也没有哪个宗教基于基督教的原初前提;在基督教中把反对现实这种持存的冲突作为一项使命提出来,这一使命从来就没有得以彻底完成。因为随处都存在着并实现着非上帝的东西,也同样因为所有现实物显得那么不神圣,一种无限的神圣性就成了基督教的目标。愿望从来都未尽满足,就是在最圣洁的见证中也能觅得非宗教的痕迹,它们与整体的统一性相悖,并且从中越来越衍生出一切都是有限的认知趋势。"

② 《雅典娜神殿》(第2期,299)有关此书的评论是一个典型。"对我来说,基督教以及类似从基督教中推演出来的东西,以及一切渲染永恒的东西,无所不用其极地贯穿在整个著作中。"参见施莱格尔为费希特"攻击宗教"的辩护;"如果说对超验的兴趣就是宗教的本质的话,那么,他的全部学说都是伪装在哲学现实中的宗教。"不可否认的是,这里偶尔还表明了早期浪漫主义者的冲突倾向,尤其是诺瓦利斯;但在这一流派的观念中没有经常的、占主导的、创新的独特事物;它们甚至是退化的结构,这样的结构被发现存留在所有新的发展中。

一个称谓,因此常常被视为是同一个东西。因为自然人胸无大志、无所事事、过着缺乏自我意识的生活,而不断追求太大、太苛刻因而难以完全实现的目标,实现目标的理想与对无忧无虑生活的怀念混淆在一起。因此,现代思想中最宽、最深的裂隙多多少少已经被一个词有效地掩盖了起来。

3. 自然主义的和反自然主义的"浪漫主义"之间的裂隙跨越了国界;可以这么说,它显然已经打破了法国浪漫主义的发起者们共同划定的伟大作家的分类。我们可以恰当地称《论革命》和《阿达拉》前一部分的作者为浪漫作家,称《基督教的真谛》和《阿达拉》后一部分的作者为浪漫作家,但显而易见的是,Romantic 一词在极其重要的方面,在对同一个人的这两种应用中不仅意义各异,而且恰恰相反。1799 年前,夏多布里昂可算是代表了自然主义的和尚古主义的浪漫主义极盛期,戈斯先生认为这一思潮始于约瑟夫·沃顿;① 他不仅敏锐地感觉到,甚至欢欣于"与单纯的印第安人"生活在一起的渴望。1801 年的夏多布里昂恰好表现出对这整个倾向的明确反拨,这从《阿达拉》初版序言对尚古论的批评就可得到充足的证据:

我一点都不像卢梭,我不是一个崇尚离群索居的人;……

---

① 例如,《论革命》倒数第二部分有一段文字与《对自然的钟爱》的一些段落非常相像。比如:"噢,自然人,唯有你使我以人为荣!你的心灵对于依赖毫不了解,你不懂得趋炎宫廷或讨好群众。我们的艺术、奢华和城市对你有何意义?你可会需要表演?你赶赴自然的庙宇、森林的宗教。但那是否真的无政府、无自由?自由吗?自由是有的,一种美妙的、天堂般的自由,自然的自由。就让大家与我一同去加拿大的野蛮人中过一夜,也许我能让人对这种自由有所认识。"

我一点都不认为纯粹的自然是世界上最美好的事物。不管在哪里,我只要有机会见到它,我就觉得它丑陋无比,就因为"自然"这个词,人们失去了一切。①

早期作品的整个观念架构所依仗的这个魔词现在明显具有错误和混乱之源的特征,而它过去就是这种错误和混乱。按照其对戏剧的看法,1801年的夏多布里昂既反对由《对自然的钟爱》所代表的思潮,也反对他那个时代的德国浪漫主义。莎士比亚是两种思潮的偶像(虽然在我们看来主要出于不同的原因);但夏多布里昂在他的《英国文学论》②中兴之所致地谈到莎士比亚,谈到伏尔泰和蒲伯。他指出,就天才来说,他那个时代、或许任何时代的英国戏剧家还无人能与莎翁匹敌。"我不知道还有谁在观察人性方面比他更深刻。"但莎士比亚对戏剧作为一门艺术的要求几乎一无所知。

> 首先应该深信,写作是一门艺术,这种艺术必然有各种体裁,而每种体裁又有一定的规则。不能说这些规则和体裁都是人为的东西,因为它们都是从自然本身中产生出来的;艺术只不过把与自然混杂在一起的东西分开罢了;……可以说,拉辛虽然在艺术上无比出色,却比莎士比亚更加自然。

---

① 关于《阿达拉》的两个倾向,参见希纳尔:《夏多布里昂作品中的美洲情调》,1918年,第9章。

② 论莎士比亚的部分出版于1801年4月《政治与文学的调和》,1854年,第390页以下。

这里，夏多布里昂仍然在"自然"中发现艺术的标准，但那是新古典主义批评家意义上的自然，与严格遵从固定法则的艺术不是相反的，而是相对应的。他注意到"莎士比亚同党的一个巨大文学悖论"，是他们的论点都暗指"根本没有什么戏剧规则可言"，这等于是断言"这门艺术还不是艺术"。伏尔泰正确地认为，"只要抛弃一切规则，回返纯粹的自然，那么，要与英国舞台上的杰作相匹敌，那是再容易不过的了"；因为他明白了"在赞扬野蛮人之美的同时，他迷惑了一些像他一样不善于分辨精华与糟粕的人"，他明智地撤回了他早年关于莎士比亚的过分热情的论述。夏多布里昂遗憾的是，"艾迪生的《加图》一剧已经不再上演了"，结果，"人们在英国剧坛上看厌了莎士比亚的荒诞故事的时候，只有拿奥特韦（Otway）的恐怖剧换换口味了"。他感叹：" 看到一个有教养的民族，一个拥有像蒲伯和艾迪生这样的批评家的民族，竟会为《罗密欧与朱丽叶》一剧中那个药剂师的形象而赞叹不已时，怎能不为之感叹呢？这是最丑陋、最令人厌倦的丑角。"夏多布里昂写这整段文字时心里想着沃顿的诗，这位后起的"浪漫主义者"彻底而有条理地反驳了这位1740年的英国浪漫主义者的美学原理，嘲笑了他的热情。还值得注意的是，这一时期的夏多布里昂认为，哥特式建筑的缺陷与莎士比亚以及纯自然的缺陷几乎是一样的：

> 莎士比亚某一点的美不能为他那无数的缺点开脱：哥特式建筑可能以其阴暗和奇崛的比例取悦于人，但没有一个人

想按照它的样式来建造一座宫殿。①

这样,我们已经观察和比较了三种浪漫主义——当然在某些最根本的明确的观念上,还远远称不上是巨细靡遗。在头两种浪漫主义中我们发现了一定的共同点,但仍然存在较重大的对立;在第二和第三种浪漫主义中我们发现了另外的共同点,但同样也存在重大的对立。然而,在第一和第三种浪漫主义之间,共同之处却很罕见;比如,尽管没什么了不得,我以为可以看出,在一和二或者二和三之间并不存在同样的在逻辑上站得住脚的东西;在它们的伦理预设和含义上以及它们的文学教义的重要条款中,相互之间的对立几乎是绝对的。

所有这三个历史阶段,比我有暇揭示的要远为复杂。我只是试着去证明研究所谓浪漫主义的某些手段的性质,提出其重要性以及呈现一两个运用这种分析方法的专门成果。一个完整的分析将会以几个途径有效地证明这些结果,一则,这将会在反对新古典主义美学(对上文提到的两个阶段都是共同的)和18世纪思想的其他方面建立相当重要的关联。再者,它还会显示出至少在我们所探讨的两种浪漫主义之间完全内在的对立。例如,在德国浪漫派中,在1797年和1800年间"对未来的礼赞"和反省的倾向——不是反省古典时代或上古,而是反省中古——都在成长,而且主要

---

① 要想把这一点与《基督教的真谛》(第5部,第8章)中论述哥特式教堂的动人段落调和在一起多少有些困难,即使在那里,虽则把哥特式风格描述为"一种奇崛之美",夏多布里昂还是注意到其"芜杂的比例"。

出自一个根源。进步的信念和复古的精神自相矛盾地被接合在同一观念的产物中,一度受到同一种思想的滋养。但正是这种内在的不一致性,使这一切更为鲜明,就像在我看来,即使是对年代学意义上确定的浪漫主义——遑论对整体意义上的浪漫主义——做总体评估的任何尝试都属愚蠢。当浪漫主义被分解成独特的"倾向"或构成它的诸种观念时,这几种倾向在生活和艺术中真正哲学意义上的亲和力以及最终的实际影响,常常会发现在不断分化和频起冲突。无疑,某种大的思潮其道德的或审美的决定性影响是否可以用好或坏来称谓,在理论上仍然保留有质疑的可能。但那种雄心勃勃的探究,在我此处尝试指出的那种分析和详细比较的先期任务完成之前,并不能正常地开始;完成了这些先期任务,我怀疑是否还会有什么更大的问题显得更为重要或更有意义。即将显示出历史性意义和哲学思考的事物会成为一种途径,通过这种途径,每一种可以辨别的倾向会呈现出自身,对其他观念有选择的亲和力及其历史后果,也会呈现出来。我们习惯于用这些范畴来为文学或哲学思潮进行区分和分类,描述趣味和舆论中所发生的重大变化的性质,这些范畴太粗疏,太不成熟,无法辨别——而这些范畴中没有哪个范畴像 Romantic 那样令人绝望。这不是什么复杂观念,好像这个术语几乎总是被用来指复杂观念,而是指这类复杂观念的相当单纯、包罗万象、具有智性和情感的成分,那是思想史和艺术史中的基本要素和原动力;这连同其起源、其兴衰、其多方面的且常常是戏剧性的相互作用,已经成为文学上的观念史家日益熟悉的任务。

13. 柯勒律治和康德的两个世界[1]

包括本文作者在内的许多学者所需,且在别处已经详论的文学研究和哲学研究之间的关系无疑被某些研究文学和文学史的学者视为一种"危险的关系"。但在柯勒律治那里,这种关系至少明摆着是不可避免的。从总体上看,虽然柯勒律治不公开地谈论形而上学,但形而上学思辨是他思想中最富特色的现象,是他一以贯之、反复萦怀的先见以及他经常默认的前提。形而上学思辨——正是由于它们深深地根源于人自身中——无疑常常是一种由人的天性和对个人经验的反应所引起的情感需要和想象需要的表达。只有通过这些表达,人的人格和文学活动中的根本情感因素才能得到全面理解。为了了解作为一个人或作为一个作家的柯勒律治,我们必须理解(如果可能的话)他那些简略地表达在任一段文字中的,抽象的、常常是混乱的并且常常相互冲突的哲学观念的性质和相互关系,而这些哲学观念对于他来说是其生命中最生气勃勃的事物。

任何读者都可以看出,柯勒律治的全部终极哲学几乎都与理性和知性这两种思想方式——或所谓知识"能力"——之间的差别

---

[1] 本文最初发表于《英国文学史杂志》,第 7 卷,1940 年。

13. 柯勒律治和康德的两个世界

有关,或者可以包摄在这二者的差别之下,在他掌握理性和知性的形式上,他部分是从康德,但更多地是从雅各比和谢林那儿获得教益。对前一种能力的优势的认识是哲学洞见的来源,拥有理性会给他带来许多不同的结果;但在他看来分清理性和知性的最大用处在于可以辨明哲学上人的道德自由和义务以及随之而来的实际上的道德之恶的现实——恶,个人当然且只有个人要对之负责。其他人已经多次指出,柯勒律治放弃必然论是他心灵历程的转捩点。《信仰的告白》(1816年)——其中第一部分包含有柯勒律治所谓"自然宗教,即所有有限的理性存在的宗教的法典"——第一条这样写道:

> 我相信我是一个自由的代表,就此而言,我有一个意志,这个意志使我能对自己的行为负责,不论是失职还是恶意的行为。①

在《反思之助》(1825年)中,尤其是因为理性为人类自由的信念作辩护,柯勒律治向该书的"年轻读者"郑重宣告:

> 他们的正确反思以及达到对所有精神真理沉思状态的主要机遇有赖于他们对这种差别的性质的深刻见解,②

---

① 《柯勒律治全集》,谢德编,第5卷(1884年),第15页。
② 前引书,1,第246页;有关这一观点的总体看法,参见前引书,第152页,第154页,第232页,第267页,第271—275页。

这种差别指的是知性与理性的差别。我不想重复征引同样的引语;我们不可能在尚未认识到柯勒律治着意强调建立意志自由的情况下,读懂他对于其道德哲学和宗教哲学的更密切相关的说明。本文的目的是要探究柯勒律治在这一论题上的各种观念的确切性质和来源,思考他的观念事实上是"自由"还是他的推论赖以建立的"自由"的对立面。在我看来,柯勒律治的这部分思想在最近三次试图全面介绍柯勒律治哲学及其与康德哲学①的关系的努力中,尚未得到了适当的阐述和充分的强调。

一些柯勒律治的阐释者推测,柯勒律治摆脱了他在哈特利(David Hartley)的影响下所接受的必然论,这归因于康德在《纯粹理性批判》中试图揭示的论点(或曰在其中找到了理论解释),即心灵在决定其自身经验的性质时是"积极的",而不仅是一个消极的白板,来自外部以及来自遵循机械法则的物质世界的诸种感觉,都可以在上面烙下印记。这里要区别三个问题:(1)在康德派所谓"心灵活动"的主题中,事实上存在任何"意志自由"的逻辑含义吗?回答显然是不存在。在这一点上康德派的理论是,我们的经验渐渐成为事实上所是的样子,其中混合了两种因素:(a)多重意义(manifold of sense),由我们感知内容的各种质的要素——如色彩、声音及诸如此类——所组成,承认心灵完全是消极的;(b)"形式"——时间、空间和各种范畴——凭借心灵有其自身的构造、有

---

① 缪尔海德《作为哲学家的柯勒律治》,1930年;R.韦勒克《伊曼努尔·康德在英国》,1931;E.文克曼《柯勒律治和康德哲学》,1933年。劳伦斯·汉森令人钦佩的《柯勒律治传》(卷一),未论及诗人从必然论转化的这一时期。

13. 柯勒律治和康德的两个世界

适合安置感性材料的一组框架或分类架以便我们有点什么能恰当地称之为"经验"这一事实,来利用这否则会杂乱无章的材料。感性材料对这些框架的适应可以看作一种心灵活动,"活动"在某种意义上可以归结为工具;但这是一种没有自由的"活动"。根据假定的普遍的和不可改变的知性构成,形式对所有心灵而言是不变的。(2)不过,在这一认识论意义上,康德本人认为"心灵活动"的学说是意志自由的意思吗?回答显然还是否定的。在《纯粹理性批判》建设性的部分,康德着意去揭示在我们意识生活(conscious life)中所有世俗的事件完全是预先设定的。他非但不会认为感觉论者有关心灵是消极被动的假说是过于决定论的,他对此的异议是它还不够决定论。如果数学的定理和物理学的法则只是关于我们这个世界完全独立于心灵的常态的陈述,康德认为我们无法明确确信那个异己的世界常态是一贯的、可靠的;用技术术语来说,我们既然不能做"先验的综合判断",就不能进行概括和可靠的预示。但如果我们了解心灵作为经验主体本身是怎样构成的,(康德假定)我们就能预先了解我们一直可能有的任何经验,会与其结构一致,会服从一定的预先设定的相伴并存和前后相续的总法则。这一必要性不仅适用于我们一连串的感知,而且也适用于我们的动机。"它可以始终是内在的……它们可以有心理的而非机械的因果性,即它们可以通过观念而非具体运动产生行为;它们始终是某个存在者的因果性的决定根据,只要这个存在者的此在是可以在时间中决定的,因而是从属于过去的时间里必然形成的条件的,而这些条件在主体要行动时也不再受他的支配；"①康德主义有关"心灵活动"的观点的意义，通过给他提供比从哈特利或普莱斯利那儿所能得到的更新、更好的有关必然论的证据，可以证实柯勒律治的必然论。(3)然而，柯勒律治本人（错误地）认为康德的"心灵活动"学说在赋予其经验以形式时的确以某种途径包含有非决定论的意思？在柯勒律治给托马斯·珀尔(Thomas Poole)的两封信中表现出了这种信念，这两封信写于1801年3月。绝大多数柯勒律治的传记作家都认为，第一封信标志着柯勒律治从理智上离开了哈特利式的必然论——虽然毫无疑问这不是他第一次对必然论表示反感。因此，这封信多少需要我们做仔细的辨析。

柯勒律治开篇即说，自他致珀尔的上一封信后，"他全力以赴的研究工作也是时断时续"，结果他只能就研究成果做一个大致的报告。书信的最后谈到了他马上动手撰写和出版一部书的打算（他众多未能实现的计划之一）。这本没有问世的书将会"证明我在没有认真研读从亚里士多德到康德的前辈们的著作之前，不会形成什么看法"。这时的柯勒律治显然相信自己对康德有全面而充分的"精读"，有资格诠释康德学说的要义；一个可能的推论是，这种精读至少是柯勒律治所提及的"全力以赴的研究工作"的一部分且是最重要的一部分。那么，研究的成果主要指什么呢？柯勒律治写道："如果我没有误解自己，我不仅(a)对时空观作了彻底的剥离，还因(b)哈特利所教，颠覆了联想学说以及与之相应的现代

---

① 《实践理性批判》，A.172-173，着重符是原有的。

13. 柯勒律治和康德的两个世界

异教徒的所有非宗教的形而上学,尤其是(c)必然性学说。"①(a)柯勒律治"对时空观做了彻底剥离"是什么意思?回答不很肯定;但他肯定意指以下两者的某一个:(i)所指可能是康德学说中时间和空间与客观现实的性质的分离;这些话听起来的确很像是康德本人在阐释他的自由观时的措辞的一个切分音式的回响。"纯粹思辨理性批判所完成的时间(以及空间)与物自身的实存的分离,就具有这样巨大的重要性。"②这是假定的康德理论对必然论的驳斥的根本所在。我们还会回头谈这一点。(ii)然而,也许更可能的是,柯勒律治指的是"相互的剥离",即他把这种时空观与其他时空观区别开来;这一判断的要点在于,如此的解释是从《文学生涯》的一段文字中找到的。在这段文字中,柯勒律治区别了"出自我们时间观的时间本身,因为它总是和我们的空间观念搅在一起。空间和时间相对,因为空间也是时间的尺度。"③这种区分听起来颇像是柏格森理论的预演,但实际上可能是谢林的回响,也许是柯勒律治认为自己在1801年春天所做的形而上学诸发现的先声。"时间本身"的完全非空间化假设地隐含着时间并没有"延展",时间的"一个个瞬间"就像空间中的点和区域一样,并未互为外在,相互排斥,而是共同存在,相互渗透。这一点反过来也相当明显地与个体的真实"自我"的观念相关(虽然柯勒律治本人别出心裁地不让这种关联清晰可见),这种自我同时领悟和掌握似乎分为过去和现在

---

① 《书信集》(1895年),第1卷,第348页,着重符是原有的。括号中的文字是为便于参考所做的补充。

② 《实践理性批判》,A.184。

③ 《文学生涯》,肖克罗斯编本,第1卷,第187页。

的所有经验。如果不是物质的身体,柯勒律治告诉我们,"很有可能是每一个人的心灵具有它全部过往存在的集体经验,……是的,在每一个生灵的天性中,天地的消亡比一个单一的行动、一种单一的思想从那活的因果链中松脱或者遗落更有可能,对其全部的关联来说,意识或无意识,自由意志,我们唯一绝对的自我,是共存和共在的。"① 这里——虽然以一种相当含混的方式——"自由意志"等同于以某种方式超越时间的自我(按一般的空间化的时间观)。有关柯勒律治时空观的剥离的这两个解释,无论哪一个是正确的,无论在哪一个中,自由学说都不可以基于或混同于康德的知性"活动"在赋予其感性内容以先验形式的命题。

然而(b)"联想学说"也许被某个之前接受它的人,如柯勒律治这样的人自然而然地持有,而康德的第一批判明确地"推翻"了这一学说;因为感知和思想的先验形式的命题一旦成立,对思想过程所做的准机械的、经验的观念联想的解释就失效了。然而,这样做会引发(c)"必然性学说"(doctrine of necessity)的瓦解吗?柯勒律治的话("相应的")无疑是在暗示他认为会这样;两者之间曾有一些逻辑关联,对此柯勒律治可能一直在进行认真的思考。就联想论隐含着决定论来说,对联想论的反驳也就消除了决定者的诸前提之一——对联想论者来说,是主要的前提。康德"推翻"联想论的特定理由隐含着决定论其含意就像哈特利的学说本身,这一事实,在柯勒律治已经对康德有粗浅认识之后,很难不为他所知;在后来的许多文字中,他清楚地认识到这一事实并坚持这一事实。

---

① 前引书,第80页;这里隐约指柏格森哲学,特别是《物质与记忆》,无待指明。

13. 柯勒律治和康德的两个世界

康德把时空(至少是"空间化"的时间)从真实世界或非现象的世界排除出去,很可能是柯勒律治最终和彻底摆脱必然论的逻辑手段;我们将看到,可以肯定的是,在他出版的著作中,正是这一点为他本人的自由学说以及他最心仪的宗教和道德信念[①]提供了通常的哲学基础。

在揭示这些之前,我离题地想到同一时期康德对柯勒律治的诗——即《愁闷咏》,该诗有若干版本,初版于1802年[②]——的影响的一个假定的证据。金格里奇教授(Gingerich)说过:"这首诗是[柯勒律治]的诗中所能找到的对超验原理的最充分的表述。"这一概括体现在以下诗句中:

> 哦,女士!我们只领受我们所付出的,
> 在我们的生命中唯自然为生……

这里体现的是"彻底的先验主义,就像诗人的一些早期观念是彻底

[①] 肖克罗斯在他所编的《文学生涯》版本中(导言,第xxx页)否认"柯勒律治最终放弃了哈特利体系是受了康德的影响",甚至认为"从这封信不能得出这样的结论"。这种看法,按本文和其他地方所提出的理由,在我看来不可信。有关这一点通常所引的其他信件(1801年3月23日,见《书信集》I,第352页)中,柯勒律治主张创造性心灵活动的学说,宣称"有理由怀疑,任何建筑在心灵的惰性上的体系肯定是虚伪的"。但这与有关意志自由的论题无关;且正如已经指出的,如果这一文献成了康德在第一批判中的"心灵的惰性"的反证,那么,没有什么好的理由可以认为柯勒律治为了在那个推论中发现对这种自由的论证,而严重误解了康德。

[②] 按本文的目的不必深究这些版本之间的差异。E. 德·塞林科特对此作了全面的研究,见"柯勒律治的《愁闷咏》",载《英语学会会员论文和研究》,22(1936年)。在那篇论文中,可以找到原始手稿。

的必然论一样,心灵现在不是一种自动装置,而是一种原始的创造力;自然成了一面镜子,而不仅仅是一个简单的机械工具,人的心灵能借以反躬自省。"① 同样,文克尔曼小姐宣称,正是这些诗句第一次相当清晰地呈现出"批判唯心论的哲学时代的精神风貌",即它们还是"心灵活动"在形成其自身经验时的表达;另一位作家提出,人们可以把那首诗"视为反映康德先验论的形而上学的那类诗"。② 这种以康德的认识论和形而上学对《愁闷咏》进行的解读在我看来纯粹是基于一种观念的混淆;柯勒律治不是在表达心灵赋予它所领悟的客观世界以形式的"先验"唯心论的命题,他是出于痛苦的个人经验在表达一个心理事实,即给我们愉悦的自然之美的力量受制于我们的主观状态。我们必须给予自然再从自然领受是一种审美的转化。

> 轻柔的,壮观的,明快的云
>   包裹着大地。

总之,我们必须把"欢乐"带到对永恒世界的沉思中,以便再从中领受欢乐,因为

> 欢乐是一种甜蜜的声音,欢乐是明快的云——

---

① 《论浪漫诗人》,第 45—46 页。
② B. 蒙蒂亚诺对韦勒克《康德在英国》的评论,见《比较文学评论》,13(1933 年),第 562 页;参见 J. W. 比奇:《19 世纪英国诗中的自然观》,第 123 页。

13. 柯勒律治和康德的两个世界

> 我们自得其乐！
> 因而洋溢着所有那些明媚或乐音或美景……

如果没有我们给自然投射这种内心的喜悦,就只会留下一个"沉闷冷漠的世界"。但诗人发现他不能随意左右这"优美的和创造美的能力"。在抑郁消沉的心绪中,——如我们现在所知,部分由于糟糕的健康状况和用以减缓病痛的鸦片的作用,部分由于家庭的不睦,部分由于精神上的脆弱感——他发现,他曾在日落、群星和新月中体验到的愉悦,已经飘逝了。

> 我看到了所有的一切,
> 我看到而不是感到它们有多美。

无法对自然景观做出情感上的回应,显然不是读了《纯粹理性批判》后的结果;在《纯粹理性批判》中找不到柯勒律治这一经验所基于的普遍原理,也不谈论这首诗中关注的这类经验心理的事实;"欢乐"不是康德的先验范畴之一;由于作为康德先验感知(时间和空间)和诸种范畴之来源的"心灵"是一种类属的心灵,所有的人都无二致,也不受条件的限制,柯勒律治却坚持个体心灵——特别是(那一刻)他本人的心灵和华兹华斯的心灵——的审美反应,甚至同一个心灵在不同心绪下的审美反应也存在差异,因此,柯勒律治的心理学观察和康德的形而上学公理就连形式上的平行性也没有。

《愁闷咏》确实以诗的手法暗示了一种审美理论;就其承认可

以无须情感而理智地认识到一个对象在理论上是"美的"——"我明白看到而不是感到它们有多美"——来说,这种审美理论是符合康德美学的。康德傲然地(也是独具特色地)宣称:"当鉴赏为了愉悦、仍然需要刺激和感动的混合时,甚至于以此作为赞美的尺度时,这种鉴赏仍然不脱粗俗";①而柯勒律治的诗的要旨则是指出,这种不带情感的判断之虚妄,指出对任何真正的审美经验来说,康德如此傲慢地搁置的非智性和非普遍的元素是不可或缺的。在这首诗的原始稿本中,还有一种微妙的或许几乎不是有意的对华兹华斯的批评暗示——说华兹华斯的"单纯的心灵"在性情上比柯勒律治更沉着、更恬静,在生活境遇方面也更幸运。"起于愁人的可怕焦虑中"完全没有意识到他赋予自然的"生气"和"欢乐"是他在自然中所找到的,他之所以能这样做,要归因于他的脾性和境遇。②

这已经游离了我的主题,因为我觉着应该去尝试——可能徒劳无益——防止使对《沮丧颂》的流行误解变成未来教科书中的标

---

① 《判断力批判》,223,梅瑞迪斯英译本,第64—65页;康德美学学说与柯勒律治的《创造性批评原理》(1814年)以及后来有关这一论题的著作的关系,此处没有篇幅予以讨论。

② 这一与华兹华斯的对立是《愁闷咏》的根本理念,E.德·塞林科特写道:"当我们联系柯勒律治一生中同期……与华兹华斯相关的事实时,此点变得更加清晰起来"(前引文,第15页)。然而华兹华斯对柯勒律治诗中表现的真理并非无动于衷,比如华兹华斯在《重访亚罗》(1834年)中那熟悉的诗句:

今,何谓自然自身的庄严?
她的形貌,不靠那些诗的声音
时时在我们中间喧嚷,
就能征服我们?

13. 柯勒律治和康德的两个世界

准诠释。针对目前这一主题更恰当的是要指出,如果这首诗与意志自由问题毫不相关,它就不是一篇自由的辩护词,因为它记录的是诗人在控制其心绪方面的无能为力,他愿意再次体验他在自然中获得的快乐,他愿意感华兹华斯之所感,但他不能;他无力改变他内心的状态,是因为外在的境遇而不是他之所选择。但还得加上一句,作为艺术家他在失败中获得了一定的胜利;因为他能够从他无力体验审美愉悦所唤起的情绪中,或者不管怎样,从对那种情绪的诗意表达中,得到和给予审美愉悦,这首诗在那些不是仅仅——像其他许多诗一样——创造令人感伤的愉悦之美,而是通过描述美感的失落而获得美的诗中,是一个悖论。如果柯勒律治本人考虑到他的诗作的这一方面,他会从他的诗中获得更多的愉悦;因为他无疑在诗中看到了一个"相反相成"的可喜实例,把他最爱的格言"两极相通"作为这一意蕴的另一个明显例证。

我们回过头来检视一下柯勒律治有关个体的道德自由的观念的康德来源。康德有关这一主题的学说当然是所有哲学读者所熟知的;但对本文的目的来说,有必要再作一次简要的概述。这与康德哲学的特点有关,而康德哲学的特点并非总是得到充分的认识。康德和柏拉图一样,是一位相信对应于两种知识"能力",即知性和理性而存在有两个世界或两个存在领域的哲学家。有一个"此"世界,在时空中存在物和事件的世界,还有另一个世界,一个"超感觉的"或"本体的"或"理智的"世界,由既不在时间也不在空间中的存在物所组成,因为它没有"之前"或"之后",没有"这里"或"那里"。但实在属于康德的另一世界,至少是他主要感兴趣的实在,不是柏拉图的理念——实体化的宇宙;它们是超时间的个体,它们与我们的主题相关的类别(class)是自我(selves)或本我(egos)。个体的人属于两个类别,一个"经验"之我和一个"本体"之我。经验之我是具体的人,是存在于全部感觉、思想、情感、欲望和冲动中的自我,是经验这些的自我,他每一刻都不相同;这个存在于时间中的、变化的我,完全服从支配着时间中的所有变化的因果决定。总之,经验之我是"自然"的一部分,是一种"现象"(在这个术语与"本体"相对的意义上);①它是"知性"的对象,必须遵循知性的法则,这种法则排除了自由。用康德自己的话来说:

> 如果我们赋予一个其此在乃在时间里被决定的存在者以自由,那么,他们至少就其实存里面的所有事件而言,从而也就其行为而言,不能将这个存在者排除在自然必然性的法则之外;因为这样做无异于把这个存在者交付给盲目的机运。……所以,如果这是人们不得不据以构想这些事物本身的此在的方式的话,那么,自由就必定会作为一个虚无和不可能的概念而被摈弃。②

但在康德看来,同样在柯勒律治看来,实践理性,即道德意识,

---

① 柯勒律治有关现象和本体性质的界定见藏于大英博物馆的《手稿》,埃杰顿对开本,第96—97页,刊载于文克尔曼前引书,第181页以下。然而,把它作为康德或柯勒律治对这一术语的实际用法的说明,多少有些不恰当。
② 《实践理性批判》,A.170,参见整段文字,前引书,第167—185页,见阿伯特的英译本(《康德的伦理学理论》,1889),第187—197页。

13. 柯勒律治和康德的两个世界

不仅要求"自由",而且逻辑上也指向"自由";①他指出:没有自由,"道德律、道德责备是不可能的。"那么,自由必须"保全";除了把它归于"本体"之我外,没有其他途径可以做到。确实,康德把本体之我和经验之我当作"同一种存在"来谈论;如果它们真的被康德构想为同一种存在,康德的两个世界的学说就是一种明显自相矛盾的学说了。但是所讨论的两个主题如果用彼此排斥的性质进行界定,却不是——准确地说,不能被设想为——"同一种存在";在时间中的(self)和服从变化的自我明显不能以定义这样一个自我的术语来定义,所有时间性谓词对这一自我都不适用,因而是不会变化的自我。对康德的目的来说,两者之间谅必有一种可靠的关联;康德的两个世界,就像柏拉图的两个世界,毕竟以某种方式联在一起。康德怎样勾画它们使之联系起来,我们马上就会了然;此刻认识到这样一点就足够了:康德所断定的自由,是与不自由的自我的不同类的存在的自由,正是由于这个原因,断定存在着自由和必然,用康德的话说,仅仅是一个"表面上的矛盾"。

正是在康德的这些文字中,我们可以看到柯勒律治从早期的决定论、泛神论和乐观主义观点(这一观点最充分地体现在他的诗作《宗教的沉思》和《民族的命运》中)转到他最终的信念——或者

---

① 人们常常忘了康德给予对自由的信仰比给予上帝或不朽的"公设"的地位以不同的和更高的逻辑地位。参见《判断力批判》,A. 431-432;信仰的可能对象(*fürwahrhalten*)可以分成三类:意见(*Meinugssachen*)、事实(*Thatsachen*)和信仰(*Glanbenssachen*)。上帝和不朽的理念属于第三类;但"非常值得注意的是,理性的理念之一,也即自由的理念,就在事实的东西之中;因此,通过纯粹理性的实践法则,在实际发生的行为中(因此,在经验中)可以得到证实"。然而,必须补充一句——正如细心的读者会注意到的,这最后一点与康德学说的其他部分不相一致。

为此转化进行辩护——的可能的手段,至少是手段之一。按柯勒律治本人看重而研究19世纪思想的史家却未必看重的标准,柯勒律治从他对德国哲学的认识中所获得的最重要的收获,是感觉到个人自由的信念对于道德是不可或缺的,或确证了他已有的这种感觉,以及——对他来说同样不可或缺的——对此信念加以逻辑证明的手段,这种手段存在于康德的两个世界图式以及人作为一种存在属于这两个世界的图式中。的确,在柯勒律治范围广泛的写作中,可以看出"自由"所寓的不止是一个或明确或含蓄的概念;在这一问题上,就像在极重大的哲学问题上,在柯勒律治那里没有发现任何单一的、截然分明的、恒定不变的思想方式,但在他有关这一问题的反思中,对他来说主要的和最持久的倾向的来源,是不可能弄错的。他(在他相对稍后的作品中)注意到,"路德、伊拉斯谟或萨维德拉"没有清楚地理解意志自由的问题,事实上,"在康德的三大批判[原文如此]出现之前,这一问题从未得到准确或适当的陈述,更不要说解决了"。① 这种解释的性质正如柯勒律治所理解的,在《反思之助》不凑巧分散各处的几段文字中得到了充分表达,这里我们把它们汇集在一起:

> 自然是一个我们可以借以理解以时间和空间形式来描述、遵从因果关系的万物的术语,因此,它的存在的原因总是要在一些在先的事物中寻找……由此可见,创造其自身的行动或者在某种意义上包含自身状态起因的任何事物,肯定是

---

① 《全集》,第5卷,第280—281页。

13. 柯勒律治和康德的两个世界

精神的,因此也是超自然的;由于这个缘故,就无所谓匪夷所思。在我们看来,此类事物肯定是我们身上能够担当的意志,如果它果然如此。……没有任何自然之物或行为可以称作原生物。……那一刻,我们所设想的自然创生,一个真正的开端,一个切实的起始——那一刻,我们凌驾在自然之上。……[但]道德之恶是一种源于意志的恶,……[设想这样的恶是可能的],听任恶被设想成这样以表明一个个体的恶不可能与任何特定时间相关,在某个特定时间个体的恶可以视为已经开始了。……总之,设想一下那个无论怎么都与时间没有任何关联的问题,既不能称作在时间中,也不能称在时间外;但在这个问题上与时间的所有关系都是不相容的……和异质的。①

还有:

我仍然发现自己不满于由于动机、表象(*vorstellungen*)等等的影响而反对自由的论点,……我们想证明的一切是自由意志的可能性或者意志,而后者实际上与意志自由的可能性是一样的。现在,康德通过展示现象与本体之间的区别,通过证明时间空间只与前者相关……而与后者(意志必定属于这一类)无关而雄辩地证明了这一点。

---

① 《全集》,第1卷,第263页,第273页,第286—287页;参见同作者,第265页,"所有命定论的似是而非的推理都建立在一种先于时间的时间的伪永恒观上。"

这里,"意志"是——或属于——本体之我;依时而动的经验之我,不是——或曰没有——意志,这恰恰是因为——如柯勒律治所认为的,也与康德的看法完全一致——它没有具体的选择自由或行动自由,而完全出自预先决定之故。由此可见,还不能断定柯勒律治已经放弃了他在其受哈特利影响的时期所持的必然论形式;因为那只关系到自然和人的短暂存在。柯勒律治仅仅是通过在另一种世界发现(如他所认为的)另一种自由,在人的现象上,补充了这种决定论。

或许应该补充一下,在《文学生涯》(1817年)第5—8章中,柯勒律治针对哈特利联想论所捍卫的自由或"行动",不是康德的自由;它不具有本体之我的性质,而具有现象之我的性质,这里柯勒律治在他对诗的想象学说的漫长探索中,着力揭示的是"意志、理性、判断和知性",还有情感和激情,是"联想的决定性原因",而不像哈特利的理论所理解的,是"联想的产物和机械的后果"。按照柯勒律治的理论,"我们的整个生活将处于外部印象的专制和无意义的消极记忆的专制之间"。这样,哈特利体系指的是"我们只能想象我们的行动源自理性的决定或审慎的动机,或者源自愤怒、爱或慷慨的冲动",而现实中我们所有的行为都取决于以往不自觉的关联,关联本身取决于物质粒子运动的纯机械的法则,但柯勒律治发现这样一个显而易见的经验事实,即情感冲动和对要去达到("终极因"的作用)的未来目标的价值的理性反思(它是重中之重),的确影响了我们的思想过程,进而也影响到我们的行为,确属

13. 柯勒律治和康德的两个世界

"独特的力量,其功能是控制、决定或限制联想(本身)虚拟的混乱"。① 对这一意义上的自由进行辩护是柯勒律治描述想象的性质及其作用的必要准备;引入这样初步的辩护,对达到那个目的来说已经足够了。但在这一切中,柯勒律治显然只是探讨具体的、暂时的意识过程,显然是反对哈特利而断定某些类型的原因的效力——推理和有目的的思想,愤怒和爱的自发冲动等等,在他看来联想论对此找不到用武之地。但这样的精神"力量"仍然是原因;柯勒律治没有明确主张它们是初始原因,它们在时间中的实际运作与任何在先的事件或条件完全无关——他不能把这些在先的事件或条件与他的普遍哲学调和一致。因此,在《文学生涯》中,对哈特利的批驳与柯勒律治的康德式的个体的"本体"自由学说是不相关的。

康德的现象世界与本体世界的二元论也影响着柯勒律治的"原罪"学说,对他来说,原罪说是基督教以及伦理学的核心真理:"在伦理学得到公认和教授的地方,原罪说会是各个阶层的信念和自明之理。"这不是"基督教最先引入和揭示的信条;如果某人认为有理由否认福音的权威,基督教引入和揭示的信条就不再得到他重视,……对哲学上的自然神论者来说,不存在困惑",而是"所有时代都公认的、基督教圣典也予以承认但非出自基督教圣典的事实"。② 然而,柯勒律治的"原罪"绝不是奥古斯丁的原罪或者一般正统神学的原罪——把我们始祖的罪世世代代遗传给堕落的亚当

---

① 《文学生涯》,第 1 卷,第 80 页,第 81 页。
② 《反思之助》,《全集》,第 1 卷,第 284 页,第 287 页;参见前引书,第 195—196 页,及《席间谈》,6,第 418 页。

的所有子孙们,

> 父的可悲遗产传给了子。

传统学说在柯勒律治看来是肤浅的、机械的,尤其是非道德的。既然我们不是亚当,我们的意志无须对他的罪,甚至也无须对他的罪的想象的后果——人不可能不犯罪(*non posse non peccare*)——负有责任。① 我的罪感肯定是我内在固有的,不取决于我的继承,不取决于我的独立自我之外的任何其他事物;如果我不是自由的,就没有什么罪应归咎于我。没有任何罪不是"原本固有的",即内在的和独立于任何既往(*prius*)。② 但时间性的我(temporal ego)的任何行为都不是原本固有的和自由的;因此,如果人的存在只是时间性的,那么罪的观念就是无意义的。罪的 locus[所在]正如自由的所在,只能存在于本体世界,超越时间和因果的接续。因此,柯勒律治《信仰的告白》含有"天启教义"的那一部分这样起笔:

> 我是一个堕落的造物,我本人可以行道德之恶,但并非我不可以行道德之善,而是恶之根基就存在于我的意志里,先于我意识中任何已知的举动或指定的瞬间,我相信且理解,这是基督教的根本信条。我生来就是天谴之子。

---

① 柯勒律治对传统学说的抨击,见《反思之助》,载《全集》,第 1 卷,第 275—283 页。
② 《全集》,第 5 卷,第 16 页。

13. 柯勒律治和康德的两个世界

总之,所有本体的我都是恶的我。再有,柯勒律治在关于康德的一段旁批中写道:

> 意志选择恶这种难以言说的举动沉潜于或内在于意识,……必须认为是发生在人的本体而不是人的现象中。①

柯勒律治在"《天路历程》札记"中说:

> 认定某个具体行为是有罪的……是一回事,认为我们的罪除了作为导致这些行为的特定背景之外与特定行为无关是另一回事,如果没有后者,没有人能成为基督徒。②

柯勒律治建立人的自由的热情主要是由于他要揭示人是罪人——真实的和天生的罪人,而非不幸的环境牺牲品。

但在何种意义上,自由能被理智地断定为本体之我或超时间之我的属性呢?毋庸置疑,如果这样的一个存在的实在得到了承认,它就是时间意义的"初始原因";由于它不在时间中,在它以前没有任何先验之物,使它成为现在的样子。但问题依然是,它是否取决于任何非时间的根据而不是取决于自身,或者取决于一个永恒的逻辑必然,比如像在斯宾诺莎那儿,或者取决于"神圣意志"的"永恒命令",像在加尔文派那儿。对此唯一能让本体之我真正自

---

① 康德《道德形而上学探本》旁批,H.尼德克尔编,见《比较文学评论》,第7期(1927年),第337页。
② 《全集》,第5卷,第258页。

由的,只能是否定性的回答:即它的"可理解的特性"——从而还有它的超时间的罪——是一个单调的、独立的事实,在整个宇宙中没有任何东西,哪怕是上帝,能予以任何程度的解释。永恒之我,需要与其他一切事物永久地隔离开来。它之所是正是非时间地偶然所是,事情就是如此。康德和柯勒律治都不能坚定不移地、明确地采纳这一解决方法,因为它暗示本体领域是一个难以理喻的领域,一个纯粹偶然的领域,在这一领域任何事物的存在都没有充足的理由,都没有任何种类的理由;而且,它还与基督教的创世说不相调和,基督教创世说从哲学上解释为"非时间的行为"时,越发隐含这样的意思:有限的永恒自我的存在——和它们所是的存在——属于上帝。康德明确主张这一点:

> 如果时间之中的实存是世界之中思维着的存在者单纯的感性表现方式,从而并不关涉作为物自身的这类存在者,那么创造这类存在者就是创造物自身,因为创造的概念不属于实存的感性表现方式和因果性,而只能与本体相关。……上帝作为普遍的原初存在者也是实体实存[即物自体,而不是"表象"]的原因,这个命题是绝不容许放弃的,否则作为一切存在者之存在者的上帝概念,以及神学中为一切所依赖的上帝的全足,亦需一起放弃。①

---

① 《实践理性批判》,第87页,第180页;然而,康德补充道:"行动着的存在者是创造物这个情况,在这里能够丝毫不更动这个断定",至于它们的自由,"因为创造涉及创造物的超感觉实存,但不涉及它们的感觉实存,因而也不能够被视为现象的决定根据"(第184页)。不过,就像将要显示的,康德宣称本体之我是那些属于个体的临时行为的现象的决定根据;因此,造物主是后者不那么直接的原因。

13. 柯勒律治和康德的两个世界

柯勒律治不像康德那样,倾向于否认神性的全足(allgenugsamkeit);他想相信意志自由,他又同样强烈地倾向于认为上帝是唯一的真因(vera causa),①而且是包括一起的实在。因此,大约于1814年,在评论17世纪神学家理查德·菲尔德的名言"最高等级的意志自由只配上帝才有,在这个意义上,加尔文、路德明确否认任何造物的意志是或曾经是自由的"时,柯勒律治补充说:"除非在上帝身上,在我们之中的上帝身上。因此,后者自身就是意志,因为它自身是超存在的存在(ens super ens)。这里有一种奥秘,我不敢公开地随便揭示出来。"②对哲学读者来说,柯勒律治在这里所"揭示"的内容足以暗示,至少在他撰写这一评论时,他认为人的自由只意味着上帝的自由,而且,就每个造物的性质和行为取决于上帝左右它的意志而言,造物是在某种意义上分有了上帝的自由。然而,这是对个人自由的一种否定,在根本上是加尔文主义的,带有一点模糊的泛神论色彩。然而,柯勒律治这时候显然是把这当成了一个危险的学说,虽然是真实的学说。就像有人所揭示的那样,他强烈地倾向于宇宙是一个有机整体的观点——类似黑格尔的——在这个整体中万物与万物之间相互蕴含,换句话说,在宇宙的有机整体观中,事物完全是相互决定的,事物的彼此独立是难以想象的,不然就是不适当和虚假的想象。"所有纯粹思辨的……基础,是全

---

① 在"宗教的沉思"中,柯勒律治谈到神性是"独断的运作"(sole operant)。1807年他在给科特尔的信中写道,这种表述"的确太大胆了,可能被误认为是斯宾诺莎主义的;因此,虽然它是一种善意而无可厚非的解释,但我现在绝不用这个词组"(《传记书简》,第2卷,第10页)。何谓"善意而无可厚非议的解释",柯勒律治不巧没有告诉我们;但对这个词组表达的概念来看,他的看法坚持倾向于复旧。

② 《全集》,第5卷(1884年),第68页。

面把握理性的沉思,即当我们视自己与宇宙为一体时所产生的对事物的直觉,与我们通过将实在转化为对实在的否定,从而认为自己是独立的存在时将自己呈现出来之间的差异"。后者是"属于我们有限存在的抽象知识,……它导致了一门幻想学(science of delusion)的诞生"。① 认为我们的本体之我是"自由的",是柯勒律治的归罪和原罪观念所要求的意义上的自由,就是把它们视为"独立的存在"。柯勒律治思想中的三大动因——他对正统的创世说的接受(被改写成了康德的术语);他对神无所不在、无所不能所怀有的强烈的宗教情感——确信"上帝是万有,上帝存在于万有中";他的形而上学中的准黑格尔主义倾向,都无望地与他的个人自由学说不相调和,与他的恶只源自个体②的学说也不相调和。既然他从未放弃前者,就不能认为他——也不能认为康德——已经表明或融贯地断定,个体之我永恒的、或"可理解的特性"对某些实在比对其自身来说更非必要。

---

① 《友人集》,见《全集》,第 2 卷,第 469—472 页。
② 在亨廷顿图书馆手稿的一段文字中(刊载于缪尔海德:《作为哲学家的柯勒律治》,第 278—279 页,亦参见第 236—242 页),柯勒律治面对困难作了认真而独具匠心的努力,以调和这些论题:(a)"具体意志"除非作为普遍的形式,并且与普遍意志一道,否则没有真实的存在;(b)就道德之恶这样一种"具体意志创造了一个不属于上帝的自我,因此由于它自身的行为而渐与上帝疏离"而言,"解决之道"是,这一独立的(因而也是恶的)意志毕竟不能是真正独立的,因为"在上帝那儿包含了所有真正的实在"。总之,很难达到和谐一致,读者得在简单的术语冲突或否认"具体意志"的自主独立(因而还有其义务)之间作出选择。虽然如此,这一奇异的、大量片言只语的推理显然让其作者感到在调和这些彼此相对的信念时,(a)(b)这两者对其心灵的平和都至关重要。而在另一段文字中,柯勒律治为同一困难所作的努力见于《反思之助》,《全集》,第 1 卷,第 274 页注。

13. 柯勒律治和康德的两个世界

然而,他们确实明确宣称这一本体自我——但它渐渐把握了它特有的内在的善或恶的准确程度——对具体个人的善或恶的行为,负有责任,因为康德说过,在人的本体存在中,

> 没有什么东西对他来说是先行于他的意志的决定的,而每一个行为[即,在时间中],以及一般而言对他的存在的每一个限定,……甚至作为一个感觉存在的一整个系列的实存,在他超感觉存在的意识里都无非被视为本体的因果性的……后果。①

此点与《纯粹理性批判》中有关因果性的学说联系起来看,意指所有人类行为都有一种奇妙的双重因果关系:作为自然现象,它们源自在先的自然现象,因而是不自由的;它们又完全取决于具体的本体自我的性质,其行动又是自由的——虽然本体自我从不在时间中行动。② 我们同样还看到,虽则柯勒律治主张所有属于"自然"的,都可"在时间的形式下表述"的东西,就像所有的"特定行为"那样,都取决于在先的时间性的原因,柯勒律治也主张"与特定行为无关"的原罪却是"人类行为的特定根据"。我不打算在此讨论这两种主张逻辑上能否调和一致,我只想指出,如果本体之我的"可

---

① 《实践理性批判》,A.175。阿伯特英译本,第191页。
② 然而,可以看出,柯勒律治有时候(就像在前引《文学生涯》中,肖克罗斯编,第1卷,第80页)认为个体的"绝对自我"同时地经历其时间的、现象的经验的所有时刻,与所有那些"起作用的因果链是共存和共在的"。虽然柯勒律治在其中发现了"自由意志",但"本体之我"观的这一变化及其与使本文前述观察失效的时间性的东西的关系,却毫无意义。

理解的特性"不是——按柯勒律治来说是不可能是——一个孤立的和独断的事实,那么说它对个体的时间性的特性和行为"负有责任",就等于说个体的特性和行为并不是自由的。这样,柯勒律治的原罪说——在康德那儿也许能找到其萌芽——认为所有具体的道德之恶,所有个体的具体的罪,必然出于每个个体永恒不变的本体自我内在的罪性的永恒,而且这一罪性反过来说不是任何一个体的自觉选择行为的结果,而只是这些个体说不清道不明的永恒性质——就像我们在前文所引的,除非把它归因于(本身即"神秘莫测"的)上帝的意志,否则是说不清楚的。在柯勒律治哲学思考的某一个阶段,这似乎很可能是他对此问题的真实但令人费解的看法。如果确实如此,请允许我重申,人的自由更明显地消失了,——虽然柯勒律治没有完全意识到或者只是有时意识到这一结论。

柯勒律治坚持对意志自由以及原罪说的辩护与其个人心理学有何关系?为什么他要——如他明显地做的那样——相信这些事情,并采用这种极端的形而上学的权宜手段去为他的信念进行辩护?答案并不是简单的,不过我们也许可以给出其一部分。我想,在当前的潮流中,文艺心理学家可能会喜欢说,柯勒律治思想中的这一倾向是自卑情结的一种系统化和合理化;在柯勒律治的时代,他们会更乐意把柯勒律治这种情况更恰当地名之曰谦卑,一种与高级智力意识并不矛盾的谦卑。在他青年时代的自信和乐观被一系列悲惨的经历和失望——尤其是对自己的失望——打得粉碎之后,柯勒律治常常明显有一种自责感,未能尽展其长才,且于他所处的环境心有未安,这种心情可见于他的诗句:

13. 柯勒律治和康德的两个世界

青春已逝,壮年空临,
天赋的长才尚未博得名声。①

总之,起码他对长久以来的"怠惰"之罪有一种深深的负疚感。所能找到的表达和缓解这种感觉的方式是,通过福音派的宗教经验模式——缓解部分源于人类自身赎罪的谦卑,确认主要通过中介而不是通过人自己的修炼及劳作就能达到救赎的可能性。② 同时,柯勒律治还是一个非常具有理性思维的人,需要为他的宗教情感找到确定的哲学基础;就这样,他在刚才所勾勒的康德的推理中找到了部分哲学基础。他从前提——设想康德已经予以证明——人归于不义的前提,加之这种不义普遍地、必然地内在于人的"本体"结构中的假定,推演出恩典和救赎的超自然方法的必要性。③康德为他打开了回归情感上相投的福音派信仰和虔诚领域之门。

我以评论所有这一切与所谓"浪漫主义"的性质的关系及其对

---

① 摘自《致威廉·华兹华斯》,写于 1807 年,见《诗集》,F. H. 柯勒律治编,第 407 页。

② 这一超自然的救赎行动也归因于本体世界:"神意的影响通过外在的或具体的环境——即一般所说的虔诚的语言或天意——通过对人的现象(homo phenomenon)的预先安排而直接作用于人的本体(homo noumenon)。"引自缪尔海德:《评康德的〈纯然理性限度内的宗教〉》,第 249 页。

看起来,恶的永恒之我应该永远是恶的;但柯勒律治似乎很高兴地忽视了这一康德式的形而上学的含义。

③ 柯勒律治把托马斯·亚当所论,即"基督教的意图是要通过使人们相信其罪、盲目和无知,通过谆谆告诫宽恕、超自然的启迪和帮助的必要,改变人的观点、生活和脾性……切实承诺和传递这些福祉",引为同调。参见他对亚当所论的"人性的堕落"的赞同(《S. T. 柯勒律治的批判性评注》,泰勒编,1889 年,第 6 页)。

宗教和道德观念的影响作为本文的结束。柯勒律治已被公认为英国伟大的浪漫主义者之一，且是把德国浪漫主义引入英语世界的主要人物，但在他身上——就像在最富代表性的德国作家身上——我们可以看到一种独特的现象，即所谓浪漫主义影响是对自然主义——一种伦理的和形而上的二元论，一种二元世界的哲学的反动。我提出这一点，是因为一些杰出的文学批评家和文学史家将整个浪漫主义的影响呈现为具有恰好相反的性质。几乎不可能有比这更大的历史错误了。再者，缪尔海德先生已经指出，柯勒律治突然反对其早年的"必然论哲学"可以通过一个事实予以解释，即这种哲学"在本质上与柯勒律治自身存在的最深刻的倾向即自由的浪漫精神是相对立的"。由于"自由"是一个最模棱两可的术语，我不能肯定这里所要理解的"自由的浪漫精神"到底是什么；我也不能完全肯定在许多相互矛盾的思想倾向中，在柯勒律治的存在中"最深刻的倾向"是什么。但如果上述分析果真正确，"最深刻的倾向"以及引起他信奉个人意志自由的倾向，是一种罪感——他自己的罪感和他人的罪感；在柯勒律治接受德国影响从他青年时代的启蒙哲学转向之后，如果说他思想感情中有什么独特的东西可以称作"浪漫主义的"，那么，罪感以及人的堕落学说的复活，则是最显而易见的"浪漫主义"。

14. 弥尔顿和"幸运的堕落"悖论*

对《失乐园》各个时期的许多读者来说，这部长诗中最惊人的诗句肯定是在第12卷中，亚当表达了他的极度怀疑，他的原罪不是罪，而是其自我庆幸的根据——其原罪和毁灭性后果在别处已有详述。请记住，大天使米迦勒已经向亚当预言了人类堕落之后的历史。因此，这虽然大部分是极其不幸的故事，但它以预言圣子的再度降临和最后的审判作结，那时基督会报偿他们：

> 进入幸福境地，天上和人间，
> 去过远为幸福的日子，因为那时
> 大地变成比伊甸更快乐的乐园
> 　　大天使米迦勒这样说后，
> 停了一下，正像世界告一段落。
> 我们的始祖满怀欢喜和惊异说：
> 　　"啊，无限的善良，莫大的善良！
> 这一切善由恶生，恶变为善；

---

* 本文最初发表于《英国文学史杂志》(*ELH*)，Ⅳ，1937年。

> 比创造过程中光出于暗更可惊奇!"
> 但我仍然满怀疑惑,我现在该为
> 自己有意无意所犯的罪而痛悔,
> 还是该为更多的善所涌出的幸福而
> 高兴,更多的光荣归于神,更多
> 天神的善意归于人,胜于他的
> 圣怒而慈惠满溢。*

最后六行是弥尔顿对所谓"幸运的堕落"的悖论式表述。至少从其形式上的二律背反来看,这是一个悖论。从弥尔顿所接受的教义的前提和诗中的隐义来看,亚当对之感到疑惑的两个结果是同样必然的;然而,它们却是相互冲突的。亚当的堕落无论怎样谴责和悲叹都不为过,同样,考虑到其全部后果,无论如何欢欣也不为过。许多神学家注意到,亚当偷吃禁果包含了所有其他的罪;① 无限智慧所支配的理性受造物的背叛,神创造大地万物的神意的失败,因而是无以复加的罪,整个人类由此变得堕落而远离了上帝。如果亚当没有偷吃禁果,也就无所谓道成肉身和救赎,这些无比的神秘

---

* 弥尔顿诗句用朱维之先生译文。——译者

① 所以弥尔顿本人在《论基督教教义》第1卷,第11章说(见弥尔顿《散文著作集》,博恩编,第4卷,第258页):"哪种叫得上名的罪不包括在这一举动中吗?它包括对神的真实存在的不信任,对撒旦的厚颜无耻的轻信;怀疑,忘恩负义,不顺从,贪食;男人过度惧内,女人渴想情郎,男女都漠不关心他们后代的福祉,他们的后代就是整个人类;弑父,偷盗,侵犯他人权益,渎圣,欺骗,自以为倾心于神性,以欺骗手段达到目的,获得自尊和傲慢。"

14. 弥尔顿和"幸运的堕落"悖论

也就失去了根据和意义;因此,神丰富的善和力量既得不到施展,也不会为世人所知。任何虔诚的信徒都不会认为,如果人类救赎的活报剧从未发生会更好;因此,没有虔诚的信徒会坚持认为,这出活报剧的第一幕以及其余各幕所引发的事件,确实令人抱憾。而且,救赎的最后一步,即人类历史的终结,在幸运和道德完善方面将远远超越伊甸园中那第一对男女的原始幸福和纯真——要不是人的堕落,可以想象人会继续伊甸园中的那种状态。[①] 因此,亚当的罪——而且的确还有由此"引起"的他子孙的罪——是证明上帝的荣耀和对人的无限恩惠的不可缺少的条件,可以想象,人在其他条件下得不到如许的恩惠。

按照正统基督教神学的前提,这一结论是必然的,然而对那些接受此前提的人来说,其必然性未必总是确实而明显的,而且也许会受到怀疑。这是一种令人困扰的思想,甚至意识到这一点的许多人(比如所有敏锐的神学家肯定都会如此)自然也不愿意去细究;对此作出完全明确和切中肯綮的阐述的神学作家和宗教诗人,显然为数不多。然而,它能打动许多宗教的心灵——这无疑部分是因为它的悖谬,因为对普通思维的简单逻辑的超越,予以它一种神秘的庄严性。在逻辑矛盾(或似乎矛盾)和某些形式的宗教情感之间有一种紧密的联系,其历史表现还从未得到充分的研究。对那些其目的像弥尔顿那样对整个人类历史作宗教解释的作家——

---

① 然而,在最后一点上,在早期的基督教神父和后来的神学家中,存在不同的看法;认为原始状态不是人类想保留的状态,而仅仅是一个应被超越的不成熟的阶段的看法,在古代有为数可观的支持者;这里我不打算详细讨论这种看法的来龙去脉。

他们不是赋予整个人类历史以悲剧性,而是神圣喜剧[①]性——来说,这一悖论甚至要胜过对未来千禧年或极乐天堂的单纯信仰。这出剧对上帝的选民,而且是未获救赎的选民——他们通常未受到高度关注——来说,不仅应有一个欢乐的结局,而且这个欢乐的结局在开始时必须是含而不露,且必须在开始就孕育了可能性。幸运的堕落的悖论后来在基督教思想史上不断出现;这个观念不是弥尔顿发明或发现的,我在本文中想提出有关这一观念的若干早期表述,把它们与弥尔顿的思想进行对比,或许不无裨益,它们可能是也可能不是《失乐园》第 12 卷 468—478 行的"来源";不管怎样,它们证明了隐藏在这些诗句背后的漫长传统。

1

对弥尔顿专家来说,迪·巴尔塔斯的类似诗句当然是耳熟能详的,但为了有助于比较,似乎仍有必要在这里摘引这些诗句。在《第二周》题为"欺骗"的一章,在上帝宣布了对亚当的判决之后,诗人中断了他的叙述,引入了他自己的一段研究心得,企图回答人们针对上帝在处理亚当及其子孙的问题上的正义性所发出的抱怨:

　　这里我想象肉和血会口角,

[①] 这一措辞借自 C. A. 莫尔教授,见《现代语言学会会刊》(PMLA),12(1921年),第 11 页。

而私语会劝服那可怕的争执。①

随后论述神义论的短论显然基本上是说给普通人听的,虽然诗人在运用第二人称时有时候似乎糊里糊涂地想到的是他驳斥其错误的那些人,有时候是亚当,有时候是那些已故的圣人,有时候是所有上帝的选民。以下是与我们有关的诗句:

因你抱怨上帝的恩典,他的蒸馏器
从你无耻之罪中分离出渣滓,
三种始料未及的善:赞美他的名;
满足你的至福;为撒旦而感羞耻。
因为如果没有罪、公正和怜悯
只是一个无益的虚名;但你错了
基督没有赢得令名,而是被
钉在十字架上,罪,撒旦,死亡和地狱
使你的祝福因你的罪过
  而超过起初快乐的纯真……
在地上,你是活着的人;而在天上你是兽类:
你曾听上帝的道;现在你看见上帝的道;
在地上吃他佳美的果子,现在基督成了你的盛馔,

---

① 西尔维斯特译文,1611年版,第249页。

> 在地上你可能堕落了,但现在你坚定不移。①

如我们看到的,因为这一思想并非迪·巴尔塔斯首创,我们便不能放心地征引《失乐园》第 12 卷的那段诗来作为弥尔顿借鉴《创世七日》的证据。然而,一个细节上的相似或许让我们可能借以推测弥尔顿有意无意间联想到了这位法国诗人相应的诗句:双方都

---

① 乔舒亚·西尔维斯特《全集》,格罗萨特编(1880 年),第 111 页;在 1611 年版,第 249 页。西尔维斯译文的巴尔塔斯的原文是:

> ...sa grace
> Dont l'alambic extrait de ta rebelle audace
> Trois biens non esperez: scavoir, gloire pour soy,
> Vergongne pour Sathan, felicite pour toy.
> Veu que sans le peche sa Clemence et Justice
> Ne seroyent que vains noms; et que sans ta malice
> Christ ne fut descendu, qui d'un mortel effort
> A vaincu les Enfers, les Pechez, et la Mort,
> Et te rend plus heureux mesme apres ton offence,
> Qu'en Eden tu n'estois pendant ton innocence...
> Tu viuois icy-bas, or tu vis sur le Pole.
> Dieu parloit avec toy: or tu vois sa Parole.
> Tu vivois de doux fruicts: Christ ore est ton repas
> Tu pouvois trebucher: mais or tu ne peux pas.

(《第二周》,鲁昂,1592,第 53 页)。请记住,不仅巴尔塔斯的诗和西尔维斯特的英译文在 17 世纪家喻户晓,而且西蒙·古拉尔的《〈创世七日〉评注……》(1582 年,1584 年)和托马斯·洛奇英译的古拉尔著作,《沙吕斯特的纪尧姆·巴尔塔斯爵士的名诗的学术性概要,其中可以发现有关形上学、物理学、道德和历史知识的绝妙奥秘……》(两卷,1637),也广为人知。哈佛大学图书馆所藏古拉尔著作的 1584 年版不包括《第二周》的评注,但有关迪·巴尔塔斯那几行诗的注释可以在洛奇编、前引书第 2 卷第 69—70 页中找到:"诗人在 509 行诗中表达了这一点,他说,没有罪,那么上帝的仁慈和正义就不会显得这么多了",等等。

14. 弥尔顿和"幸运的堕落"悖论

详细说明了源自亚当堕落的内在之恶的三种"更高的善"。[1] 对此,这两段诗中有两点是一致的——上帝的"巨大荣耀"和上帝赐予人的巨大恩惠。第三点则不同,弥尔顿更突出地表现上帝的恩惠而不是他的天谴,将之当作最后幸福的结局——宗教上一个更动人、更富于启发性的概念,来代替击败和羞辱撒旦,虽然这与弥尔顿写上帝与叛逆天使间的战争史诗在情节上没有多大不同。[2] 还有另外两点不同值得注意:(a)弥尔顿借亚当之口说出这个悖论获得了极大的戏剧效果——这样做的理由是基于大天使所预言的人类的未来历史;[3](b)然而在弥尔顿这里,这一悖论不是这样鲜明地表达出来的。迪·巴尔塔斯相当明确地指出,如果没有亚当的堕落,可能不存在道成肉身和救赎,且"如果没有罪,公正和怜悯只是一个无益的虚名";弥尔顿笔下的亚当只是用来表达一种疑惑,即他是应为自己的罪感到悔恨,还是"更欢欣于"其后果。在弥尔顿的诗句中仍然清楚地保留了这个悖论的逻辑。亚当的疑惑没有理由,除了假定罪是"更高的善"的真正先决条件——用弥尔顿的术语来说,"更高的善"是从罪中"涌出

---

[1] 就我所知,这一细节在有关这一悖论的其他表述中尚未看到。

[2] 但弥尔顿《失乐园》第3卷第250—258行阐述了道成肉身和复活的最终结果。如果弥尔顿在第12卷的段落中改写了巴尔塔斯的诗句,第三种"善"的变化就可能是由一种避免重复的想法所引起的。

[3] 迪·巴尔塔斯运用了对后来历史的预言式叙述同样的策略(《第二周》,1611年版,第293页);但这里预言者是亚当本人,他讲述了塞特身上发生的故事,他的预言到大洪水的泛滥戛然而止。如果我们能肯定弥尔顿在第11卷和12卷中有意改写巴尔塔斯的诗句,比较他的诗句和更早的诗人所用的同一组主题,会有力地阐明弥尔顿的思想在他的诗句的构思中所起的作用。

的"——一个明智的读者很难不得出结论,赞成第二种选择可以为亚当解疑。

然而,迪·巴尔塔斯不是弥尔顿用悖论来进行诗歌创作的唯一的先驱。吉尔斯·弗莱彻最雄心勃勃的诗作《基督的胜利》的主题和风格特别适合弥尔顿。当一个虔诚而又内省的心灵热情地研究这一主题时,自然会想起这一点。救赎行为的崇高感越是强烈,内在于和来自于救赎的善越是重大,把引起恶的罪仅仅视为恶的不可能性就越加明显。对一位其诗学方法主要在于奇思妙想和修辞上的对应的作家来说,甚至在探讨他的信仰中的重大主题时,这样的悖论都自然有一种特殊的吸引力。因此,在《基督战胜死亡》(1610年)中,弗莱彻通过一系列可称之为堕落和救赎的平行关系吟咏基督的激情——两棵树(即禁果树和十字架)、两个园(即伊甸园和客西马尼园),等等——从而引入了悖论,继而把悖论转化成一种模棱两可的语言。

> 我们从父母那儿得到如此欢喜,
> 善或恶,我无从希冀,
> 称之为不幸还是快乐之失
> 从伊甸园堕落而向天堂飞升。[①]

[①] 前引书,第12节;见《吉尔斯和菲尼亚斯·弗莱彻诗集》,F. S. 博厄斯编(1908年),第Ⅰ卷,第61页。

然而,弗莱彻虽清楚地提出了问题,却像弥尔顿笔下的亚当那样,表面上对这问题的答案不表明立场;不过,这样就使读者对问题的答案确定无疑了。从伊甸园的堕落使得升入天堂的更大幸福成为可能,老实说,绝非什么"不幸"。①

安德烈尼的《亚当》(1613年)的最后一幕与《失乐园》的最后一卷有很多共同点,包括米迦勒在责怪了夏娃的罪——

> 你将给人类
> 带来痛苦和眼泪②——

之后说的一通话。他开始预言恩典终将获胜,无论在终将变成天堂的人间还是天国,那最初的男女及其后代所享有的未来的

---

① 以下的第二段可以视为对这一悖论的更明确的表达:
Sweet Eden was the arbour of delight,
Yet in his honey flowers our poison blew,
Sad Gethseman the bowre of baleful night
Whear Christ a health of poyson for us drew;
Yet all our honey in that poyson grewe.
如果最后两行的 poyson 是第二行所指的禁果,或者吃了禁果的后果,——那么最后一行是再次断言救赎有赖于堕落的比喻说法。但可能倒数第二行的 poyson 指伊甸园中的苦恼和挣扎,而最后一行仅是重复此义。

② 前引书,三百年纪念版,E. Allodolli(1913年),第5幕,第9场,第140页,Ⅱ,4122-4123;参考 Cagionera[带来,造成]和弥尔顿的 occasioned[引起],第12卷475行。弥尔顿显然把这个词当作动词来用。

至福必将实现。① 安德烈尼的亚当和夏娃,就像弥尔顿的亚当,以铺陈感激和叹服能够"结合"善恶的仁慈力量来回应天使长的谈话:

> 把死亡与生命
>
> 把战争与和平
>
> 把失败与胜利
>
> 把病魔与健康
>
> 把地狱与天堂
>
> 把这些连在一起
>
> 绝非人力可为
>
> 是上苍那只万能之手
>
> 啊,上帝,求您
>
> 让受伤的夏娃康复
>
> 虽败犹胜,获得荣光。②

就在这些诗句中,尤其是在 perdendo trionfa[虽败犹胜]中,有一

---

① 前引书,第 143 页,Ⅱ,第 4235 行以下"人被魔爪捕获以后,享受到一切幸福,仿佛天空就在地上,天堂就在人间。"参见《失乐园》第 12 卷,第 462—465 行。然而,安德烈尼不同于弥尔顿,明确表示至善是一种极乐图景:"上帝那神圣的面孔……天堂里最美的面孔。"

② 前引书,第 141 页;Ⅱ,第 4157 行以下。

种明显的悖论式的暗示，但诗句中并没有明确表达出来。①

2

在《失乐园》之前，弥尔顿的一些先驱者就探讨了堕落不仅为神圣之善所克服，而且一直是人获得更伟大的善所不可或缺的途径——如果可以这么说的话——而不是没有它也成。弥尔顿的18世纪的评注者和编者很快就指出——虽然他们特别令人恼怒地没有给出明确的文献证明——这一观念在基督教早期已经出现。乔纳森·理查森的《弥尔顿〈失乐园〉评注》（1734年）最早提示了这一来源，其中对473行的评注是："噢，幸运的堕落，理应拥

---

① 德拉·萨兰德拉（della Salandera）的《亚当的堕落》（1647年）第5幕以后的场景，尤其在位格化的两种神性的对话中，全能和怜悯强调了继堕落的灾难之后的幸福的结局；道成肉身和救赎被预言了，就像在弥尔顿那里一样，有对至善（La gran Bontade）发出的热情的欢呼，而圣善正是通过这一结果展现出来；值得注意的是，其他神性——无限和博爱——将因此具有更宽广的活动空间：

　　上帝造出无限后
　　他的心就很慈善
　　他的领地将不断扩大

但这一悖论的本质——建立在堕落基础上的所有可能性——并没有得到强调。冯德尔（Vondel）的《路西法》（1645年）以同样令人欣喜的对未来的展望结尾：没有任何有关这一悖论的暗示。关于堕落的诗篇，应该通过引入基督重临和未来获得救赎的至福（借助于各种各样的方法）来给出一个快乐的结局，可以说成为这一种文类的一个惯例。正如C. A. 莫尔教授在《现代语言学会会刊》（PMLA）12（1921年），第463页以下所指出的，人们普遍接受的教义使得这样一首诗预言"更快乐的乐园，更幸福的日子"是其义不容辞的责任，而这更快乐的乐园和更幸福的日子是上帝的选民应该知道的。以悲剧色彩来结束就是要摆脱正统的文学和神学。不过，承认幸运的堕落并不是幸福结局的必要的或不变的一部分。

有这样伟大的救世主！这是圣格里高利的感叹。"①那个世纪，纽顿和其他评注家在征引上更加审慎而含糊："他似乎记起了一位神父的大声祈祷：哦，多么幸运的堕落，等等。"②就我的见闻而言，没有一位现代编者对堕落的悖论这一更引人注目的表述给出更准确的文献证明。对于圣格里高利著作的一个广博，但还称不上详尽无遗的研究③尚不能找出这句话。在一个可能较早、更值得注意、至少对非新教教徒来说更为熟知的文献中，在罗马祷文的一段中可找到这句话。④ 在复活节前夜（圣周六）的礼拜仪式中，一位副主祭在复活节烛光祷礼上颂唱一首圣诗。这首诗题为《颂赞》（*Praeconium*），但更为人所知的题目为《欢喜颂》，这题目来自于这首诗的起首词（欢喜吧，上天的力量；唱吧，天使的赞美）；一位天主教作家评论道："这篇祷文的语言达到了基督教文学很难企及的高度。"⑤在这句对于救赎奥秘的兴高采烈的狂喜之前已经有了另一个更鲜明地表述同样悖论的句子。"亚当不可避免之罪，基督之死已经将之消弭。幸运的堕落理应拥有这样伟大的救世主！"亚当之罪不仅仅是一个"幸运的堕落"，而且还"不可避免"——必然导致救赎行为。可以设想，圣诗的作者把这种救赎行为本身视为我们

---

① 前引书，第520页。

② 托马斯·纽顿编《失乐园》第四版（1757年），第2卷，第429行注。这种相似并不是在《失乐园》最早的重要评注、帕特里克·休姆的《〈失乐园〉注》（1695年）中指出的。

③ 理查森说的圣格里高利可能指的是大格里高利（卒于604年），因为他的引文是拉丁文。

④ 我要感谢哈佛大学乔治·拉·皮耶那教授帮助我了解这一事实以及他所提供的其他宝贵支持。

⑤ 见《天主教百科全书》，C.B.沃克撰写的"欢喜颂"词条。

14. 弥尔顿和"幸运的堕落"悖论 343

这个星球历史上神圣计划中必然的、居于中心的事件。

我们只能大致确定这首圣诗的创作时间及其编入圣周六礼拜式的时间。① 它最初不是罗马祷文的一部分,而首先出现在高卢派教会中,一些礼拜仪式方面的权威人士认为,可能出现在 5 世纪初;②但含有这首圣诗的祷文的最初手稿是在 7 世纪出现的。③ 关于其作者有种种猜测,但无一具有任何实质性的证明;④根据对这一问题最精湛的研究,"从我们现阶段所掌握的文献看,人们必须放弃确定谁是这首圣诗的作者,甚至放弃弄清楚这篇名作最初可

---

① 关于这首圣诗的文本(其已知的最古老的形式),见迪歇纳(Duchesne):《基督教崇拜》,第 5 版(1923 年),第 254 页;米涅:《拉丁教父著作集》;72,col.,第 269 页以下。关于这首圣诗的历史,参见迪歇纳,前引书;A. 弗兰兹(A. Franz):《中世纪的本笃会》(*Die kirchliche Benediktionen im Mittelalter*),1909 年,第 1 卷,第 643 页以下;V. Thalhofer and L. Eisenhofer:《天主教圣礼祷文手册》(*Handbuch der katholischen Liturgik*,1912 年),第 1 卷,第 643 页以下;L. 加斯东(L. Gastone):《维吉尔的夜曲》(*Les vigiles nocturnes*,1908 年),第 18 页;C. B. 沃克(C. B. Walker),前引书;J. 布劳(J. Braun):《圣礼祷文词汇手册》(*Liturgisches Handlexikon*,1922 年),"Praeconium paschale"条。整首圣诗的英译文可以在《圣礼书》(1925)中找到,第 2 卷,第 293—295 页。

② 迪歇纳:前引书。第 86 页。认为这首圣诗可能早在 4 世纪中叶已经出现。

③ 参见礼拜仪式的官方引述。

④ 一些古代手稿集把它归于"担任罗马副主祭时"的圣奥古斯丁,这极不可信(参见 Thalhofer and Eisenhofer,第 644 页;弗兰兹,第 1 卷,第 534 页)。这可能是由于奥古斯丁曾经用韵文写过一首短小的烛祷(*laus cerei*),就像他在《上帝之城》(15,22)所记述的,但这首诗不是《欢喜颂》。这位副主祭似乎一直有一个习惯,就是为复活节祝祷礼创作他自己的颂赞(*paeconium*)(C. 布劳,前引书),奥古斯丁在某个地方给出了这一习惯可能属实的证明。米涅版的一个编者(H. Menard,见《拉丁教父著作集》,78,col. 335)提出圣诗可能为圣安布罗斯所作,这也许有可能,但没有证据。加斯东指出,作者是帕维亚的圣恩诺迪乌斯(卒于 521 年),这似乎是由于把《欢喜颂》与恩诺迪乌斯神父所作的两首完全不同的祝祷诗相混淆的结果(v. *Corp. Script. lat. Eccles.* 6. 415-419)。

能出现在何处的努力。"①在创作时间问题上,我们所能说的只是,一些弥尔顿的编者认为《失乐园》第 12 卷 473 行以下诗句的可能来源的那一段,早在 7 世纪,也可能早在 4 世纪,就用于祷文,出现在高卢派的圣餐礼中。可以肯定的是,这首圣诗流传如此之广,至此已经取代了罗马礼拜仪式中——显然是在教皇们犹疑再三之后——所有与之匹敌的圣诗。正如一位天主教礼拜史学家所说:在复活节烛光祷礼中,"这首诗的胜出要归因于[它]在表达和内容上都要远远高于任何与之匹敌的圣诗"。② 在中世纪弥撒中,与本文论题有关的两句诗的措辞有一些有趣的变化,③值得注意的是,基督教会的一些权威人士认为这些句子是危险的,要从圣诗中删除——这种情况在德国较为普遍,而在法国和意大利的圣餐礼中则不太多见。④ 但由于祷文在 16 世纪晚期就已经定型,这两句在罗马教会的弥撒中找到了一个普遍接受的、长久的位置。

3

16 世纪和 17 世纪表达幸运的堕落这一悖论的新教诗人当然有可能听到或读到过包含《欢喜颂》(*Exultet*)的天主教祷文;但没有必要设想他们已经读过。我们更愿意认为他们——总之其中最

---

① 弗朗兹,前引书,2,第 534 页。
② Thalhofer and Eisenhofer,前引书,第 644 页。
③ 比如,在威斯敏斯特教堂弥撒中(Lagg 编,1893 年,2,581) *et nostrum*[和我们]一词是紧跟在 *adae pecctaum*[亚当之罪]后面的。
④ 见弗朗兹,第 1 卷,第 540 页以下,我只引用了其中的一个例子:克卢尼的修道院院长雨果(卒于 1109 年)要求这些句子应该"删去",不再诵读。

早的如迪·巴尔塔斯——通过阅读某一位神父的著作熟悉了这一观念,其著作在新教神学家中仍然具有很高的权威性。例如圣安布罗斯在4世纪就直言亚当之罪带给我们的更多是好处而不是伤害(*amplius nobis profuit culpa quam nocuit*),①他本人甚至说出更具概括性、更大胆的警句:"罪比天真更硕果累累。"②上帝洞悉亚当会堕落,以便可以由基督来救赎。"幸运的堕落,因此会变得焕然一新!"③这与引自《欢喜颂》的这两句诗,思想上的一致和措辞上的相近是显而易见的;安布罗斯的这些文字很可能是诸如圣诗、迪·巴尔塔斯、弗莱彻和弥尔顿对这一悖论的各种表述的来源。后两人的观念可能是也可能不是经迪·巴尔塔斯传来的;④或者对他们任何一位(都有可能)来说,传播的媒介有可能是后来的一些主教对这一主题的反复宣讲和不断丰富。在安布罗斯之后的一百年,安布罗斯对这一主题的阐明得到了最伟大的教皇列奥一世的回应,虽然有所弱化,利奥一世在《耶稣升天初讲》中说道:

> 今天我们[和我们人类的始祖相比]不仅确证了拥有天堂,而且致力于基督的那些自高之事;我们从基督那无法形容

---

① 《论圣母的诞生》(*De institutione virginis*),第17章,第104页(《拉丁教父著作集》,16.331)。

② 《论雅各》,6:21。

③ 载 *Ps.*,XXXIX,20(《拉丁教父著作集》,14.1605)。

④ U.T.霍姆斯认为,迪·巴尔塔斯"运用安布罗斯的《〈创世记〉文字注》的说法及其联想是可以确定的",见《巴尔塔斯著作集》(1935年,第1卷,第128页);但单从这篇文章不可能就看出巴尔塔斯读过安布罗斯的著作,参见 Thibart de Maisieres 的《从〈创世记〉开篇汲取灵感的诗》(1931年),第26页;不论怎样,弥尔顿对安布罗斯是非常熟悉的,参见《四弦琴》,见《散文集》,博恩编(1848年),3.418。

的恩典中所获得的要多于我们因为恶魔的敌视所失去的。①

在接下来的一个世纪,大格里高利尽可能明确地表达了这一悖论:②

> 什么过失比我们因之而死的过失更大？什么样的善比我们因之而免于死亡的善更大？当然,除非亚当有罪,我们的救世主没有接纳我们肉身的义务。全能的上帝预见到,从人们会因之致死的邪恶中,他会带来一种克服邪恶的善。多么美妙,善克服恶,哪位虔诚的信徒会看不见？了不起的是那恶,我们应忍受原罪的后果;但哪位被遴选的人愿意忍受依然糟糕的恶,而不是如此伟大的一位救世主呢？③

4

在上述例子中,阐述这一悖论的作家们常常主要考虑那些基于特殊历史事件的偶然因素的关系,如堕落与救赎;依据是后者或

---

① 《拉丁教父著作集》,54,第396页。
② 因此,理查森在指出格里高利是《失乐园》某段的来源这一点上,也许不完全是错的,虽然把幸运的堕落归因于那位圣人是不对的。
③ 载《〈列王记上〉注释》(*In Primum Regum Expositiones*),4.7;《拉丁教父著作集》,7,222。《欢喜颂》中最后一句的摹仿表明这首圣诗的作者一直记得格里高利的这段话和安布罗斯的话;我们认为这首圣诗,或至少在此引起我们关注的这一部分,其写作日期系于7世纪,当然也有可能是格里高利摹仿了《欢喜颂》。

者因后者而起,是一种整体上占优势的善,前者作为后者必要的原因(虽然不是充分的原因),肯定也是整体上占优势的善。不过,亚当的堕落按正统原则来说仍然是一种道德之恶。这些考虑总起来看,倾向于提出两个棘手的大问题。道德之恶的存在从另一个更全面的观点看,是一种善,一般来说是真的吗? 从这种观点出发,如果亚当的堕落在总体上是一种善,那么是否就没必要设想堕落的发生毕竟还是符合上帝的意愿? 奥古斯丁把隐含在"幸运的堕落"观念中的这些问题明确提出来加以思考;他对两者的回答至少有时候是肯定的;换言之,他不仅接受了这一悖论,而且赋予这一悖论更普遍的形式。

> 虽然这些事物是恶,就其是恶来说,就不是善;但不管怎样,不仅应该有善还应该有恶,这才合适。因为除非这样——即也要有恶——是一种善,否则,人决不会背离全能的上帝。[1]

也就是说,亚当和任何人都不会有罪。再者:

> 上帝的作品是以智慧精心创造而成,而天使和人类的罪都不是上帝希望它做的,而是它自己愿意做的,由于那造物的意愿,它因此做了造物主不愿做的事,它满足了他的意愿——

---

[1] 第96章(《拉丁教父著作集》,第40卷,第276页)。

上帝作为至善,化恶为善,用以诅咒那些他要正义地加以惩罚的人,拯救那些他要仁慈地施以恩典的人。①

最伟大的拉丁教父在这里显然如履薄冰。对一个才思敏捷的神学家来说,以一种强烈的神圣主权感来承认亚当之罪真的挫败了上帝的意志,迫使上帝不情愿地做他否则不会做的事情,总是困难的;因此,探讨这些论题时,总得回避去承认堕落本身连同其后果——对上帝的选民来说是乐事——是人类永恒而不可逃避的神圣目的的一部分,这并不轻松。奥古斯丁的这些文字更清晰地揭示了一些道德难题和形而上的陷阱,它潜藏在"幸运的堕落"观念的背后——奥古斯丁本人尚不能说已经完全逃过了这些难题和陷阱。②

这一观念在 14 世纪为人熟知通过《农夫皮尔斯》(1378 年)以及威克利夫的《布道集》得以显现。在《农夫皮尔斯》的《七宗罪》那

---

① 前引书,第 100 章(《拉丁教父著作集》,第 40 卷,第 279 页)。
② 多恩在他的一篇布道中基于奥古斯丁以及《圣经》的权威所作的类似评论,认为万物有序,一般的罪——不是特指亚当之罪——有助于增进道德之善:"即使我不能在这一教派的精妙之处找到我们安心的基础,认为罪是微不足道的……我也能为了我的安心而迈开第二步:有罪是人天生如此,我的罪会有益于我的善。因此,约瑟对他的兄弟说:'从前你们的意思是要害我,但上帝的意思原是好的';就是说,不仅是对约瑟一个人是好的,约瑟不是恶的参与者,而且甚至对那些只有恶的人也是好的。"然而,多恩在这里所想的至少有部分是更为特殊的观念:在有许多微不足道的罪之后,一种十足的罪可能是恩典的一个手段,借助于这一手段,让世人真正认识他自己的状态。"虽说有些奇怪,但我要说,上帝的愤怒是好的;所以,圣奥古斯丁说,我敢断言(Audeo dicere),虽然这样说有些冒然,但我要说,在某些罪中堕落不无益处。许多罪人一直得不到救赎,因为他们最终没有犯比以前更大的罪;因为对罪的惩罚可以使他们对以前所忽视的所有其他罪过感到悔悟"(LXXX,《布道集》[1640 年],第 171 页)。

14. 弥尔顿和"幸运的堕落"悖论

一节,诗人借悔恨者之口来做忏悔:上帝"最喜欢按他自己的样子造人,后来就容忍了人的罪",

> 我想这全是为了人类好,圣经说:
> "哦,幸运的堕落!哦,必要的堕落!"
> 正是由于原罪,圣子来到人世,
> 投胎于童贞女以拯救整个人类。[①]

14世纪80年代初,威克利夫在拉特沃思的一次圣诞布道中,对他的乡村信徒说,不要因下文可疑的正统观念的悖论而退缩,相反,应该把它与一种更彻底的乐观主义联系在一起,这一正统观念是:因为万事万物都符合上帝的意志,所有的事物,包括罪,在这个可能至善的世界里,就是最好的结果。

> 正像很多人所看到的,万物都为了达到至善;因为万物要遵循上帝的律令,因此就要遵循上帝自身;因此万物可能会迷恋上那些可能是世上最美好的事物,并且就像另一些智者所看到的,这个世界由于万物——无论善恶——沉迷其中而变得更加美好。因此,格里高利说,亚当及其种族的罪是一种幸运之罪,通过亚当的罪,世界变得更加美好;但这个善是基

[①] 《农夫皮尔斯》(1869年)手稿B,第5节,第489行以下,见斯基特编本,1869年,第60页。

于上帝的恩典。①

中世纪晚期一首有趣的抒情诗赋予了这一悖论一种新的诠释,这是在本文所引的任何其他例子中都找不到的;它显示出这一悖论与圣母崇拜有一定的关系。由于如果没有亚当的堕落就不会有道成肉身,所以以圣母马利亚的形象为中心的天主教徒的虔诚和宗教情感的所有阶段之所以可能,显然要归因于亚当偷吃禁果。如果我所言不谬,这首诗中还有一点点狡黠的幽默;那位无名作者暗示可怜的亚当,不仅整个人类而且天国的圣母本人都受恩于亚当受到恶劣的对待。人们会发觉,对幸运的堕落的这进一步推论,很难得到圣安布罗斯和圣格里高利的赞同。诗人使人想起亚当被缚了四千寒冬:

> 一切都是因为那枚苹果
> 　他摘下的那枚苹果……
> 如果那枚苹果没有摘下
> 　那枚苹果没有摘下
> 我们那位妇人

---

① 《约翰·威克利夫英文著作选》,托马斯·阿诺德编本(1869年),布道文,第40篇,第1卷,第320—321页。在为同一节庆所做的同一个拉丁文本中没有这一段落:《约翰·威克利夫布道集》,洛瑟斯编本(1888年),第2卷,第1页以下。威克利夫还明显误记了《欢喜颂》和前引格里高利的文字,或者相信格里高利写了这首圣诗。

14. 弥尔顿和"幸运的堕落"悖论

绝不能成为天堂的圣母

祝福那一刻
那枚苹果被摘下
因此我们才有可能颂唱
"感谢上帝我主!"①

幸运的堕落这一观念在 16 世纪的时兴可以在耶稣会士本尼托·佩雷拉(Jesuit Benito Pereira)那本被广泛使用的拉丁文本《〈创世记〉注疏》中找到证明。注疏者在详细讨论《创世记》1:31 的"一切都甚好"(a propos)时,是基于上帝把各种恶——甚至道德之恶(mala culpae)都转化成了善这种方式。

关于这一点,展示给我们的一个明显的证明和实例就在亚当的罪中。所有人都看到这个罪有多大,它所传播的毒素和造成的毁灭有多么深重,它所受到的惩罚又多么严厉。但如此大罪却是上帝的善和大能,奇妙地转化成了上帝杰作的至善和荣耀,即上帝之子的道成肉身、激情和死亡。以致格列高利算不得贸然地在某个场合感叹:"哦,幸运的堕落,理应拥

---

① 道格拉斯·布什教授善意地提醒我注意此诗。这首诗收录在钱伯斯和西奇威克编《早期英国抒情诗》(1907 年)中,第 102 页,相信写于 15 世纪初叶。

有这样伟大的救世主！"①

然而，佩雷拉未能阐述这一悖论最关键的地方——如果亚当仍然天真，上帝不可能完成他的美妙的作品(*praeclarissimum opus*)。

5

最后一个例子将把我们带回到弥尔顿的世纪，我将征引人们耳熟能详、被广泛诵读的天主教祷文，圣弗朗索瓦·德·萨勒(1616年)所作的《论上帝的爱》②：

> [他写道]上帝的慈恩用以救赎人类比拯救因其堕落而一直被认为有害的亚当的不幸更有益；如果说亚当之罪远不及上帝的仁慈(*debonnaireté*)，反过来说，它也激发了上帝的仁

---

① 《本尼托·佩雷拉的〈创世记〉第一卷注疏》(*Benediciti Pererii Valentini commentariorum et disputationum in Genesim tomus Primus*)（莱顿，1594年），第168页。可以看到，佩雷拉就像威克利夫，不是把《欢喜颂》归于圣格里高利，就是把圣诗中的这一段与前引格里高利的名言混为一谈。这段文字极有可能是理查森前面注意到的类似错误的来源；也是弥尔顿的主题的可能来源。有关这一点的重要性和作为《失乐园》背景的类似文艺复兴式的《创世记》评论，见阿诺德·威廉斯的文章，载于《语文学研究》，1937年4月号，第191—208页。但要注意，佩雷拉的著作及威廉斯提到的其他人的著作要晚于迪·巴尔塔斯的诗。

② 这一段因此要晚于迪·巴尔塔斯和吉尔斯·弗莱彻的前引文。

爱;这样,由于一种温和的充满爱的逆动①和反作用,上帝的仁慈因其对立面的出现而恢复元气;可以说,积聚其力量以便赢得胜利,它使得罪越多,恩典就更多。② 因此,教会在对神的过度赞美中,在复活节前夜宣称:"哦,亚当的罪,确属必需",等等[引自《欢喜颂》中的两句]。至于真理,我们可以借古人的话说:"如果我们过去没有遭受过挫败,现在就该受挫(perdus)了。"③也就是说,我们必有所失,才能有所得,因为人性从救世主的救赎中所蒙受的天恩要多于从亚当的天真中所得到的天恩,如果亚当葆有那种天真的话。……我主的救赎触动了我们的苦难,主的救赎比原始的天真更有益、更温和。救世主告诉我们:"一个罪人悔改,在天上也要这样为他欢喜,较比为九十九个不用悔改的义人欢喜更大。"同理,救赎状态要比天真状态的价值大一百倍。④

---

① 这一时期的一个物理学术语,指一种过程,物质中的一种属性或力,通过这种一种相反的属性或力的作用,而得以增长或加强。弥尔顿在教堂合唱的一首圣诗中表达了同样的观念:

企图贬低您的,适得其反,
恰恰更加显出您的力量,
您用他们的恶来制造更多的善。

然而,这里的"更多的善"指创造"这新的宇宙"和人,去"弥补那因叛逆天使——而不是救赎及其后果——所带来的损失"。
② 《罗马书》,5.20。保罗的文本给这一悖论一个看似经文上的支持,虽然事实上它并未表达它的根本点。
③ 这句话是地米斯托克利所说,见普卢塔克:《地米斯托克利传》,第29节。
④ 前引书,第2部,第5章。

这里,这一悖论最不可思议的方面比迪·巴尔塔斯和弥尔顿所带给我们的更为尖锐,不仅堕落对人可能更好,而且上帝本身需要一个堕落的人类以彻底唤起神性和力量。

6

在4—17世纪的基督教文献中,弥尔顿之前的人们对幸运的堕落这一悖论的表述不大可能只有我所引的这些,但这些肯定包含了最重要的表述;其中只有一个表述是弥尔顿所知道的;它们足以为我们在本文开篇所引的《失乐园》第12卷的那段诗确定适当的历史视角。按这种历史视角,那段诗不再被视为弥尔顿思想中惊人的或富有启发意义的创见或豪举。一直为安布罗斯、圣利奥、大格里高利、弗朗索瓦·德·萨勒和迪·巴尔塔斯所信奉的悖论,至少在长达十个世纪的时间里,在许多弥撒书中占有重要的一页,最终也为罗马教会正式接受,理所当然地拥有了正统的地位;这一悖论至少被两位教会神学家、被天主教赞美诗《欢喜颂》的作者、被法国神秘主义者、被《创世七日》的作者表述得更为尖锐大胆,超过了弥尔顿。虽然其中隐约的唯信仰主义的迹象使许多可能熟悉这一悖论的作家回避表达这一看法,不管怎样,它在基督教神学主题中拥有了公认的、理所当然的一席之地。对这种基督教神学主题——人类历史上救赎过程的完成——的讨论,在弥尔顿的诗中也被他当作终极主题。在诗的开篇即提出的堕落的主题,对它的阐述不可否认有些含糊,但在构思时,人最初的不顺从不像是件令人痛惜的事,对诗人来说,同时也对神学家来说,把这一看法表达出来更为重要。唯一的解决之道是把两个主题分开来考虑。叙事主要是处理亚当的堕落,但不必把那堕落毕竟是一种幸运的堕落的想法明确地引入进来;最好留到结论部分,在结论部分,通过表明故事中起初的不快情节是达到这种圆满的手段而且确属这种圆满的必要条件,来突出那种快乐的终极圆满。

15. 圣安布罗斯的共产主义[①]

没有哪一位早期基督教教义作家像圣安布罗斯这样明确地坚持原始共产主义的古典传统。[②] 虽然很明显创世故事中没有暗示这种原始的共产主义,但如果不是[亚当夏娃的]堕落,私有财产至今仍不为人所知,所以,安布罗斯根据黄金时代的异教观念来阐释这个故事,自信地提出了这个推断——然而,他要寻找合适的圣经文本来支持这一推断。上帝创生的万物都是要共同享有的,私有权与天理是相对立的;当安布罗斯脑子里思考这一主题时,他倾向于提出,人的堕落归因于贪欲开始发生作用,贪欲是主要欲念

[①] 本文是尚未完稿和出版的洛夫乔伊和乔治·博厄斯所著《尚古主义及其相关观念的文献史》一书第二卷的一部分;第一卷《古代尚古主义及其相关观念》(1935年),以下简称为 PA。本文首次发表于《观念史杂志》,Ⅲ (1942),第458—468页。译文大部分基于米涅版的《拉丁教父著作集》(*Patrologia Latina*, ⅩⅣ - ⅩⅥ, 1880)。当然,共产主义倾向在4世纪或更早的其他基督教作家中也很明显,著名的如圣巴西尔(St. Basil),安布罗斯从他那儿受到很大影响;但没人像安布罗斯的共产主义倾向那样浓,除了有关僧侣社会的特殊情况。

[②] 关于圣安布罗斯财产观的现代描述,见 P. 埃瓦尔德:《安布罗斯伦理思想中斯多葛-西塞罗的道德观的影响》,1881年;O. 希林:《古代教会文献中的财富和财产》(1908年),第134页以下;R. W. 和 A. J. 卡莱尔:《西方中世纪政治理论史》,1903年,Ⅰ,第136页以下;J. R. 帕兰克:《圣安布罗斯和罗马帝国》,1933年,第336页以下;P. H. 杜登:《圣安布罗斯的生平和时代》,Ⅱ,第545—550页;R. 萨明:《圣安布罗斯和基督教道德》,1895年,第278—292页。

15. 圣安伯罗斯的共产主义

(prima avarita)。① 我们的始祖想占有不属于他们的东西。就上帝在创世第五天的劳作,他这样写道:

《六日创世论》,V,I,2(《拉丁教父著作集》,XIV,220):

> 哎!在人创生之前,那些诱惑之物,充裕的财富,我们的奢华之母已经出现;在人创生之前,已经有了享乐的手段,因此,那些诱惑人类的东西在自然创生之前已经创生了。但这不是自然的过错;她提供给我们滋养,她没有让我们犯罪。她把这些事物作为公共财产,这样,你就不能宣称任何东西是你的私有财产。

在《论教士的义务》中,安布罗斯提出了对西塞罗伦理学的一种基督教式的修正。安布罗斯令人信服地阐述了西塞罗未能一贯坚持的那个著名的论断,即"并不存在自然所赋予的什么私有财产","在人类社会中,自然创造出来的一切事物的共享权利是为所有人所持有的"。② 西塞罗在发表了这一概括性原则后,马上又犹豫起来。安布罗斯忍受不了这种优柔寡断,他发现,私有财产只产生于"侵夺"(usurpation)是很显然的;这位伟大的神学家事实上预

---

① 然而,安布罗斯在另外两种有关堕落的心理原因的看法之间犹豫不决更为平常,堕落是人的罪的永久来源,有时候,安布罗斯认为亚当违反上帝的训诫要归因于他的 βαςς[尊大或傲慢],例如,《安布罗斯书信》,第73通,第5节;《〈诗篇〉解说》118:7,9;在另一段文字中,他坚持认为原罪是出于对感官愉悦的渴望,对享受的渴望(appetentia voluptatis),例如《安布罗斯书信》,第63通,第14节。

② 《论义务》,第1卷,第7节,第21行和第1卷,第16节,第51行。参见 PA,第258页。

言了19世纪法国革命的口号:财产意味着盗窃。

《论教士的义务》,Ⅰ,XXVIII,132,137(《拉丁教父著作集》,XVI,67):

> 132.有些[哲人]认为公正的观念(forma)就是每个人都认为,公共所有的东西是公有的,私人财产才归个人所有,①但即使这样也与天理不符;因为天理赋予万物的应由所有人共同拥有。神命令万物创造出来是为了维持众生的共同生存,而大地也应成为众生的共同财产,因此自然创造了一种[对这些物的]公有的权利,而侵占则导致了私有财产……②
> 137.如果不是最初的贪心削弱和偏离了这一崇高德性的力量,谁不希望牢固拥有这一至高的德性③?因为只要我们竭力争取增加我们的财富,积聚金钱,侵占土地作为我们的财产,炫耀我们的富有,我们自身就放弃了基本的正义,失去了公益的精神。因为一个人怎么能够既琢磨着攫取他人需要的

---

① 前引一段文字(《论义务》,第1卷,第16节,第51页)与这段文字显然形成一个特殊的对照;紧跟着,安布罗斯直言抨击西塞罗后来从按他的前提所得到的结论后退。

② 在罗马法术语中,侵夺(usurpatio)指得到财富的合法途径;但从上下文看,从安布罗斯的通常立场来看,他这里是贬义地使用这个术语。这种表述在《论拿伯》(XII.53)中再度出现:"quod commune est in omnium usum datum, tu solus usurpas"。

③ 即公平、公正,用安布罗斯上文的定义。

15. 圣安伯罗斯的共产主义

东西,却又保持公正呢?①

对一个基督教神学家来说,断定"按照天理"或按人在其中原初受造并持续处于其中的状态、所有事物都应被共同拥有,未必意味着私人财产不是人目前的堕落状态的必然伴随物。因此,安布罗斯的一些阐释者认为,安布罗斯并没有想将他对自然之理想状态的极端共产主义的描述应用到他所处的那个时代的社会。② 虽然他确实认为,总体而言,这种状态在这个世界上已经不可复得,但并不能说这种状态不会继续引发他去抨击现存的贫富不均以及不断地和激烈地抨击"富人"——这种抨击中混杂着怜悯,因为安布罗斯一直坚持贪婪在消除了贫穷之后,同时也把不幸搀入富有。下面这段文字摘自一篇论述拿伯葡萄园故事的论文——可能最初是以布道词的形式出现的:③

《论耶斯列的拿伯》,ch. I, 2, ch. II, 4, ch. III, 11, ch. V, 20 (《拉丁教父著作集》,XIV, 767—772):

> 富人啊,你身上那种疯狂的贪欲将会到何种程度?……

---

① 安布罗斯在其《〈诗篇〉解说》118:8,22 中重复了这一要旨:"上帝我们的主希望这个地球为全人类共同所有,它生长的果实也为所有人共享;但贪心导致了私有权的划分。"(《拉丁教父著作集》,XV,1372)。安布罗斯甚至从"人"这个词(拉丁文!)推导出同样的道德观念;因为他推测 homo[人]一词来自 humus[土地],土地,没有剥夺任何人的任何东西,反而慷慨地把所有东西给予所有人,倾其各种果实让众生享用。因此,人特有的天下一家的品性就称作人性,它存在于与同伴的共享之中。(《论教士的义务》,III, iii, 10;《拉丁教父著作集》,XVI,第158页)。

② O. 希林,同此,参见前引书,第146页。

③ 《列王纪上》,xxi。

为什么你拒绝自然的财物共享,宣称自然只为你所有?大地创造出来是为所有人——无论穷人还是富人——共有的,为什么富人独擅把大地作为自己的个人财产?自然不知道什么富有,因为她只给所有人贫穷。因为我们赤身而来,空无所有而来,她把我们赤身带到阳光下,需要食物果腹,衣服蔽体,水的滋润;大地又将她带来的收回,让我们回到赤裸,不会为人打开墓穴让他带走他的财富。一个小小的墓冢已然足够,穷人富人都是如此;富人生时毫不措意的一小块土地,现在却掩埋了他的全部。我们出生时,自然不加任何区别,而我们死去时,自然仍然如此。自然创造我们时人人无异,把我们封在坟墓中时也彼此彼此。谁能说出死者的不同?打开坟墓,你能否说出谁是富人呢?……

但为什么你那样想,即使你活着时应有尽有?富人,你不知道你有多贫穷,甚至你自己会显得有多么贫穷。谁能说自己富有。你拥有的越多,你匮乏的就越多;无论你得到了什么,你都会像以前一样贫穷。被金钱点燃的贪婪,不会因金钱而削弱……

你渴望拥有,并非因为你自己的用度所需,而是因为你希望阻止他人拥有。你更关心掠夺穷人,而不是增加自己的财富;如果一个穷人拥有了什么你认为只该富人拥有的东西,你会认为自己受了损害;你看到属于他人的什么东西就仿佛自己有什么被剥夺了,为什么你会为自然所失去了什么而欣喜呢?这个世界是天下为公的世界,极少数富人却试图自己保

15. 圣安伯罗斯的共产主义

有这个世界;因为不仅土地,而且天堂、空气和海洋,都不是为富人所专用的……试想,天堂里的天使有他们独立的空间吗,就像你们以固定的疆界把人间分割开来一样?……

有多少人死去只是为了让你高兴!要命的是你的贪婪,还有你的奢靡。为了你可以拥有一个大粮仓,有人从屋顶上摔下来,摔得半死;还有人为了你宴席上能有那种特别的葡萄酒,在寻找某种葡萄,而从高高的树梢上跌落下来;还有人为了保证你的餐桌上不缺鱼或牡蛎,而跳入海里;还有人在追踪野兔或试图逮鸟时冻死;还有人在你面前被打死,如果他碰巧令你不悦,你的佳肴会溅上他的血。……①

这些出自不同时期、不同人之口的说法,肯定被那些得势的保守派说成是"煽动性"言论,——以下出自同一著作的这段文字肯定属于此类言论:

《论拿伯》,XIII,56(《拉丁教父著作集》,XIV,784):

你的豪宅(atria)堪称屋宇栉比,把穷人的声音关在门外,当它们更应该引起你良心自责时,你还会为之洋洋得意吗?你听到了穷人的声音,但如果你无动于衷的话,即使听见了也没有意义。总之,你的居所不是就你的丢脸而给你的一

---

① 在人的劳动、受难甚至死亡中,奢靡的代价一直是犬儒派道德论者热议的一个话题;参见,如 PA,第 142—143 页。

个提示吗,由于你希望借居所展示你远比[他人]更富有,——不过你会罢手吗?你装饰墙壁,却让人衣不蔽体。他们在你的居所前赤身叫喊,而你不加理会:一个赤裸的人大声抗议,但你忙着想你的地面该用什么样的大理石铺就。一个穷人向你讨钱,你却不给他;一个人在讨点面包,而你的马却在咬金嚼子,你对自己花费不菲的装潢满意,而别人却在忍饥挨饿。这是何等的公平,哦,富人,你会挥霍殆尽!人们忍饥挨饿,而你紧闭你的粮仓;人们哭着,而你则转弄着你的戒指。不幸的人啊,你有能力却不愿意救这么多人摆脱死亡;你戒指上的宝石已足够拯救一个人的生命了。

在安布罗斯的时代,正像在一些后来的时代一样,在殷实的富人中,有些人似乎笃信穷人要为其贫穷而受到责备,因为上帝允许如此,将财富与之共享是与神意相悖的。对此,安布罗斯以强烈的义愤予以回答:

《论拿伯》,VIII,40(《拉丁教父著作集》,XIV,778)

像你通常习惯于说的,你也许会说:我们不该给予上帝想让他贫穷困苦的人。但经上这样写:"穷人在精神上有福了,因为他们[的财富]在天堂的国里",穷人并未受到困苦。经上所说的"不施舍谷子的应受到诅咒"的,不是穷人而是富人,而且,你不要去问每个人应得什么酬劳。怜悯一般并不一定在于判断别人应得何种酬劳,而在于赈济穷困;在于资助穷人,

15. 圣安伯罗斯的共产主义

而不在于看他们有多善。因为经上这样写,"眷顾贫穷的人有福了"。① 谁是那个眷顾贫穷的人? 就是那个怜悯穷人的人,那个在心里认为共享是自然方式的人,那个记得上帝既造了穷人也造了富人,那个知道他把他自己的生产奉献给神,又把一部分给予穷人的人。

更值得注意的是,安布罗斯预言了现代社会主义者对生产和分配的竞争体制所提出的一套重要的经济批判理论。确实,他明确指的是贪婪者(*avarus*)而不是"贪婪社会",但他对前者的抨击实际上成了对后者的谴责;这一抨击是基于"为利润的生产"和"为使用的生产"之间的区分,基于利润动机倾向于限制总产量的假设。他评论道:销售者的利益有赖于高定价;这就意味着对产品供给的限制。但集体利益在总体上要求能消费多少就生产多少。因此,安布罗斯认为,逐利者的利益与追求公共利益是直接相对立的——也就是说,是与上帝的目标相对立的。在安布罗斯看来这一说法是更有力的,因为他思考的是谷物、油类和其他必需品交易中受利润驱动的投机商以及滥用上帝所创造的土地资源的大地主。虽然工厂制在1世纪的一些产业中已颇具规模地流行,并且4世纪在规模有所缩小的情况下仍然存在,但并不能说安布罗斯已经强烈地意识到了与制造工业有关的经济或道德问题。他并不知道人为生产工具意义上的现代资本概念,资本被认为是储蓄品

---

① 《诗篇》,xli,1。

或其所有者的劳动;他很少谈到雇主-雇员关系的平等。虽然他那里有一个简要的通常的禁令(《书信》,第19通,第3节),禁止骗取雇工应得的工资(merces debita),但对如何决定"应付的工资"却没有任何提示。总之,安布罗斯主要关心的是把"穷人"只简单地视为一个消费者,而不是当作一个劳动者或生产过程的参与者,这与他抨击利润动机和生产体系受控于这种利润动机的先入之见是相关的。①

《论拿伯》,Ⅶ,35,37(《拉丁教父著作集》,ⅩⅣ,776—777):

35. 贪婪之徒总是因为丰收而有所失,因为粮食的低价格会减少[他的收入]。[13a] 一般来说,人们以为丰收是有利的;只是对那些贪婪之徒来说,歉收才是有利可图的。他更喜欢高价格而不是丰产;他更愿意自己独家经营某种产品,而不是和其他商人共同经营[即形成竞争]某种产品。看看他!——唯恐谷物的过剩越积越厉,谷仓所不能容纳的过剩粮食会转给穷苦人,穷人就能有机会从中获益。富人宣称大地的产品为他个人所有,不是因为他本人需要用这些产品,而是因为不

---

① 然而,取息贷款正如牟利,恰属于安布罗斯谴责的范围;几乎整篇《论多比》都是谈论这个主题。路易·M.祖克尔编辑、翻译和注释,收在"教父丛书",美国天主教大学,华盛顿,1933年。

13a 大多数手稿的文本,这里是 Vilitatem alimoniae calculatur,显然不可靠。译文以 Vilitate alimoniae calcatur 为据,这一文本在某些手稿中可以找到。

能把这些产品给别人……①

37. 再者,如果你的产品来年仍在进一步增加,那你怎么办?你得再次放弃你现在准备盖的仓库,转而盖更大的仓库。因为上帝赐你丰收是因为他由此可以克服你的贪婪或指责你的贪婪;这样,你也就没有任何借口了。但你可以葆有上帝希望生产出的产品,通过你让大家利益均沾。甚且你可以放弃这些产品,因为如果你把产品分给别人的话,你就会为自己葆有更多。

从这段话足以看出,圣安布罗斯不仅仅是施舍美德的传统鼓吹者,他劝告富人,赈济穷人是积聚在天堂的财富的方式。虽然在探讨这些问题时,他的思想中从未淡忘修来世的动机,但这种动机也未曾占据重要地位。他热衷于给这个世界的产品带来更好的分配方式;他对富人的痛责较少基于这些富人缺乏基督徒之慈善的理由,而更多的是出于这样一个理由,即以经济状况的严重不平等为特征的社会秩序有悖于"自然的"公正,是对人类历史之初即已确立的正常秩序的背离。富人向穷人施舍时,他不是慷慨大方,他

---

① 这里的观念某种意义上已经成为老生常谈。它在公元 301 年戴克里先确定物价和薪水的高限的敕令中已经得到清断的表述。戴克里先说,只要物价不加以限定,那么"对掠夺的肆无忌惮的欲望"的恶果……"甚至无法以齐备的存货或丰产来减轻",因为"从事这种买卖的人……认为,由于气候温和而带来的丰收对他们来说,是一种损失"。这样的人"为了他们自己的利益,一直在谋划限制上帝所赐、压制公众幸福",虽然"个人拥有的财富这么多,这样富裕,足以满足所有的人,他们还谋求得到别人的财产,追求破产率(这段引文显然指利润率而非利息)。"戴克里先宣称,他的敕令的目的是要终结那些人的贪心。(埃尔沙·R. 格拉塞所编文本,见滕尼·弗兰克:《古罗马经济概观》,V,第 313 页;也见弗兰克·F. 阿伯特《古罗马的百姓》,第 145—178 页。)必须记住,由法律来限定最高价格的努力惨败了,根据拉克坦提乌斯在不到 15 年之后所写的:"饥荒变得更加严重,……这项法律仅仅出于需要而被撤销"(参见阿伯特前引书,第 177 页)。

是在做一个归还的举动,把恰好属于他人的东西(*de suo reddis*)归还给他人。① 然而,同样真实的是,安布罗斯显然认为,要回到他所认为的理想秩序——如果我们能够做这样的希望的话——没有其它方法能比个人自愿地与其同伴"共享"其不当所得的财富更好的了,没有比通过道德说服根除人心中贪婪的动机,根除比别人拥有更多东西的欲望更好的了。他对富人的痛责,意在唤醒富人的良知而不是激起穷人的暴动。因此,虽然他在共产主义中看到的不仅是在伊甸园中已实现的理想——如果人类继续留在其原始的纯真状态中的话,而且(还是出于那个理由)还看到应该在4世纪的罗马帝国实现的理想,但他没有提出什么强制计划来实现这一理想。实际上他明显认为要达至这一理想有赖于教会施加的影响,尤其是有赖于布道者,说服富人把他们过分充裕的财物赠给穷人。具体而言,安布罗斯所提议的唯一更公平的分配方式终究是施舍——但大规模的施舍是一种强制性的公正行动,而不是怜悯或自鸣得意的善举。②

---

① 《论拿伯》,Ⅶ,53;《拉丁教父著作集》,ⅩⅣ,第783页。
② 所以在这段文字最后,引了《〈诗篇〉118篇解说》,8,22;"如果你宣称赐予人类,不,是赐予众生共有的什么东西是私有财产,你至少应该把一部分分给穷人;你不能拒绝维持那些你有责任与之共享这些东西的人的生计"(《拉丁教父著作集》,ⅩⅤ,1372)。在评论撒该故事(《路加福音》,xix,1-11)时,安布罗斯承认:"并非拥有一些财产(*facultates*)就会产生罪恶,而是不知道怎样运用这些财产,才产生罪恶……对好人来说,财产会有助于他们的品性。"但他们只有通过放弃变成这样。"财主撒该"正如福音书所说的"为基督所遴选,无疑得救了,把他一半的财产施与穷人,把他诈了谁的钱财,就还给人家四倍"(《福音书注解》,《路加福音》,Ⅶ,85;《拉丁教父著作集》,ⅩⅤ,1791)。参见《论拿伯》,ⅩⅢ,13,55;经上无疑断言,富人可能 *sine macula*[没有污点](《传道书》,ⅩⅩⅪ,8),倘若他"不会为金钱而迷失,也不指望得金山银山";但安布罗斯认为这样的人极为罕见。

15. 圣安伯罗斯的共产主义

正如所大家熟知的,安布罗斯将他对财富不平等的指责与常见的文化论题尤其是犬儒学派的、尚古主义的论题——即财富本身对其拥有者来说是一种罪过——结合起来,而且在某种程度上混淆起来。超过生活基本需要的"财富"只能是一种束缚;拥有财富的人的确会依附于财富,而不是财富依附于人。"先知恰恰谈的是拥有财富的人,而不是人的财富,①以便表明这样的人并非拥有财富,而是为财富所累。因为财产应该为人所有,而不是人受制于财产,因此,凡是不能用好他的世袭财产,不能把它赠与穷人的,都是财产的奴隶而非财产的主人"。②

同时,安布罗斯没有忘记告诫穷人与他们的状况有关的道德危险,不过,即使他开始谈论这一话题,也很快就转向财富太多的危险性,否认财富是骄傲的理由,并提出按照温和的尚古主义精神,理想社会是那种所有财富充足却不过剩的社会。

《六日创世论》,Ⅵ,53(《拉丁教父著作集》,ⅩⅣ,280):

> 53. 那么,留神,穷人,留神,富人,贫富均有诱惑。正是由于这个理由,智者说:"使我也不贫穷,也不富足。"③智者这样说的理由,他的祈祷者在同一段落中告诉了我们,因为对一个人来说,衣食无忧已然足矣。但富人,肚子里饱食美馔,脑子里却满是心事和焦虑。因此,他只求给他必须的饮食;"以

---

① *Omnes viri divitiarum*[有财富的男人];《诗篇》,75,6。
② 《论拿伯》,ⅩⅤ,63。
③ 《箴言》,ⅩⅩⅩ,8。

免因为富足而成为一个骗子,说,谁认识你;或以免因为贫穷而变成一个小偷,以致亵渎我主的名。"① 我们必须避免和摆脱尘世的诱惑,这样,穷人不会变得绝望,富人也不会变得傲慢无礼。因为经上写道:"当你忘掉了那些国民,开始享有他们的土地时,你不能说:这财富是我力量和我能力得来的。"② 像他这样把富有作为他的优势,也因此想象自己经受了考验,却不知道自己的错误所在,罪还在身后如影随形,因为如果一个人相信积聚钱财只是运气问题或者不那么狡猾的问题,那他就没有自命不凡的理由;因为在哪里人们看重的是运气,那里就不再需要劳动和赞美劳动的理由;哪里人们看重的是狡猾,那里就只存在无耻的贪婪,而不懂得要节制享乐。

安布罗斯关注的不是改善多数穷人的生活,而是安抚他们,给他们灌输耐心,犬儒学派和斯多葛学派的文献中明确提出的尚古主义思考再一次被他所用。他指出,毕竟是只拥有较少生活资料的人更接近自然的生活,这种生活是哲学家们极口称道的;而造物主的最佳所赐不可能为富人所独占。而且他通过提醒在上帝面前人人平等的圣经教义对这些思考提出了补充:富人很难或曰几乎不可能得到救赎,来世的补偿将会矫正此世的不平等。在下面这段文字中,两个多少有些矛盾的倾向奇妙地交织在一起:

---

① 前引书,XXX,9;安布罗斯所用的拉丁文本显然不同于钦定本《圣经》和修订本《圣经》。

② 《申命记》,viii,17;引文的一开始不甚准确。

15. 圣安伯罗斯的共产主义

《六日创世论》，Ⅵ，8，52（《拉丁教父著作集》，ⅩⅣ，279-280）：

哦，穷人，留意你的肉体是否永生，你的灵魂是否珍贵而永存。如果你缺少钱财，那你就不缺少荣耀；如果你没有宽敞的屋宇，也没有广袤的田亩，那天堂就在你之上铺展，大地也自由开放。赐予人类共享的自然力，装点这个世界的事物，对穷人富人都一视同仁。极尽奢华的豪宅那镀金的天花板能比熠熠闪烁的星星点缀着的天堂更美丽吗？富人的庄园能比大地无垠的空间更广阔吗？所以，那些以房接房，以地连地，以致不留余地的人，"你就只顾自己独居境内？"①你，哦，穷人，有一个更大的宅子，在那里你可以大喊而人们可以听到："哦，以色列人啊，上帝所居住的宇宙是何等宏大呀！他占有的一切是何等的宽广啊！它没有尽头，无法衡量它有多宽或有多高。"②上帝的大宅不分贫富；一个富人很难进入天国。你［穷人］也许会为没有镀金的灯盏给你照明而感到难过；不过，月光如水银泻地，胜过耀眼的华灯。也许你会抱怨寒冷，因为没有一间为你而准备的温馨小屋，弥漫着熊熊炉火蒸腾出的暖气；但你有太阳的热，为你温暖整个大地，免你忍受冬日的寒冷。你觉得那些身后跟着谄媚的仆从的人幸福吗？那些要依赖人的人不知道怎样自己动手……你觉得躺在象牙床上是一种奢侈，而不认为大地上最大的奢侈是为穷人铺展的草场，草

---

① 《以赛亚书》，v，8。
② 《巴录书》，iii，24，25。

场上有甜甜的安眠和温柔的睡梦,富人在金榻牙床上辗转反侧,整夜也找不到这种香甜。哦,当你沉沉睡去而他辗转难眠时,他会认为你远比他幸福!我不想谈论哪一点更重要——义人在这里忍受穷困,在那里会享受富有。他在这里承担沉重的苦役,会在那里得到报偿;因此,在这里得到享受的人不能指望在那里还照旧。因为贫穷把它的酬报留待将来,而富有是在当下消费这酬报。[①]

当然最终,对安布罗斯以及对任何坚持他的信念的人来说,人世间所有财物与来世的价值相比,都黯然失色;安布罗斯学说的这一面成为其主导思想后,物质的东西和自然的愉悦不仅变得没有价值了,而且还成了心灵迈向真正幸福的障碍。"除了那些有助于使生命永恒的东西外,没有任何东西是有益的;那些在今生满足享乐的东西也毫无益处;我们认识到财富和财产没什么好处,如果不弃之不顾,不认为有之则成负担,无之亦未见欠缺的话,那么财产是不利的"。[②] 然而,安布罗斯注重来世的思想倾向似乎从未遏制他对人类社会公平分配的渴望。

圣安布罗斯这一方面的思想影响甚微,是一个重要事实。作为罗马天主教两个重要十年中最具影响、最为人熟知的人物,他对决定当时的神学方向——教会体制、礼拜仪式以及与世俗当局的

[①] 即在当世。整段文字可视为塞涅卡《书信集》的第 90 封信的回响。(参见 PA,第 264—274 页,特别是第 271 页和第 273—274 页。至于犬儒主义同样的倾向,参见 PA,第 143—145 页。)

[②] 《论教士的义务》,I,IX,28。

关系——起了很大作用。但他倡导基督教社会中实际的平等主义和共产主义理想的影响未能取得与其对这一主张的真诚和雄辩相称的成果。对慎思的历史学家来说,这一负面的事实有待尝试去阐释;但这样一个尝试需要一个漫长的研讨,而我这里未及细论。

16. 德尔图良的作为规范的"自然"[*]

熟知西塞罗和斯多葛派,还"熟知罗马法"(如优西比乌斯所记载的)[①],德尔图良从这些异教那里将一种确定的假设带入他的学说中,带入作为一位基督教护教者和神学家的学说中,这一假设是:应该在"自然"中——某种意义上或多重意义上的自然——寻找信仰和行为的有效规范。[②] 那么,自然一词对他来说意味着什么,随此假设而来的会是什么结果?

1

"自然"在德尔图良的用法中有三个最显著的意义——在他的思想中,这三个意义显然是紧密相关而且互相蕴含的——在这三

---

[*] 本文同上文一样,摘自计划中的《尚古主义及其相关观念的文献史》一书的第2卷的一节,第1卷《古代尚古主义及其相关观念》由乔治·博厄斯和我合著,1935年出版。其他章节收入博厄斯教授即将出版的《中世纪尚古主义及相关观念论文集》一书。

① 《教会史》,II,2。

② 有关罗马法观念对德尔图良神学的影响,参见亚历山大·贝克:《德尔图良和西普里安思想中的罗马法》,载《哥尼斯堡学会会刊》,人文学科,第7年,1930年;第2期,1930年。关于神法(lex dei)和自然法(lex natura)的观念,见前引书,第59—64页;富埃特舍尔:"论德尔图良思想中对自然神的认识",载《天主教神学期刊》,第51卷,1927年。

16. 德尔图良的作为规范的"自然"

个意义中,自然(Natura)最初有认识论的指称。它指(a)普遍知晓而无需特别启示的事物,即由共识(sensus communis)和民意(consensus gentium)加以证实的事物;指(b)在上古时代(德尔图良爱用 in primordio 一词来表述)就了解(并且较清楚地了解)的事物;指(c)那些对愚蒙的人来说并不复杂、易解、而对饱学而世故的人却多少有些不清楚的事物。总之,Natura 指如果不是真理本身,至少是那些根本的、不可或缺的道德和宗教真理的三个标记:普遍性、原初性和简单性。而且,心灵(anima)一词,按照德尔图良的用法,常常指一种理智的器官或功能;它是一种领悟"自然"真理的能力,使人成为一个"理性的,具有高度的思想和认知能力的人"。① 接受心灵的判断(arbitrium animae)与相信自然(credere naturae)同义。②

有案可据的是,在其早期,或在其信奉"天主教"的时期,德尔图良的独特的护教方法是援引"生来就是基督徒的心灵"③的证言,"这一证言比所有文献更为人所知,比所有教义更广为流行,比所有出版物更无人不晓"。④

《心灵的证词》,第 1 章:

---

① 《心灵的证词》,第 1 章。
② 前引书,第 6 章。
③ 《护教篇》,第 17 章。这一名言常常被误引,按德尔图良的用法,它不是指具体的个人心灵,美的心灵,即天生的基督教徒,而是指普遍思维,它的意义接近于 18 世纪马修·廷达尔表达自然神论基本命题的那句套话:"基督教就和创世一样古老。"然而,这句名言在别的段落中被收回了,如前引书第 18 节和《心灵的证词》:如我所知,你不是基督徒的心灵;因为心灵是被造成的而非生来就是基督徒的心灵。
④ 《心灵的证词》,第 1 章。

6. 当你[心灵]在学校中成形,在图书馆中得到训育,从雅典学园和斯多葛廊苑汲取营养、展现你的智慧时,我并没有借助于你;我请求你纯朴、原始、不事矫饰、无知无识,就像他们拥有你而除你之外却一无所有,仿佛你是在路上或街角或作坊偶遇的一个自足的物件。我需要的是你的稚拙,因为在你的经验中不乏城府,无人敢于信任。我问你,你带给人的东西,你知道哪个是你自己的,哪个来自其创造者——不管那创造者可能是谁。

《心灵的证词》,第5章:

这些心灵的证词越是简明,也就越是真实,它们越是以其纯朴著称,就越是明了;它们越是普通,就越是为人所知;它们越是自然,就越是普遍;它们越是神圣,就越是出以天然。我认为,没有人能视它们为微不足道或荒谬可笑,如果他思考自然的庄严的话,而心灵的权能就是从自然中衍生而来的。不论你赠与女教师什么样的[权能],你也要答应赠与学生;但自然是女教师,心灵是学生;不论一个人教导什么或另一个人从上帝——老师的老师——那儿学到了什么,你可以从内心里拥有的东西来作判断,心灵可以从其第一位导师那儿得到什么教导,……如果上帝赋予的[心灵]了解了上帝让其子民了解的同样的真理,这有什么奇怪吗?……当然,心灵在文字出现之前已经存在,思想在书籍出现之前已经存在,言语在笔出现之前已经存在,人本身在哲学家和诗人出现之前已经存在。

16. 德尔图良的作为规范的"自然"

因此,在文学及其出版物之前,人没有表达出这样的思想而活着,没有人说道上帝及其至善,没有人说道死亡和冥府,这可信吗?我想,言语没人接受;不,更有甚者,如果今日如此明显、一直存在、触手可及、仿佛生来就挂在我们嘴边的那些事物,在以前那个时代,即文字在世上出现之前——在墨丘利神诞生之前,不存在,那么言语根本就不存在。

《驳马西昂》,第1卷,第10章:

> 心灵比预言更古老,因为心灵对真理的了解是创世之初上帝的恩赐;这在埃及、叙利亚和本都斯(Pontus)*是一回事。当人们谈论"犹太人的上帝"时,他们是在谈论"心灵的上帝",……上帝从不被禁止,从不缺乏;上帝以他希望的方式总是得到理解,总是得到聆听,总是受到瞻望。上帝就像他见证的,拥有我们所是的一切和我们处身其中的一切。

在这种意义上,"自然"与"理性"是同一个含义,"我们必须相信[人身上]理性的因素,作为一位理性的创造者的作品,从一开始就内在于心灵中";非理性因素不能称作"自然的"①。

这样就有了两个启示——一是最初植根在人类始祖心灵中的东西,理性的存在从未完全忘记的东西,是异教徒、犹太教徒和基

---

* 公元前301年建立的一个王国,位于小亚细亚东北地区黑海沿岸。——译注
① 《论心灵》,第16节。

督教徒都可以找到的东西；一是后来神奇地被传授并记录在经文中的东西。在《心灵的证词》中，德尔图良不愿意将前者中所没有的内涵或权威赋予后者。"心灵的知识是由上帝直接形塑还是由其经书形塑，没多大差别。"①

按照"自然"启示的普遍性和统一性，德尔图良坚定地坚持他的看法："如果你认为这样的事情仅仅以我们的语言和希腊语言给出，那么你的想法就是无益的，你这样就否定了自然的普遍性。""心灵没有从天堂只降至拉丁和希腊的世界。在人类中，人就是人，虽然他的名字不同，心灵就是心灵，虽然他的语言不一。每个人都有他自己的言语；但言语的实质对所有人都是共同的。"(《心灵的证词》，第6章)

在我已引用的一些段落中，我所称的原初性似乎仅仅被看作普遍性(这是自然告诉我们的最初的东西)的一个方面或一种含义。对德尔图良来说，原初性本身也常常具有证据效力，在肯定是呼应西塞罗的一段文字中，德尔图良用年代学的尚古主义认识论来辅助他的基督教护教论。正是圣经时代——他显然是想到了摩西五经——加强了护教说的权威性：

《护教篇》，第47章：

---

① 《心灵的证词》，第5章。在后来的《论心灵》(1)中，德尔图良宣称宗教真理不能离开基督教的启示而为人所确切了解。苏格拉底由于"笃信经过检验的［或明确的］真理(compertae veritatis)"，而不懂得心灵的不朽。因为没有上帝，真理向谁证明？没有基督，上帝为谁所知？没有圣灵的分赐，对基督的信仰建立在谁身上？没有了圣礼，圣灵分赐给谁？甚至在这里，德尔图良还补充道："许多真理是自然所提供的，就像通过上帝立意赋予心灵的常识(publico sensu)所提供的一样。"异教哲学的缺陷在于没有真正地顺应自然(naturalis)(前引书，第2章)。

如果我们没有弄错的话,真理比所有事物都更古老,是于我们有益的圣经文字的遗存(这已经得到了确证),通过使之更简明可靠,成为所有后来的智者从中汲取智慧的宝库。

《驳赫墨根尼》等处有一个奇妙的推论。问:如何裁决德尔图良与其神学对手之间的争议?答:首要的是要检验时间上谁在先:"权威性属于那些其创建更为古老的事物,可以进一步假定[真理的]瓦解归因于后来所创立的教义。因为虚假是真实的瓦解,真实必然在虚假之先。"因此,教义中所有新奇的东西其本身(eo ipso)就是异端邪说,"只要真理的法则是在时间上居先的,那么,所有后来的教义肯定被裁定为异端。"① 当然,德尔图良是在为初期教会信仰,而不是为初民信仰的充足性和权威性做辩护。后世要更严格、更确定地受时间上在先的检验,因而就它包含的对人类真正的原始教义的补充而言,它与基督教的教义无关。

尽管德尔图良接受了我们称作的认识论的尚古主义,他并非许多经典作家所示范的文化尚古主义者。他不赞同同时代人的粗野。在《驳马西昂》一文中,他所能找到的攻击神学对手的最恶毒的语言是:"比任何西徐亚人更下流,比生活在马车上的萨尔马提亚人更颠踬,比马萨格泰人更不开化(inhumanior),比亚马逊人更

---

① 《驳赫墨根尼》,第1节,德尔图良宣称,赫氏的学说有这种新颖性,故而也就虚假。因此,德尔图良在《论异教徒的法规》(第31、34节)中对比了"虚假的在后"和"真实的在先"。

鲁莽。"这些人是古代尚古主义所说的典型的"高贵的野蛮人"。黑海沿岸国家大部分人过着游牧生活,德尔图良认为那里的人的性格、生活态度和习俗都是可怕的和令人生厌的。所幸这片土地"与我们较文明的海洋暌隔,仿佛它多少有些以它的蛮荒为耻"。①

对德尔图良来说,原初的和广为认知的真理的主体内容,首先存在于道德律、自然法(lex naturalis)和基本法(lex primordialis)中。

《驳犹太人》,第2章:

> 为什么上帝,宇宙的创造者,整个世界的总督,人类的模塑者,所有民族的缔造者,被认为是通过摩西把律法带给一个民族,而不是像传说的那样,把律法授予全体人民?……但就像与上帝的至善及其正义相配,作为人类的模塑者,他把同样的律法分赐予全人类,他还明确要求人们在规定时间内遵守这些律法,在他希望的时间,通过他所希望的人,而结果也随他所愿。因为在世界创生之初,他给了亚当和夏娃一条律法,他们不应该吃伊甸园中的禁果,如果他们吃了禁果,他们就要死。如果他们能遵守这条律法,那么,这条律法对他们来说已经足够了。

---

① 《驳马西昂》,第1卷,第1章;这段文字全文引自《古代尚古主义及其相关观念》,第342—343页。这里,德尔图良对黑海地区居民的看法是基于一个事实,即马西昂派是该地区土生土长的宗教派别。德尔图良表示,在来自这样的国家和血统的人身上,像马西昂教派这样的异教之可恶并不令人惊讶。在早期基督教徒的神学论战中,像这样就算属于文雅的了。

16. 德尔图良的作为规范的"自然"

德尔图良继而宣布,"给亚当的律法"含蓄地包含了摩西律法的全部内容和两条重要戒律的内容,在这两条戒律中,基督概括了律法的内容。

《驳犹太人》,第2章:

> 给天堂里的亚当和夏娃的原始法是上帝全部戒律之母,……因此,在上帝的这一普通法和原始法中,上帝要求遵守的只是有关伊甸园中禁果的戒律。我们认为一直模糊的、后来才特别确立的律法,在他们所处的那个时代已经非常明确了。……总之,我认为,在摩西律法勒石之前,只有神父们按自然和习惯所遵守的不成文法。如果自然法的正义在挪亚之前并不存在的话,那么,挪亚"建立公义"的基础是什么?如果不是基于[他所遵守的]自然法的公道和正义,亚伯拉罕又如何算作"上帝之友"?①

德尔图良曾艰难地尝试调和自然法概念与圣经的历史更好地显示出了他持有自然法的概念。德尔图良从《创世记》第2章最初的戒律推演出十诫和整个道德法则的合理性在于其圆通;如果像他主要认为的,自然的道德法则是由于自然之光普照我们每一个

---

① 参见《论花冠》,第6章:"如果你在寻找上帝的法则,你会在那遍及世界的普通法中找到,它镌刻在自然的法典上(in naturlibus tabulis),使徒常常为之吸引,就像说起贞女的面纱时,他会说,'你的本性没有教你吗?'而且就像《罗马书》中宣称的,外邦人只顺着本性行律法上的事,他揭示了自然法和本性就是律法(*naturae legalis*)。"前引书,第7章;*naturae auctoritas*[自然权威] 等同于 *communis sapientia*[共同的智慧]。

人而为人所知的,那么,最初尚未堕落之人无需特别的启示就能知道神的意志;再者,如果基本法至少是隐约包含了全部道德的精髓,且还"为[基督教早期]教父们日常所遵守",那么,要理解为什么律法后来有必要通过摩西来加以揭示就多少有些困难,因为这一律法毕竟似乎含有为亚当或教父们所不了解的,自然理性不可能发现的训令。由于最后这一困难来自于犹太律法(比如行割礼、守安息日)的礼仪要求,德尔图良通过辩说这些要求并非永恒的道德律法的一部分,而是为特定的历史情况所设的特殊的、暂时性的并最终会被废除的规则,将之消除。永恒的律法是那最初的律法。如果行割礼对人非常必要,那么上帝就会为亚当行割礼,但事实上,上帝"把他安置在天堂里时,指定一个没有行割礼的人为天堂里的居民"。这种论点显然表明,既然行割礼对于人类始祖来说并非必要,那么,它也不是具有普遍有效性的律法的一部分。而且,连最公正的基督教教父,像以诺、麦基洗德、罗德,也是未行割礼的守安息日派(*incircumcisi nec sabbatizantes*);更有甚者,这些戒律肯定只是暂时的、部分的义务。因而,德尔图良借助亚里士多德[①]和斯多葛派以及法理学对自然法与"特定法"或实证法的区分来为保罗用新契约法代替旧契约法做辩护,以反对基督教的犹太教对手。

德尔图良的反智主义和他对希腊哲学体系的敌意变得如此声名狼藉,以至于掩盖了这样一个事实:在前面所引的整段整段的文字中,他一点不像一个拉丁教会的早期神父,更像是17—18世纪

---

① 参见《古代尚古主义及其相关观念》,第109页以下。

信奉自然神论的早期神父,是切伯里的赫伯特、托兰德、廷达尔和伏尔泰的先驱;可以肯定,这些人在他那儿可以找到大量丰富的文字适合作为他们自己文字的开篇引语。他还坚信,让基本宗教和道德真理——上帝作为造物主,上帝的至善,人的义务及人的不朽的存在——广为人知,并不需要什么特别启示;他对这样一种观点,即普遍需要的知识仅从"世界的一些角落"传播给一个被遴选的人,怀有一种自然神论者的蔑视。这种普遍需要的知识并未出现在摩西五经中,"摩西的笔并没有介绍有关造物主的知识,而只是重复了那些必须追溯的事物,不是追溯到埃及和摩西,而是追溯到这些事物的本原,追溯到亚当和伊甸园"。而且,"人类的绝大多数虽然连摩西的名字也闻所未闻";不管怎样,人们都"知道摩西的上帝"。①

德尔图良思想的某一方面与现代自然神论的亲缘关系可从下面这一点进一步看出:德尔图良认为,在宗教问题上,个人自由权利听从自然法则的命令;但我们应该认识到,要求个人自由权这一主题贯穿了整个历史,是很常见的。宗教团体和其他少数团体也寻求获得自身自由,这在它们获得了可以拒绝给予他人自由的地位后,就罕见了。

《答斯卡普拉》,第 2 章:

> 每个人应该根据他自己的信仰来礼拜神,这是人的权利和自然的恩惠。一个人的宗教既不会损害也不会有助于另一

---

① 《驳马西昂》,第 1 卷,第 10 章。

个人的宗教,强迫不是宗教的本分,宗教应该基于自由选择而不是强迫——因为连献祭的牺牲都要求是出于自愿。①

当然,德尔图良的最终看法与自然神论相距甚远。首先,他小心翼翼地坚持仍然有一些未被各个时代的人们通过自然理性所认知的特殊的和暂时的律法会被启示出来。"我们不要无视上帝为了拯救人类,根据特定的时代环境改变律法戒律的能力。"②除此而外,"不可动摇和不可战胜的"基督教义,信仰的规则(regula fidei)③,肯定包含有自然理性不仅不能认识,而且认为是荒谬的条款。上帝遴选了世上愚拙的,叫有智慧的羞愧,这在道成肉身的学说中尤其明显:确实成了肉身的上帝,像子宫中的胚胎那样存在,生来是一个无助的婴儿,行了割礼,忍受了身体上的痛苦和虚弱,被钉死在十字架上。德尔图良因此走向了另一个极端,开始了其过于著名的对理性的蔑视:上帝之子死了;唯其因为难以置信,所以无论如何都要相信,因为不可能,所以是确实无疑的。④

我称德尔图良对理性的蔑视"过于著名",是因为它的名声已经要掩盖其学说的另一个方面:每个人都有理性能力,这种理性能

---

① 这一段在17世纪至少为一位宗教自由斗士所知并运用,罗杰·威廉斯全文征引以支持以下论点,即"每个人对上帝的自愿崇拜不是出于强迫,而是信奉他所愿意信奉的,这既符合人类理性,也符合自由正义"(《宗教迫害的宽容原则》,1644年,载《纳拉甘学社社刊》,Ⅲ,1867年,第35页)。我感谢欧文·戈德曼先生为我提供这条文献,见他的论文手稿《17世纪美洲的自然伦理和神学理论的发端》,密歇根大学,1936。有些吃惊的是,弥尔顿不止一次地征引德尔图良,却没有利用这段文献。
② 《驳犹太人》,第2章。
③ 《论贞女的面纱》,第1章。
④ 《论基督的肉体》,第5章。

16. 德尔图良的作为规范的"自然"

力总是在显露出来,这清楚地表明,其他所有正当的信仰必须遵奉。德尔图良在与马西昂的争论中,坚定地抨击这一神学家,说其学说与理性相悖。例如他写道:任何人关于上帝的数目(numerus divinitatis)的信仰都"应该与最高理性(summa ratione)相符;否则,对神性的崇拜将会左右摇摆于不同的观点",也就是说,理性是终极的裁判所,人在宗教问题上的不可调和的多重看法,只能通过理性的判断来裁定。(根据德尔图良的说法)马西昂相信存在着"两个上帝",对此,德尔图良认为,这种观点是荒谬的,因为这在上帝的观念和定义上是相互矛盾的;不可能有两个终极存在。这里的根据恰好是对"因为不可能,所以才确实无疑"的颠覆。德尔图良因其反理性主义的基调,他在某些方面是克尔凯郭尔的先驱,克氏(用一位优秀的克尔凯郭尔哲学的评论者的话来说)"凸显了基督教真理的悖论(paradoxical)特性,凸显了这样一个事实,基督教的真理对于人类理智来说远不是显得真实,相反它构成了对我们理智的一种'冒犯'。"这同一位论者还补充道——除了其他人,心中想的大概是德尔图良——"早期的基督教徒清楚他们的信仰并非理智上的一种尊崇,他们取信仰而不取理解;现代基督徒想去信仰,因为他的理智赞同事物所显现出来的样子。但因为理智赞同而去信仰,实际上并不能称之为信仰。"① 但在德尔图良那里,至少在他的早期阶段,对理智的反感既不是其一贯的,也不是其通常的态度;他的护教说鲜有例外是针对读者的理智所发的议论。

不管怎样,真实的情况是,在上述"自然"的三种相互关联的意

---

① 罗伯特·布雷托尔《克尔凯郭尔选集·导论》,1946年,第 xxiii 页。

义上——自然代表着普遍的、直观地和可靠知识的内容或要求——,把"自然"当作真理的规范加以接受,使德尔图良在转向不仅为道成肉身这样矛盾的学说,而且为肉体复活这样显然无法通过直觉来理解,也不能得到民意支持的教义进行辩护时,陷入了困境。为了处理这些问题,他迫不得已实际上改变了他的宗教认识论;高深的真理并非简明的、人所共知的,而是隐晦的、含混的,"神的理性"和自然理性可能是相冲突的。

《论肉体的复活》,第 3 章:

> 推荐给人们普遍接受的意见在于其简洁性和亲切感,符合许多人的判断;他们信奉更值得信奉[的真理],因为它们是明晰的,开放的,人所共知的。相反,神的理性位于事物隐秘的最深处,而不是浮在表面上,常常与事物直接呈现的形态不相符合。

不管怎样,在另一种意义上,就连肉体的复活也是由于"自然"的教导——从一开始就是,即由于自然进程的类比的教导。无论在哪里,继死亡之后的总是新生,日以继夜,冬去春来,万物回到它的原初状态:万物在它们终结之后会重新开始,……没有什么会消亡,除非它会复活。上帝让人们知道他在经书所写之前死者的复活。"他先派自然作你的老师,以便以后也将把预言派作你的老师,这样,如果你成了自然的门徒,你就更容易相信预言"(前引书,第 12 章)。

2

然而,当德尔图良从专注于上述"自然"真理转向为超自然的启示(它是自然真理的补充)进行辩护时,他也设想宗教是不断进步的。因为,首先,以往的犹太-基督教启示明显也是渐进的、不断累积的。亚当和基督教教父那里所传授的只是拯救人所需要的基本知识,而这些知识不时地在增加;"如果他建立了一门学问(disciplina)并加以扩展,如果他开启了一门学问又进一步向前推进,这有什么可奇怪的吗?"[①]第二,启示甚至没有以基督的教导而终结;因为基督本人承诺圣灵的降临,圣灵会引领信徒走向"全部真理"。最后,我们也不能认为圣灵的工作已经圆满完成了。

德尔图良这一思路在他写于他的半孟他努派(Semi-Montansit)时期的一篇论文的首章得到了充分阐述,那篇论文的主旨是要证明贞女在公众面前要戴上面纱。这是一条未必在远古时代即承认,也不能算作普遍习俗的规定——在伊甸园中肯定就没有遵守!因此,德尔图良为了确立他的主张,在开篇再次强调了真理的不变性和古已有之后,拒绝承认古代制度和习俗的权威性。"基督称他自己为真理(veritas),而不是习俗(consuetudo)。"一个学说的新颖性并不能证明其虚假。"这并不是说把真理认定为异端有多新颖,无论什么与真理相对的风气,都是异端邪说,哪怕它

[①] 《驳犹太人》,第2章。

是古代的习俗。"虽则信仰的根本法则依然存在,"其他事物,无论是学说还是行动,会接纳改良新法,也就是说,上帝的恩典会继续发挥作用并不断完善"。

《论贞女的面纱》,第1章:

> 当恶魔总在兴风作浪、每天都犯下新的罪过时,上帝的作用不是已经终结,就是不再继续发挥作用,这是什么样的假设啊! 因之,主派遣圣灵的原因是,既然人的平庸不可能使他一下子就理解所有事物,那么,他的知识应该由圣灵——主的牧师,一点点地加以指导、规定和完善。他说:"我仍有很多东西可以告诉你,但你尚未有能力担当。当那真理之灵出现时,它会引领你迈向全部的真理,会使你明白还有更多的事物[等待揭示]。"但他也进一步明确宣布有关他的[圣灵的]工作。除了阐释教义、默示经文、改善理智、趋向更美好的事物之外,何谓圣灵的职责? 没有任何事物不是循序渐进的;万物都等待它们约定的时间。最后,《传道书》写道:"万物都有定时。"看看事物怎样创造出来,一点一点结出果实的吧。先是下种,长出根茎;接着枝叶积聚力量,我们称之生根;然后泥土隆起,花破土而出,从花中结出果实来,而果实本身一开始尚未成熟,尚未成形,一步步走向成熟,长成它丰美甘醇的滋味。故而,正义(因为正义的上帝和造物的上帝是同一个)首先是以一种对上帝怀有自然敬畏的方式,存在于它的萌芽中;正义通过律法和预言传给幼稚期的人类,然后通过福音书激发青年期人

16. 德尔图良的作为规范的"自然"

类的热情;现在则通过圣灵在成熟期的人类中确立。①

这里,我们可以看到,德尔图良的结论是基于两个类比。首先是种族的发展阶段和个体的精神发展之间的类比。人类心灵在历史早期,甚至在今天,都是不成熟的;人的理解力是有限的。因此,真理的揭示也必须是逐步的、渐进的。即使神的指引也必须符合这一教育学的必然规律。这一结论对人类宗教史而言尤为中肯。但这一论点也诉诸一种含义更广的类比——即一般自然进程,尤其是生物进程的类比。没有任何生物在一开始就会必然地变成某种样子,它总是从低级形态迈向高级形态,在这一缓慢的进程之后有一个当然的结果。在造物的生命中,一切都顺应渐进发展的必然规律;"演化"这个现代术语在更宽泛和含混的意义上来说,是指自然无所不在的特性。德尔图良年代学意义上的尚古主义在这里显然让位于它的对立面。

当然,正是"趋向更美好的事物"这一假设在宗教上的运用吸引了德尔图良;不过,他有时候也表示相信对人类历史具有更世俗性的进步。关于父权制下的一夫多妻,德尔图良评论道:"任何事情起初总是粗疏的。"这是一各高度反尚古主义的概括;有关这一点的最有说服力的例子在于新旧教规之间的对立,他补充道:"我还认为,甚至在人类的制度和法律方面,后来总是居上的。"②在他

---

① 这段文字特别有力地证明了这样一个事实,在基督教神学中,三位一体的第三位堪称进步观念的恩主。
② 《贞节训辞》,第6章。

的《论心灵》的一章中,他抨击了毕达哥拉斯派灵魂转世的学说,他认为任何类似的理论都与世界人口持续的增长不相符合。"如果生来自于死,那么,人类的总数肯定总是保持不变";用发展的眼光来看,德尔图良看出了以往文明的进步是人口增长的一个主要原因。在他那个时代,他认为人口过剩的问题已经出现,对之,他(可能是仿效瓦罗)预示了马尔萨斯的方法:饥荒、瘟疫和战争是必要的,有益于检验人类成倍过剩的趋势。

《论心灵》,第30章:

> 我们在《古人纪事》①中发现,人类人口的逐渐增长,那些留在其最初的生活区域的人,那些成了游牧民族或移民的人,或者那些通过征服来寻找土地的人——如帕提亚的西徐亚人、伯罗奔尼撒的泰明尼德人、亚洲的雅典人、意大利的弗里吉亚人和非洲的腓尼基人的情形都相差无几,同样,城市为了摆脱人口过度增长的重负,通过我们所谓殖民的有序移民,把密集的人口倾泻到其他地区。当原住民依然留在原来的住地时,他们不得不同时把大量人口输出到其他区域;当然,世界作为一个整体相较于它以往的岁月来说,正明显变得更开化和更丰富,世界所有的地方现在都可以来往,所有地方都为人所知,所有地方都可以通商;绝大多数农场曾经是有名的废园,现在淹灭了旧迹,开辟荒林成了耕地,牲畜和羊群迫使野

---

① 此书可能指瓦罗(Varro)散佚的著作《古代人物与神祇》。从德尔图良的征引中可见,瓦罗肯定想在探讨人口增长问题的"政治算术"的基本原理方面有所作为。

兽溃逃,沙土荒漠也播下了种子,石头上植了树,沼泽成了干地,城市的数量多如以前遍布的茅舍,不再有令人惊心的小岛,也不再有令人生畏的岩岸;到处都是屋舍、人烟和井井有条的管理。到处都是[人的]生活。人类旺盛生殖力的最终证据是我们渐渐成了这个世界的负担;自然力几乎不能满足我们的生活所需,我们的需要日渐增多,日渐强烈,而我们的抱怨也日益普遍,因为自然不再给我们提供生命的食粮。事实上,只能把瘟疫和饥荒还有战争和地震作为拯救国家的手段,一种消除人口过度增长的良方。①

必须补充一点,德尔图良的宗教进步的信念常常仅仅是回顾性的——尽管有一些相反的表述。他思想中的另外两个因素决定了这是必然的。首先,他的法律素养和他的个人性格,使他渴望信仰的准则(regula fidei)有一个明确的表述,无须任何增补或后来的阐释。我们寻找是为了有所发现;我们得到信仰时就会发现我们所寻找的;我们要信仰的是基督所教导我们的。"基督亲自为你设定了这个限制,他不希望你信仰他教导之外的任何东西,甚至不

---

① 德尔图良的马尔萨斯主义不用说显然是不成熟的。现代史学家指出,在意大利,一般在罗马帝国,在早期基督教世纪实际发生的是人口的急剧减少。这样,在高卢人统治时期(3世纪中叶)"亚历山大城居民不超过以前的半数"。吉朋多少有些推测性地指出:"如果有人把这个比例推及整个世界的话,人类的一半已经消失了"(布瓦瑟《异教的终结》,1903,Ⅱ,第368页)。亦参见滕尼·弗兰克《罗马经济史》,第2版,1927年,第204页以下。

希望你去寻找任何其他东西。"①因此,德尔图良尽力去证明,他那个时代教会的教义与"原始教会"②的教义是严格相符的;这意味着圣灵归根到底没有给人类揭示任何"更多的东西"。

不过,德尔图良的锡利亚主义(chiliasm)比他对确定和标准的教义的渴望更有效地阻止他习惯性地、坚定地将渐进发展观推向未来。德尔图良对未来时代的展望几乎完全取决于末世论的信仰,这些信仰大多出自《启示录》的最后三章,③这三章仍然主导着他那个时代的基督徒;这些信仰不是建立在与有机体的自然发展的类比上,也不是建立者与教育渐变论的类比上。人的未来不能被描摹为一个按连续阶段推进、迄今仍在前行的连续过程;大家公认的教义置于虔诚的信徒的之前的前景预示了两个重大事件,来自外部的、突然的、神的干预。预期基督的第二次降临,随后是人类在此世的完善和千年至福,对于守信的教徒来说,自然是一件欣喜的事情;但他们所能期待的最近的未来却是可怕的。因为在"主的日子"之前必会出现一个"判教者、罪人、沉沦之子",敌基督者,挑起各民族之间的争斗,对基督徒和异教徒都进行迫害和带来多种灾难。④ 因此,德尔图良虽则有时热情地详细阐述主的降临的迫切性,在另一些文字中却认为他的基督徒同道祈祷主的延期降

---

① 《论异教徒的法规》,第10章。这篇文章在写作日期上要早于上篇引文,可能和《心灵的证词》差不多同时。但我们没有充分把握认为这些文字的不一致是教义有意发生变化的证明。德尔图良很少操心一致性,他有能力处理引起他注意然而彼此不相调和的观念的迅速变化。
② 前引书,第20章。
③ 第20—22章。
④ 《帖撒罗尼迦后书》,第2章;德尔图良在《论肉体的复活》第24章中所引。

临是正当的；他在圣经中找到了希望主延期降临的依据。《帖撒罗尼迦后书》的一段重要文字提到："那抵挡主"或拦阻主的人，即敌基督者的出现；这种拦阻的力量要归于罗马帝国。首先是出于这一原因，德尔图良宣称，基督徒要为罗马皇帝祈祷，为罗马帝国的长治久安祈祷，"因为我们知道威胁整个世界、终结那个时代以及带来可怕灾难的强大力量，都只因为罗马帝国的延续而被推迟。我们不想经历那一切灾难；当我们祈求它推迟到来时，我们正是在促成罗马的延续。"①从这段文字中可以看出，德尔图良关于人类所期盼的下一个世纪是可怕的世纪的忧虑——也是2世纪基督徒的忧虑——必须靠可以维持现状的一种不甚确信的希望来缓解。

3

"自然"一词长久以来就指整个可感知对象世界及其通常的过程以及从经验推知的法则，这种意义可能是自然一词在当代用法中最流行的一种，当然还有许多其他含义。在这个流行的意义上，自然没有什么明确的或必然的规范意涵；这一术语只是概括地指事物之所是，而不是事物所应是。然而，甚至"自然"和"自然的"这种早期的最宽泛的和原初的描述性意义，都带有颂扬的色彩（在许多方面现在仍然如此）且成了价值判断的来源。这似乎主要以两

---

① 《护教篇》，第32章；T.R.格洛福译，Loeb丛书，154卷。在《论肉体的复活》中有一段类似的文字。后者相对较晚，《护教篇》是德尔图良的早期作品；关于这一论题，他的意见似乎没有改变。

个方式呈现出来。首先,附着在自然一词其他用法中的神圣意味——它是古典时代的"流行语"——已经完全转到了这种用法上。由于在某种意义上"自然"意味着价值规范或卓越,因此在道德行为和其他人类行为中,这就隐含着"自然",即实际宇宙及其规律,肯定是全面而卓越的,"与自然谐和"以及"顺应自然"(不管这些表述具体指什么)必定是一种道德命令。自然一词在感情色彩上从一种意义向另一种意义的转移,其语义转化过程在斯多葛派哲学中尤为明显。其次,对基督徒来说,在宇宙、"天地"含义上的"自然"是上帝的杰作,上帝把天地的各个部分都造好了,使天地在整体上都"甚好"。[①] 可见人不能对上帝所造的任何事物取藐视或不屑的态度——对上帝所造的人亦如是。的确,据犹太-基督教有关堕落的教义,在人身上有可归于其他来源的倾向,因此是恶的;《创世记》的一段经文中(3:18)被解释为隐含着这样的意思:即使在天地间与人无关的部分,也由于人的堕落而被"诅咒"。不过这些思考对所有人来说,尤其是对那些深受斯多葛派哲学和基督教的上帝即自然创造者的观念影响的人来说,并没有消除这样的假说,即可感知世界是好的,应该得到人们的赞美和欣赏,在人身上,确实是"自然的"东西,如人原本类属的和神所赋予的天性,也是好的,不应该压抑。

这些后来的假设对德尔图良及其斯多葛派的和基督教的观念有巨大的影响;它们是德尔图良在许多问题上的思想和情感的预设,和德尔图良时代(及以后)的基督教社会的其他强势倾向产生

[①] 《创世记》,1:31。

了冲突，而他也受这些强势倾向的影响。主要由于这些先见，他至少在他的大部分著述中相对摆脱了更极端的对来世的关注。他并不赞成蔑视俗世(contemptus mundi)，而蔑视俗世是所有时代的基督教思想的显著特征；他痛诋对"肉体"的轻蔑；他不承认对人的全面剥夺；他不时——虽然绝非一成不变——激烈地反对为他同时代的基督徒所广泛认同的禁欲主义的理想和实践。有关他的学说的这些方面，现在我们可以举出一些例证。

在德尔图良看来，马西昂派所犯的最大错误是他们轻视可感世界。对其"世界有负于上帝"的命题，他回应以"上帝不会创造任何有负于自己的事物"，虽然"上帝创造世界是为了人而不是为了自己"。就连希腊人也"赋予这个世界的结构以光彩和优雅之名"，异教哲学家也认为其中有几分神圣的因素，更且宇宙是一个整体，"当他们考虑宇宙的广度、强度、力度、荣耀和赞美，考虑那些有助于万物生长、培育、成熟及再生的个体因素的丰富、规整、[顺应]法则，……我却会俯身贴近那些卑微的事物。灌木丛中一朵孤寂的小花，我不说是来自草场，任何一片海中都有的小小贝壳，我不说是来自红海，赤松鸡的一翼翅膀，我不说出自孔雀——你能看着这些事物，却宣称造物主是一个拙劣的匠人?"因此，在德尔图良看来，一个人可以公允地说，即使"最卑贱的花开着"，也有某些神性的东西，可以激发一些宗教敬畏的意味。尽管把这种心情视为泛神论可能是一种误导，但它也不只是对造物主的技艺的简单好奇；因为它与自然中神性无所不在的强烈感觉、哪怕是朦胧的感觉相关联。"万物为它的创造者所填满，为他的创造者所占据"；在任何空间受造者都不缺乏神性(*divinitas*)。[①] 总之,德尔图良不缺乏后世所称的对自然的感受力(*Naturgefühl*)。

德尔图良学说的倾向源自同样的斯多葛派的和犹太基督教(Judeo-Christian)的前提。这种倾向使得德尔图良在早期基督教教父作家中独树一帜。在蔑视"肉体"的风气看来,他(在最后阶段之前)是相当不合潮流的。心灵是上帝所欲并创造的,肉体同样是上帝所欲并创造的;两者都是人性的基本成分。德尔图良确实常被看作一个唯物主义者,在好些文字中,他的确采取了斯多葛派的形而上学。"万物的存在都是其所属的具体存在。任何事物都不会没有具体的存在,除非这种事物根本就不存在。"[②]因此,就连心灵——"斯多葛派毫不费力地让我们相信"——也是有形的物质。[③] 但这种貌似彻底的唯物主义断言并没有真正表达德尔图良的人的机体的工作原理。把德尔图良视为心理-物理学的二元论者可能更为恰切,因为他习惯性地区分心灵与肉体,认定它们截然不同,具有不相调和的性质和功能。他强调的是二者的不可分离(至少只要人在这个世界上生存),二者的"融合"以及对所有心灵和"思维"(这是心灵的一种功能)活动来说,身体和身体器官是不可或缺的。《论肉体的复活》有六章都在为他所说的肉体的尊严(*carnis dignitas*)进行辩护,在他对这一主题的热情中,他甚至大胆地暗示了一个怀疑:即心灵不附从于肉体,而是肉体附从于

---

① 《驳马西昂》:第1卷,第13章,第11章。
② 《论基督的肉身》,第11章。
③ 《论心灵》,第5章。

16. 德尔图良的作为规范的"自然"

心灵。

《论肉体的复活》,第7章:

> 上帝把[心灵]与肉体结合,甚或把心灵附着在肉体上、与肉体合一吗?是的;二者如此紧密地结合在一起,只能认为我们尚无法确定是肉体承载心灵还是心灵承载肉体,是肉体乃心灵的仆从,还是心灵乃肉体的仆从。但更应该相信心灵是驾驭者,具有主导权,因为心灵更接近上帝。不过这也抬高了肉体的荣耀,肉体包含了最接近上帝的心灵,使肉体本身分享了心灵的主导权(dominatio),因为自然的何种作用、这个世界的何种享受,自然力的何种滋味,使得心灵不依靠肉体而存在?实际上,可能存在其他的情况吗?不通过肉体,心灵能得到所有感觉——视觉、听觉、味觉、嗅觉和触觉——器官的支持吗?……言语还是通过身体器官发生。通过肉体,使各种艺术成为可能,通过肉体,使人的学习和能力成为可能,使人的生意、工作和职责(officia)成为可能;总之,心灵的整个生命受制于肉体,当然,与肉体分离,心灵的生命也就终止。

这显然与保罗派有关肉体和心灵之"截然对立"的断言大相径庭,[①]

---

① 《加拉太书》,5:16-17。德尔图良意识到他这里的说法和保罗相冲突,因此试图解释清楚。他承认"使徒说'在我里头,就是我肉体之中,没有良善'(《罗马书》,7:18),而宣称'他们的肉体不能取悦上帝',因为'情欲与圣灵相争'(《加拉太书》,前引文)。"德尔图良出于一种与保罗思想截然不同的特性而倾向于"这些相似的表述":"不是肉体的本质,而是它的行动被认为无光彩可言";由于肉体的恶行,心灵迫使肉体循规蹈矩是合乎情理的(《论肉体的复活》,第10章)。

但与维多利亚时代诗人所作的对1864年的许多读者来说无疑显得有些大胆的断言却差别甚微:

> 心灵助肉体并不多于肉体助心灵。

因此,对德尔图良来说,人的罪并不能归因于人构成上的身心二元性;肉体不是人的罪恶的渊薮。不过,德尔图良当然不能,也不会怀疑人类的堕落是普遍而深重的腐败,甚至他也不会接受那些罪孽深重的人完全是、或根本就是、或"天生"就是邪恶的。毋庸置疑,也许可以说人有一种第二性或曰被剥夺的天性,它不同于"上帝所赋予人的天性",是一种前生的或某种特定意义上的天生之恶(*naturale quodammodo*),源自原罪(*vitium originis*),即人自亚当堕落开始的原罪。① 然而,德尔图良导入"自然"的两种意义的这种区分只是为了解释——或是巧辩——《以弗所书》的经文,"我们本为义怒之子";②他论证说,按"本为"(by nature)这个词的本义,我们不是且从来不是义怒之子。尽管人生来就有嗜罪之癖,在人身上仍然有一种积极的"心灵之善,一种固有的、神圣的和真正的善,是心灵固有的本性"。"源自上帝的品性是隐晦的,并没有消失。它之所以隐晦,是因为它不是上帝,它之所以没有消失,是

---

① 《论心灵》,第16章,第41章。至少拉丁教父,也包括德尔图良,是灵魂遗传论的始作俑者:心灵和肉体都是从父母遗传给后代的,所有心灵因此先天地感染了从人类始祖遗传而来的罪(*tradux animae*, *tradux peccati*)。参见R. E. 罗伯茨的《德尔图良的神学》(1924年),第160页,第162页,第248—251页。

② 《以弗所书》,2:3。

因为它源自上帝。……这样,有些人非常恶,而有些人非常善;不管怎样,所有的心灵都出自同一来源,即使在最坏的人那儿,也有一些好的东西,即使在最好的人那儿,也有一些坏的东西。"那么,由于人性本善,"心灵的神圣性在每个人身上多多少少清楚地表现出来"。[①] 虽然德尔图良对系统阐述和宣传原罪的教义居功至伟,但他同样主张人与生俱来的和不可抹煞的善,有时还用力更勤。

为了与这些先见相一致,德尔图良道德学说中有一种享乐主义的倾向。所有节制有度的享乐所带来的简单而直接的快感都是正当的,值得推崇的,甚至是强制性的;否则自然不会赋予我们这种享乐的能力。

《论士兵的花冠》,第 5 章,第 8 节:

> 我们的上帝就是自然的上帝,他塑造了人,这样人可以以某种方式,凭借几个适当的器官(比如用耳朵来听等等)来欣赏、享受事物($fructus\ rerum$)的快感,人的行为也就有了明确的意义,通过这些服务于精神灵魂的人的外在功能,神所赐的愉悦就能从感官传递到心灵。……这些事物本来是满足人类生活需要的常事,提供了确实有益的东西,以及实实在在的帮助和适度的愉悦;这样的事物可能被认为是上帝所授意的,上帝为其造物预先提供了这一切,人,既是为了他的训诲,也是

[①] 《论心灵》,第 41 章。

为了他的欣悦。①

基督教和东方诸苦行派之间没有什么共同点(我们不是婆罗门,也不是印度苦行者),"后者居住在森林中,离群避世。我们不拒绝享受上帝的恩赐,——虽然可以肯定,我们在这一点上是审慎的,以免我们在利用上帝的恩赐时失度或逾矩。"②

德尔图良因此不赞成过度的禁食,他指责"那些主张长期斋戒的异教徒,到了蔑视上帝恩赐的程度。"的确,正统的基督徒确实在某些日子遵守一些斋戒,作为"对上帝的奉献";但德尔图良认为他们真正禁食的日子非常少,"一年中只有两个星期吃干粮,而且还不是整个星期都吃,主日和安息日除外;在这些日子里,我们禁食某些食物,对这些食物我们不是拒斥,只是延期食用而已"。③

人享受任何"自然的"东西总是好的,嗜好"不自然"的东西却是有害的;德尔图良关于有悖自然的事物的看法不可否认是影响深远的。不允许对上帝赋予事物的特征做任何更改,这一点含蓄地扩展至所有人为的事物,虽然德尔图良没有一以贯之地贯彻这一意义;如果他这样做了,他就会成为一个极端的文化尚古主义者(当然我们看到他不是)。"上帝不欲产生的东西,[人]也不应该产

---

① 同样,在《论戏剧》第 2 章中,德尔图良写道:"众所周知,甚至自然也告诉我们,上帝创造且赋予人类的事物(正如我们基督教所教导的)都是良善的,因为它们是全能的造物主的作品。"不幸的是,这许多原本良善的上帝所赐由于魔鬼的唆使,都被人类滥用了。事实上,"[人类]妄用了上帝的创造物"是应受谴责的全部理由(tota ratio damnationis)。下文会揭示是什么引起了妄用。

② 《护教篇》,第 42 章。

③ 《论斋戒》,第 15 章,值得注意的后期作品。

生。因此,那些天生不是最好的事物肯定不是自然的创造者——上帝所造,所以,它们必须理解为是自然的作乱者魔鬼所造;因为不是上帝所造的事物肯定是其对手所造。"德尔图良从这一前提得出一个特殊的教导,即染色的布料不能用来做衣服。布料应保留其自然色,因为"不是上帝本身所造的色彩,就不可能取悦上帝。"很难设想"上帝不可能命令羊生来就有紫色和天蓝色的羊毛",但如果他能做到这一点却没有做,那么,显然是"由于他不愿意"。[①]这一特殊的教导现在因其琐碎和无聊而令我们吃惊,但出自同一前提的其他一些推论,在整个历史中循环复现,今天仍然不绝于耳,即反对运用某种人类"技艺"——比如人的聪明才智和技能——来补充和修改据认为是事物的自然秩序。德尔图良没有想到——虽然德谟克里特在莎士比亚之前已经发表了这样的言论[②]——"你所说的加诸自然的技艺就是自然所创造的技艺,……那种技艺本身就是自然"。

从类似的前提出发,德尔图良推导出异教徒头戴花冠之伤风败俗的理由,"甚至连所有教义中最重要的教义——自然,也支持基督教教规,赞成基督教教规的论点变得更有力了。"那么,有关花冠礼仪的自然教义如何为人所知的呢?通过观察,自然——或"我们的上帝,自然之主"——显然有意让我们去享受"他的其他造物

---

① 《论女性的服饰》,第1章,第8节。禁止穿染色布料的衣服,在这里是讲给女性听的,但显然对两性都适用。德尔图良显然出于同样的理由,认为演戏和马戏表演是违反自然的事物,在表演中,男女的脸部及其外表变样了——刮脸了。"上帝会喜欢一个人用剃须刀刮脸,完全改变他的外表吗?"(《论戏剧》,第23章)。这一做法同样遭到犬儒派道德论者的谴责,视之为"违反自然"。

② 参见《古代尚古主义及其相关观念》,第207—208页。

带给我们的愉悦",因为他给我们提供了不同的感觉器官,运用这些感觉器官就会获得自然的快感,但把花冠戴在头上,你却得不到这样自然的快感。因为系于花的感官愉悦是视觉与嗅觉的快感。"借视觉和嗅觉来欣赏花,这些感觉能使人得到享受"。但把花戴在头上,你既看不见花的艳丽也闻不到花的芳香。因此:

> 头上需要戴花,就像耳朵需要食物或鼻孔需要声响,是完全违反自然的。而违反自然的任何事情理应是人所共知的笑料;更不必说我们判定它是亵渎上帝——自然之主、自然之创造者的事了。①

因此,以这样的方式期望"自然"是规范,只需一点技巧就可以被用作几乎任何异教徒习惯的修辞策略,而这种异教徒的习惯与基督徒的习惯大相径庭。

但对德尔图良来说一个重大而困难的问题是,在他坚持万物的固有本性(proprie nuturale)是好的,是为人的利用和享福而设计的时,他不得不面对这样一个事实,即人类被赋予了性。赞美贞节以及感到性中有某种内在的恶,到3世纪初,在基督教的道德倾向和教义中变得非常普遍,可能几乎天下皆然——不论它在实际中的运用是多么有限。德尔图良显然同情这种倾向。然而还不能完全否定性和附着于性的愉悦是"自然的";肯定是上帝"带来了"性;鉴于德尔图良赞同这些前提,他不可能回避蒲伯在18世纪予

---

① 《论花冠》,第5章。

16. 德尔图良的作为规范的"自然"

以中肯表述的问题：

> 自然本身授意之物，
> 会冒犯伟大的自然之主吗？

对此，我们的回答所需要的前提似乎是很明确的，拒绝或藐视这一自然所赐可能等同于亵渎自然的创造者。而且，经上教导说，生殖是上帝在伊甸园中加诸人类的一项义务。逻辑和圣经权威的分量迫使德尔图良在一个实实在在的问题上趋于一个看法，即对基督徒来说，是独身还是结婚，应该有一个教规——或者至少有一个理念，而他所分享的同道的意见和一种业已壮大的传统力量，却迫使他趋向于相反的看法；他对这个问题的表述使已经出现的内在冲突凸显出来。

在一些文字中，德尔图良对"自然"的恭敬使他对婚姻和性行为予以虔诚的赞美，他把母性而不是童贞当作神性来赞颂。他对相反态度的轻蔑以一句明快的警句表达出来，这句警句值得我们记住，自然可敬，而无可羞（natura veneranda est, non erubescenda）。

《论心灵》，第27章：

> 自然可敬而无可羞。[①] 至于性行为，令人感到羞耻的是

---

① 对于拉丁读者，这里可能有双重意义。Natura 的一种意义是 Genitalia〔生育，繁殖〕；德尔图良在《论心灵》中有这个意义上的用法。在本文的下文，"常见功能"可能是"习惯上的义务"的更佳表述，但也可能指"神圣的义务"。

欲望,而非性行为本身;过度淫逸而非[同房]状态本身是下流的;因为这种状态上帝已经予以保佑:"要生养众多",至于淫逸——通奸、未婚交合或嫖娼,上帝的确予以诅咒。性把男女结合在一起,在这种常见功能中——我指的是普通正常的性交——我们知道身心二者都起作用,心灵提供了欲望,身体则充满了对欲望的体认,心灵提供了冲动,而身体则使之实现。①

而且,德尔图良本人的婚姻生活经验促使他以最高的言辞赞颂信徒之间灵与肉的合一。他在写给妻子的一段话中表示:"我们怎么可能充分地表达出教会所赞成、圣体加以确认、祝福予以签署加封的婚姻之乐呢？天使报于天庭,天父允其有效! ……有哪一种配偶是那种共享一种希望、一种欲求、一种戒律以及实践同一种修行的两个信徒？两人是教友、同道,彼此的心灵和肉体都不会分离——不,他们甚至是'同一个身体的两个人',肉体合一,因此,灵也是合一的。"②保罗不会用这种笔调描述婚姻,奥古斯丁就更不会这样了。

事实上,德尔图良并非一直或曰常常以这种笔调写作。他有关这一主题的最常见的文字表现出他极力调和以往他所赞美的尊

---

① 参见《论基督的肉身》,第4章:马西昂派视分娩为令人厌恶的;这种看法表明它们藐视"尊崇自然",新生儿的降生事实上应视为合乎宗教性质。因此,《驳马西昂》,Ⅲ,11;哎呀,收起你对最神圣和最崇高的自然作品的吹毛求疵吧;此处认定怀孕和分娩是最神圣、应受尊重的自然杰作。

② 《与妻书》,第2章,第8节。

崇自然(veneratio naturae)和服从《创世记》中神的禁令的努力,他这么做时显然掩饰不住地感觉童贞终究是更佳状态。他甚至在《与妻书》中劝告他的妻子,如果她比他长寿,不要再嫁。一生只结一次婚是合法的,因为"上帝把男女和合……作为人类之原赐予人类,上帝创造出男女和合来充满这个地球,充实这个世界"。经文中没有任何地方禁止婚嫁,婚嫁被公认为是"美好的事",但"我们从使徒那儿了解到比婚嫁更美好的事物。使徒准许婚嫁,但他宁取禁欲"。因此,最值得赞美的是那些从其受洗的那一刻起,就践行禁欲的人和那些"彼此同意解除婚姻之债,为了进入天国而自愿自宫"的已婚夫妇。① 然而,第二次婚姻无疑是不道德的;它是一种通奸。德尔图良谴责马西昂派,因为他们完全抵制婚姻。"自然法则"虽然与淫荡相对,……但并不禁止夫妇和合;"它只是在淫糜、有违自然和罪大恶极的意义上才指责'世俗欲念'。"不过,德尔图良马上进一步断言"其他更高的贞节的高明之处在于取禁欲而不取婚姻,但又决不禁止婚姻。而我的反感直接指向那种毁坏了婚姻之神的人,而不是那些追求贞操的人"。"我们不拒绝婚姻,而只是避免婚姻,我们不强令禁欲(即贞节),而只是敦请禁欲——把禁欲作为一个良好的、确实可取的生活状态,如果每个人都尽力追求这一状态的话;但是,如果恶意的攻击把婚姻当作一种肮脏的事情,视为对上帝的贬损,就要为婚姻做公开的辩护了"。②

在这里,德尔图良本人明确反对"婚姻之神"和"自然之神",因

---

① 《驳马西昂》,第1卷,第29章;《论一夫一妻制》,第3章。
② 《驳马西昂》,第1卷,第29章。

为如果禁欲是更完美的生活状态,那么可以肯定,上帝希望人类就以这种状态生活。充其量,婚姻只能视为迁就堕落人类的弱点——也许是一种可以原谅的罪过,但不管怎样还是罪过。德尔图良借区分婚姻之"好"与童贞之"更好"来调和他的两种立场,结果只能造成他的两种思想倾向的不一致更加明显。因为世故地选择"好"而不是"更好",不能被视为在道德上是可赞同的。德尔图良本人不得不承认"[仅仅]得到允许的事物不是'好'",而"一个事物不'好',仅仅因为它还称不上'恶'。"①

在德尔图良晚年的著作《贞节训辞》(*exhortatio castitatis*)和《论贞操》(*De pudicitia*)中,这种禁欲主张完全成了主导倾向,而在涉及性的方面,尊崇自然被遗忘殆尽了。"肉体"现在被描述为与"心灵"交恶,所有性迷恋都受到谴责:"让我们拒绝肉欲,这样我们最终可以结出精神之果";"那些希望能升入天堂的人应该停止做那些天堂里从来不碰的事情"。② 不谈再度婚姻,就连一度婚姻也只是一种私通,因为"后者也是由那些不洁的事情所构成的;只有童贞与淫乱无涉"。德尔图良到最后也为自然而感到困窘;他仍然觉得有必要把他现在的看法和经书上"生养众多,遍满地面"的命令调和起来。为了达到这一目的,他重提宗教启示和道德真理上的进步理论。按照《旧约》(Old Dispensation)属正当的,甚至是应尽的义务,按照《新约》(New Dispensation)未必就正当了。婚姻并不被指责为总是恶的,因为对生活在从前的人来说,婚姻不应

---

① 《与妻书》,第1章,第4节。
② 《贞节训辞》,第10章,第13章。

该受到指责。你不能"指责"一棵已到了砍伐时候的树;尽管你砍了它。"因此,婚姻状态还要求禁欲的约束,不是把它当作一件坏事,而是当作一种时机成熟该废除的事。"德尔图良在这里忘记了或曰放弃了他在《论戏剧》中的论断,即"凡是各个时代各个地方都不许做的事,在任何时候任何地方都不许做",因为"真理的完整性"在于"它的决定从不更改,而它的判断也从无变化"。因此,当德尔图良需要用进步的观念为关注来世进行辩护时,他放弃了他曾经珍视的对自然法的普遍有效性和恒定性的论断。而他摈弃婚姻的更普遍和更根本的理由,或曰动机,是他在《与妻书》中已经表达过的论点,即渴望有孩子,在身后留下子嗣的那种"苦乐",在基督徒看来是非理性的:他们知道厄运将至,"为什么我们还渴望有孩子呢? 如果我们有了孩子,一旦灾难迫在眉睫,我们还要急着把孩子送走"。[①]

从这些思想可以推导出认识论规范和伦理规范,德尔图良呈现了这一做法的漫长而奇妙的历史相当有趣的重要一章。这些思想是一连串复杂而混乱的历史进程的后果,与"自然"[②]一词联系在一起。自然这个词有成打不同的、常常含糊不清、有时不相调和的释义,它能用于——当下仍然如此——支持你想确立的几乎任何结论。就像已经证实的那样,德尔图良本人有可能通过一些独

[①] 《与妻书》,第1章,第5节。在最后一段,一如在其他段落中,德尔图良的"末世学赋予他的伦理学说一些 *interimsethik*[临时尺度]的性质"(R.E. 罗伯茨:《德尔图良的神学》,第219页);但总体看来,他的伦理学,特别是他关于婚姻的最终观点,肯定不完全是或不主要是基于他的末世学考虑,也没有被他当作出于时代的特殊条件而具有纯粹临时的合法性。

[②] 参见《古代尚古主义及其相关观念》,第102页以下及附录。

出心裁的做法,借助"自然"来证明某种意见的正当性,有时候,德尔图良显然为了其他理由或出于其他动机而主张某种意见。总之,"自然"这一神圣字眼由于其含混性,可以当"合理性"来使用。不管怎样,在基督教思想史中,自然一词所具有的高度含混性注定是影响各种观念运动的一个积极因素,一旦把"自然"或"自然的"作为一般规范,或固定其意义,就很容易不自觉地忽略其他意义,却又难以拒绝承认与自然一词切实相关的任何其他规范意义的有效性。

在德尔图良看来,这里指出的两种意义都具有特殊的历史的重要性。第一个意义是认识论上的假设,即在众生的思想中始终如一地、一视同仁地呈现出一道自然之光,众生具有理性,即对简单而具根本性的真理的意识,因此,衡量这些简单而具根本性的真理的主要尺度是普遍性,即民意。第二个意义是假设人的基本的、种属的癖好和欲望,归因于"自然"或"自然之神",是善的;因此,不能拒绝它们得到正常的满足。这两个意义正如我们所见,虽然不时由德尔图良热情地加以肯定,却与德尔图良及其同时代基督徒的其他学说和情感取向不睦。第一个意义与他渴望外在权威以及他认为人类获得拯救必须接受显然尚未被所有时代所有人都认识且实际上与人类的"自然"理性明显对立的信仰是不一致的。第二个意义与他那个时代教会普遍的禁欲主义,尤其是性的禁欲的趋势,互相冲突,最终在他那儿占了上风。我们认为,德尔图良在其思想必然会出现的内在张力和矛盾中,预示了西方基督教世界中诸观念的一部分未来历史。至于同样的两组对立,有时很明显,但在中世纪的大部分时间常常湮没不彰,直到中世纪晚期和现代早

16. 德尔图良的作为规范的"自然"

期才公开化并得到清晰的界定。事实上,(在德尔图良用法中)与自然一词相关的这两种主要观念的作用是不同的,作为第一位伟大的拉丁教父,德尔图良很可能传给他的后继者一个假设,即所有人"天生"就了解基本的和最本质的宗教真理和道德真理,而无需仰赖任何启示和权威;这在中世纪神学中一直存在,虽然后来并未从中推导出什么结果。接受"自然"(在本文上一节凸显的意义上)为规范所隐含的反禁欲的伦理学说许多世纪以来基本上失败了。虽然这种学说在13世纪以一种极端的形式再度变得非常活跃——在让·德·默恩的《玫瑰传奇》中最引人注目——这种道德上的"自然主义"的复兴在在都可能归因于德尔图良。德尔图良局部地、短暂地预示了这一复兴,但他不是激发这一复兴的媒介。①德尔图良在收山之作中表达了他对从根本上"亵渎"性的某种东西的反感,比如,把贞节等同于禁欲,他的影响有助于把这种反感传达给他的后人。

最后值得重提一下德尔图良在后世注定要交好运的一个更具预见性的观念。正如已经证实的那样,德尔图良努力调和他的信仰与《旧约》中所含的神启以及基督教要义的革新,在这个过程中,

---

① 但在16世纪,德尔图良提到的有节制的享乐主义主张出现在一些新教改革家的文字中,加尔文在《基督教要义》的一章中论及"怎样享受当下生活和生活的舒适",这毋庸置疑是《论花冠》的回响,且与德尔图良相应和,坚持主所构思的其他造物不仅是为人创造的,而且是为了人的"享受和愉悦",这是因为人有权利和义务去享受他们希望享受的。"头戴花冠的主有一种悦人双目的美,一种怡人嗅觉的甜蜜芳香,对我们来说享受这种美和芳香是不正当的吗?"享受美酒和佳肴也是合法的(《基督教要义》,第3卷,第10章,第2节)。加尔文主义尽管明显关注另外的世界,也不鼓励肉体的禁欲和对万物所提供的自然的感官愉悦(*naturales rerum dotes*)加以约束;在这方面,可以看出德尔图良的影响。

他被引向否认他所断言的人类理性作用的一致性和"自然教义"的不变性,提出人类理解真理——尤其是道德和宗教真理——的能力必然是渐进发展的命题。这一命题最终为克服一成不变的普救论和启蒙运动的均变论(也与德尔图良所提示的"自然"的第一个意义相关)发挥了重要作用。如果按德尔图良学说的某一倾向来说,他是赫伯特爵士、廷达尔和伏尔泰的先驱,那么他在3世纪初还勾勒了一个观念,这个观念在18世纪晚期由莱辛在《论人类教育》一书中予以完善,被那个时代的许多人视之为革命性的和划时代的观念。①

---

① 弗里德里克·H.赫奇,他在1847年出版了显然是莱辛这本书的第一个英译本(多少被忽视了),他说道:"这篇论文是思辨神学方面最具重要性的作品之一。他所包含的所有思想的萌芽在后来有关这一论题的思辨中是最有价值的"(《德国散文作家》,第4版,1856年,第91页)。

A. O. 洛夫乔伊著述目录(1898—1951)

约翰·科林森编

附记:洛夫乔伊先生指出了这份著述目录的许多错误和疏漏,编者希望借此感谢他的热诚合作以及约翰·霍普金斯大学哲学系维克托·洛维先生的帮助和建议。

省略:这份著述目录大体上是完整的,除了没有收录洛夫乔伊先生致报刊编者的信和未署名的文章。那些书信和文章更突出地体现了洛夫乔伊先生的信念,即学者应当关注当代问题。

洛夫乔伊先生的主要著作,虽然给出了按写作年代排列的细目,但以下几部值得特别标出:

《反叛的二元论》(1930年)

《古代尚古主义及其相关观念》(1935年,与乔治·博厄斯合著)

《存在巨链》(1936年)

《观念史论文集》(1948年)

缩 略 语

AJT	American Journal of Theology
BAAUP	Bulletin of the American Association of University Professors
BWUA	Bulletin of the Washington University Association
EO	Educational Outlook
HJ	Hibbert Journal
IJE	International Journal of Ethics
	[Became "Ethics" after v. 48, #3 (1938)]
JEGP	Journal of English and Germanic Philology
JHI	Journal of the History of Ideas
JP	Journal of Philosophy, Psychology, and Scientific Method
	[Became "Journal of Philosophy" after v. 17 (1920)]
Mi	Mind, n.s.
MLN	Modern Language Notes
Mo	Monist
Na	Nation
NR	New Republic
PB	Psychological Bulletin
PMLA	Publications of the Modern Language Association
PPR	Journal of Philosophy and Phenomenological Research
PQ	Philological Quarterly
PR	Philosophical Review
PS	Popular Science Monthly
Sc	Science, n.s.
SS	School and Society

论 文 目 录

1898
1. The Buddhistic technical terms upādāna and upādisesa. *Journal of the American Oriental Society*, 19 (second half):126–36.

1901
1. Syllabus: Robert Louis Stevenson, moralist: a study of a contemporary chapter in the history of the evaluation of life. The Washington University Association, 1901.
2. Syllabus: The philosophy of Buddhism, four lectures. The Washington University Association, 1901.

1902
1. Religion and the time-process. *AJT*, 6:439–72.

1904
1. Ethics and international relations. *BWUA*, 2:30–61.
2. The dialectic of Bruno and Spinoza. *University of California Publications in Philosophy*, 1:141–74.
3. Religious instruction in non-sectarian colleges and universities. *EO*, 1:107–12.
4. Review: F. J. E. Woodbridge, The philosophy of Hobbes. *PR*, 13:385–86.
5. Review: S. N. Dean, trans., Saint Anselm's Proslogium etc. *PR*, 13:384–85.
6. Fourth annual meeting of the Western Philosophical Association. *JP*, 1:269–70.
7. Some eighteenth century evolutionists. *PS*, 65:238–51, 323–40. Reprinted in *Scientific Monthly*, 71:162–78.

1905
1. Review: L. Stephen, Hobbes. *PR*, 14:97–99.
2. Review: G. Hessenberg and others, eds., Abhandlungen der Fries' schen Schule, v. 1 and 2. *PR*, 14:617–19, 15:216–17.
3. School extension. *EO*, 2:202–208.
4. Fifth annual meeting of the Western Philosophical Association. *JP*, 2:377.

1906

1. Democracy in the twentieth century. *BWUA*, 4:81–102.
2. On Kant's reply to Hume. *Archiv für Geschichte der Philosophie*, Band XIX, Heft 3, p. 380–407.
3. Review: P. E. More, The Shelburne Essays. *BWUA*, 4:151–55.
4. Kant's antithesis of dogmatism and criticism. *Mi*, 15:191–214.
5. The sixth annual meeting of the Western Philosophical Association. *JP*, 3:318.
6. The influence of self-consciousness on volition, *JP*, 3:326–27.
   An abstract of 1907—5.
7. Review: A. Buchenau, trans., Leibnitz Hauptschriften zur Grundlegung der Philosophie. *PR*, 15:437–38.
8. Review: A. Rivaud, Les notions d'essence et d'existence dans la philosophie de Spinoza. *PR*, 15:436–37.
9. The fundamental concept of the primitive philosophy. *Mo*, 16:357–82.

1907

1. The mind of the freshman. *BWUA*, 5:105–37.
2. The entangling alliance of religion and history. *HJ*, 5:258–76.
3. Report of the Missouri child labor committee. *Annals of the American Academy*, January.
4. Review: P. Deussen, Outline of the Vēdanta system of philosophy according to Shankara. *JP*, 4:23–24.
5. The desires of the self-conscious. *JP*, 4:29–39.
6. Increase in the President's power. *Public Questions Club of Saint Louis*, 1907, p. 99–106.
7. The General Assembly and the next generation. *Missouri State Republican*, 6:4, January 18, 1907.
   Reprinted by Children's Protective Alliance of Missouri.
8. The origins of ethical inwardness in Jewish thought. *AJT*, 11:228–49.
9. Review: O. Külpe, Immanuel Kant: Darstellung und Würdigung. *JP*, 4:554–55.
10. Kant's classification of the forms of judgment. *PR*, 16:588–603.
11. Professor Ormond's philosophy. *PB*, 4:339–49.
12. The place of Linnaeus in the history of science. *PS*, 71:498–508.
13. Review: Studies in philosophy and psychology: Commemoration Volume by former students of C. E. Garman: Part I. *PB*, 4:18–24.

1908

1. Kant and the English Platonists. In *Essays, philosophical, and psychological, in honor of William James, professor in Harvard*

University, by his colleagues at Columbia University. New York: Longmans, Green & Co., 1908, p. 265-302.
2. Pragmatism and theology. *AJT*, 12:116-43.
3. The thirteen pragmatisms. *JP*, 5:5-12, 29-39.
   Second part reprinted in W. G. Muelder and L. Sears, *The development of American philosophy: a book of readings.* Boston: Houghton Mifflin Co., 1940, p. 404-10.
4. Religious transition and ethical awakening in America. *HJ*, 6:500-14.
5. Review: F. C. Sharp, A study of the influence of custom on moral judgment. *JP*, 5:548-53.
6. Review: W. B. Smith, The theory of a pre-Christian cult of Jesus. *Mo*, 18:587-609.
7. Review: I. W. Riley, American philosophy: the early schools. *Sc*, 27:464-66.

1909

1. Review: E. B. Bax, The roots of reality: being suggestions for a philosophical reconstruction. *PR*, 18:75-80.
2. Some aspects of Darwin's influence upon modern thought. *BWUA*, 7:85-99.
3. The meaning of φύσις in the Greek physiologers. *PR*, 18:369-83.
4. The obsolescence of the eternal. *PR*, 18:479-502.
   Address of the president at the ninth annual meeting of the Western Philosophical Association, Saint Louis, April 9, 1909.
5. Metaphysician of the life-force [Bergson]. *Na*, 89:298-301.
6. Pragmatism and realism. *JP*, 6:575-80.
7. The argument for organic evolution before "The Origin of Species." *PS*, 75:499-514, 537-49.
8. Review: O. Külpe, Immanuel Kant, Zweite verbesserte Auflage. *JP*, 6:719-20.

1910

1. Review: A. Collier, Clavis universalis, E. Bowman, ed. *JP*, 7:77-79.
2. The service pension of the Carnegie Foundation. *Na*, 90:109.
   Reprinted in *Sc*, 31:299-300.
3. The treatment of "opposition" in formal logic. *JP*, 7:101-105.
4. A note (on 1910—3, p. 104). *JP*, 7:133.
5. Retrospective anticipations of the Carnegie Foundation. *Sc*, 31:414-15.
6. Review: H. Bergson, Time and free will. *Na*, 91:499-500.
7. Review: G. T. Ladd, Knowledge, life and reality. *Na*, 91:105.
8. Review: R. Eucken, The problem of human life. *IJE*, 20:83-88.
9. Review: E. Crawley, The idea of the soul. *PB*, 7:354-58.

10. Review: W. A. Heidel, Περὶ Φύσεως: a study of the conception of nature among the pre-Socratics. *PR*, 19:665–67.
11. Review: T. M. Johnson, trans., Proclus's Metaphysical elements. *JP*, 7:220.
12. Kant and evolution. *PS*, 77:538–53, 78:36–51.
13. The place of the time problem in contemporary philosophy. *JP*, 7:683–93.

1911

1. Christian ethics and economic competition. *HJ*, 9:324–44.
2. Review: H. E. Cushman, A beginner's history of philosophy, v. 1. *IJE*, 21:352–55.
3. William James as philosopher. *IJE*, 21:125–53.
4. Schopenhauer as an evolutionist. *Mo*, 21:195–222.
5. The meaning of vitalism. *Sc*, 33:610–14.
6. The import of vitalism. *Sc*, 34:75–80.
7. Review: R. M. Wenley, Kant and his philosophical revolution. *Na*, 93:166–67.
8. Review: B. Russell, Philosophical essays. *Na*, 93:319–20.
9. Review: E. van Biéma, L'espace et le temps chez Leibnitz et chez Kant. *PR*, 20:313–17.
10. Review: T. and G. A. de Laguna, Dogmatism and evolution: studies in modern philosophy. *PR*, 20:535–45.
11. Reflections of a temporalist on the new realism. *JP*, 8:589–600.
12. Review: H. Bergson, Matter and memory *and* Creative evolution. *Na*, 91:648–49.
13. Review: H. E. Cushman, A beginner's history of philosophy, v. 2. *IJE*, 22:111–13.
14. Buffon and the problem of species. *PS*, 79:464–73, 554–67.
15. Existence and formal logic. *JP*, 8:660–63.
16. Review: G. Santayana, Three philosophical poets: Lucretius, Dante, and Goethe. *MLN*, 26:244–47.

1912

1. Leibnitz. In *A cyclopedia of education*, 3:673–75.
2. The unity of science. In "Mathematical and physical sciences: non-technical lectures by members of the faculty of the University of Missouri, Series I." *Bulletin of the University of Missouri*, I:1–34.
3. Review: W. Fite, Individualism. *American Political Science Review*, p. 141–44.
4. The problem of time in recent French philosophy. *PR*, 21:11–31, 322–43, 527–45.
5. Review of recent works on logic. *Na*, 95:40–41.

6. Review: F. J. MacKinnon, The philosophy of John Norris of Bemerton. *PR*, 21:256–57.
7. Review: J. Goldstein, Wandlungen in der Philosophie der Gegenwart. *JP*, 9:327–30.
8. Discussion: "Present Philosophical Tendencies." *JP*, 9:627–40, 673–84.
9. Letter from Professor Lovejoy. *JP*, 9:720–21.
   An elaboration of p. 634 of 1912—8.
10. Review: J. Ward, The realm of ends. *Na*, 94:414–15.
11. Review: E. Boutroux, Historical studies in philosophy. *Na*, 95:594.
12. The meaning of Driesch and the meaning of vitalism. *Sc*, 36:672–75.
13. (with others) Discussion: The relation of consciousness and object in sense perception. *PR*, 21:199–204.

1913

1. On some novelties of the new realism. *JP*, 10:29–43.
2. Discussion: Secondary qualities and subjectivity. *JP*, 10:214–18.
   Reply to a criticism of 1912—8 by M. R. Cohen.
3. The metamorphosis of the Carnegie Foundation. *Sc*, 37:546–52.
4. The practical tendencies of Bergsonism. *IJE*, 23:253–75, 419–43.
5. Review: E. B. Holt and others, The new realism *and* G. S. Fullerton, The world we live in. *Sc*, 37:867–72.
6. Error and the new realism. *PR*, 22:410–23.
7. Review: A. T. Robinson, The applications of logic. *Na*, 96:481.
8. Some antecedents of the philosophy of Bergson. *Mi*, 22:465–83.
9. Realism versus epistemological monism. *JP*, 10:561–72.
10. Review: L. T. Hobhouse, Development and purpose. *Na*, 97:163–64.
11. Preface: Some comparative statistics relating to the graduate department of the [Johns Hopkins] university. Johns Hopkins *Alumni Magazine*, 2:9–10.
    Followed (p. 11-22) by extracts ("chiefly from published sources") selected by A. O. Lovejoy.
12. Review: O. Külpe, The philosophy of the present in Germany. *Na*, 97:215.
13. Review: B. A. G. Fuller, The problem of evil in Plotinus. *Na*, 97:438–39.

1914

1. Bergson and romantic evolutionism. University of California *Chronicle*, 15:1–61.
   Two lectures delivered before the philosophical Union of the University of California, September 5, 12, 1913. Reprinted at Berkeley, California: University of California Press, 1914.

2. On the existence of ideas: in three studies in current philosophical questions. Johns Hopkins University *Circular*, 33:178-235.
3. Review: J. H. Leuba, A psychological study of religion. *IJE*, 34:216-20.
4. (with others) The case of Professor Mecklin: report of the committee of inquiry [A. O. Lovejoy, Chairman] of the American Philosophical Association and the American Psychological Association. *JP*, 11:67-81.
5. The profession of the professorate. The Johns Hopkins *Alumni Magazine*, 2:181-95.
6. Review: B. Croce, Giambattista Vico. *Na*, 99:46-47.
7. A national association of university professors. *Na*, 99:580.
   Also in *Sc*, 40:744-45.
8. Relativity, reality, and contradiction. *JP*, 11:421-30.
   Reply to a discussion of 1913—2 by M. R. Cohen.
9. German scholars and the "Truth about Germany." *Na*, 99:376.
   Parts reprinted in S. R. H. and J. F. M., *Sixty American opinions on the war*. London: T Fisher Unwin, Ltd., 1915, p. 104-105.
10. Review: E. B. Holt, The concept of consciousness. *PR*, 23:664-77.
11. Qualities, relations and things. *JP*, 9:617-27.
12. Professorial landsturm. *Na*, 99:656-57.

1915

1. Organization of the American Association of University Professors. *Sc*, 41:151-54.
2. Reply to Professor Darmstaedter. *Na*, 100:195-96.
   Concerns 1914—9 and 12.
3. What was the *casus belli? Na*, 100:246-47.
4. Review: H. M. Kallen, William James and Henri Bergson. *Na*, 100:388-90.
5. Review: F. Thilly, A history of philosophy. *JP*, 12:272-77.
6. (with others) Report of the committee of inquiry on conditions at the University of Utah. The American Association of University Professors, July, 1915.
7. Review: R. G. Usher, Pan-Americanism. *Na*, 101:16-17.
8. Review: H. S. Chamberlain, Immanuel Kant. *Na*, 101:261-62.
9. Review: J. H. Rose, Origins of the war. *Na*, 101:295.
10. As to an embargo on arms. *NR*, 4:156-57.
11. (with others) General report of the committee on academic freedom and academic tenure. *BAAUP*, 1:15-43.
12. Methods of the board of regents of the University of Utah. *SS*, 3:314-16.

1916

1. The American Association of University Professors. *Na*, 102:169-70

2. (with others) Report of the committee of inquiry [A. O. Lovejoy, Chairman] on the case of Professor Scott Nearing of the University of Pennsylvania. *BAAUP*, v. 2, #3, pt. 2, p. 1-57.
3. Review: G. Sorel, Reflections on violence. *American Political Science Review*, 10:193-95.
4. Review: D. Cheydleur, Essai sur l'évolution des doctrines de M.. Georges Sorel. *MLN*, 31:360-63.
5. (with others) Reports of committees concerning charges of violation of academic freedom at the University of Colorado and at Wesleyan University. *BAAUP*, v. 2, #2, pt. 2, p. 1-76.
6. The topic for discussion at the 1916 meeting of the American Philosophical Association. *JP*, 13:573-80.
   Signed for the executive committee by A. O. Lovejoy, Chairman, and E. G. Spaulding, Secretary.
7. (with others) Report of Committee P on pensions and insurance. *BAAUP*, v. 2, #5, p. 57-76.
8. On the meaning of "romantic" in early German romanticism. *MLN*, 31:385-96, 32:65-77.
   Reprinted in 1948—1.
9. The future of the Carnegie Foundation. *Na*, 103:417-19.
10 Academic freedom. *Na*, 103:561.

1917

1. (with A. B. Hart) *Handbook of the war for public speakers*. Committee on Patriotism through Education, National Security League, New York, 1917.
2. America impartial. *NR*, 10:75.
3. On some conditions of progress in philosophical inquiry. *PR*, 26:123-63.
   The presidential address before the sixteenth annual meeting of the American Philosophical Association, December 27, 1916.
4. Progress in philosophical inquiry. *PR*, 26:537-45.
   Reply to criticisms of 1917—3 by E. Albee and others.
5. Benevolent neutrality? *NR*, 10:229-30.
6. (with others) Report of the committee of inquiry concerning charges of violation of academic freedom, involving the dismissal of the president and three members of the faculty at the University of Montana. *BAAUP*, v. 3, #5, pt. 2, p. 1-52.
7. To conscientious objectors. *NR*, 11:187-89.
8. Philosophical discussion and the American Philosophical Association. *JP*, 14:719-20.
   Reply to a criticism of 1917—3 by J. E. Creighton.

1918

1. War aims and peace aims. Johns Hopkins *News-Letter*, 22:1, 4, 7, January 14, 1918.

2. (with E. Capps and A. A. Young) Academic freedom in war time. *Na*, 106:401–402.
3. War policy of American and British labor. *NR*, 15:206–208.
4. What kind of conference? *NR*, 15:377–78.
5. Is a peace of conciliation possible? *NR*, 16:257–59.
6. (with others) Academic freedom in war time: report of the committee on academic freedom and academic tenure. *BAAUP*, v. 4, #2–3, p. 16–47.
7. German peace drives rightly named "traps." New York *Times Magazine*, 47:4, 15, July 28, 1918.

1919

1. Introduction. In *America joins the world: selections from the speeches and state papers of President Wilson, 1914–18*. New York: Association Press, 1919.
2. (with H. F. Stone) Supplementary statement concerning the plan of compulsory and contributory annuities proposed by the Carnegie Foundation. *SS*, 9:150–54.
3. Russia and the outbreak of the European war. *NR*, 18:348–49.
4. (with others) Pensions and insurance. *BAAUP*, v. 5, #6, p. 20–84.
5. Review: A. D. Snyder, The critical principle of the reconciliation of opposites as employed by Coleridge. *MLN*, 34:303–305.
6. The Left and the League. *Review of Reviews*, 1:80–81.
7. Is there a huge social surplus? *Weekly Review*, 1:163–65.
8. Washburn College and Professor Kirkpatrick: correspondence between A. O. Lovejoy and P. P. Womer. *SS*, 10:406–407. 558–59.
   Reprinted in *BAAUP*, v.5, #6, p. 9–11.
9. Annual message of the president. *BAAUP*, v. 5, #7–8, p. 10–40.
   Parts reprinted in *SS*, 10:749–56.
10. Dr. Jordan and the Carnegie Foundation. *NR*, 21:80.

1920

1. Pragmatism versus the pragmatist. In Durant Drake and others, *Essays in critical realism: a cooperative study of the problem of knowledge*. London: Macmillan and Company, Ltd., 1920, p. 35–81.
2. Review: I. Babbitt, Rousseau and romanticism. *MLN*, 35:302–308.
3. Schiller and the genesis of German romanticism. *MLN*, 35:1–10, 134–46.
   Reprinted in 1948—1.
4. Keynes and Dillon. *Weekly Review*, 2:279–80.
5. Clemenceau and the Left Bank. *Review of Reviews*, 2:359.
6. Mr. Mencken and the Armenian Massacres. *The Evening Sun*, Baltimore, May 31, 1920.

7. Review: R. B. Perry, The present conflict of ideals. *Harvard Theological Review*, 13:189-94.
8. Teachers and trade unions. *Educational Review*, 60:106-19.
9. Recent discussion of university problems: Lafayette College. *BAAUP*, v. 6, #6, p. 8-18.
10. Further discussion of unionization: Better organization of teachers without unionization. *Educational Review*, 60:329-35.
11. Letter to the editors: Proprietary professorships and academic freedom. *Weekly Review*, 3:417-18.
12. Pragmatism as interactionism. *JP*, 17:589-96, 622-32.
13. Is academic freedom desirable? *Educational Review*, 60:423-27.

1921

1. "Pride" in eighteenth-century thought. *MLN*, 36:31-37.
   Reprinted in 1948—1.
2. (with others) Report of the committee of inquiry [A. O. Lovejoy, Chairman] on conditions in Washburn College. *BAAUP*, v. 7, #1-2, p. 66-137.
3. Profit-sharing and industrial peace. *IJE*, 31:241-63.
4. Review: B. Russell, The analysis of mind. *The Independent*, 107:215-16.

1922

1. Address at the presentation of a portrait of Professor H. S. Jennings. Johns Hopkins *Alumni Magazine*, 10:81-86.
2. Pragmatism and the new materialism. *JP*, 19:5-15.
3. The paradox of the thinking behaviorist. *PR*, 31:135-47.
4. Reply to Professor Babbitt. *MLN*, 37:268-74.
   Concerns 1920—2.
5. Review: A. K. Rogers, English and American philosophy since 1800. *Christian Register*, August 31.
6. The length of human infancy in eighteenth-century thought. *JP*, 19:381-85.
7. Time, meaning and transcendence. *JP*, 19:505-15, 533-41.

1923

1. Shall we join the League of Nations? *NR*, 34:138-39.
2. "Representative ideas" in Malebranche and Arnauld. *Mi*, 32:449-61.
3. The anomaly of knowledge. University of California *Publications in Philosophy*, 4:3-43.
4. The supposed primitivism of Rousseau's "Discourse on Inequality." *Modern Philology*, 21:165-86.
   Reprinted in 1948—1.
5. Rousseau's pessimist. *MLN*, 38:449-52.

6. Review: U. Sinclair, The goose-step. Johns Hopkins *News-Letter*, 27:2, May 18.

1924

1. The discontinuities of evolution. *Essays in Metaphysics*, University of California *Publications in Philosophy*, 5:173-220.
   Second Annual Howison Lecture, delivered at the University of California, March 25, 1924.
2. Professional ethics and social progress. *North American Review*, 219:398-407.
3. Pastness and transcendence. *JP*, 21:601-11.
   Reply to a discussion of 1922—8 by J. Dewey.
4. Reply to Professor Laird. *Mi*, 33:180-81.
   Concerns 1923—2.
5. On the discrimination of romanticisms. *PMLA*, 39:229-53.
   Reprinted in 1948—1.
6. Contemporary philosophy and psychology: their common problem. *PB*, 21:565-68.
7. Reply to the editorial, "A professorial fiasco," in the *New Republic*, 39:6-7, May 28, 1924. *BAAUP*, 10:388-90.
8. (with others) Report of the committee of inquiry [A. O. Lovejoy, Chairman] concerning Clark University. *BAAUP*, 10:412-79.

1925

1. La théorie de la stérilité de la conscience dans la philosophie Américaine et Anglaise. *Bulletin de la Société Française de Philosophie*, 25:89-116, 131-32.
2. Review: N. K. Smith, Prolegomena to an idealist theory of knowledge. *PR*, 34:185-93.
3. Review: J. Harrington, Oceana, ed., S. B. Liljegren. *MLN*, 40:45-46.
4. Review: E. Wentscher, Englische Philosophie. *JEGP*, 24:605-606.

1927

1. The meanings of "emergence" and its modes. *Proceedings of the 6th International Congress of Philosophy*, p. 20-33.
   Also in *British Journal of Philosophical Studies*, 2:167-81.
2. "Nature" as aesthetic norm. *MLN*, 42:444-50.
   Reprinted in 1948—1.
3. Optimism and romanticism. *PMLA*, 42:921-45.
4. Review: W. E. Hocking, Man and the state. *Yale Law Review*, 36:723-24.

1929

1. Anti-evolution laws and the principle of religious neutrality. *SS*, 29:133-38.
   Also in *BAAUP*, 15:307-14.

2. Review: H. N. Fairchild, The noble savage. *PQ*, 8:174-75.

1930

1. *The revolt against dualism: an inquiry concerning the existence of ideas.* Chicago: Open Court Publishing Co., New York: W. W. Norton and Company, Inc., 1930.
2. A temporalistic realism. In G. P. Adams and W. P. Montague, eds., *Contemporary American Philosophy* (J. H. Muirhead, ed., Library of Philosophy series). London: G. Allen and Unwin, Ltd., New York: The Macmillan Company, 1930, v. 2, p. 85-105.
3. Academic freedom. *Encyclopaedia of the Social Sciences*, 1:384-88.
4. The dialectical argument against absolute simultaneity. *JP*, 27:617-32. 645-54.
5. Review: F. C. Sharp, Ethics. *PR*, 39:613-22.

1931

1. Review: A. Schinz, La pensée de Jean-Jacques Rousseau. *MLN*, 46:41-46.
2. The paradox of the time-retarding journey. *PR*, 40:48-68, 152-67.
   Rejoinder to a reply to 1930—3 by E. B. McGilvary.
3. The time-retarding journey: a reply. *PR*, 40:549-67.
   Further discussion of 1930—3 and 1931—2.

1932

1. The parallel of deism and classicism. *Modern Philology*, 29:281-99.
   Reprinted in 1948—1.
2. The genesis of the American Association of University Professors. *BAAUP*, 18:305.
3. Dualisms good and bad. *JP*, 29:337-54, 375-81.
   Reply to criticisms of 1930—1.
4. The travels of Peter, Paul and Zebedee. *PR*, 41:498-517.
   Further discussion of 1930—3, 1931—2 and 1931—3.
5. The first Gothic revival and the return to nature. *MLN*, 47:419-46.
   Reprinted in 1948—1.

1933

1. Address: Hitler as pacifist. American Jewish Congress, Baltimore Branch.
2. The Chinese origin of a romanticism. *JEGP*, 32:1-20.
   Reprinted in 1948—1.
3. Monboddo and Rousseau. *Modern Philology*, 30:275-96.
   Reprinted in 1948—1.
4. Dualism and the paradox of reference. *JP*, 30:589-606.
5. (with A. S. Edwards) Rollins College report. *BAAUP*, 19:416-39.
6. Review: C. W. Morris, Six theories of mind. *PR*, 42:617-26.

1934

1. Foreword. To L. Whitney, *Primitivism and the idea of progress in English popular literature of the eighteenth century* (Contributions to the history of primitivism). Baltimore: The Johns Hopkins Press, 1934.

1935

1. (with G. Boas) *Primitivism and related ideas in antiquity: A documentary history of primitivism and related ideas*, v. 1. Baltimore: The Johns Hopkins University Press, 1935.
   With supplementary essays by W. F. Albright and P. E. Dumont.

1936

1. *The great chain of being: a study in the history of an idea.* Cambridge, Massachusetts: Harvard University Press, 1936.
   The William James Lectures, delivered at Harvard University, 1933. Second printing, 1942; third printing, 1948; fourth printing, 1950.

1937

1. Milton and the paradox of the fortunate fall. *ELH: A Journal of English Literary History*, 4:161–79.
   Reprinted in 1948—1 and in M. Shorer and others, eds., *Criticism: the foundations of modern literary judgment*. Harcourt Brace and Co., 1948, p. 137–47.
2. (with A. J. Carlson) Teacher's oath laws: statement of Committee B. *BAAUP*, 23:26–32.
3. Review: V. de Sola Pinto, Peter Sterry, Platonist and Puritan, 1613–72. *MLN*, 52:423–25.

1938

1. The historiography of ideas. *American Philosophical Society Proceedings*, 78:529–43.
   Reprinted in 1948—1.
2. Harry Walter Tyler, 1863–1938. *BAAUP*, 24:219–21.
3. Professional association versus trade union. *BAAUP*, 24:347–55.
4. Professional association or trade union? *BAAUP*, 24:409–17.
5. Harvard University and Drs. Walsh and Sweezy: A review of the Faculty Committee's report. *BAAUP*, 24:598–608.
6. Abstract: The historiography of philosophy. *JP*, 35:677–79.

1939

1. Present standpoints and past history. *JP*, 36:477–89.

1940

1. Reflections on the history of ideas. *JHI*, 1:3–23.

2. Introduction [and some footnotes]. To P. Wiener, "Leibnitz's project of a public exhibition of scientific inventions." *JHI*, 1:232–40.
3. Editorial note. *JHI*, 1:503.
   Concerning an article by F. J. Teggart, *JHI*, 1:494–503.
4. Coleridge and Kant's two worlds. *ELH: A Journal of English Literary History*, 7:341–62.
   Reprinted in 1948—1.

1941

1. The meaning of romanticism for the historian of ideas. *JHI*, 2:257–78.

1942

1. On the criteria and limits of meaning. F. P. Clarke and M. C. Nahm, eds., *Philosophical essays in honor of Edgar Arthur Singer, Jr.*, Philadelphia, Pennsylvania: University of Pennsylvania Press, 1942, p. 3–23.
2. The communism of Saint Ambrose. *JHI*, 3:458–68.
   Reprinted in 1948—1.

1943

1. Review: B. Willey, The eighteenth century background. *MLN*, 58:485–87.
2. Culbertson's international armed force. *Free World*, 6:463–69.

1944

1. EM 10, G. I. roundtable: What shall be done about Germany after the war? Washington, D. C.: U. S. Government Printing Office, 1944.
2. EM 12, G. I. roundtable: Can we prevent future wars? Washington, D. C.: U. S. Government Printing Office, 1944.
3. Should there be an international organization for general security against military aggression? *Problem Analyses*. Universities Committee on Post-War International Problems, # 4.
4. The Dumbarton Oaks proposals: the enforcement of peace. *Problem Analyses*. Universities Committee on Post-War International Problems, #18.
5. Reply to Professor Spitzer. *JHI*, 5:204–19.
   Concerns 1941—1.

1945

1. (with others) A discussion of the theory of international relations. *JP*, 42:477–82.

1946

1. Goldsmith and the chain of being. *JHI*, 7:91–98.
2. A note on Peirce's evolutionism. *JHI*, 7:351–54.

1947

1. The duality of the Thomistic theology: a reply to Mr. Veatch. *PPR*, 7:413-38.
   Reply to a criticism of parts of 1936—1 by H. Veatch.
2. Analogy and contradiction: a surrejoinder. *PPR*, 7:626-34.
   Reply to a rejoinder to 1947—1 by H. Veatch.

1948

1. *Essays in the history of ideas.* Baltimore: The Johns Hopkins Press, 1948.
2. Necessity and self-sufficiency in Thomistic theology: a reply to President Pegis. *PPR*, 9:71-88.
   Reply to a discussion of 1947—1 and 1947—2 by A. C. Pegis.
3. Comment on Mr. Pegis's rejoinder. *PPR*, 9:284-90.
   Reply to a rejoinder to 1948—2 by A. C. Pegis.

1949

1. Historiography and evaluation: a disclaimer. *JHI*, 10:141-42.
2. Reply. *JHI*, 10:141-42.
   To a review of 1948—1 by T. Spencer.
3. Communism versus academic freedom. *American Scholar*, 18:332-37.

1950

1. Address at presentation of the Hollander Foundation Award to the Baltimore City Medical Society. The Hollander Foundation, Baltimore.
   On the occasion of the admission of Negro physicians to membership in the Society.
2. Terminal and adjectival values. *JP*, 47:593-608.

索 引

本索引所标页码为英文版页码,参见中文本边码

Abbott,Frank F.,弗兰克·F. 阿伯特,303

Addison,Joseph,约瑟夫·艾迪生,113,115,142,144,239,251

Akenside,Mark,马克·埃肯塞德,53,136

Ambrose,St.,圣安布罗斯,287,296-307

Andreini,Giambattista,詹巴蒂斯塔·安德列尼,283

Anthropology,人类学,on need for a science of,卢梭的~,19;蒙博杜的~,58

Anti-intellecturalism,反智主义,85,95,316-317

Architecture,Gothic,哥特式建筑,第八篇论文;中国的~,118,122

Aristotle,亚里士多德,~和弥尔顿,4

Attiret,le frere,王致诚神父,119

Augustine,St.,圣奥古斯丁,289-290

Bab,Julius,朱利叶斯·巴布,230

Babbitt,Irving,欧文·白壁德,28,229,233,234

Banks,Sir Joseph,班克斯,约瑟夫爵士,100

Batteux,Charles,查尔斯·巴托,93

Beach,Joseph W.,约瑟夫·W. 比奇,201

Back,A. A.贝克,308

Behn,Aphra,阿弗拉·本,31

Benoist,le P.,蒋友仁神父,116

Berkeley,George,乔治·贝克莱,137,142

Blackmore,Sir Richard,布莱克默,理查德爵士,~和约翰·休斯,59

Blumenbach,J. F.,J. F. 布鲁门巴赫,45

Boas,George,乔治·博厄斯,8,230,296,308

Bodin,博丹,83,86

Boileau,布瓦洛,92

Bolingbroke, Henry, St. John Lord, 亨利·博林布鲁克, 177-180
Bondt, Jakob de, 雅各布·德·邦德, 49
Boswell, James, 詹姆斯·鲍斯韦尔, 38
Bray, Rene, 勒内·布雷, 89
Briefs, Goetz, 戈茨·布里夫斯, 231
Brooke, Henry, 亨利·布鲁克, 87
Browning, Robert, 罗伯特·勃朗宁, 175, 327
Buffon, 布封, 48
Burke, Edmund, 埃德蒙·柏克, 155, 163
Bush, Douglas, 道格拉斯·布什, 292

Cambridge, Richard Owen, 理查德·欧文·坎布里奇, 114
Cawthorne, James, 詹姆斯·考索恩, 121
Chain of Being, 存在之链, 14; 泰森的～观念, 47; 布莱克默和休斯的～, 59; ～与"自尊"的关系, 64-65, 169, 181; 参见 "Continuity"and "Plenitude"
Chambers, Sir William, 钱伯斯, 威廉爵士, 122-133
Chang, Y. Z., 张沅长, 111
Chateaubriand, 夏多布里昂, 249-251
Chatterton-Hill, G., G. 查特顿-希尔, 230
Chinese architecture, 中国建筑, 18世纪欧洲的观点, 118, 122
Chinese garden, 中国花园, 第七篇论文
Chinese, the: 中国, 16-18 世纪～政治和伦理的声望, 102-110
Chrisitianity, 基督教, ～和浪漫主义, 215, 245-248, 275-276
Cicero, on private property, 西塞罗, 论私有财产, 297
Clark, Sir Kenneth, 克拉克, 肯尼思爵士, 103
Clutton-Brock, A., A. 克拉顿-布洛克, 37
Coleridge, S. T. C., S. T. C. 柯尔律治, 第十三篇论文
Communism, 共产主义, 圣安布罗斯的～, 296-307
Confucius, 孔子, 105
Continuity, principle of, 连续性, ～原则, 13, 59, 64, 66
Cosmopolitanism, 世界主义, 83, 90, 94
Crane, R. S., R. S. 克兰, 109
Cycles, conception of history as recurrent, 循环, 历史循环论的观念, 212, 215

D'Alembert, 达兰贝尔, 145
Deism, 自然神论, 78-89, 109, 315
Delille, Jacques, 雅克·德利, 92,

117,162

Dennis,John,约翰·丹尼斯,99

Destutt,de Tracy,德·特拉西·德斯蒂,55

Determinism, historical,历史决定论,169,171

Diderot,狄德罗,24,51

Diocletian,戴克里先,～的最高价格敕令,302

Donne,John,约翰·多恩,290

Dryden,John,约翰·德莱登,159

Du Bartas,迪·巴尔塔斯,11,279-282,288

Dufresnoy,C.-A.,C.-A.迪弗雷努瓦,137

Dunning,W. A.,W. A.邓宁,14,30

Durkheim,E.,E.迪尔凯姆,18

Eccles,F. Y.,F. Y.埃克尔斯,230

Endes,C. F.,C. F.安德斯,185,218

Erasmus,伊拉斯谟斯,66

Ethnology,文化人类学,作为～学科的先驱卢梭,17;～和蒙博杜,58

Evelyn,John,约翰·伊夫林,137

Evolution,演化,观念史需要的～,12;狄德罗的有机～理论,51;莫佩尔蒂的～,51;蒙博杜的～,52-53,61;罗宾内特的～,52

Exultet,the(hymm),《欢喜颂》(赞美诗),285-287

Fairchild,H. N.,H. N.费尔柴尔德,56

Fall of Adam,亚当的堕落,277-295,296

Felibien des Avaux,A.,A.阿沃的费利比安,143,144

Felix culpa,多么幸运的过失,亚当～观,277-295

Fenelon,费讷隆,80,89,96,107,141,229

Ficht,费希特,211,248

Fletcher,Giles,贾尔斯·弗莱彻,282

Fletcher,Harris,F.,哈里斯·F.弗莱彻,11

"Form" vs "content" in art,艺术的"形式"对"内容",197,209-210

Frank,Tenney,坦尼·弗兰克,303,322

Freart de chantelou,Roland,弗雷亚尔,142

Freedom of the will,意志自由,康德和柯尔律治的～,256-260,253-268,274-276

Freron,Jean,让·弗雷龙,94

Freyer,J.,J.弗里尔,172,173

Garrett,Helen T.,海伦·T.加勒特,71

Gilpin,W.,W.吉尔平,158,162

Gingerich,S. F.,S. F.金格里

奇,260

Goethe,歌德,145,147,183,184,186,188,230

Goldman,I.,I.戈德曼,316

Goldsmith,Oliver,奥利弗·哥尔斯密,116

Gonzalez de Mendoza,门多萨的冈萨雷斯,103

Gosse,Edmund,埃德蒙·戈斯,229,237,239

"Gothic","哥特式",18世纪~的意义,97,103,120,136-142,144,148

Gothic architecture,哥特式建筑,opinions concerning, in 18th century:第八篇论文,142-165,251

Gotthard,H.,H.戈特哈德,183

Gould,Robert,罗伯特·古尔德,65,67

Gout anglo-chinois,英华趣味,101,159

Gray,Thomas,托马斯·格雷,94,118

Gregory,St.,the Great,圣格里高利,285,288

Grierson,H.J.C.,H.J.C.格里尔森,152,229

Haller,A. Von,A.冯·哈勒,87

Hamann,J.G.,J.G.哈曼,88

Hartwell,Kathleen,E.,凯瑟琳·E.哈特韦尔,11

Hawksmoor,N.,N.霍克斯莫尔,149

Haym,R.,海姆,R.,183-206,各处

Hearne,Thomas,托马斯·赫恩,175-176

Hedge,F.H.,赫奇,F.H.,338

Herbert,Lord,of Cherbury,切伯里郡的赫伯特爵士,83

Herder,赫尔德,166-172,181-182

Herford,C.H.,C.H.赫福德,233

History, eighteenth-century philosophies of,18世纪的历史哲学,88,97,166-182,212-214

Hobbes,Thomas,托马斯·霍布斯,~和卢梭,16,21,26,33;~和蒙博杜,50

Holmes,U.T.,U.T.霍尔姆斯,11

Hooker,Richard,理查德·胡克,83

Hottentots, as link between man and beasts,作为人与兽的纽带的霍屯督人,59

Huch,Ricarda,里卡达·胡奇,185

Hugo,Victor,维克多·雨果,232

Humboldt,W. Von,W.冯·洪堡,196,197,205

Hurd,Richard,理查德·赫德,93,97

Hussey,Christopher,克里斯托弗·赫西,101,114,120

Hutcheson,Francis,弗兰西斯·哈奇森,147

Individualism, two sense of, 个人主义的两重意义, 82
Infinity, idea of, 无限观念, 德国浪漫主义时期作家的～, 202, 211-225, 246, 哥特式复兴中的～, 162-163
Irregularity, and beauty, 不规则和美, 100-102, 111, 134-135

James, Henry, 亨利·詹姆斯, 28
Joachimi, Marie, 玛丽·乔基米, 185, 230
Johnson, F. R., F. R. 约翰逊, 5
Johnson, Samuel, 塞缪尔·约翰逊, 38-40, 45-46, 91, 93, 109

Kant, 康德, 195, 207, 208, 210-212, 256-257, 262, 263-267, 268-271
Kearton, C., C. 基尔顿, 49
Ker, W. P., W. P. 克尔, 163, 229-230
Kierkegaard, S., S. 克尔凯郭尔, 317
Kircher, Athanasius, 阿塔纳西乌斯·基歇尔, 104
Kircher, E., E. 基歇尔, 185
Kirkconnel, Walter, 沃尔特·柯康奈尔, 11
Kohler, Woflgang, 沃尔夫冈·科勒, 49

La Bruyere, Jean de, 让·德·拉布吕耶尔, 143
Lactantius, 拉克坦提乌斯, 303
Langland, William (Vision of Piers the Plowman), 威廉·兰利, 291
Langley, Batty, 巴蒂·朗格兰, 137, 150
La Piana, G., G. 拉皮亚纳, 285
Larrabee, Stephen A., 斯蒂芬·A. 拉腊比, 227
Lasserre, Pierre, 皮埃尔·拉塞尔, 228, 233
Lefevre, A., A. 勒菲弗尔, 117
Lessing, Gotthold Ephraim, 戈特霍尔德·埃弗拉伊姆·莱辛, 88, 187, 388
Leibniz, 莱布尼茨, 13, 61; ～论中国, 105
Leo, I, Pope, 教皇利奥一世, 288
Linnaeus, 林奈, 52
Lowes, John L., 约翰·L. 洛斯, 9
Lucas, F. L., F. L. 卢卡斯, 94

Malthusianism, in Tertullian, 德尔图良的马尔萨斯主义, 321-322
Manwaring, Elizabeth, 伊丽莎白·曼纳林, 101
Marriage, Tertullian on, 德尔图良论婚姻, 331-335
Mascou, J. J., J. J. 马斯科, 173
Mason, William, 威廉·梅森, 112, 132, 136, 149

Maupertuis,莫佩尔蒂,51

Maverick,Lewis S.,刘易斯·S. 马弗里克,102,109

McColley,Grant,格兰特·麦考利,5

Melmoth,William,the Younger,小威廉·梅尔莫斯,93

Miller,Sanderson,桑德森·米勒,151

Milner,John,约翰·米尔纳,163

Milton:*Paradise Lost* 弥尔顿:《失乐园》,3-5,11,39,277-295

Moliere,莫里哀,141

Monboddo,Lord(James Burnet),蒙博杜爵士,第三篇论文,182

Montagu,Ashley,阿什利·蒙塔古,47

Montaigne,蒙田,19,30,31,66,103,238,240

Montesquieu,孟德斯鸠,143,146

Montmorency,J. E. G. de,J. E. G. de 蒙莫朗西,229

Moore,C. A.,C. A. 穆尔,279,284

More,Paul Elmer,莫尔,保罗·埃尔默,231

Morel,J.,J. 莫雷尔,24

Muirhead,J. H.,J. H. 缪尔海德,255

Musset,Alfred de,阿尔弗雷德·德·缪塞,228

"Nature goodness"of man;人的"自然之善",卢梭的～的含义,21,28;蒙博杜的～含义,51;德尔图良的～含义,328

"Nature" sense of, as aesthetic norm,"自然"的含义,作为美学规范的～,69-77,99-102,134,143,153-164,224-225,238-242;非美学规范的～,(钱伯斯)125-128;(弗里德里希·施莱格尔),196;(夏多布里昂),251

Nature,state of;sense of term,自然状态,术语的含义,14;卢梭《人类不平等的起源和基础》中的～,第二篇论文,14-25;普芬多夫论～,15,19;洛克论～,15;伏尔泰论～,18;蒲柏论～,22;德莱登论～31;阿弗拉·本论～,31;蒙博杜论～,43;约瑟夫·沃顿论～,239;夏多布里昂论～,250;安布罗斯论～,296-298

"Nature", various ideas associated with word,"自然",与语词相关的各种观念,13,79,127,143,172,174,176,212,241,296-298,308-338

"Nature"vs. "art","自然"与"艺术"相对,71,72,125-128,134,168,196,223,238-240,241,243-244,250-251,330-331

Naturalism in art,艺术中的自然主

义,76
Neaves,Charles,查尔斯·尼维斯,61 引文
Neilson,W. A.,W. A. 尼尔森,231
Neo-classicism, aesthetic assumptions characteristic of,新古典主义美学假说的特性,76,79,89-97,99-100,142,143,148,197,200,207-208,210
Nicolai,F.,尼古拉,F.,69
Nicolson,Marjorie,马乔里·尼科尔森,马乔里,5
Novalis,诺瓦利斯,202,248

Ogden,J. S. V.,J. S. V. 奥格登,166
Orang-outang, and man;奥郎－乌当,和人,卢梭论～,17;蒙博杜论～,45-51;泰森论～,47;邦修斯论～,49;林奈论～,51
Original Sin;原罪,德尔图良的～,328;康德和柯尔律治的～,268-274

Pereira,Benito,本尼托·佩雷拉,292
Perfectibility,idea of,完美性观念,24,25,41
Picturisque,the;别致,114
Pinot,V.,V. 平诺,102
Plenitude,principle of,完满性原则,167,169-172
Pope,Alexander,亚历山大·蒲伯,16,22,64,65,84,90,92,93,113,114,159
Portalis,J.-M.,Comte de,J.-M. 包塔利斯伯爵,180
Porterfield,A. W.,A. W. 波特菲尔德,184
Potter,G. R.,G. R. 波特,53
Price,Uvedale,尤夫代尔·普赖斯,114,162
"Pride", as distinctive human desire;"自尊",作为人的独特欲望;霍布斯论～,26;卢梭论～,27-28,33;18 世纪～的两种含义,62-68
Primitivism,尚古论,第二篇论文各处;38-40,72,86,96,167,241,249,308,311-312
Progress,idea of,进步的观念,24,25,34-35;蒙博杜的～,53;不同的德国作家的～,166;赫尔德的～,167-169;F. 施莱格尔的～,198,202,211,220,246;德尔图良的～,318,322,338
Proudhon,P.-J.,P.-J. 蒲鲁东,297
Pufendorf,S. von,S. von 普芬多夫,15

Quatremere de Quincy,A. C.,A. C. 卡特勒梅尔·德·坎西,71,140,154,155
Quesnay,F.,F. 魁奈,109

Racine,拉辛,94,250
Ray,John,约翰·雷,100
Realism,"Romanticism" as,作为浪漫主义的现实主义,224,230
Reason and Understanding,理性和知性,柯尔律治的～,254-255
Regularity,as essential to beauty,作为美的本质的规则性,99-102
Reichwein,Adolf,赖希魏因,阿道夫,102
Relativism,historical,历史相对主义,169,178
Religious liberty,宗教自由,德尔图良论～,315
Roberts,R. E.,罗伯茨,R. E.,328,335
Romanticism,sense and varieties of,浪漫主义,其意义和变体,77,82,114,133-134,172,185-204,207,216,224,228-253,276
Rousseau,卢梭,见第二篇论文;82
Rowbotham,A. H.,A. H. 罗博特姆,102,107
Russell,Bertland,伯特兰·罗素,229

St. Pierre,Bernardin de,贝尔纳丹·德·圣皮埃尔,119,163,173-175
Salandra,Serafino della,284
Sales,st. Francis de,圣弗朗索瓦·德·萨勒 293
Santayana,George,乔治·桑塔亚那,229
Schelling,F. W. J. von,F. W. J. von 谢林,154,254
Schelling,F. E.,F. E. 谢林,230
Schiller,席勒,166,195,207-210,216-227
Schilling,O.,O. 希林,298
Schniz,A.,A. 施尼茨,21
Schlagdenhauffen,A.,A. 施拉格登霍芬,183,185
Schelegel,A. W.,A. W. 施莱格尔,190,204,243
Schelegel,Friedrich,E. D.,E. D. 弗里德里希·施莱格尔,第十篇论文各处;第十一篇论文,210-227;244,248
Schleiermacher,Friedrich,E. D.,E. D. 弗里德里希·施莱尔马赫,248
Schutze,Martin,马丁·舒茨,167
Seilliere,E.,E. 塞埃,229,231,233
Selden,John,约翰·塞尔登,80
Sex,antipathy to. In early Christianity,性,早期基督教憎恶的～,331;德尔图良的～和"自然",332-325
Shaftesbury(Anthony Ashley Cooper),third Lord,夏夫兹伯里(安东尼·阿什利·库珀)勋爵三世,120,240

Shakespere, various 18th-century opinions concerning：莎士比亚,18 世纪有关～的不同看法,30,91,146,159,160,170,180,191,193-201,205,221,225,238,243-244,250-251

Sharawadgi,洒落瑰奇,111,120,134,135,159

Shawcross,J.,J.肖克罗斯,260

Shenstone,William,威廉·申斯通,144

Shuck,K.,K.许克,81

Simplicity,as aesthetic quality,作为美学特性的简朴性,74,95,128,141,142,143-145

Smith,H. J.,H. J.斯密,109

Sobry,J.-F.,J.-F.索伯里,140,153

Sorokin,P. T.,P. T.索罗金,12

Spinoza,斯宾诺莎,80,169

Stael,Mme de,斯达尔夫人,25,247

Stoicism, influnce on Tertullian,斯多葛主义,对德尔图良的影响,308,325,326

Stukely,William,威廉·斯蒂克利,153

Swift,Jonathan,乔纳森·斯威夫特,66

Symmetry, in design：18th-century views on,18 世纪观点中设计的对称,74,113,119,145-147,157

Talbot,John Ivery,约翰·艾弗里·塔尔博特,120

Taylor,George Coffin,乔治·科芬·泰勒,11

Taylor,W. H.,W. H.泰勒,227

Temple,Sir William,威廉·坦普尔爵士,110-112

Tertullian,德尔图良,第十六篇论文,308-338

Thomas,Calvin,加尔文·托马斯,184

Tieck,Ludwig,路德维希·蒂克,189

Tindal,Matthew,马修·廷达尔,86

Trigault,Nicolas,尼古拉·特里戈,103,104

Tyson,Edward,爱德华·泰森,47

Ullman,R.,R.厄尔曼,183

Uniformitarianism,均变论,79,89,172,175,179

Universal,the,as object of imitation in art,作为艺术摹仿对象的普遍性,197,207-209,211

Vaughan,C. E.,C. E.沃恩,18

Viatte,M. A.,M. A.维亚特,236

Vico,Giambatitista,维科,175

Voltaire,伏尔泰,43,80,82,83,84,85,87,109,180,251

Voss,Isaac,以撒·沃斯,105

Walpole, Horace, 霍勒斯·沃波尔, 116, 120, 134, 156
Walz, J. A., J. A. 沃尔兹, 183
Walzel, O. F., O. F. 瓦尔策尔, 185, 203, 207, 212
Warburton, William, 威廉·沃伯顿, 92, 153
Ward, Mrs. Humphry, 汉弗莱·沃德夫人, 195
Warton, Joseph, 约瑟夫·沃顿, 237-242
Warton, Thomas, 托马斯·沃顿, 97, 136, 147
Wellek, R., R. 韦勒克, 255
Whibley, Charles, 查尔斯·惠布利, 229
Whitehead, William, 威廉·怀特海德, 144
Whitney, Louis, 路易斯·惠特尼, 38, 96
Wieland, 维兰德, 68

Willey, Basil, 巴兹尔·威利, 70
Williams, Arnold, 阿诺德·威廉斯, 293
Williams, Roger, 罗杰·威廉斯, 316
Winkelman, E., E. 文克尔曼, 255, 260
Wolff, Christian, on the Chinese, 克里斯蒂安·沃尔夫, 论中国, 108-109
Wordsworth, William, 威廉·华兹华斯, 263
Wotton, Sir Henry, 亨利·沃顿爵士, 157
Wren, Sir Christopher, 克里斯托弗·雷恩爵士, 97, 99, 139, 148
Wyclif, John, 约翰·威克利夫, 291

Yerkes, R. M. 耶基斯, R. M., 49

Zucker, Louis M., 路易斯·M. 朱克, 302

译 后 记

A.O.洛夫乔伊(1873—1962)是美国哲学家、批判实在论的重要代表、美国观念史研究的主要倡导者。《观念史论文集》可以说是他把观念史理论运用于具体的观念史研究的代表性论文的汇编。这部文集所论从思想史、哲学史、文学、历史乃至造园艺术等，不一而足，论题之广泛，征引之繁富，充分体现了作者博学与慎思。但作者所论渊深，征引多西方古典作家和冷僻学者的著作，又涉及多种文字，加之作者时有征引时随意增删的现象，竟至与所引文字有误，翻译这样一部著作，难度可想而知。整个翻译工作应该说是一个艰苦的学译过程。

能有机会翻译这样一部著作，译者首先要感谢周宪教授的引荐和楚尘先生的信任。在各种语种引文的翻译方面，幸赖诸位师友的相助，没有他们，本书的翻译断不可能完成。法语引文承狄玉明、周莽先生译出；德语引文承兰州大学陈春文教授译出；意大利语引文承对外经济贸易大学肖天佑教授译出。译者对以上诸位谨致谢忱。一些引文还采用和借鉴了已有的中文译本，书中的拉丁文引文和三处希腊词则是译者根据英文转译的。谨此说明。

译文错误自在难免,敬请读者指正。

译者　2003 年 10 月 10 日

本书乃十多年前的旧译,曾由江苏教育出版社出版。趁此出版新版之际,对译文全部修订一过。又蒙关群德博士纠缪订误,重加润色,译本庶几略有改进。惟译事匪易,错讹难免,仍乞方家教之。

译者　2018 年 1 月

图书在版编目(CIP)数据

观念史论文集/(美)阿瑟·O.洛夫乔伊著;吴相译.—北京:商务印书馆,2018
ISBN 978-7-100-16458-0

Ⅰ.①观… Ⅱ.①阿…②吴… Ⅲ.①思想史—理论研究—文集 Ⅳ.①B1-53

中国版本图书馆 CIP 数据核字(2018)第 187397 号

权利保留,侵权必究。

观念史论文集

〔美〕阿瑟·O.洛夫乔伊 著
吴相 译

商 务 印 书 馆 出 版
(北京王府井大街36号 邮政编码100710)
商 务 印 书 馆 发 行
北京市艺辉印刷有限公司印刷
ISBN 978-7-100-16458-0

2018年12月第1版	开本 850×1168 1/32
2018年12月北京第1次印刷	印张 14¼

定价:46.00元